JN098661

Basic Lecture of **Consumer Law**

基本講義 消費者法

［第5版］

中田邦博＋鹿野菜穂子——編
Kunihiro Nakata　Naoko Kano

日本評論社

はしがき

　現代の社会において、消費者法の重要性がこれまで以上に増していることは誰も否定できないであろう。消費者法は、その領域が広く、複合法としての性質を有することから、その実像を把握し理解することは容易ではない。また、比較的新しい法分野であることから、確立した体系が存在するわけでもない。

　こうした消費者法の分野において、本書は、タイトルが示すように『基本講義』として、また学習用の教科書として、読者が消費者法を学ぶために必要となる基本的な事項を取り上げ、事例を交えながら消費者法の現在の姿をわかりやすく解説することを主な目的とした。しかしながら、本書をひもとけば、教科書的な説明にとどまらない消費者法の「最前線の課題」が示されていることを感じ取ってもらえるだろう。そこには消費者法の特徴である実践的性格が反映されている。

　消費者問題を解決する際には、その解決がもたらす社会的・経済的な意味、営業の自由や個人の権利の実現といった、いくつかの対立する価値と正面から向き合わねばならない。その際、理論的な視点と実践的な視点を踏まえて、法における正義とは何か、またそれをどのように実現するのかを考えさせられることになる。編者自身も、消費者問題に向き合うには理論面だけでなく実践的な観点も重視されるべきであるとの認識を共有しており、それは本書の編集にも反映されている。執筆陣には、大学の教員だけでなく、最前線で活躍されている実務家に加わっていただいているのは、そうした認識からである。編者としては、実務と対話しつつも、なお一定の緊張感を保って本書を編集したつもりである。

　本書が、現在の、また将来起こりうる消費者問題の解決のヒントを与える役割を果たすことを願っている。そして、消費者法の現在とその解決の方向性を学ぶことで、自ら消費者としての権利実現のために立ち上がる意欲と勇気を持つことを期待している。

　本書は、法学セミナー誌上において（2011年10月号から2013年2月号まで）掲載された『消費者法の最前線』と題する連載をもとにして、教科書として適切な内容にするために新たなテーマを付け加え、再編したものである。その

際、消費者法の学問的・実践的な重要性を再認識し、あらためて消費者法の体系をどのように構築すればよいのかという課題に直面した。本書『基本講義消費者法』の章立てには、編者なりの考えを反映させてはいるが（第1章参照）、より本格的な消費者法の体系の構築は今後の課題としておきたい。

　執筆者の先生方には、編者からの要望に応えていただき、ご協力をいただいたことに、心からお礼を申し上げる。また、献身的なサポートをしていただいた日本評論社・編集部の小野邦明氏にあらためて感謝申し上げる。

　本書によって、時代の要請に応える新たな消費者法の意義を示すことができたとしたら、編者として、また執筆者の一人として大きな喜びとなる。

＊　　　　＊　　　　＊

第5版の刊行にあたって

　本書が刊行されてから、来年（2023年）で節目の10年を迎えることになる（法学セミナー誌上の最初の掲載からはすでに10年を経過している）。本書は、読者のニーズに応えて、初版以降、ほぼ2年から2年半の間隔で改訂作業を行い、最新の消費者法の情報を提供してきた。こうした改訂が可能となるのは、読者の支持があってのことである。まずは、このことに編者としてお礼申し上げたい。第5版も、これまでと同様に、読者に受け入れられることを望んでいる。

　今回の改訂では、この間の重要な法改正、とりわけ2021年の特商法および預託法の改正（令和3年法律第72号）、2022年の消費者契約法および消費者裁判手続特例法の改正（令和4年法律第59号）などを取り込んだ。

　さらに、近時の消費者立法の動向も踏まえて、そのため、章立てを再構成した。たとえば、デジタルプラットフォームに関する消費者問題を扱う章を新設したり、以前は、消費者の安全に関する一つの章の中にあった製造物責任の項目を独立させたりしている。第13章「貸金規制」、第14章「景品表示法」、第21章「消費者の安全と法規制」、第22章「消費者安全法と行政の役割」、第23章「製造物責任」、第26章「集団的被害回復手続」については、執筆者の世代交代や項目の見直しによってその内容が一新されている。

　このように、第5版は、従前とは異なる大幅な改訂となった。今回の改訂によって、消費者法の最前線を示すという本書のコンセプトを維持すること

ができたと考えているが、いうまでもなく、その判断は読者に委ねられる。読者からのフィードバックを大いに期待している。

　ドイツのある高名な学者が、消費者法の領域について「完成することのない工事現場である」と評されていたことを思い出す。消費者法では、新たな問題に常に向き合い、その解決を見いだすことが求められている。それには、最新の情報が武器として必要となる。本書を素材に、読者と共に、これからの消費者法の方向性を考えていくことにしたい。

＊第4版までの改訂版の経緯

　本書の初版は、2013年に刊行された。第2版（2016年）では「消費者裁判手続特例法」、「消費者安全法」や「景品表示法」の改正などを取り込んだ。第3版（2018年）では、2017年改正民法（平成29年法律第44号）、特商法改正（平成28年法律第60号）と消費者契約法改正（平成28年法律第61号）を反映させた。第4版（2020年）では消費者契約法の改正（平成30年法律第54号）を重点的に取り込んだ。

　2022年8月5日

執筆者を代表して　編　者

中田　邦博

鹿野菜穂子

ハンブルク（マックスプランク国際私法・外国私法研究所）および東京にて

基本講義 消費者法
目次

凡例

裁判所名、判例、登載判例集は以下のように略記した。

大判（決）	大審院判決（決定）
最判（決）	最高裁判所判決（決定）
高判（決）	高等裁判所判決（決定）
地判（決）	地方裁判所判決（決定）
民録	大審院民事判決録
民集	最高裁判所民事判例集
集民	最高裁判所裁判集民事編
刑集	最高裁判所刑事判例集
家月	家庭裁判所月報
金商	金融・商事判例
審決集	公正取引委員会審決集
判時	判例時報
判タ	判例タイムズ
消ニ	消費者法ニュース

第1部
諸法からひもとく消費者法

第 1 章
消費者法とはなにか

龍谷大学教授
中田邦博

1　はじめに

　本章では、消費者法の全体像を示すために、その成り立ちと基本的な構造について説明する。その際、本書で学ぶ内容と構成についても案内する。

2　消費者問題と消費者法

[1] 消費者問題をめぐる状況

　2009 年に国の消費者行政を牽引する司令塔としての役割を果たすべく消費者庁[1]が設置されて以来、これまで以上に消費者問題や消費者政策、消費者保護という言葉がメディアで話題になっている。こうした消費者政策は、国のレベルだけではなく各地方自治体においても重要な課題として推進されている。

　消費者問題の歴史[2]をたどると、1950〜60 年代に社会問題として消費者

---

1) 消費者庁の組織と役割については消費者庁パンフレット（https://www.caa.go.jp/about_us/about/caa_pamphlet/）を参照。そこに掲載されている組織図は全体の役割をわかりやすく示している。同庁の成立の経緯と役割については第 3 章、第 21 章、第 22 章も参照。また、同庁の成立と同時に設置された消費者委員会については、https://www.cao.go.jp/consumer/about/ を参照。河上正二『消費者委員会の挑戦』（信山社、2017 年）は、当時委員長であった河上教授がそのときの消費者委員会の活動をまとめたものである。同委員会の果たす役割がよくわかる。

被害がクローズアップされたのは、森永ヒ素ミルク事件やサリドマイド事件など食品や医薬品にかかわる大きな事件がきっかけであった（→第21章参照）。その「解決」のためには非常な労力と長い時間が必要とされ、それは消費者被害の迅速な救済という課題の重要性を認識させた。近年にも、消費生活に関わって国民の生命、身体、財産が危険にさらされる事態が様々な形で発生している。たとえば、身体・生命への被害としては、一酸化炭素中毒を引き起こすストーブが回収されずに死亡事故が発生したり、ダイエット食品・化粧品などによる重大な健康被害もあった。取引上の被害として日常的に報道されているのは、詐欺的な商法（投資商法など）、振り込め詐欺、偽装表示（ウナギや牛肉の原産地表示の偽装）などである。こうした消費者被害の抜本的な解決策は、なお残されたままである。少子高齢化社会においては、未成年者や高齢者が悪徳商法のターゲットとして狙われ、被害にさらされている（→第17章）。さらに、取引社会の複雑化や情報社会の高度化は、消費者が理解できない複雑な契約の仕組みを登場させており、そこでは、消費者にとって一方的に不利益となる契約条項（約款）が使われたりすることも多い（→第7章）。消費者がこれらの問題性に気がつくのは、何かトラブルが起こってからである。さらに、近時のデジタル技術のめざましい発展によって、プラットフォームを利用した取引として、電子商取引、宿泊予約サービス、シェアリングエコノミーなどの新しい取引形態が生み出され、利便性が高まるとともに、それによる消費者被害も生じている（→第20章）[3]。AI（人工知能）を利用したサービスの登場により、個人から収集した情報に基づいて特定の顧客を狙い撃ちにするターゲッティング広告など個人情報保護の課題も提起されている[4]。

　このように、消費者は、日常的に消費生活にかかわる取引市場に内在する

---

2)　消費者問題の歴史については、さしあたり大村敦志『消費者法〔第4版〕』（有斐閣、2011年）1頁以下を参照。重要な消費者事件については、島川勝＝坂東俊矢『判例から学ぶ消費者法〔第3版〕』（民事法研究会、2019年）を参照。

3)　この問題については、中田邦博「デジタル・プラットフォーム取引の法的構造と消費者保護」消費者法研究10号（2021年）41頁以下や、消費者法研究8号（2020年）・10号の「特集　デジタル・プラットフォーム取引と消費者保護」を参照。その詳細は第20章を参照されたい。

新たな「危険」や被害に直面している。これに対抗して、消費者法の分野では、消費者被害を予防し救済するために、新たな法規制や判例が生みだされている。そうした消費者法の動きは激しく、その展開や内容を正確にフォローすることは年々難しくなっている[5]。それだからこそ、学問分野としての「消費者法」にはこうした現象の分析や、より広い視野からの提言が求められることになる。本書は、こうした任務の一端を担うことを企図している。

本書で扱う消費者法の知識は、消費生活を営む上で欠かすことができないものである。しかし、これまで消費者法を体系的に学んだ経験を持つ人はあまり多くはないだろう[6]。本書においては、そうした人のニーズに応えて、消費者法を学ぶための素材としても利用されることを期待している。

[2] 消費者法の意味

最初に消費者法とは何か、その目的は何であるのか、また、どのような法律のことを「消費者法」と呼んでいるのか。

本書で扱う消費者法の対象領域について包括的に規律する法律は、消費者法という名称の「単行法（単独の法律という意味）」としては存在していない。このことを前提にして、消費者法を定義すると、「消費者保護に関する複数の法律の複合体」ということになる。この意味については後述しよう。

---

4) 個人情報を情報法という観点から分析したものとして、曽我部真裕ほか『情報法概説〔第2版〕』（弘文堂、2019年）206頁以下が有益。また、AIによる消費者の意思決定への介入も問題となる。たとえば、古谷貴之「AIと自己決定原理」山本龍彦編著『AIと憲法』（日本経済出版社、2018年）121頁以下参照。

5) 消費者法に関しては、重要な法改正が短期間で行われることも多くみられ、数年前に刊行された教科書では現在の法状況を正確には把握できないことも多い。いずれにせよ、消費者庁等のホームページで法改正の動向を確認することが必要となる。

6) 法学部でも消費者法を専門科目として設置するところが増えてはいるが、その重要性にもかかわらず、意外なことにそれほど多くはない。他方で、消費者法は、法学部でなくても、当該の学部の教養科目や専門科目として設置されている場合もある。一般的にいえば、消費者法という科目は、まだ十分な広がりをみせていないように思われる。成年年齢引き下げ問題もあり、消費者教育という観点からは、成年となった大学生に、重要な社会のルールである消費者法を学ぶ機会を与えるべきであろう。法学部は、その旗振り役を担ってほしいところである。

　ところで、消費者という概念をはじめて使った法律は、消費者保護基本法である。消費者保護基本法は、1968 年に施行されたが、具体的な権利を実現する根拠規定として利用することは難しいとされていた。それは各種の消費者保護法の関係を整理し、行政活動を方向付けることを目的としていた政策的な立法だったからである。2000 年前後から、消費者保護基本法は、消費者の保護を恩恵的なものとして捉えているとして、自由市場経済を基礎に据える現代社会の現実に対応していないとの批判を受け、見直しの対象とされ、2004 年の改正ではその名称も変更され、消費者基本法となった。この改正で、「保護」という言葉が削除されたが、消費者を保護することの必要性を否定したものではないと説明されている（後述 **3** も参照）。

[3] 消費者法に属する法律とは

　消費者法は、いくつかの法律の集まり（総体）として理解される（先述[2]）。それはまた「複合的な法体系」であるとされる。では、具体的に、どのような法律が消費者法として分類されることになるのか。たとえば、㈱TKC などの法令データベースで「消費者」という用語が含まれた法律を検索すると、消費者基本法や消費者契約法、消費者安全法を含めて、いくつかの法令名が上がってくる[7]。しかし、消費者という用語が使われているからといって、それらのすべてが消費者法となるわけではないし、またそれだけでもない。この意味で消費者法学の対象は「実質的な意味での消費者法」となる。

　消費者という概念が当該の法律において使われていない場合であっても、それを消費者法と呼ぶことが適切な場合がある。その例は、クーリング・オフなどの権利を規定する特定商取引に関する法律（以下では、特商法という）である。特商法では、これらの権利は、事業者の相手方となる者（「その相手方」、「顧客」「購入者又は役務の提供を受ける者」、「申込者等」と表現される）に付与されているのであるが、そこでは「消費者」という用語は使われていない。たとえば、

---

7)　「消費者」という用語が法文で使用されているその他の例として、独禁法 1 条〔目的〕、景表法 1 条〔目的〕、民事訴訟法 3 条の 4〔管轄権〕、法の適用に関する通則法第 11 条〔消費者契約〕などがある。

事業者が「購入者」になれば、この権利を取得するようにもみえる。しかし、事業者は、すべての場合ではないが、同法の適用から除外されている（「営業のために若しくは営業として締結するものを除く」。同26条1項1号など参照）。特商法による規制の基礎は、消費者保護の観点に基づくものであり、同法は、実質的には消費者を保護するものとして消費者法に分類される（→第8章）。さらに、民法や訴訟法は、消費者保護を目的としたものではないが、消費者個人の権利救済という点できわめて重要な役割を有しており、その規律とその在り方は消費者法の対象領域に属する（詳しくは第24章）。

　消費者法に関係する法的規律を抽出するには、それぞれの法律の実質的内容にまで踏み込んで検討することが必要となる。AIが発達すれば状況は異なるかもしれないが、現在の法令データベースでは、法領域ごとに体系的な整理が行われているわけではなく、特定の問題に適用される「消費者法の規律」を見つけ出すのはさほど容易なことではない。

　こうした問題点を解消するために、消費者法の規律を体系的かつ明確に消費者や事業者に示すことが必要であるとの見解も示されてきた。もっとも、その方法は一様ではない。比較法的に見れば、こうした多様な消費者法を集めて一つの法典を形成する方法（包括法典型：フランスでは「消費法典」という。またイタリア、ハンガリーでの立法もこれに属する）がある一方、消費者法と契約法とのつながりを重視して、消費者契約に関する特則を民法に統合して規律する方法（統合型：ドイツ）もある。また、包括的でない独立法典型（オーストリア）もある。

　日本でも民法改正に関わって消費者（契約）法の規律をどのように扱うのかが議論されてきた[8]。2017年改正民法では、消費者契約法を民法の中に統合する提案はあったものの、結局は、その立場は取られなかった。もっと

---

[8]　民法（債権法）改正と消費者法の関係については、大村・前掲注2）101頁などを参照。特集「消費者法の最前線」収録の座談会「消費者法へのいざない」法学セミナー681号（2011年）27頁参照。中田邦博「消費者法の視点から見た日本の売買法と民法改正」民法研究2集2号（2017年）5頁参照。2017年に成立した改正民法は、120年ぶりの、債権法を対象とした大改正であったが、消費者契約法の準則は民法に取り込まれなかった。民法改正の経緯も含めて、鹿野菜穂子「消費者法の体系化と法典化」中田邦博ほか編『消費者法の現代化と集団的権利保護』（日本評論社、2016年）3頁、後藤巻則『消費者契約と民法改正』（弘文堂、2013年）。

も、当時から、消費者の権利をより実効化するために、どのような方法が現実的かつ可能なのかが議論の俎上に上がっていた。前述したように、その方法の一つとしては、たとえば、消費者法典のような統一法典形式をとることも提案されてきたが、前提として議論されるべき問題がなお数多く残されている。思いつくままに論点を列挙すると、たとえば、どのような法律が消費者法として集められるのがよいのか、どのような視点からそれを体系化するのか、消費者法の実効化という観点から実体法と手続法を一体的に規律する方がよいのかそれとも別々にするのか、消費者紛争に特化した手続や裁判所が必要なのか、裁判外手続の規律はどのように位置づけるのか等々である。それらの論点は、消費者の権利実現やその救済を実効化するのに適した消費者法典の構造とはどのようなものかという根本問題にも関連する。本章においてこの問題に適切な処方箋を与えることは難しいが、最後に少し考えてみることにしよう[9]（第2章も参照）。

[4] 本書の構成

　消費者の利益の保護は、すでに指摘したように、様々な法領域のルールによって図られている。本書は、消費者法のこうした複合的な性質を考慮して、次のような4部構成をとっている。第1部「諸法からひもとく消費者法」、第2部「一般消費者法」、第3部「特別消費者法」、第4部「消費者の権利の実現と救済」である。第1部から第3部までは、消費者法の実体法的な法規制を対象とし、第4部は手続的な救済を主に扱っている。

　第1部（第1〜5章）は、総論的な位置づけにある。第1章（本章）「消費者法とはなにか」では消費者法の内容とその課題を確認している。第2章「消費者と民事法」、第3章「消費者と行政法」、第4章「消費者と刑法」、第5章「消費者と経済法」では、複合的な法領域としての消費者法の姿を、隣接す

---

9)　消費者契約法の改正については、本書7章注31)も参照。フィリップ・ストフェルーマンク（山城一真訳）「フランスにおける消費者法の法典化」中田ほか・前掲注8)『消費者法の現代化と集団的権利保護』227頁以下は、フランスでの裁判実務で消費者法が市場法としての性格をもつものとして運用されている傾向を明らかにし、当事者の合意を基礎におく民法的発想との違いを強調している。消費者法を市場法として理解することの重要性を説くものとして示唆に富む。

る重要な法の視点から取り上げている。このような構成の第 1 部を本書の最初に置いたのは、各法分野の視点から消費者法を眺めることで、「消費者法」の機能と輪郭を明らかにし、消費者法の具体的な姿 (複合性) をイメージしてもらうためである。消費者保護という目的を達成するために、さまざまな法分野の協働が必要とされていることを理解してほしい。

第 2 部「一般消費者法」(第 6〜14 章) では、主に、一般消費者法として重要とされる 4 つの法律、すなわち消費者契約法、特定商取引法、割賦販売法、景品表示法を取り上げて解説している。第 6 章「総論・契約締結過程の規律」と第 7 章「不当条項規制」の 2 つの章は消費者契約法の実体規定を扱っている。消費者の権利救済のための手段として実務で重要な役割を果たしてきた特定商取引法は、第 8 章「総論・訪問販売・電話勧誘販売・クーリング・オフ」、第 9 章「通信販売・インターネット取引」、第 10 章「連鎖販売取引 (マルチ商法)」、第 11 章「特定継続的役務提供」の 4 つの章において扱われている。第 12 章「総論・割賦販売法」は割賦販売法を扱い、第 13 章「貸金規制」は利息制限法、貸金業法、出資法を扱う。景品表示法は第 14 章「景品表示法」で扱われている。

第 3 部「特別消費者法」(第 15〜23 章) では、いわば各論として、理論的な分析と実務的な分析との架橋を試みた。消費者法の広範な展開を認識してもらうために、下記のようなテーマを選択した。

まず、「消費者紛争の個別類型」として、第 15 章「金融商品取引と消費者」は金融市場での消費者法の展開を扱う。第 16 章「不動産取引と消費者」は欠陥住宅や不動産取引を問題する。次いで、第 17 章「高齢者の消費者問題」は社会的な弱者としても登場する高齢者保護を、第 18 章「医療と消費者」では医療サービスにおける消費者保護を扱う。第 19 章「複合契約と消費者」は、3 当事者以上が関係する契約関係や抗弁権の接続の問題を理論的に解説する。第 19 章が扱う問題と理論的に密接に関係するのは、第 20 章「デジタルプラットフォームと消費者」であり、そこではデジタル経済を牽引する取引デジタルプラットフォームの消費者問題が取り上げられている。

また消費者の安全のための私法的・行政的規制の全体像を示すという視点から、「消費生活と安全確保」(第 21〜23 章) では、第 21 章「消費者の安全と法規制」、第 22 章「消費者安全法と行政の役割」は、消費者の安全を確保するための法制度とそれを担う行政上の仕組みを扱う。とりわけ、商品の安全

性に関しては、第 23 章「製造物責任法」で、製造物の欠陥によって拡大損害が発生した場合の民事的救済を解説する。

第 4 部「消費者の権利の実現と救済」（第 24～26 章）は、消費者の権利実現のプロセスとその救済スキームを取り上げている。消費者が個人として権利実現を行うプロセスにおいては、消費者センターや弁護士、裁判所の助力を頼らざるを得ない。いうまでもなく、民事訴訟手続は、民事的救済のメインスキームであるが、消費者事件では、消費者が個人として訴えを提起することが困難な場面が多く、そのため、集団的権利救済として消費者団体訴訟のあり方が重要な課題となる。

こうした流れにおいて、消費者の「権利」実現という観点から、第 24 章「消費者と民事手続法」では、個人の権利実現としての民事手続法（民事訴訟法、執行法、破産法を含む）や、近年充実がみられる消費者団体訴訟（集団的権利救済）の全体像を扱う。そして、消費者団体訴訟の各論として、第 25 章「差止請求」では消費者契約法が定める差止請求を、第 26 章「集団的被害回復手続」では集団的な消費者の金銭的被害を回復する手続き（消費者裁判手続特例法）を扱う。

3　消費者基本法の概要とその意義

消費者法の基本部分として、以下では、まず現在の消費者法の体系の最上位に位置する消費者基本法を説明し（前述 **2** [2] も参照）、次にその基礎にある消費者像について検討する。

[1]　消費者保護法から消費者基本法へ

2004 年 6 月、消費者基本法（以下の条文は、本法を指す）が成立した。そのための前提となったのが、2003 年 5 月 28 日に「21 世紀型の消費者政策の在り方について」と題して公表された国民生活審議会消費者政策部会の報告書である。同報告書は、消費者政策について将来的な展望を示し、従来の消費者保護基本法の見直しの必要性を次の 3 つの点にまとめている。

①消費者像（保護から自立へ）を転換するために、消費者を自己の利益の確保のために能動的に行動する「自立した主体」であると捉えて、その環境を整備すること、②事前規制から事後チェックへの重点シフト、つまり市場のルールの整備を進めて事後チェックの強化を図ること、③情報公開をすすめる

とともに事業者のコンプライアンス経営を促進すること、である。

[2] 消費者基本法の概要

　消費者保護基本法は、上記の提案内容に沿って改正され、前述したように「消費者基本法」となった。同法の概要は、以下のとおりである。

　第1に、消費者基本法の第1条（目的規定）は、消費者問題の原因を「消費者と事業者との間の情報の質及び量並びに交渉力等の格差」にあると捉え、この格差を是正するために、「消費者の権利の尊重及びその自立の支援その他の基本理念」を定め、「消費者の利益の擁護及び増進」について施策の推進を図り、「国民の消費生活の安定及び向上」を確保するとした。

　第2に、これを受けて、第2条は同法の基本理念を定め、「消費者の権利」[10]として尊重されるべきこととして、①消費生活における基本的需要の保障、②健全な生活環境の確保、③消費者の安全の確保、④商品、役務の自主的、合理的な選択の機会の確保、⑤必要な情報の提供、⑥教育の機会の提供、⑦消費者意見の反映、⑧適切、迅速な被害の救済が明記された。

　同時に、自立支援として、⑨事業者の適切な活動の確保、⑩消費者の年齢、特性への配慮が定められ、そこでは⑪高度情報化への対応、⑫国際的連携および環境への配慮も明記された。

　第3に、事業者・消費者・消費者団体・国等の責務がより具体的に定められた。①事業者は消費者に対する情報提供や事業活動に関する自主行動基準の作成に努めること、②消費者は進んで情報・知識を修得するなど自主的、合理的な行動と環境保全、知的財産の適正な保護に配慮すること、③消費者団体は情報収集、提供、意見表明、啓発、教育、被害防止など自主活動に努力すること、④国は基本計画を策定、消費者教育の充実を促進すること、さ

10）　消費者基本法が定める「消費者の権利」は、アメリカのJ.F.ケネディ大統領が特別教書で消費者には4つの権利があることを世界で初めて宣言したことに由来する。安全である権利、知らされる権利、選択できる権利、意見を反映させる権利である。それに、1975年に消費者教育を受ける権利が追加され、1982年に、国際消費者機構がさらに、救済される権利、基本的需要の権利、生活環境確保の権利を加えている。これが消費者基本法の基礎に置かれている。谷本圭子ほか『これからの消費者法』（法律文化社、2020年）〔坂東執筆〕14頁参照。

らに⑤都道府県と協力、苦情処理、紛争解決が迅速に処理されるように努めることが明示された。

　第4に、消費者契約の適正化等について、国は、消費者と事業者との間の適正な取引を確保するため、消費者との間の契約の締結に際しての事業者による情報提供及び勧誘の適正化、公正な契約条項の確保等必要な施策を講ずる (第12条) とした。

　第5に、市場における競争政策に関して、「国は、商品及び役務について消費者の自主的かつ合理的な選択の機会の拡大を図るため、公正かつ自由な競争を促進するため必要な施策を講ずる」ものとした (16条)。

　第6に、「国民生活センター」および「消費者団体」に関して明確な規定を設けて、その役割について定めた (25条、26条)。

　こうした改正において特に注目されるのは、消費者基本法が、消費者政策の対象として私法的な規制を明示的に取り込んだこと、および消費者団体を明確に主体の中に位置づけたことの2つである。

[3] 消費者基本法の構造と意義

　消費者基本法の構造と意義について簡単にまとめておこう。消費者基本法は、消費者の権利を実現するために、国において講じることが必要な施策をまとめて宣言したものと捉えられている。つまり、各種の主体の役割を宣言し、各種の法律の制定や、その相互の調整やそれに基づいた施策の実現を行うことを目標として定められたものである。その意味での「基本法」であって、ここでは、これらの規定を根拠に裁判所において消費者が具体的な請求をすることは予定されていないと解されている。本来、「権利」内容が実現されるには、誰が誰に対して具体的に何を求めることができるのかという権利の外延を明確に定めた規定が必要となるが、消費者基本法が定める「消費者の権利」はかなり抽象的であって、具体的な内容を持つものとみることはできないからである。憲法学の用語を使えば、これらはプログラム規定のようなものとされる[11]。そうなると、消費者が、これらの「権利」に基づいて事業者や国家に対して具体的な請求を行うには、その権利を具体化した個

11)　大村・前掲注2) 16頁、34頁。

別の法律が整備されたり、裁判所で消費者の「権利」であると具体的に認められたりすることが前提となるというのである。たしかに消費者基本法が定める消費者の権利は抽象的ではあるが、同法が国家の責務としてこの権利の実現のために諸施策をとることを定めているのも事実である。少なくとも、この意味において消費者の権利を実現するという要請が立法、行政及び司法において最大限尊重されねばならないことは確認しておくべきであろう。これは消費者の権利の実効化という問題でもある。

　近時、「消費者の権利」を実現するための基礎として、消費者は自己の権利について知ることが重要となる。消費者市民社会（市民が消費者としての役割において社会の発展と改善に積極的に参加する社会）の形成に寄与するものとしての消費者教育の意義があらためて強調されている。「消費者の権利」を実現するための基礎として、平成24年に消費者教育推進法が制定され、消費者の自立を支援し、消費者被害を防止するために、消費者のライフスタイルにあわせて消費者情報を適切に提供することが目的とされた。とりわけ、2022年4月に施行された成年年齢の引下げにともない、喫緊の課題として学校教育の中において「消費者教育」を充実、また浸透させていくことが必要となろう[12]。

4　消費者法における主体——消費者像をめぐって

　消費者法の中で使われる「消費者」概念は、どのように理解されているか、またそれとの関係で「事業者」概念はどのように考えられているのかを

---

12)　この点について、消費者委員会が2016年に行った「若年層を中心とした消費者教育の効果的な推進に関する提言」（https://www.cao.go.jp/consumer/content/20171023_20160628_teigen.pdf）、さらに、2018年に消費者庁、文部科学省、法務省、金融庁が連携して作成した「若年者への消費者教育の推進に関するアクションプログラム」（https://www.caa.go.jp/about_us/about/caa_pamphlet/）を参照。とりわけ、成年年齢引き下げで未成年者取消権を奪われることになる18歳、19歳の消費者被害を阻止するためには、中・高校生、さらには大学生への消費者教育の必要性が指摘されている。この問題を扱う近時の研究として、日本消費者法学会での報告を契機にした「特集　成年年齢引き下げに伴う消費者問題」現代消費者法52号（2021年）および「特集　成年年齢の引き下げと消費者保護」消費者法研究11号（2021年）を参照。

みておくことにしよう。法律において「権利」主体が定義されると、その主体に「権利」を付与され、その利益ないし保護の享受が可能となる。この意味での「消費者」の定義をめぐる議論は、権利主体の範囲の確定という実益を持つものとなる。

[1]　消費者像について

　消費者像は、消費者法を方向付け、同時に具体的な消費者概念の基礎を形成するものであるが、これをどのように理解するかについては議論がある。消費者基本法では消費者概念は定義されていない。消費者の定義がみられるのは、消費者契約法や消費者安全法においてである。本書の各章の叙述の前提として、以下では消費者像および消費者概念をみておくことにする。まずは、歴史的な展開に沿って、基本的な消費者像として次の3つをみておくことにする[13]。

(i)　弱者としての消費者

　消費者保護基本法が前提としていた消費者像である。1950〜60年代において、国家が、福祉国家的な観点から消費者を法律によって保護するという課題が強調された時代に由来するものである。生命や身体の安全の確保、食品の安全、製品の安全といった場面では、弱者としての消費者像が前提とされてきた（→第21章および第22章）。

(ii)　自立した権利主体としての消費者——市場の主体としての消費者

　消費者基本法が前提とする消費者像である。市場における消費者には、市

---

13)　こうした観点から消費者概念を考察するものとして、中田邦博「契約の内容・履行過程と消費者法」中田邦博＝鹿野菜穂子編『ヨーロッパ消費者法・広告規制法の動向と日本法』（日本評論社、2011年）25頁以下、とりわけ29頁以下。そこでは、消費者法において考慮される消費者として、十分な情報を与えられれば「合理的判断のできる賢い消費者像」と、そうではない「弱者としての消費者像」の2つのタイプが消費者法の規制において考慮されるべきことを指摘した。さらに、大村・前掲注2) 19頁以下、とりわけ26頁を参照。そこでは、プロトタイプ（＝典型）としての消費者を基本に置きながらも（本文の消費者類型（ii）に近い）、消費者概念の相対性・可変性を認めている。

場を機能化させるための能動的な役割を果たすことが期待されている。市場とは、物品や役務の流通が行われる場所であり、私的自治・契約自由が支配することで円滑な取引が行われる。事業者間取引も、最終的には消費者を名宛人とした市場の存在を前提とすることを忘れてはならない。消費者が理想的な状況で事業者の提供する商品・役務を選択し、それに拘束される（自己決定を行い、自己責任を負う）ことで市場が活性化するとのモデル（完全競争モデル）がこうした理解の前提となる。市場において消費者がこうした役割を果たすためには、事業者において競争が存在し、消費者が良質・廉価な商品・役務を選択し、それができない事業者を市場から淘汰するプロセスが重視される。そのために、消費者の自己決定の前提となる情報が十全に提供される必要がある（いわゆる透明性の要請による事業者の情報提供義務）。また誤った情報を提供した事業者には、その責任をとらせる必要がある（市場からの淘汰、他の市場参加者からの損害賠償）。さらに、公平な市場として成立させるには、その基礎的な条件（消費者の選択メニュー）も整備する必要がある（不当条項や約款の規制）。このような場面で、競争原理が働かないと、市場の失敗として国家（裁判所）による市場への介入（行政的・私的規制）が正当化されることになる。

　消費者法において、事業者との情報格差や、交渉力格差の是正としての法的手段が消費者に提供される場面である。市場のルールを構築するときに合理的で賢い消費者概念が用いられるのは、このような理由からである。

　わが国での消費者基本法や消費者契約法は、基本的にこのような市場モデルに依拠している（→第2章、第6章、第7章）。消費者と事業者間の情報格差を是正することを目的とするいわゆる情報モデルを前提としているのである。EU法でも、域内市場を確立し拡大するために消費者法が利用されている[14]。不公正な取引方法を排除する規制などは、消費者保護だけでなく、域内市場の信頼性を高める競争条件の整備に資するものである（→第5章）。

　こうした完全競争モデル（情報モデル）を前提にした消費者保護の限界は、消費者の限定合理性の問題としても認識されている。行動経済学によれば、

14）　EU消費者法については、鹿野菜穂子「EU消費者法の展開」中田＝鹿野・前掲注13）3頁以下、同書および中田ほか・前掲注8）『消費者法の現代化と集団的権利保護』、カライスコス・後掲注32）も参照。

　消費者は、一定の状況下では、たとえ適切に情報を提供されても、よりリスクの高い選択をする傾向にあり、それを事業者が利用するといった現象が生じることが指摘されている。消費者は、適切に情報を提供されていても、そのリスクを評価できず、合理的でない行動をとることが明らかにされているのである[15]。このような場面では、自己決定に基づく自己責任の原理は機能しないことになる。行動経済学による科学的知見は、消費者立法においても十分に活用される必要があるとの指摘は傾聴に値する[16]。

(iii)　社会的弱者としての消費者——要保護性の高い消費者

　市場ルールに委ねておくだけでは市場にアクセスすることができない、あるいはそれが困難な「消費者」が存在している。具体的には、高齢者、未成年者、身体障害者、精神的な障害を有する者、貧困者などには特別な配慮が必要となる。この問題は、「vulnerable consumer（脆弱な消費者ないし、特に保護を要する消費者と訳されることがある）」の概念において議論されている。たとえば、デジタル化社会においては、インターネットへのアクセスは、通信販売の活況をみても明らかなように、消費生活を送るために不可欠の前提となる。そのためには、電子機器を購入し、またインターネットの接続を得ることが必要となる。しかし、それらは無償ではなく、貧困が理由でそうした可能性を持たない者も社会には数多く存在している。高齢者の中には判断能力が十分でなく、また複雑な情報機器を使いこなせない者もいる。日常的な契約であっても、その意味を十分に理解できない者もいる。攻撃的な販売方法、誤解を生じさせる広告や複雑な取引条件なども要保護性の高い消費者には重大な影響を与え、その自己決定を阻害するものとなる。こうした「社会的弱者としての消費者」に対しては、特別な配慮によって、社会（消費）生活を営むために生活の基盤としての市場にアクセスし、その果実を得ること

---

15)　鹿野菜穂子「取引分野における消費者民事法の展開と課題」日本経済法学会年報 40 号（2019 年）58 頁。

16)　「法と経済学」については、西内康人『消費者契約の経済分析』（有斐閣、2016 年）および、隣接諸科学も踏まえた近時の検討として、丸山絵美子編著『消費者法の作り方』（日本評論社、2022 年）が参考になる。

を保障しなければならない。これらの者には、一般的な消費者に付与される以上の保護と支援が要請されているといえよう[17]。

　このような支援のための措置は、社会における市場の機能を維持し、公正な市場を構築することにも資するものとなる。また、このことは、あらゆる人に対して、社会の構成員として市場で供給されているものにアクセスをする権利を保障するという意味もある（ユニバーサル・サービスの確保）。この領域における消費者（像）は、国家の積極的な関与による保護を必要としており、社会法との接点を有している。「脆弱な消費者」という概念が浮き彫りにする問題の解決は、消費者法の現代化にとって重要な課題となる[18]。

　以上の素描において、これらの消費者像ないし消費者概念が、時代の要請に応じて展開する消費者立法の理念や社会の課題を体現し、またそれを反映

[17]　消費者法に「社会的弱者としての消費者像」を取り込むことの意義については、2012 年にミュンヘンで開催された第 69 回ドイツ法曹大会のハンス・ミクリッツ教授の報告で明確に指摘された。角田美穂子「ドイツ法曹大会傍聴記」NBL994 号（2013 年）22 頁以下、特に 25 頁を参照。さらに、ノルベルト・ライヒ（角田美穂子訳）「EU 法における『脆弱な消費者』について」一橋法学 15 巻 2 号（2016 年）469 頁以下も参照。EU レベルの議論も含めて、菅富美枝『新消費者法研究　脆弱な消費者を包摂する法制度と執行体制』（成文堂、2018 年）、カライスコス　アントニオス『不公正な取引方法と私法理論——EU 法との比較法的考察』（法律文化社、2020 年）を参照。デジタル社会への対応を行った同指令の翻訳として、中田邦博＝カライスコス　アントニオス＝古谷貴之「EU における現代化指令の意義と不公正取引方法指令の改正（1）・（2）」龍谷法学 53 巻 2 号・（2020 年）209 頁、同 3 号 293 頁。（ドイツ）公正競争法の背景については、アンスガー・オーリー（原田昌和訳）「ヨーロッパ不正競争防止法——消費者保護の平準化、競争者保護の多様性」中田ほか・前掲注 8）『消費者法の現代化と集団的権利保護』113 頁以下を参照。近時の動向は、同（中田邦博＝カライスコス　アントニオス訳）「ドイツ不正競争防止法の現代的展開——2015 年改正と仲介者責任」中田ほか編『ヨーロッパ私法・消費者法の現代化と日本民法の展開』（日本評論社、2020 年）352 頁以下や、中田邦博＝カライスコス　アントニオス＝古谷貴之「2021 年ドイツ不正競争防止法改正の意義と条文訳」社会科学研究年報（2022 年）52 号（近刊）を参照。

[18]　長尾治助ほか編『レクチャー消費者〔第 5 版〕』（法律文化社、2011 年）20 頁〔長尾執筆・中田＝鹿野補訂〕を参照。消費者概念については、河上正二「民法と消費者法」のほか消費者法研究 1 号（2016 年）に掲載された論稿を参照。近時の論稿として、後藤巻則「人と消費者——消費者の個別化・集団化の進展と民法」消費者法研究 9 号（2021 年）1 頁、「特集　消費者私法の重要論点を問い直す」現代消費者法 53 号（2022 年）の諸論文がある。

するものとして変容してきたことを確認しておきたい。以下では、現行法で用いられている消費者概念をとりあげ、消費者法の指導理念としての消費者像の意味、また個別の規制領域で用いられている消費者概念の意味を考えてみることにする[19]。

[2] 消費者とは——消費者の一般的定義と消費者契約法における消費者概念

　消費者概念は、民法の人概念と対比されることがある。民法は「人」概念を抽象的に規律している。そこでは、人は、権利主体として、自然人と法人を包括する概念として用いられている。これに対して、消費者とは、上記の基本法第 2 条が定めるような諸利益および権利の主体であって、「抽象的な『人』概念とは異なった具体的人間として、事業者との関係で『生身の人として生活する者』である」と定義する見解がある[20]。これによれば、その主体の範囲は、諸権利の、諸利益ごとにその目的に応じて定まり、これらは相対的であるとされ、それを総合して、「自己（自己と生活や生計を同じくする者を含む）の生命、健康、文化的生活維持のために、またそれらの諸利益の存続を可能にさせるために必要とする資産を取得ないし形成するため、事業者より製品やサービス（役務）等の供給を受ける生身の人」であるとする。それにとどまらず、生身の人間と同じような弱者性をもつものも消費者として扱

19)　この点については消費者概念の比較法的な概観が有益であろう。たとえば、中田邦博「ヨーロッパにおける消費者概念の動向」河上正二編著『消費者契約法改正への論点整理』（信山社、2013 年）165 頁以下は、次のように指摘する。EU 指令における消費者概念は、①「自然人」、②「ある種の事業、営利的活動または商取引活動の範囲外の目的で行為する者」を要素とするものであるが、それとは異なる用法もある。EU パック旅行契約指令は消費者概念を用いているが、そこでは事業目的の旅行者も指令の適用対象となる。この意味で「顧客」概念を使う方が適切であるとの指摘もある。しかし、ここで重要なのは、市場ルールとして事業者と消費者とを区別せずにいずれも保護する必要性のある取引領域が存在していることの確認である。EU 各加盟国の国内法では、EU 指令の国内法化の場面やその解釈の場面でも、消費者概念を拡張的に用いる傾向にある。EU 法で消費者保護の下限の統一という規制手法は、国内法でこうした拡張的な運用をも可能とする場合があることに留意すべきである。競争法的観点から消費者概念を分析した貴重な文献として、岩本論『競争法における「脆弱な消費者」の法理（成文堂、2019 年）71 頁以下、および 105 頁以下を参照。

20)　長尾ほか・前掲注 18) 13 頁参照。

う可能性があるという。そこには、人間としての限界が消費者概念の中核に位置していることが示されている。

　ところで、現行法の立場はどのようなものであろうか。消費者保護関連法では消費者はどのように捉えられているかをみてみよう。わが国の法律に存在する消費者法には、すでに指摘したが、消費者概念を用いることなく、消費者を保護するものが数多く存在している。たとえば、①特定商取引法や割賦販売法などでは、「購入者」、「相手方」などとしながら、「営業のために」された場合を適用除外とすることで、実質的に「消費者」を保護対象とする。②金融商品取引法、商品先物取引法なども事業者の相手方を「顧客」とするが、適用除外を設けており、①の類型に類似する。③貸金業者や旅行業者等の「相手方」と表現するものもある。そうした中、④消費者契約法は、その適用範囲を限定しつつも、初めて消費者概念を明確に規定した法律として登場した[21]。同法2条1項は、消費者とは、個人をいうものとされ、事業としてまたは事業のために契約の当事者となる場合におけるものは除く、とする（→第6章84頁）。同法は、事業者の相手方として、個人としての「消費者」を対置するものである。この場合の個人は、自然人であるが、事業性を帯びると消費者性を失うことになる。もっとも、下級審の裁判例では、消費者契約法の「趣旨」に依拠して、同好会などの団体であっても、消費者法による救済を認めるものがある[22]。

　個人の場合の事業者性の認定において問題となるのは、個人が事業目的と私的目的の2つの目的で行為する場合となる混合目的取引である。この場合、事業以外の私的目的が存在し、それが客観的に優位するとみられるよう

---

21) 2009年に成立した消費者安全法は、同2条で消費者概念を「個人（商業、工業、金融業その他の事業を行う場合におけるものを除く。）をいう」と定義しており、その表現は消費者契約法のそれとはやや異なるものであるが、同義であると理解されている。

22) 裁判例（東京地判平23・11・17判タ1380号235頁）では、権利能力なき社団について、『団体』であることを認めつつも、事業者ではなく消費者であると判示したものがある。この理解は、団体をすべて事業者とする消費者契約法の定義からは形式的には逸脱するものといえよう。それにもかかわらず、裁判例が『団体』の消費者性を肯定したのは、消費者契約法上の消費者概念に柔軟性が欠けていることの証左とみることも可能であろう。特商法の「消費者概念」については、第8章135頁を参照。

な場合には、消費者取引とするとの見方をとれば、消費者概念によって問題を柔軟に処理することができる[23]。

オンライン上のオークションサイトやフリマアプリで、個人間の取引が締結されている。商品の不着や商品の品質をめぐるトラブルが発生している。そこでは、継続反復して出品を繰り返す「個人」を特商法上の事業者としてみることができるかという事業者的消費者の問題が提起されている[24]。事業者性が肯定される場合には、相手方は消費者法の保護を受けることができる。他方で、そうでない場合には、個人がフリマアプリを利用しているだけであって、個人間取引、いわゆるC2Cの関係となり、消費者法の適用を受けないことになるが、これらのアプリ上の取引は高度なデジタル技術の支援によって成立しており、のみの市と同様な扱いのままでよいのかが問われている。これらもデジタル・プラットフォーム取引をめぐっての問題である[25]。

[3] 事業者とは

消費者契約法では、「事業者」とは、「法人その他の団体及び事業として又は事業のために契約の当事者となる場合における個人をいう」と定義されている。同法においては、「法人」や「団体」は、それだけで「事業者」として扱われ、その例外を定める規定はない。したがって、これらの者が、事業者の相手方となった場合には、自動的に消費者契約法の適用の射程外に置かれることになる。しかし、このような硬直的な処理の仕方については、先に述べたとおりの疑問がある。また、一定の事情がある場合に「事業者」を消

23) こうした見方に立つ学説として、後藤巻則「消費者保護と事業者間契約の規律」五十嵐敬喜ほか編『民事法学の歴史と未来』（成文堂、2014年）131頁や、谷本圭子「消費者概念の外延」消費者法研究1号（2016年）73頁など。裁判例の分析については、大澤彩「いわゆる「消費者的事業者」に関する一考察」国民生活研究60巻2号（2022年）78頁がある。それによれば、個人事業者が電話機などのリース契約を締結したような混合目的の場合は、消費者契約法の保護が否定されているという。
24) 寺川永「消費者契約法と事業者的消費者」ジュリスト1558号（2021年）16頁、大澤彩「消費者・事業者概念を問い直す」現代消費者法53号（2021年）15頁参照。
25) この問題については、中田・前掲注3）46頁、75頁を参照。

費者と同じように扱う可能性を開こうとする立法提案も提示されている[26]。たしかに、事業目的で行為する者であっても消費者と同じ保護を付与すべき場面があると思われるし、後述するように類推適用の可能性も開かれるべきであろう。しかし、そうした扱いを正当化するための根拠については十分な検討が必要である[27]。他方で、事業者の概念もまた、当該の取引との関係で相対的なものであることにも留意が必要であろう。個人としての事業者は、その事業に関わる特定の取引では、事業者となるが、他の取引においては消費者として扱われる可能性があるからである。

　当事者間において情報や交渉力の圧倒的な格差がみられる場面や一方当事者にとって不利な状況が発生する特殊な場面は、事業者対消費者の場合に限られないのであって、事業者間の場合でも存在している。消費者契約法は、事業者を、事業目的を有する個人、また、法人ないし団体という形式的な基準で定義していることから、たとえば、その主体が「法人」ないし「団体」であれば、それだけで「事業者」に分類されることになり、同法の保護の対象とならない。たしかに事業者に対して消費者契約法と同じ保護が必要かどうかは慎重に検討する必要があるが、市場の公正さを担保する機能を有する消費者法の視点からは、事業者の保護を全面的に否定することは適切ではなかろう。消費者法のルールの合理性とその射程を検討する中で、それを事業者間取引にも通用させてよいかどうかが検討されるべきであろう。近時は、これとは逆に、消費者が事業者的立場をもって相手方の消費者と対峙すると

26)　たとえば、平成 24 年「消費者契約法日弁連改正試案」では、事業者間取引への消費者法の規律の拡張が提案されている。同試案については、https://www.nichibenren.or.jp/library/ja/opinion/report/data/2012/opinion_120216_2.pdf を参照。

27)　旧ドイツ約款規制法は、事業者間取引における約款の規制に由来し、その規制が事業者と消費者との間の約款による契約に及んだという歴史がある。同法は、2002 年のドイツ民法現代化法によって民法（以下、BGB）の中に統合された。たしかに事業者間取引の約款規制は契約自由に反するとの批判がみられるものの、消費者契約に用いられる約款を規制することについて異論はなく合理性が広く認められている。EU 指令はそうした規制手法を域内市場で B2C の関係において実現するものであり、広く浸透している。EU 私法の統一の動きと消費者法の平準化との関係については、中田邦博「ヨーロッパ（EU）私法の平準化——ヨーロッパ民法典の可能性」『ヨーロッパ私法の展望と日本民法典の現代化』（日本評論社、2016 年）1 頁以下を参照。

いった現象も現れている。プラットフォーム取引における、いわゆる C2C 問題である（→第20章）。これらの問題を考える際には、そのプラットフォームビジネスのモデルの分析が前提となるが、その状況にふさわしい規律として、消費者概念の拡張という方法や、消費者ルールの準用ないしは類推適用するといった方法などを用いて、新たなルールを模索することによって、事業者・消費者概念の形式性を克服していくことが可能となるように思われる[28]。

5　むすびにかえて

　以上に述べたように、消費者法にとって「消費者像」や「消費者概念」をどのように構築するかそれほど自明のことではなく、なお重要な課題として残されている[29]。それは、消費者法の目的とは何か、消費者保護のための法律なのか、市場規制のための法律なのか、それともこれらの目的をあわせもつ法律なのか、またそれが機能する場面をどのように設定するかといった根本的な問題にもかかわる。

　また、近時は、消費者法の実効性の強化が重視されている。それは、消費者の権利を「絵に描いた餅」としないための重要な課題である。そのためには、行政規制と民事規制、さらに刑事規制をうまく組み合わせながら（ルールのベストミックスという）、消費者法の目的を追求することが必要となる。さらに、消費者裁判外紛争手続きなどの整備や、法的規制を前提とした共同規制として議論される業界の自主規制の在り方やその実効化策も重要である。多様化する消費者被害の実効的救済については、ルールのベストミックスの観点から、消費者法のルールをどのように形成するか、そのグランドデザインがまさに求められているのである[30]。

---

28)　たとえば、約款規制については、2017年改正民法が定型約款を規律する新たな規定（548条の2以下）を置いたが、これは、私人間取引、とくに事業者間取引においても約款の審査が必要なことが認められた例としてもみることもできよう。

29)　この問題は民法典編纂の理念や民法改正といった問題にも関係している。中田邦博「民法総則の現代的意義と民法改正」鹿野菜穂子ほか編『消費者法と民法』（法律文化社、2013年）所収65頁以下を参照。消費者法と私法との関係については、沖野眞已「『消費者私法』とは何か」現代消費者法53号〔2021年〕9頁が消費者契約法のこれまでの経緯と今後の課題を提示する。さらに、鹿野菜穂子監『改正民法と消費者関連法の実務』（民事法研究会、2020年）2頁〔鹿野執筆〕以下もこの問題を論じる。

　最後に、消費者法の存在意義について述べておこう。消費者法の目的は、第一次的には、「生身の人間」としての消費者を「保護」することにあるが、それは健全な市場の形成と確保にも向けられることになると考えている。消費者法の適用領域の拡大に合わせて、その中核にある消費者像ないし消費者概念も多元的に理解される必要性があることを指摘しておきたい。

　消費者法に向けられた課題は多様である。近時は、デジタル経済やデジタル技術の発展にどのように対応するのか、また、SDGs（持続可能な開発目標）にどのように貢献するかといった新たな課題が提起されている[31]。消費者法は、まだまだ発展途上の段階にあることも事実である。「終わることのない工事現場」であると評される消費者法がこれらの現代的な課題に正面から応えるためには、いずれ、将来を見通した広い視野から「包括的な統一消費者法典」の可能性を検討することが必要となるように思われる[32]。

30）　鹿野菜穂子「消費者法（取引）におけるルール形成の在り方」現代消費者法 45 号（2019年）11 頁以下参照。

31）　経済学の視点からのものとして、樋口一清『消費経済学入門』（中央経済社、2019 年）29頁以下参照。SDGs の説明については、前掲注 10)・『これからの消費者法』〔カライスコス執筆〕174 頁がわかりやすい。

32）　包括的な消費者法典の必要性については、中田邦博「消費者契約法と特定商取引法──制度発展の交錯を踏まえて」ジュリスト 1558 号（2021 年）28 頁を参照。他にも、たとえば、山本敬三「消費者契約法の法典化と民法の現代化」『契約法の現代化 I』（商事法務、2016年）275 頁は、「統一的な消費者契約法典」の可能性を示唆する。これらの問題提起は「消費者法の現代化」の検討につながる。消費者法の課題を民法のレベルで受け止めて提示するのは、「特集　民法と消費者法」消費者法研究 9 号（2021 年）の諸論文である。消費者法の今後の課題については、とりわけ、河上正二『遠隔消費者法 2022〔新訂第 3 版〕』（信山社、2022 年）293 頁以下、後藤巻則「消費者委員会が取り組む重要課題」現代消費者法 54号（2022 年）1 頁を参照。また、消費者法の広がりを比較法的に確認するには、カライスコス　アントニオス「海外消費者法の動向」消費者法判例百選〔第 2 版〕270 頁を参照。とりわけ、EU 法では、消費者の権利を統合的に規律するための消費者権利指令とその現代化指令や、デンジタル・コンテンツ指令、デジタル・サービス法の動向が注目される。これらに関する文献として、前掲注 17) の文献のほか、特集「EU と日本におけるデジタル・コンテンツおよびデジタル・サービス供給契約法制の比較と課題」Law ＆ Technology No. 89（2020 年）79 頁以下の諸論稿、カライスコス　アントニオス「デジタル・サービス法パッケージの概要」消費者法研究 10 号（2021 年）109 頁を参照。

Column

消費者法の文献案内——民法との関係

　民法は抽象的でわかりにくく、そこから日常生活の役に立つことは何も規定されていないと思い込んで、学習の意欲を失う学生も少なくない。他方で、消費者法は具体的に規定されており、何か役に立ちそうな気がするものの、その規定ぶりは複雑で普通に読んでもわからない。学生のそうした苦情を聞くことも多い。たしかに特商法などの消費者法の条文を一読しただけで理解することなど、一通り法律を勉強した人であっても容易ではない。「消費者に優しくない消費者法」と揶揄されてしまうこともあるのは、自分のせいではないと思いつつも、なぜか耳が痛い。

　話を元に戻そう。消費者法の私法的側面を理解するためには、民法の基礎知識が必要になるが、消費者法の教科書では、民法に意識的にふれることは多くないのは、民法を学んだことを前提としているからである。このような状況は、法学部の学生でもないかぎり、耐えがたいであろう。こうした民法と消費者法の関係を理解するための教材として、まずは、潮見佳男・中田邦博・松岡久和編『18 歳からはじめる民法〔第 4 版〕』（法律文化社、2019 年）を紹介しておきたい。同書は、民法の入門書であるが、いくつかの章で消費者問題を意識的に取り上げており、民法と消費者法との間を架橋する役割を果たしてくれる。

　次に、消費者法の定評のある教科書ないし体系書として、大村敦志『消費者法〔第 4 版〕』（有斐閣、2011 年）がある。同書は、高い水準の網羅的かつ体系的な叙述に特徴がある（できれば改訂してほしい）。日本弁護士連合会編『消費者法講義〔第 5 版〕』（日本評論社、2018 年）は実務的観点からの詳しい説明にその特徴がある。河上正二『遠隔講義　消費者法〔新訂第 3 版〕』（信山社、2022 年）は、コロナ禍でのオンライン教育のための教材であるが、長年の経験も踏まえた叙述は説得力がある。谷本圭子ほか『これからの消費者法』（法律文化社、2021 年）は、消費者法と社会の関わりに重点を置いたところに特徴がある入門書である。

　さらに、参考書として、消費者法の重要な裁判例を知るには『消費者法判例百選〔第 2 版〕』（有斐閣、2020 年）や『消費者法判例インデックス』（商事法務、2017 年）が有益である。最新の情報を入手するには「消費者法ニュース」、「現代消費者法」、「消費者法研究」といった専門誌が欠かせない。日本消費者法学会の学会誌「消費者法」（民事法研究会）は学会での最先端の議論を伝える。「国民生活」は独立行政法人国民生活センターが刊行する月刊誌であり、最近の被害事例や立法動向の情報、学術論文が掲載されている（ウエッブ版は http://www.kokusen.go.jp/wko/）。各種の法律専門雑誌（法律時報やジュリスト、NBL など）に

も、特集等で消費者法に関係する論稿が掲載されている。これらを大いに利用
して学修してほしい。法令集として、『消費者六法（判例・約款付）』（民事法研究
会）がある。同書は、消費者法に特化した六法であり、政令・省令・通達など
も収録されており、使い勝手がよい（電子版がないのが残念）。

第 2 章
消費者と民事法

慶應義塾大学教授
鹿野菜穂子

1　本章で学ぶこと

　本章では、消費者保護にとって民法および民法の特別法（民事特別法）がどのような役割を果たしているのかを概説する。

　消費者の保護には、消費者被害の発生を防止するという側面と、既に被害が生じた場合においてその被害の回復によって消費者を救済するという側面の両面が必要である。そして、公法が主に消費者被害の発生防止について重要な役割を果たしてきたのに対し、私法（民事法）は、主に被害回復の場面で大きな役割を果たしてきた。そこで、本章では、トラブルに遭遇した消費者が、民法または民事特別法の規定に基づいて、どのような形で権利を行使し、被害の回復を図ることができるかを概観する。

　もっとも、このことは、公法の役割が被害の防止、民事法の役割が被害の回復にそれぞれ限定されることを意味するものではない。民事法においても、既に現行法上、適格消費者団体による差止請求制度など、被害防止のための仕組みが設けられ、重要な機能を果たしている（→第 25 章および第 26 章）。一方、公法上の手法を消費者被害の回復に結びつけるという制度も、海外においては例があり[1]、日本においても、たとえば景品表示法に導入された課徴金制度には、被害者への適正な返金措置の実施によって課徴金が減免されうるとすることにより被害回復を促進する仕組みが設けられている[2]（→第 3章）。これらについては、本書では他の章で適宜触れることにする。

　消費者民事法は、契約関係と安全性の両方において問題となり得る。消費

者契約をめぐって、消費者の被害回復ないし救済が問題となる場面として
は、①事業者の不当な勧誘行為により消費者が意に沿わない契約を締結させ
られた等、契約締結過程に関するもの、②消費者に不利な契約条項が設けら
れていた等、契約内容に関するもの、③契約通りの履行がなされなかった
等、履行過程に関するものがある。一方、安全性との関係では、④消費者が
利用する製品に欠陥がある場合などにおいて、民法 709 条の定める不法行為
の一般的要件を緩和し、あるいは立証責任を転換するなどの形で、消費者の
利益を図ることができないかが問題となる。これらのうち、消費者契約につ
いて民事実体法上の特別の配慮がなされてきたのは主に①と②であることか
ら、本章でもこれを中心に取り上げるが、③および④についても **4** で簡単
に触れることとする。

　かつては、消費者保護のための個別法の規定の多くは行政規制に係るもの
であって、私法としての性質をもつ規定は少なく、消費者の救済は、主に一
般法である民法に依拠して図られていたが、後述のとおりそこには限界もあ
った。その後、消費者と事業者との間の構造的格差と、それを踏まえた消費
者の利益保護の必要性が重視されるようになり、次第に、消費者保護のため
の重要な民事特別法が制定され、あるいは従来の法律の中に民事規定が追加
されてきた。今日では、これに関わる多数の特別法が存在するが、なお、消
費者救済における民法の役割が失われたわけではない。そこで本章では、民
法規定の機能と限界を中心に置き、それとの関係において特に重要な特別法
を取り上げることとする。各特別法の詳細については、それぞれ別の章を参
照されたい。なお、民法の総則編および債権編の規定は、2017 年の改正
(2020 年 4 月 1 日施行) によって変更が加えられたが、以下では、同改正を「債
権法改正」といい、同改正前を特に指す場合には「改正前民法」という[3]。

---

1)　たとえば、アメリカにおけるディスゴージュメントの制度などがある。詳細は、比較法セ
ンター「諸外国における消費者の財産被害事案に係る行政による経済的不利益賦課制度及び
財産の隠匿・散逸防止策に関する調査」報告書 (2013 年) 参照。
2)　消費者庁・消費者の財産被害に係る行政手法研究会のとりまとめ「行政による経済的不利
益賦課制度及び財産の隠匿・散逸防止策について」(平成 25 年 6 月) 29 頁以下、15 頁以下
などには、さらにいくつかの問題提起がなされていた。

2　契約締結過程の問題

[1]　問題の所在

　消費者契約の主な特徴は、消費者と事業者との間に、情報の質および量並びに交渉力において、構造的な格差が存することにある[4]。そして、消費者取引をめぐる紛争の中でも、【1】消費者が、事業者から適切な情報を与えられず、あるいは歪んだ情報を与えられたことにより、誤った認識に基づいて契約を締結させられたというものや、【2】消費者が、事業者の威圧的な勧誘を受けたり、合理的な判断ができない事情につけ込まれる等して困惑し、意に沿わない契約を締結させられてしまったというものは数多い。さらに近年増加している高齢消費者の被害には、【3】高齢者の判断力の低下等、消費者がその弱い立場につけ込まれて不要な契約を次々にさせられるというトラブルも目立っている。このような場合に、消費者が契約を解消して代金の支払を拒絶し、あるいは既に支払った代金の返還を請求することができるか否かが問題となる。

[2]　民法による解決の可能性

　事業者の不適切な情報伝達に基づいて消費者が意に沿わない契約を締結したという場合（【1】）、消費者としては、民法上、事業者側の詐欺を理由に契約の意思表示を取り消すこと（民法96条）、あるいは、錯誤を理由に契約の意思表示を取り消すこと（民法95条：改正前民法では「無効」の主張であった）が考えられる。また、事業者が消費者を困惑させ、消費者が意に沿わない契約を締結したという場合（【2】）については、民法上、強迫を理由に契約を取り消すことができないかも問題となりうる（民法96条）。さらに、消費者が判断力の低下等につけ込まれて契約を締結したという場合（【3】）の中には、民法上、意

---

3)　債権法改正を振り返り、消費者民事法の今後の課題を論ずるものとして、鹿野菜穂子「消費者契約に関する民事実定法（民法と消費者契約法）の展開と課題」日本弁護士連合会消費者問題対策委員会編『改正民法と消費者関連法の実務』（民事法研究会、2020年）1-17頁参照。

4)　消費者基本法1条および消費者契約法1条では、消費者と事業者との間の情報の質及び量並びに交渉力等の格差にかんがみて、消費者の利益の擁護を図ることが明規されている。

思無能力による無効（民法3条の2）や公序良俗違反による無効（民法90条）の主張可能性が問題となりうるものもある。しかし、伝統的な理論によれば、かかる主張が認められることは容易ではなかった。

　(a) **詐欺による取消し**（民法96条）　まず、【1】の場合における詐欺による取消しの可能性を考えてみよう。従来、民法96条の解釈上、詐欺は欺罔の「故意」に基づくことが必要であり、しかも、この「故意」は、相手方を錯誤に陥らせる点と、その錯誤により意思表示をさせる点の両方に必要であると解されてきた（二重の故意）5)。ところが、現実には、事業者の故意という主観的な要件を消費者が立証することは容易ではなく、その結果、詐欺による取消しの主張はなかなか認められなかった。

　(b) **錯誤による取消し**（民法95条）　錯誤による取消しについては、このような他者による欺罔（およびその故意）が要件とされるわけではない。しかし、【1】のような場合における消費者の錯誤のほとんどは、従来、動機の錯誤といわれてきた類型（消費者が契約締結の意思表示をする動機となった事実認識に誤りがある場合）であり、改正前民法の下では、動機の錯誤に対する民法95条の適用の可否および要件につき、多くの議論があった。かつては、95条の錯誤を意思欠缺の場合と捉え、動機の錯誤には原則として95条の適用はないとする解釈もあったが、その後、学説に変遷があり、判例も一定の要件の下で動機の錯誤にも改正前民法95条の適用を認めていた6)。

　現行民法では、95条1項1号の表示の錯誤と並んで、同項2号に、従来にいわゆる動機の錯誤に相当する「基礎事情錯誤」（表意者が法律行為の基礎とした事情についてのその認識が真実に反する錯誤）が明文で規定され、この基礎事情錯誤は、錯誤と意思表示との間の因果関係要件（意思表示が錯誤に「基づく」こと）の

---

5)　我妻栄『新訂民法講義I総則』（岩波書店、1965年）308頁をはじめ、今日に至るまでの通説。

6)　改正前の95条の下で、いわゆる動機の錯誤が同条の適用を受けるための要件につき、判例の表現は一様ではなかったが、多くの裁判例が、表示の錯誤と共通の重要性要件のほかに、「動機が表示されて意思表示の内容とされた」こと（大判大6・2・24民録23輯284頁、最判昭29・11・26民集8巻11号2087頁など）、あるいは、「動機が表示されて法律行為の内容とされた」こと（最判平元・9・14家月41巻11号75頁、最判昭37・12・25集民63巻953頁など）が必要だとしていた。

ほか、重要性要件（その錯誤が法律行為の目的及び取引上の社会通念に照らして重要なものであること：同条1項柱書）並びに2項の定める表示要件（その事情が法律行為の基礎とされていることが表示されていたこと）を満たした場合に、同条に基づく取消しをすることができるものとされた。これらの要件、とりわけ2項の表示要件がいかなる場合に認められるのかは、今後も解釈に委ねられている。

　なお、いわゆる惹起型錯誤（不実表示による取消し）の規定の民法への導入についても、債権法改正の審議の過程では議論されたが、結局、民法に明文で惹起型錯誤を規定することは見送られた。もっとも、従来の民法95条の下でも、相手方が表意者に誤った説明等を行うことにより錯誤を惹起したことなどは、同条の適用の可否の判断（特に、動機が「表示された」といえるか、「表示されて法律行為／意思表示の内容とされた」といえるか）において考慮されてきたのであり、従来の動機の錯誤の解釈論は、不適切な事業者の行為に対する消費者の保護と無縁だったというわけではない。実際、相手方による惹起型の錯誤のケースでは、比較的緩やかに錯誤無効を認める裁判例も従来から見られたのである[7]。改正民法においても、「その事情が法律行為の基礎とされていることが表示されていた」（同条2項）という要件認定の際に、相手方の行為態様も考慮されうると解すべきであろう[8]。とはいえ、このような解釈が、明確で安定的なルールになっているとはいえず、同条による解決には限界もある。

　(c)　**強迫による取消し**（民法96条）　　一方、【2】のように事業者が消費者を困惑させて契約を締結させたとしても、民法96条に基づく強迫による取消しは認められない場合が多い。なぜなら、伝統的に、民法96条にいう「強迫」とは、害悪を通知すること等により畏怖させる行為をいうと解されてきたところ[9]、消費者が事業者の執拗な勧誘等により契約を締結させられ

---

7)　たとえば、変額保険に関する下級審判決の中には、事業者により誤った説明等があったことを考慮し、錯誤無効の主張を認めるものもあった（東京地判平6・5・30判タ854号68頁、同平8・3・25判タ920号208頁ほか）。判例の状況については、山本敬三「『動機の錯誤』に関する判例の状況と民法改正の方向（上）（下）」NBL1024号（2014年）15頁、1025号（2014年）37頁も参照。

8)　鹿野・前掲注3）9頁。

9)　我妻・前掲注5）313頁等。

てしまったという被害事例では、この意味における「強迫」があったとまで
は認められない場合も多く、その場合には、96条に定める強迫の要件を欠
くため、同条の適用は認められないからである。

　(d)　**意思無能力による無効**（民法3条の2）　　契約書に署名等がされて
外形的には消費者の意思表示があったとみられる場合でも、その意思表示が
意思能力（自己の行為の意味を認識する精神的能力）を欠く状態で行われた場合に
は、当該意思表示は無効である。このような法理は、古くから解釈上認めら
れてきたが、債権法改正により民法3条の2に明文化された。もっとも、高
齢消費者等がその判断力の低下につけ込まれて契約を締結させられるという
被害類型において、意思無能力による無効の主張が認められることは容易で
はない。第一に、判断能力の低下があったとしても、「意思無能力」とまで
は認められない場合も多く、第二に、その行為の時に意思無能力であったこ
とは、無効を主張する消費者の側が立証しなければならないと解されている
ところ、現実には、その立証が困難なことも少なくないからである。

　(e)　**公序良俗違反による無効**（民法90条）　　従来から、判例・学説は、
民法90条の規定する公序良俗違反行為の一類型として、「暴利行為」を認め
てきた。伝統的には、暴利行為は、「相手方の窮迫、軽率、無経験に乗じて
不当な利益を博する行為」などとされてきたが、今日の裁判例においては、
特に消費者契約などにおいて、より緩やかな要件の下で90条の適用を認め
るものがある（いわゆる「現代型暴利行為」。後述参照）。したがって、高齢者の判断
力の低下につけ込んで契約を締結させる行為も、これに該当する可能性もあ
る。しかし一方、90条は、あくまでも契約自由の原則の限界をなすもので
あることから、その適用を拡張することには慎重論もあった。

　(f)　**解釈論の展開と民事特別法の制定**　　学説では、伝統的解釈に対し
て、民法の意思表示規定、とりわけ錯誤規定の要件を、解釈によって緩和し
ようとする見解も主張されてきた[10]。裁判例にも、上記のとおり、特に相
手方による惹起型の錯誤につき、比較的緩やかに錯誤規定の適用を認めるも
のが見られるようになった。債権法改正では、その一部が条文に明文化され
たが、改正民法の下でも、この新たな条文の下でさらに解釈論が展開される
ことになろう。一方、事業者には顧客に対する信義則上の説明義務ないし情
報提供義務があり、その義務違反があった場合には、事業者は損害賠償責任
を負うとする解釈論も、特に金融商品取引等の複雑な取引の場面を中心に主

張されてきたし、裁判例にも、説明義務違反による損害賠償責任を認めるものも見られた[11]。このような解釈論の展開の中で、2000 年における消費者契約法および金融商品販売法（その後の名称変更により、現在では「金融サービスの提供に関する法律」〔金融サービス提供法〕）の制定をはじめ、重要な特別法の制定や改正が行われることになったのである。

[3]　特別法における解決
(i)　消費者契約法における特則

　2000 年に制定された（2001 年 4 月 1 日施行）消費者契約法は、労働契約を除き（48 条）、広く全ての消費者契約に適用される法律である。同法は、契約締結過程に関する規律としては、3 条で事業者の消費者に対する情報提供等に関する規定を置くとともに、4 条では消費者の取消権に関する規定を置いている。

　このうち、3 条 1 項は、事業者が消費者に対して必要な情報の提供等に関する措置を講ずるよう「努めなければならない」として努力義務を規定するに止まり、事業者が情報提供をしなかった場合における具体的な効果を規定するものではない。もっとも、同法 1 条の目的規定と 3 条の規定は、従来から民法の下で展開されてきた情報提供義務論を、消費者契約の場面において

---

10)　動機の錯誤と表示の錯誤を区別することなく、相手方の認識可能性と錯誤の重要性等を要件として 95 条の適用を認めようとする見解（一元説）が、学説では有力に主張されてきた（学説状況全般については、中松纓子「錯誤」星野英一ほか編『民法講座 1』〔有斐閣、1984年〕387 頁以下参照）。一方、情報提供義務との関わりにおいて錯誤規定の要件緩和を主張する見解（後藤巻則『消費者契約の法理論』〔弘文堂、2002 年〕227 頁）や、事業者による、消費者の錯誤の利用を重視する見解（内田貴一『民法 I〔第 4 版〕』〔東京大学出版会、2008 年〕72 頁）などもある。

11)　近時の判決としても、たとえば、最判平 17・10・31 判時 1954 号 84 頁などがあるが、消費者契約法制定以前から、下級審にはこのような裁判例がかなり見られた。なお、この場合の損害賠償責任の法的性質については従来から議論がある。近時の最高裁判決は、一方の当事者が契約締結前の信義則上の説明義務に違反して契約締結の判断に影響を及ぼすべき情報を相手方に提供しなかった場合に、そのために相手方が契約を締結したことによって被った損害につき負うことのある損害賠償責任は、不法行為責任だとした（最判平 23・4・22 民集65 巻 3 号 1405 頁）。

裏から補強する機能を果たしうるものといえよう。

　一方、4条1項〜3項は、消費者が、同条に規定された事業者の不当勧誘行為によって誤認または困惑し、それによって消費者契約締結の意思表示をしたときには、この意思表示を取り消すことができるとしている。誤認による取消し（4条1項・2項）は、民法96条における詐欺の故意を不要とすることによって取消しの要件を緩和し、困惑による取消し（4条3項）は、強迫にまで至らないが消費者を困惑させるような不当勧誘行為を対象とすることによって、民法96条の要件を緩和し、それによって消費者が意に沿わない契約をした場合の取消しの可能性を拡大したのである。さらに、2016年改正（2017年6月3日施行）では、過量な内容の消費者契約の意思表示の取消しに関する規定が追加された（4条4項）。これは、いわゆるつけ込み型勧誘被害の典型的な場合を「過量」という客観的要件の下で捉えてここに規定したものである（→消費者契約法4条の詳細については、本書第6章）。

(ii)　特定商取引法・割賦販売法による特則

　今日では、契約締結過程のトラブルに対処するための民事規定は、さらに特定商取引法や割賦販買法など各種の法律にも置かれている。このうち、特定商取引法は、訪問販売をはじめとして、トラブルの生じやすい7つの取引形態のみを対象とした法律であるが[12]、同法にも、事業者の一定の不当勧誘行為により消費者が誤認をして契約を締結した場合について、取消しができる旨の規定が置かれている（9条の3ほか）[13]。消費者契約法における誤認による取消しの規定（消契4条1項・2項）と比較すると、対象となる取引は限定されているが、要件がさらに緩和されている部分もある（特商法では行政規制と民事ルールがセットになっている点も特徴的である）。

　また、特定商取引法には、取消規定が同法に導入される以前から、クーリ

---

12)　同法にいう「特定商取引」とは、訪問販売、通信販売、電話勧誘販売、連鎖販売取引、特定継続的役務提供、業務提供誘引販売取引および訪問購入をいう（同条1条参照）。

13)　これらの取消規定は、平成18年改正により特定商取引法に導入された。通信販売については、現在でもクーリングオフの規定はおかれていない（15条の3に返品権に関する民事規定があるが、これはクーリングオフとは性質が異なる）が、取消権については、ようやく令和3年改正によって導入された（特商15条の4）。

ングオフに関する規定も置かれていた (9条ほか)。クーリングオフは、法定
書面が交付された日から一定の期間は無条件で申込みの撤回ないし契約の解
除ができるという制度であって、事業者側における不当な勧誘行為の存在等
を要件とするものではないが、実際にはクーリングオフも契約締結過程にお
けるトラブルの解決に重要な役割を果たしている[14]。このほか、訪問販売
および電話勧誘販売については、特定商取引法において過量販売解除の規定
(9条の2、24条の2) が設けられている (→特定商取引法の内容については、さらに本書第8
～第11章)。

　消費者が事業者から有償で物やサービスの提供を受ける場合においては、
現金払いではなく、クレジット会社のクレジットを利用した形で、契約が行
われることも多い。その場合、消費者が売買契約や役務提供契約などの原因
契約について解除や取消し等を行ってもクレジット会社に対して代金を払い
続けなければならないとすると、消費者に不利益が残ってしまうことになる
(販売業者等からの回収は、事実上困難なことも少なくない)。そこで、割賦販売法には、
販売業者等に対する抗弁をクレジット会社に対抗できる旨の「抗弁の対抗」
規定が置かれており (30条の4、35条の3の19)、さらに、(限定的ではあるが) 一定
の場合については、売買等の原因契約のクーリングオフ、過量販売解除や取
消しと共にクレジット契約も解除または取り消すなどして、消費者が既に
支払った代金の返還をクレジット会社に対して請求できる旨の規定も置かれ
ている (35条の3の10～16)[15](→詳細については、本書第12章)。このように複数の密
接に関連する契約の効力の影響関係については、民法上も議論の余地がなお
残されているが、クレジットの一定の場面において両契約の連動関係を明確
にした点に意味がある (このほか、同一当事者間の複数契約に関する事例として、最判平
8・11・12民集50巻10号2673頁も参照)。

---

14)　消費者が不当な勧誘を受けて契約の意思表示を行った場合であっても、その不当な勧誘に
かかる要件の立証は容易でないことも多い。このような場合でも、クーリングオフの期間内
であれば、クーリングオフとしての契約の解除等を行うことによって、契約の拘束力からの
解放が実現される。しかも、効果面においても、クーリングオフにおいては事業者の負担に
よる巻き戻しの具体的な規定が置かれていることから、消費者にとって、クーリングオフと
いう方法を選択することにメリットがある。

15)　平成20年の法改正で導入された規定である。

3　契約内容をめぐる問題

[1]　問題の所在

　消費者契約をめぐっては、たとえば、【4】事業者が、取引経験の乏しい消費者の弱い立場に乗じて、消費者に著しく不利な契約を締結させたという被害事例や、【5】事業者が用意した契約条項において、消費者に一方的に不利な内容の契約条項が含まれていたなどのトラブルも多い。このような事例では、契約あるいは契約条項の内容の不当性が問題となる。

[2]　民法による解決の可能性

(i)　公序良俗違反（改正民法 90 条）

　消費者契約の公正性の確保のために、従来から判例上大きな役割を果たしてきた規定として、民法 90 条を挙げることができる。同条は、公序良俗に反する法律行為は無効である旨定めている。これは、強行規定と共に、契約自由の限界を画する規定の一つであるが、戦後、特に 1970 年代以降には、消費者問題をはじめとする様々な社会問題の増大とともに、同条はその機能を拡大し、個人の利益とりわけ弱い立場にある者の利益を保護するためにも適用されるようになった。いわゆる暴利行為論の展開もその現れである。最近では、さらに「消費者公序」という考え方が学説によって提唱され[16]、裁判例でも、契約条件や契約構造が消費者にとって著しく不利である場合に、その不利益な内容の契約による拘束から消費者を解放するための法的根拠として、この規定を適用するものが多く見られるようになってきた[17]。注目すべきことは、第一に、消費者契約に民法 90 条の適用を認めた裁判例の多くにおいては、契約内容だけではなく、契約締結過程の行為態様も、公序良俗違反の判断における考慮要素とされていることである。しかも第二

16)　消費者公序論については、長尾治助「消費者取引と公序良俗則」NBL457・459・460 号（同・『消費者私法の原理』〔有斐閣、1992 年〕所収）、大村敦志「取引と公序」ジュリスト 1023 号、1025 号、同『消費者法〔第 4 版〕』（有斐閣、2011 年）128 頁以下参照。

17)　たとえば、いわゆる原野商法による契約について、最判昭 61・5・29 判時 1196 号 102 頁など。

に、従来の暴利行為論が「(α) 相手方の窮迫・軽率・無経験に乗じて（主観的
要件）、(β) 著しく不当な利益を博する行為（客観的要件）」という定式を用いて
きたのに対し[18]、近時の裁判例では、その要件を緩和しているものが見ら
れ、とくに (α) については状況ないし地位の利用などを考慮するものがあ
り、(β) についても、契約内容（特に対価的不均衡）それ自体が著しく不当とま
でいえない場合も取り上げ、主観的要素と客観的要素との総合的考慮に基づ
いて比較的柔軟に 90 条の適用を導くものがある（「現代型暴利行為」といわれる）
ということである[19]。

　一方、たとえば【5】のように、特定の契約条項が消費者にとって不利益
な内容であることが問題となる事例においても、これを公序良俗違反により
無効になるとした裁判例が、消費者契約法の制定以前からあった[20]。そし
て、公序良俗違反の該当性の判断においては、内容の不当性のみならず、当
事者の非対等性等の事情も考慮される余地がある。もっとも、民法 90 条
は、契約自由の原則の限界を画するものとして、その適用要件が厳格に解さ
れる傾向がなおあり、また、契約条項についてその無効とされるための要件
が明確ではないという問題点もあった。そこで、今日では、後述 [3] のと
おり、不当条項規制について、消費者契約法をはじめとする特別法の規定が
設けられている。

(ii) 契約（条項）の解釈を通した消費者保護

　一般に契約の解釈という場合、それは第一に、契約の意思表示の意味を確
定する作業を意味する。しかし、裁判所は、契約の解釈の名の下で、契約条
項の効力を否定または制限することもある。これも、契約内容の公正性確保
の手段として一定の役割を果たしてきた。

　このうち、記載された契約条項は単なる例文に過ぎないとしてその効力を

---

18)　たとえば、大判昭 9・5・1 民集 13 巻 875 頁参照。
19)　たとえば、名古屋高判平 21・2・19 判時 2047 号 122 頁（いわゆるデート商法による契約
　　ついて 90 条の適用を認めたもの）参照。
20)　大阪高判平 8・1・23 判時 1569 号 62 頁、大阪地判昭 42・6・12 下民 18 巻 5＝6 号 641 頁
　　など。

否定する解釈方法を「例文解釈」という。裁判例では、たとえば賃貸借契約において借主に不利な契約条項の効力を否定する場合に例文解釈を用いたものが見られるが[21]、金銭消費貸借契約における期限の利益喪失特約などについても、単なる例文にすぎないとしてその効力を否定したものがある[22]。一方、契約文言の意味を限定する「限定解釈」の例としては、たとえば、保険契約における免責条項の意味を、条項の趣旨や当事者の合理的意思などを理由に限定した裁判例などを挙げることができる[23]。さらに、一種の契約の解釈を通して、問題となった特約の成立を否定したものもある[24]。

(ⅲ)　信義則

　以上のほか、裁判例には、当該事情の下での事業者の消費者に対する権利行使を、信義則によって否定ないし制限するという手法によって消費者の利益保護を図るものがある[25]。

(ⅳ)　約款規定（民法 548 条の 2〜548 条の 4）

　債権法改正により、民法に「定型約款」に関する規定が新設された。同規定の適用対象は消費者契約に限定されている訳ではないが、消費者契約に多く見られる約款取引の適正化に寄与することが期待される。特に民 548 条の2 第 2 項は、定型約款における不当条項は契約内容に組み入れられない旨を規定している。

---

21)　東京地判昭 32・3・9 判時 111 号 13 頁など。

22)　東京地判昭 44・1・17 判時 562 号 54 頁。

23)　最判昭 62・2・20 判時 1227 号 134 頁、最判平 16・3・25 民集 58 巻 3 号 753 頁など。

24)　最判平 17・12・16 集民 218 号 1239 頁（判時 1921 号 61 頁）は、建物賃貸借契約において通常損耗分の原状回復義務を賃借人が負う旨の特約の成立を否定した。

25)　たとえば、ダイヤル Q2 の有料情報サービスにつき、未成年の子がその親である加入電話契約者の承諾なしに利用したことにより生じた通話料の支払を、当該電気通信事業者が親である契約者に対して請求したという事例において、最高裁は、当該事情の下では、当該通話料のうち 5 割を超える部分の支払請求は信義則ないし衡平の観念に照らして許されないとした（最判平 13・3・27 民集 55 巻 2 号 434 頁）。その他、最判昭 57・12・17 判時 1070 号 26 頁をはじめ、多くの裁判例がある。

　もっとも、民法 548 条の 2〜548 条の 4 の規定は、一般にいう約款を広く適用対象とするのではなく、「定型約款」にその対象が限定されている。定型約款の定義は、548 条の 2 第 1 項が定めており、それによれば、不特定多数の者を相手方として行う取引で、その内容の全部または一部が画一的であることが双方にとって合理的な「定型取引」において、契約内容とすることを目的として準備された条項の総体とされている。画一性の双方合理性という要件がどこまでの広がりをもちうるかは、今後の解釈によることになろうが、消費者契約における契約条項の中には「定型約款」に該当しないものありうることに留意する必要がある。

[3]　特別法による不当条項規制

　既に触れたとおり、契約の不当条項については、民法 90 条による解決を図ることには限界もあった。そこで、今日では、各種の特別法において、具体的な一定の取引と項目を対象とし、内容を規制する強行規定が置かれていることも少なくない。さらに、消費者契約法においては、より一般的に、消費者契約における不当条項は一定の要件の下で無効となる旨の規定（同法 8 条から 10 条）が設けられている。

　同法 8 条、8 条の 2、8 条の 3 および 9 条は、消費者の利益を一方的に害することになる契約条項の典型的類型（事業者の損害賠償責任を免除する条項、免責の範囲が不明確な条項、事業者の債務不履行を理由とする消費者の解除権を放棄させる条項、事業者に消費者が後見開始の審判等を受けたことのみを理由とする解除権を付与する条項、消費者が契約を解除した場合に不当に高額な違約金や損害賠償の支払義務を負わせる条項）について、具体的な基準の下での無効を規定するものである（不当条項の具体的リスト）。一方、10 条は、不当条項の一般規定として、消費者契約における契約条項が不当として無効とされるための一般的要件を定める。このうち特に 9 条については、注目すべき判例の展開も見られるところである[26]（消費者契約法における不当条項規制の詳細については、本書第 7 章参照）。

　もっとも、特定の契約条項の不当性に解消できないような問題も存する。消費者契約法の 2016 年改正では、「過量契約取消し」の規定が新設され、2018 年および 2022 年の改正では困惑による取消しの規定が拡充されるなど、つけ込み型不当勧誘に対する法的対処はある程度進展した。また、不当条項リストも追加されてきた。しかし、内容と締結過程の態様を総合して著

しく不当といえる場合や契約構造自体が不当である場合などについてはなお、上述のような、公序良俗、信義則、契約解釈、新しい民法の約款規定など、民法の規定ないし法理による解決が重要な意味を持ちうる。立法論としては、8条〜9条のような具体的な不当条項リストのさらなる拡充、10条の要件のさらなる見直しと並んで、消費者契約法に、消費者契約版のミニ公序良俗規定ともいえるような一般規定を設けることなどもさらに検討されるべきであろう。

4 その他の問題について
——履行過程のトラブルや事業者の不法行為責任など

　消費者紛争における消費者の被害救済にとって重要な点は、消費者契約の締結過程および内容に尽きるものではない。事業者が契約の趣旨に従った履行をしなかったときには、消費者は、民法の債務不履行等の規定に基づき権利行使をすることになる。民事特別法には、消費者の契約解消にかかる権利とその場合の清算に関する強行規定などがあるが、これは間接的に、正常な履行を確保する機能も有するものといえる[27]。現在の消費者契約法には、事業者の債務不履行による損害賠償責任や履行時における不法行為による損害賠償責任を免除または軽減する契約条項、事業者の債務不履行により生じた消費者の解除権を放棄させる契約条項などを無効とする規定など（**3** [3]で触れた不当条項規制）が設けられている。これに加えて、債務不履行や清算などについて、消費者契約に関するより積極的な特則規定を設ける必要がないかについては、今後の立法論的課題として残されているといえよう。

　このほか、特に重要なものとして、不法行為規定を挙げることができる。

---

26)　たとえば、いわゆる学納金返還請求訴訟判決では、授業料等不返還特約が、公序良俗違反（民法90条）には該当しないが消費者契約法9条1号により無効という判断も出された（最判平18・11・27民集60巻9号189頁など）。さらに、冠婚葬祭互助会契約における途中解約の際の解約払戻金制限条項について、9条1号により無効とし、さらに12条3項に基づく差止請求を認容した裁判例もある（大阪高判平25・1・25判時2187号30頁）。

27)　たとえば、特定商取引法におけるクーリングオフや中途解約権におけるこの機能につき、中田邦博「契約の内容・履行過程と消費者法」中田邦博＝鹿野菜穂子編『ヨーロッパ消費者法・広告規制法の動向と日本法』（日本評論社、2011年）25頁。

契約締結前における事業者の情報提供義務ないし説明義務を認め、その違反について、事業者の損害賠償責任を認める裁判例があることは既に言及したが、肯定した裁判例の多くは、不法行為に基づいてこれを認めたものである。特に消費者契約法などの特別法が整備されていなかった時代においては、民法上の無効規定や取消規定の要件上の制約から、不法行為による損害賠償請求という形で解決が図られることが多かった。今日では、取消権等を行使できる場合がある程度は広がったものの、なお不法行為規定による解決も重要な意味をもっている。さらに説明義務関連の特別法として、金融サービス提供法などがある。同法は、金融サービスの提供取引につき、事業者に具体的な説明義務を課し、その義務違反があった場合には、事業者が一定の範囲で無過失の賠償責任を負う旨の規定を置くものもある（→同法の課題も含め、第15章参照）。

一方、製品の欠陥により損害を被った被害者に対する製造業者等の責任についても、かつては、民法709条の適用によるしかなく、過失の立証に困難があったが、1994年には製造物責任法が制定され、過失を要件としない欠陥責任が導入された。同法は、民法の不法行為規定につき重要な意味を持つ特則を定めるものである。同法による保護の対象は消費者に限定されているわけではないが、消費者の被害救済にとって、重要な役割を果している（→第23章）。

5 おわりに──消費者民事法の課題

消費者法に属する民事規定は、従来、特に問題の多い取引分野や特定の取引方法を対象として対処療法的に設けられるということが多く、その結果、消費者民事法はモザイク構造を持ち、体系性を欠くという問題が生じてきた。2000年に制定された消費者契約法は、消費者民事法の一般法的な性質を持つものではあるが、その規定している内容は限定的であり、モザイク構造がこれによって解消されたわけではない。今後、消費者民事法をさらに発展させるためには、多数の法律に散在する消費者民事規定の体系化ないし構造化を図る必要がある。比較法的には、次の2つの方法が見られる。

一つは、民法の中に消費者契約に関する基本的な規定を盛り込むという方法であり、ドイツ民法がこの方法を採っている。そして日本でも、2017年に成立した債権法改正の審議の初期の段階では、「消費者」概念を民法に取

り込み、消費者保護のための特別法の規定のうち、私法としての性質をもつ一定の範囲の基本的規定を民法典の中に取り込む可能性も、検討対象とされた。しかし、その後、この方向での民法改正は断念されたので、当面は、日本でこの方向での体系化を実現する可能性は低くなったといえよう。

　もう一つは、民法の外に、消費者取引に関わる民事規定を広く統合していくという方向であり、フランスの消費法典がその一例である（ただし、民事規定にとどまらない）。民事規定のみならず、関係する行政規定等も含む包括的な法律を構想することも考えられる（いわゆる「消費者法典構想」ということもできよう）。この方法には、民事規定と公法規定（行政規制等）の協働による実効的な消費者保護が図りやすくなるという利点もあるが、民事規定の柔軟性が損なわれることに対する危惧も指摘されている。いずれにしても、体系化の問題においては、消費者民事法と公法との協働あり方があらためて問われることになろう（→第1章 **2** [3] も参照）。この消費者法典構想を模索する場合でも、そこにおける消費者民事法と民法の規定ないし理論との接合を図ることは不可欠であり、民法において、そのような接合の足がかりとなる理論が形成・発展されることが重要である[28]。さらに、「消費者法典」という形を採らない段階でも、関係する各種の立法につき体系的な整理をすることが重要であることは言うまでもない。

　また、消費者関連法規の整序と位置づけの問題とは別に、具体的な消費者民事法の規律内容についても、さらに拡充を図ることが必要である。消費者契約法についても、規定の要件の見直しや規律の対象の拡大など、改正を検討するべき点はなお存在している（→第6章および第7章）。

　本章では、民事実体法に関する問題を中心に述べたが、実体法に基づく消費者の権利の実現を実効化するための手続的な仕組の重要性も、忘れてはならない。とりわけ、消費者紛争においては、多数の消費者が同種の少額被害を受けるという場合も多い。このような消費者紛争の特徴を踏まえて、通常の訴訟手続以外の紛争解決手続が必要とされる。実際、わが国では2006年の消費者契約法改正により適格消費者団体による差止請求制度が導入され、

28）　たとえば、当事者間の情報力・交渉力に格差のある契約においては、その劣後する当事者の利益に配慮するべきことが、関係する各規定の解釈を通して展開されるべきであろう。

その後、景品表示法、特定商取引法、食品表示法にも同制度が導入された。
既にこの制度に基づく注目すべき判決や和解例などの実績が見られる。さら
に 2013 年 12 月に成立し、2016 年 10 月 1 日に施行された「消費者の財産的
被害の集団的な回復のための民事の裁判手続の特例に関する法律」（消費者裁
判手続特例法）では、特定適格消費者団体の主導によって消費者被害の集団的
回復を図るための特別な仕組みが講じられている（→第 4 部の各章）。これらの
制度の今後の展開も注目される。

第 3 章
消費者と行政法

神戸大学教授
中川丈久

> 　行政法は、消費者被害の防止および回復に重要な役割を果たしている。国や地方公共団体のどのような行政組織が、どのようにして消費者被害の防止および回復を実現しているのか、考えてみよう。また、民事法や刑事法が、消費者法の世界で果たす役割と比較してみよう。

1　はじめに

　消費者法というと、消費者契約法や製造物責任法のように、私法ないし民事法（契約法、不法行為法、不当利得法など）の手法を用いて、消費者保護という目的を実現しようとする法分野である、という印象が強いかもしれない。「消費者行政」という言葉があるが、これは、国や地方公共団体の消費生活センター等の行政組織における消費者相談を指すことがある（かなり狭い意味での「消費者行政」である）。消費者相談は、消費者と事業者の間のトラブルのあっせんが主たる役目であるから、裁判による解決に代替する紛争処理（ADR）であり、その限りでは民事法に属する（この点については、「おわりに」で再び取り上げる）。

　では、消費者法の世界に、公法ないし行政法は関わりを持たないのか、行政法の手法を用いる文字通りの「消費者行政」や、その根拠となる「消費者行政法」は存在しないのかというと、決してそうではない。いわゆる業法

（における利用者保護の規定）を別とすると[1]、日本法では、「消費者行政法」の立法が、ここ 10 年ほどで加速度的に強化されている。

そのきっかけは、平成 21 年（2009 年）に消費者庁が設立されたことである。「消費者行政」全般の司令塔としての役割を担う消費者庁は、国や地方公共団体が様々な形で保有する情報を把握し、これをもとに、効果的に消費者保護のための措置をとる（情報を公表したり、他の省庁による対策を促したりする）ほか、行政法の手法を駆使する「消費者行政法」を強化する法改正や新規立法を進めてきた。本章では、そのように強化された「消費者行政法」の姿を具体的に示してみたい。

2　行政法とは

そもそも、行政法とはどういう法なのだろうか[2]。

法的手法——ここでは、誰と誰の間のどのような法律関係を、誰がどのような手順を踏んで実現していくのかという観点から法制度を設計する方法を分類する用語であると定義しておこう——には、行政法と呼ばれる手法、民事法と呼ばれる手法（契約責任、不法行為責任を問うなど）、そして刑事法と呼ばれる手法（刑事責任を問う、すなわち刑罰を科す）がある。すべての法律や条例は、この 3 手法のどれか 1 つ、または、2 つ以上を組み合わせることで出来ている（それゆえ私は、この 3 つを「法の三原色」と呼んでいる[3]）。

行政法という法的手法の特徴は次のとおりである。

---

1)　いわゆる業法とは、特定の産業部門を対象として経済的・社会的な規制を行う法令のことであり、食品衛生法、消費生活用製品安全法、薬機法、宅地建物取引業法、貸金業法、銀行法などきわめて多く存在する。業法は、当該産業の振興や健全性を維持するという観点から、しばしば利用者（消費者のことが多い）を保護する規定を置いている。産業のあり方からアプローチして、消費者保護にも目配りをする業法と、景品表示法や特定商取引法、消費者安全法のように、産業を特定せず、消費者一般の保護のあり方からアプローチする消費者法の関係については、中川丈久「消費者行政」ジュリスト 1414 号（2011 年）51 頁、53-54 頁および中川丈久「消費者」公法研究 75 号（2013 年）188 頁、194 頁を参照。なお、業法であっても、その利用者保護の規定だけを消費者庁が所管することがある。消費者庁及び消費者委員会設置法 4 条 1 項を参照。
2)　以下述べることの詳細は、中川丈久「行政法による法の実現」佐伯仁志編『岩波講座・現代法の動態第 2 巻——法の実現手法』（岩波書店、2014 年）111 頁を参照。

　第1の特徴は、統治機構による公益保護を目的として、統治機構（国や地方公共団体等）を一方当事者とする権利義務や地位といった法律関係——行政上の法律関係（公法関係）——を設定することにある（民事法や刑事法において設定される法律関係と比較されたい）。統治機構とは、国や地方公共団体が、その固有の設立目的のために行動する場面、すなわち公権力（統治権）をもって社会の望ましい姿の実現をめざして行動する場面を指す（それゆえ、国や地方公共団体が、私人と同じように、売買契約を締結したり、都営や市営のバス事業の許可を得て事業活動を行ったりする場面を除く）。この意味での国や地方自治体を指して、行政主体という言葉が使われることもある。

　第2の特徴として、この公法関係が、法律や条例から直ちに（自動的に）発生することもあれば、営業の許認可やその取消し、業務停止命令や業務改善命令、課徴金納付命令などの行政処分がなされることによってはじめて発生することもある（民事上の法律関係や刑事責任がどのようにして成立するのかと比較されたい）。行政処分とは、私人の権利や地位を与えたり、権利や地位を制限したり、義務を課したり義務を免除したりする権限のことであり、法律や条例だけが創設しうるものである。法律や条例はこの権限を、統治機構の機関である大臣や長官、知事や、市町村長などに（ときには民間団体に）付与する。付与された者を行政庁や処分庁と呼ぶ。行政処分という権限を縦横に行使して政策目的の実現を目指すことは、もっとも行政法らしい姿のひとつである。

　その際、たとえば営業停止などの行政処分権限を発動するかわりに、営業を自粛することなどを求める行政指導を行う（法令がこの種の指導を規定するときは「勧告」と呼ぶことが多い）ことがあるほか、国と地方公共団体の間で行政処分に関する事務を分担したり、地方公共団体が条例で、国が行っていない独自の工夫を加えたりすることにより、複雑な行政過程が生まれる。

　第3の特徴として、行政処分という強い権限を与えられた大臣等は、事前や事後の行政手続（行政手続法や行政不服審査法）、そして裁判手続（行政事件訴訟法）を通して、法令に適合する正しい判断をするよう規律を受ける。このような制御装置のなかで公法関係が設定されることも、行政法の特徴である（民刑

3）　中川丈久「消費者行政法の課題」行政法研究20号（2017年）217頁、中川丈久「日本で可能な違法収益吐き出し制度」現代消費者法46号（2020年）81頁、83頁を参照。

事の裁判手続や、刑事捜査手続の規律の仕方と比較されたい）。

　以上 3 点のほか、とりわけ重要なことは、国や地方公共団地がしばしば、公法関係を用いないで、政策目的をうまく達成していることである。業界団体に自主規制を求めたり、事業者等への行政指導を行ったり[4]、具体的な事実 (ある事業者に法令違反があったこと、営業停止を受けたことなど) を社会一般に向けて公表したりするのである。自主規制を求められた者、指導を受けた者、公表対象とされた者は、なんら新たな法的な義務を負うわけではない[5]。しかし、行政からの求めに応じることのメリットとデメリットを計算し、メリットがあると考えると行政の要請に応じる。この場合、行政は、その意図した政策目的を、法律関係を使わないまま実現することができる。行政法学では、公法関係を用いないこうしたやり方も、行政法の手法の一環であると捉えている (そのため、行政手続法第 4 章は、行政指導全般を規律する規定をおいている)。

3　消費者行政法とは

　次に、消費者法とはなにかを確認しつつ、どのように「消費者行政法」が存在しているのかを見ておこう[6]。

　ほぼすべての法律、そしてすべての条例は、なんらかの公共政策 (政策目的とその達成手段) のために立法されている。そこで、無数にある法律や条例を政策目的の違いによって分類することが便利であり、たとえば経済法 (競争法)、租税法、労働法、知的財産法、環境法、金融法、社会保障法、都市法など、様々に分類されている。消費者法も、そのようにして分類された法分野のひとつである。いずれも、「法の三原色」のうちのひとつ以上を用いて

4)　法令の根拠なく、したがって行政処分権限もないときにも指導を行うことができる。法令に基づかない行政指導の正当性と限界については、中川丈久『行政手続と行政指導』(有斐閣、2000 年) 207-274 頁を参照。

5)　行政法学では、公表も行政処分であるとする見解もあるが、公表によっていかなる法律関係が誰に生じているかの説明が困難であることから、現在では、行政処分ではないとする見解のほうが多いように思われる。公表に法令の根拠が必要かの点も含め、中川・前掲注3)「消費者行政法の課題」236-244 頁を参照。

6)　以下述べることの詳細は、中川・前掲注1)「消費者行政」51-57 頁、中川・前掲注1)「消費者」198-194 頁を参照。

	消費者法	競争法	租税法	労働法	知財法	環境法	……
行政法							
民事法							
刑事法							

出来た法律や条例の集積である（上の図を参照）[7]。

　消費者法は、消費者保護——法令上は「消費者の権利の尊重」（消費者基本法2条）や、「消費者の利益の擁護及び増進」（消費者庁及び消費者委員会設置法3条1項等）という表現を用いる——を政策目的とする法律や条例から構成される法分野である（→第1章および第5章を参照）。

　敷衍すると、第1に、消費者とは、商品および役務（消費者基本法2条1項等を参照）の需要者たる個人を指す。個人的用途のために商品や役務を用いる（購入した場合に限らない）、文字通り、私たち一人ひとりである。現代社会に生きるすべての個人は、365日、24時間のほとんどを、消費者として過ごすのである（→消費者像について第1章12頁以下）。

　第2に、私たち消費者は、「安全」「表示」「取引」の3場面において[8]、商品や役務に係る様々な被害——「消費者被害」——を受ける危険に常に晒されている。商品や役務に起因する生命身体への被害にいつでも遭遇しうるし（安全の欠如）、まぎらわしい表示や、表示の欠如によって、商品や役務の合理的選択の機会を失うことも多い（不当な表示）。そして、不当な勧誘により、商品や役務の取引条件について合理的な判断をせずに契約してしまい、思わぬ財産的被害を受けるおそれも常にある（不当な取引）。消費者保護とは、こうした消費者被害の防止や回復の手立てを明確化したり、新たに創出したりす

---

7)　民法典や商法典（商行為法など）、刑法典は、そのほとんどが政策目的をもたない汎用性を目指した条文であるから、ここには含めていない。中川・前掲注1)「消費者」189-190頁、中川・前掲注2)「行政法による法の実現」112頁を参照。

8)　福田康夫総理大臣（当時）が主宰した消費者行政推進会議の「消費者行政推進基本計画」（2008年）の表現による。内閣官房消費者行政一元化準備室「消費者関連3法の概要」ジュリスト1382号（2009年）6頁、7頁。消費者基本法11条（消費生活における安全）、12条（適正な取引）、15条（選択を誤ることがない）も参照。

ることである。

　第3に、それゆえ消費者法は、消費者保護という政策目的を達成する手段として、消費者被害の防止と回復のための様々な手立て（施策）を定める法律や条例から成る法分野であるということができる。

　その施策を通覧したのが、消費者基本法の第2章「基本的施策」である。「安全の確保」(11条)、「消費者契約の適正化等」(12条)、「計量の適正化」(13条)、「規格の適正化」(14条)、「広告その他の表示の適正化等」(15条)、「啓発活動及び教育の推進」(17条)「苦情処理及び紛争解決の促進」(19条) などを列挙している。

　各施策は、行政法、民事法、刑事法のうちひとつ以上を用いて設計される。

　消費者被害を民事法の意味で、すなわち契約法や不法行為法などが守ろうとする権利利益の侵害として捉える場合、その防止や回復に、民事法の手法を用いることになる。被害者（であると主張する者）が、加害者（であると主張された者）に対して、意思表示の取消し、契約の解除、契約条項の無効を主張するほか、行為の差止請求、契約上の債務履行請求、損害賠償請求、不当利得返還請求などをする。この場合に従来の民事実体法や民事手続法のルールを修正したのが、消費者契約法（適格消費者団体による差止請求を含む）や製造物責任法であり、集団的消費者被害回復訴訟制度を導入する消費者裁判手続特例法である（→第23章〜第26章）。

　消費者被害を刑事法の意味で、すなわち刑罰により担保すべき保護法益の侵害として捉える場合、その防止や回復を刑事法の手法で行うことになる。法律や条例に、いわゆる直罰規定を置いて刑事処罰による一般的抑止を狙い、また、刑事没収金を被害者に配分して被害回復役立てようとすることもある（→第4章）。

　消費者被害を、行政法の意味で、すなわち消費者一般が享受するべき公益に対する侵害として捉える場合は、その防止や回復を行政法の手法を用いて行う。こうした手法を定める条文を持つ法令が、「消費者行政法」である。代表的な「消費者行政法」は、表示被害についての景表法（→第14章）、特定業態における取引被害についての特定商取引法（→第8章〜第11章）である（各法令には、民事法や刑事法の条文も含まれているから、いずれも100%の「消費者行政法」というわけではないことに注意）。消費者安全法は、安全被害のほか、表示や取引の被害にも及ぶ横断的な「消費者行政法」である。以下、この3法を用いて、行政

法が、消費者被害の防止と回復に使われる様子を説明する。

4　消費者法における行政法の活用

[1]　消費者被害の防止

　消費者被害を防止するための行政法の手法は、法律関係（公法関係）を用いてするものもあれば、あえて法律関係を用いないものもある。

(i)　法律関係を用いる場合

　被害発生を防止するために、法律関係（公法関係）を用いる行政法の手法には、大きくふたつのものがある。参入規制と行為規制である。

　参入規制は、許認可制度を設け、一定の要件を満たした者にのみ事業活動を行わせることにより、被害発生のおそれを抑えようとする。行為規制は、事業者が遵守するべき行為規範（たとえば不当表示や不当勧誘の禁止、書面交付の義務など）をあらかじめ定めておき、違反者に対して、業務改善や課徴金納付を命ずる行政処分の規定を置くことで、違反を抑止し、被害発生のおそれを低めようとする。業法であれば、参入と行為の両方を規制することが多いが、景表法や特定商取引法、消費者安全法のように、産業分野を問わず幅広く消費者保護を目指す法令は、参入規制をする余地がないので、行為規制のみを採用している。

　安全、表示、取引いずれの場面であれ、行為規制を所管する行政庁（消費者保護当局）がなすべきことはなによりも、違反行為をした事業者に対して、現に進行中の違反行為を中止させ、かつ将来において違反行為を繰り返さないよう業務改善させる（体制整備）ことである。すなわち、「その違反行為を中止せよ」「営業を停止せよ」「今後、同じ違反行為をするな」などといった公法上の義務を生じさせる中止命令や措置命令、指示などの行政処分の権限を発動する。これにより、被害が他の消費者一般（潜在的な被害者）に拡大することを防止するのである。具体例として、特定商取引法7条（指示）や8条（業務停止命令）、景表法7条（措置命令）がある。景表法の平成26年6月改正により、措置命令権限は、消費者庁長官のみならず、都道府県知事ももつことになった。

　また、課徴金納付命令は、金銭納付義務という経済的負担を与えることで、法令違反の繰り返しを抑止しようとする行政処分であり、これも被害防

止のための措置である。景表法 8 条が課徴金納付命令を定めている。

　行政機関は、こうした命令権限をどういうときに発出するかについて、ガイドラインや Q & A を公表することがある。法令の行政解釈を公にしたり、行政裁量の行使基準を公にしたりしているわけであるが、こうした周知活動も、事業者に対して法令遵守を促す役割をもつため、被害防止措置のひとつといえる。

　以上が、被害防止のための典型的な行政処分の規定例である。このほか、さらに工夫を加えた立法例として次のものがある。

　ひとつは、悪質な法令違反者対策としての被害防止措置である。業務停止命令を受けても、屋号を変えれば、停止命令を容易に潜脱することができる。そこで、特定商取引法は、違反をした事業者に対する業務停止命令をするときに、あわせて、停止命令を受けた組織の中心人物 (個人) に対する業務禁止命令をかけることができる (8 条の 2、15 条の 2、23 条の 2、39 条の 2、47 条の 2、57 条の 2。令和 4 年改正で、さらに強化されている)。

　もうひとつは、既存の法令がないとき、緊急で措置命令をする権限である。消費者安全法は「消費者安全性を欠くことにより重大事故等が発生した場合」や「多数消費者財産被害事態が発生した場合」であって、「実施し得る他の法律の規定に基づく措置」がない場合について、「被害の発生又は拡大の防止を図るため」に、消費者庁長官による措置命令の権限を定めている (40 条)。

(ii)　法律関係を用いない場合

　法律関係 (公法関係) を使わないで、消費者被害の防止を実現する手法も、よく使われている[9]。

　消費者安全の確保にはとりわけこの手法がよく使われている。たとえば JIS 法は、製品規格の標準化の手順をさだめたものである。規格の標準化は、使用上の便利さだけでなく、安全性確保の観点からも行われる。同法自身は、製造業者等に対して、JIS 規格を守る法的義務を課すものではない

---

9)　公表と自主規制について、中川丈久「消費者行政における非権力的手法の展開」都市問題 112 号 (2021 年) 59 頁を参照。

（なお、別の法律がJIS規格の遵守を義務付けることはある）。しかし、多くの製造業者が
JIS規格に適合している旨を商品に表示することに経済的インセンティブを
感じれば、規格に準拠した製品が市場に多く流れることとなり、その分、安
全被害の防止に役立つ。また、経済産業省などのいわゆる監督官庁が、監督
対象である事業者の団体に自主規制を求め、当該団体がそれに応じるなら
ば、（その効果は団体に加盟する事業者に限られるものの）新たに立法をするよりも素早
く消費者被害の防止を実現することができる。さらに、近時は消費者がアマ
ゾンや楽天などが提供するデジタル・プラットフォームを通じて商品を入手
することが多いことから、消費者庁長官が危険と考えた商品の販売を止める
よう、デジタル・プラットフォーム提供企業に要請することで、効率的に安
全被害の発生を防止しようとする方法も始まろうとしている（取引デジタル・プ
ラットフォーム消費者保護法4条）。

　消費者庁の消費者安全調査委員会による事故調査の意見は、法令化につな
がることもあるが、多くはこのように非・法的な方法で実現されている（→
第22章）。

　行政庁による具体的事実の公表という手法もよく使われる。その最たる例
が、消費者安全法38条に基づき、消費者庁長官が行う注意喚起である。た
とえば不実告知による勧誘（投資詐欺のセミナーが行われていることなど）を探知し、
緊急性を要すると判断した案件について、消費者庁長官が、地方公共団体に
情報提供するとともに、消費者に情報提供することによって、被害を予防し
ようとするのである。消費者が注意するだけでなく、この情報喚起をもとに
金融機関が口座取引を停止すると（犯罪利用預金口座等に係る資金による被害回復分配
金の支払等に関する法律。いわゆる振り込め詐欺救済法を参照）、消費者被害の防止にな
る[10]。

[2]　消費者被害の回復

　では、すでに生じた消費者被害の回復はどうだろうか。損害賠償請求や不
当利得返還請求などの民事法の手法とは別に、行政法が、被害回復に役割を

10）　消費者庁『逐条解説・消費者安全法〔第2版〕』（商事法務、2013年）202-203頁参照。そ
　の実例として、東京地判令3・8・6判時2476号30頁がある。

果たすことはあるだろうか。

　この問題については、消費者庁において、表示と取引の消費者被害を念頭において複数の検討の場が設けられたが、明確な方向性を打ち出すには至っていない[11]。もっともその後、消費者被害を行政法の手法を用いて回復する可能性を示唆する 2 つの立法例が登場している。景品表示法の平成 26 年改正と特定商取引法の平成 28 年改正である。以下では、どのような考え方がありうるかについて、筆者なりのアイデアを示したうえで、これら 2 つの法改正を説明する。

(i)　行政法の手法を用いた被害回復の考え方

　この問題の解き方は 2 つあると考えられる[12]。第 1 がいわゆる悪質事業者向けであり、第 2 がそれ以外の通常の事業者向けである。

　第 1 の方法は、没収金を用いた被害回復である。違法収益の没収命令という行政処分によって、法令違反をした事業者から一定の金額を国庫（又は特別に設立した法人等）に移転したうえで、その金銭を被害者に配分し、消費者被害を少なくとも一定程度は回復させるのである。課徴金納付命令を用いてこのような被害回復を行うという考え方もありうるであろう。いずれであれ、この方法をとるには、没収命令や課徴金納付命令を立法するだけでなく、配分の基準と手続、そして保全手続の立法も必要である。

　これと似た既存の制度として、刑事法の手法を用いた犯罪被害回復給付金支給法がある。同法は、組織犯罪に関するものであり、被害者は、検察官に対し、国が没収した金銭から「被害回復給付金」（同法 2 条 2 号）を支給せよという請求をする。民事法の手法を用いたものとしては、犯罪利用預金口座等に係る資金による被害回復分配金の支払等に関する法律（いわゆる振り込め詐欺救済法）がある。金融機関が自らの口座のうち犯罪に利用されたと相当の理

---

11)　このうち直近の検討の場が、「消費者の財産被害に係る行政手法研究会」である（平成 25 年〔2013 年〕6 月に終了）。その検討内容については、消費者庁のウェブサイトを参照。

12)　以下述べることの詳細は、中川丈久「消費者被害の回復」現代消費者法 8 号（2010 年）34 頁、曽和俊文「悪質業者の規制と被害者の救済」現代消費者法 22 号（2014 年）33 頁、中川・前掲注 3)「日本で可能な違法収益吐き出し制度」82-87 頁を参照されたい。

由をもって疑うものを凍結し、さらに失権手続を経た場合は、被害者が当該金融機関に対して、自分が振り込んだ金の返還を求める制度を定めている。

　第2に、措置命令や指示という行政処分の権限を使う方法が考えられる。

　この方法は、違反行為をした者に対する措置命令や指示として、現在進行中の違反行為を中止させるだけでなく、（今からでは中止しようのない）既遂の違反行為については、それが無かった状態に戻させるべく、それがもたらした消費者被害を取り除く――いわば時間を巻き戻す――ための措置をとるよう命じるのである。既遂の違反行為（それによって生じた消費者被害）を放置すれば、違反者の"逃げ切り"を許すことになり、今後の違反の繰り返しを防ぐという公益の観点からみて、問題が大きいからである。具体的には、当該事業者に対し、契約相手に違法勧誘等があった事実と、希望するならば一定限度で契約の合意解除や再交渉に応じる旨（したがって返金等に応じる旨）を通知する等の措置をとるよう命じることになると考えられる。

　一般に、法令違反者に対し、現在進行中の違反行為の停止や中止を求めるだけでなく、既遂の違反行為がもたらした不当な状態も無くすよう求めることは、行政法の手法としては普通に見られるところである。たとえば、河川法75条1項（監督処分）は、「工事その他の行為の中止、……、工事その他の行為若しくは工作物により生じた若しくは生ずべき損害を除去し、……その他の措置をとること若しくは河川を原状に回復することを命ずることができる」と定める。あるべきでない建物や工作物などが出現している事態に対しては、この条文のように、除却や原状回復という語が使われる。

　巻き戻しであれ、除却や原状回復であれ、これを民事法の観点からみれば、被害者の権利利益の回復のために加害者に対して請求する行為である。他方、これを行政法の観点からみると、法令違反によって生じた事態（被害者の存在）を後始末させることで、違反の繰り返しを防止する（消費者一般の保護という公益に資する）ための措置であると説明するのである。

(ii)　ふたつの法改正

　特定商取引法の平成28年改正により、同法の指示の規定はすべて、「その販売業者又は役務提供事業者に対し、<u>当該違反又は当該行為の是正のための措置、購入者又は役務の提供を受ける者の利益の保護を図るための措置その他の必要な措置をとるべきことを指示することができる</u>」という規定振りに

なった（7条、14条、22条、38条、46条、56条に下線部が加わった。）。そこで下線部前段の「是正」は、現在進行中の違反行為の中止などの措置を、後段の「購入者又は　役務の提供を受ける者の利益の保護を図るための措置」は、既遂の違反行為の巻き戻し措置をそれぞれ意味していると解する余地が生まれたように思われる[13]。

　では、景品表示法景品表示法 7 条 1 項の措置命令の規定もそのように解しうるだろうか。同項柱書は、「当該事業者に対し、その行為の差止め若しくはその行為が再び行われることを防止するために必要な事項……を命ずることができる」と定めるので、このうち「その行為が再び行われることを防止するために必要な事項」として、たとえば、優良誤認表示のメニューを見て注文して食事した人に、不当表示であった旨を謝罪広告等によって知らせ、返金の申し出があれば適切に応じるなどの措置をとるよう命じることも含むと解することができるかという問題である。

　実は景表法は、このような措置を命じることと似た効果をもつ仕組みを設けている。平成 26 年（2014 年）11 月改正で課徴金納付命令の制度を導入する際に、事業者が自発的に消費者に対して返金措置をとるのであれば、一定の条件の下に課徴金が減額されるという仕組みを導入したのである（同法 10 条・11 条）。この点も考慮したうえで、同法 7 条で命じうる措置の範囲をどう解するかという法解釈問題が残されているのである[14]。

5　おわりに

　消費者法は、競争法と同様に、「法の三原色」がとりわけ頻繁に交錯する

---

13)　消費者庁による「特定商取引法の解説（平成 28 年版）」は、たとえば訪問販売に関する指示規定である同法 7 条について、「『購入者又は役務の提供を受ける者の利益の保護を図るための措置』とは、例えば、販売業者等が勧誘の際に不実告知を行っていた場合に、購入者等の誤認を排除するため当該告知が事実に反していた旨の通知をさせる（……）こと等である。」と説明するに止めている。この点につき、松本恒夫「消費者被害の救済と抑止の手法の多様化」現代消費者法 40 号（2018 年）4 頁、8-9 頁の指摘も参照。

14)　この問題については、中川丈久「広告規制と行政法の役割」消費者法 9 号（2017 年）25 頁、43-45 頁、松本・前掲注 13)「消費者被害の救済と抑止の手法の多様化」6-8 頁（景表法に関する 2002 年の公正取引委員会の研究会の報告書など）を参照。

法分野である。交錯の究極の形が、ひとつの法的ルール（たとえば不当表示や不実告知の禁止というルール）が、行政法、民事法、刑事法のうち、2つ以上の観点から同時に把握される場面である。景表法では、不当表示が、適格消費者団体による差止請求の対象となり、かつ、行政庁による措置命令の対象ともなる。特定商取引法では、不当勧誘（不実告知など）が、意思表示取消しの理由となり、かつ、行政庁による指示処分の対象となり、さらに直罰規定の対象でもある。いずれの場合も、法令遵守する事業者が、法令違反を続ける事業者に対する差止めや損害賠償請求を求めることができるという民事ルールを導入することも考えられる（競争法分野ではすでに独占禁止法24条および25条がある）。

　私はこうした複層的な法実現の様子を「デュアル・エンフォースメント」「トリプル・エンフォースメント」と呼んでいる[15]。各手法の同時進行性を示すとともに、消費者被害の防止や回復のための措置を、行政法、民事法、刑事法のどれかが排他的に受け持つことはないことを強調するためである。

　こうした複層的な法実現は、何も消費者法に限った話ではないが、現在のところ、もっとも顕著に見られる立法の最先端が、消費者法であるように思われる。

[15]　詳細は、中川・前掲注 1）「消費者行政」54-55 頁（多元的エンフォースメント）、中川・前掲注 1）「消費者」195-196 頁、中川・前掲注 2）「行政法における法の実現」142-144 頁を参照。

第4章
消費者と刑法

中央大学教授
佐伯仁志

1　本章で学ぶこと

消費者法における刑法の役割というと、消費者に被害を与える詐欺行為の処罰をイメージすることが多いであろう。もちろんそのような刑法の役割は重要であるが、刑法は、消費者を保護するために規定された様々な法的ルールの実効性を担保する役割も担っている。また、消費者被害の回復のために刑法が果たすべき役割も注目されるようになってきている。消費者法の分野において、刑法はどのような役割を果たしており、今後果たしていくべきか。本章ではこうした問題について考えてみたい。

2　消費者保護のための刑罰規定

消費者法の特色の一つは、その複合領域性にあり[1]、刑法もその重要な一翼を担っている。本章では、消費者保護における刑法の役割を検討するが、その前にまず消費者保護のための刑罰規定を概観しておきたい[2]。

---

1)　大村敦志『消費者法〔第4版〕』（有斐閣、2011年）12頁。

[1] 安全の確保

(a) **業法上の規定** 消費者の安全確保のための法律としては、たとえ ば、食品衛生法、薬機法、電気用品安全法、消費生活用製品安全法、家庭用 品規制法、道路運送車両法などがある。これらの法律には次のような規制と ともに、それについての罰則規定が設けられている。①事業を営むことを許 可制・届出制にして、無許可・無届の営業を処罰する (たとえば、薬機法4条、12 条、24条、84条1号・2号・9号)、②危険な製品が市場に出回らないように行政庁 が事前審査を行い、承認を得ない製品の販売を処罰する (たとえば、薬機法14 条、84条3号)、③安全基準を定めて、これに合致していることの検査を義務 付け、義務を履行した場合には、表示を付すことができることとしたうえ で、表示のないものの販売等を禁止・処罰する (たとえば、電気用品安全法8条~ 10条、27条、28条、57条3号・4号)、④一定事項の表示義務や虚偽または誤解を 招く表示・広告をしない義務を課して、その違反を処罰する (たとえば、薬機法 44条、50条~55条、66条、84条16号、85条3号・4号) 等である。

(b) **業務上過失致死傷罪** 危険な製品を販売して消費者の生命・身体に 危害が生じた場合には、刑法の業務上過失致死傷罪 (211条) の成立も問題と なる。過去の著名事件としては、たとえば、①多量の砒素が含まれた乳児用 粉ミルクを飲用した乳児多数に死傷者が出た事案について、粉ミルクを製造 した工場の製造課長が有罪となった事件[3]、②HIVに汚染された非加熱血 液製剤によって患者がエイズで死亡した事案について、製薬会社の代表取締 役らと当時の厚生省薬務局生物製剤課長が有罪となった事件[4]、③ハブに欠

---

2) 初学者のための刑法の教科書としては、たとえば、山口厚『刑法〔第3版〕』(有斐閣、 2015年) 参照。刑法による消費者保護については、長井圓『消費者取引と刑事規制』(信山 社、1991年)、神山敏雄『経済刑法の研究』(成文堂、1991年)、京藤哲久「消費者保護と刑 事法」『岩波講座現代の法6』(岩波書店、1988年) 161頁以下、垣口克彦『消費者保護と刑 法』(成文堂、2003年)、芝原邦爾『経済刑法 (下)』(有斐閣、2005年)、芝原邦爾=古田佑 紀=佐伯仁志編著『経済刑法——実務と理論』(商事法務、2017年) 第2部第11章〔河上 正二、古川昌平、京藤哲久、森田菜穂〕、穴沢大輔=長井長信『入門経済刑法』(信山社、 2021年) 第1章~第3章など参照。

3) 徳島地判昭48・11・28刑月5巻11号1473頁。

4) 大阪高判平14・8・21判時1804号146頁、最決平20・3・3刑集62巻4号527頁。

陥のある車両を製造・販売して社会に放置したため、走行中のトラックのハブが破損し、脱落したタイヤが路上の歩行者に激突して死傷させた事案について、自動車製造会社の部長等が有罪となった事件[5]、④製造した湯沸器の不正改造が原因で一酸化炭素中毒による死傷事故が多発していたにもかかわらず、抜本的な事故防止対策をとらなかったことにより被害者を死傷させた事案について、製造会社の品質管理部長等が有罪となった事件[6]、などがある[7]。

[2]　財産の保護

　(a)　**悪質商法の規制**　　消費者契約等の適正化のための法律としては、割賦販売法、特定商取引法、金融商品取引法、商品先物取引法、宅地建物取引業法など多くの法律がある。

　いわゆる悪質商法のうち、ねずみ講は、システムの破綻が確実で、社会的害悪が大きい取引として、1978 年に制定された無限連鎖講防止法によって全面的に禁止・処罰されている。これに対して、ねずみ講に類似した性質を有しているマルチ商法については取引自体は禁止されず、特定商取引法で「連鎖販売取引」として規制されている (→第 10 章 168 頁)。そこで、両者の区別が問題となるが、物品の販売が単なる名目上のものにすぎず、実質的に金銭の配当に当たる場合には、無限連鎖講防止法の適用が認められている[8]。

　特定商取引法は、訪問販売、通信販売、電話勧誘販売、連鎖販売取引、特定継続的役務提供、業務提供誘引販売取引、訪問購入について、広告規制、開示規制、行為規制を行っている (→第 8 章)。処罰される行為類型は、取引類型ごとに違いがあるが、誇大広告、契約書面等の不交付、重要事項不告知、重要事項不実告知、威迫・困惑させる行為、公衆の出入りしない場所での勧誘などである (70 条、71 条、72 条 1 項 1 号など)。同法の重要事項の不告知罪

　5)　最決平 24・2・8 刑集 66 巻 4 号 200 頁。
　6)　東京地判平 22・5・11 判タ 1328 号 241 頁。
　7)　木目田裕・佐伯仁志編『実務に効く企業犯罪とコンプライアンス判例精選』(有斐閣、2016 年) 224 頁以下〔辺誠祐〕参照。
　8)　最決昭 60・12・12 刑集 39 巻 8 号 547 頁。

や不実告知罪は、詐欺罪が成立しない場合にも成立し得るという意味で、詐欺罪を補完する役割を有している。また、2021 年の特定商取引法の改正では、詐欺的な定期購入商法を規制するために、定期購入でないと誤認させる表示等を処罰する規定（12 条の 6、72 条 4 号）が導入されている。

　(b)　**利殖勧誘商法の規制**　　高利回りの投資をうたって多くの人から出資金を集めて破綻し、出資者に多大な経済的損害を与える事件が後を絶たないが、このような利殖勧誘商法を規制するのが出資法である。同法は、元本が保証された有利な利殖であるかのように誤解を招く方法で不特定多数の者から出資金を集める行為と、法律で認められた金融機関以外の業者が預金や貯金に相当する金員を不特定多数の者から集める行為を、禁止・処罰している（1 条、2 条、8 条 3 項）。

　利殖勧誘商法については、詐欺罪の適用も問題となる。出資法が制定される契機となった保全経済会事件[9]や現物まがい商法が大きな社会問題となった豊田商事事件[10]では、システムが破綻して、出資者に配当はもちろん元金の返済もできないことが明らかになって以降に出資金を受け入れた行為について詐欺罪の成立が肯定されているが、このような運用に対しては、詐欺罪を適用するのが遅すぎるという批判があった。

　この点で注目されたのが、いわゆる客殺し商法に関する最決平 4・2・18 刑集 46 巻 2 号 207 頁である。この判例は、顧客に損失を与える意図を隠して取引の仲介をすれば、返済能力の有無にかかわらず、詐欺が成立し得ることを認めたものである。さらに、約束した資産運用の実態をまったく伴っておらず、出資者に財産的被害が生じる可能性が高い場合にも、詐欺罪の成立を肯定することが可能であろう。オレンジ共済事件判決[11]や和牛預託商法事件判決[12]は、出資金を確実に返済する意思・能力がなかったことの他に、契約に即した事業活動の実態がなかった点についても欺罔行為を認め

---

　9)　東京地判昭 35・3・29 判例集未登載。

　10)　大阪地判平元・3・29 判時 1321 号 3 頁。

　11)　東京地判平 12・3・23 判時 1711 号 34 頁。

　12)　浦和地判平 10・3・26 芝原ほか『ケースブック経済刑法〔第 3 版〕』（有斐閣、2010 年）203 頁。

て、詐欺罪の成立を肯定している[13]。

さらに、販売預託商法については、2021 年の預託法改正によって、販売を伴う預託等取引契約を原則として禁止・処罰する規定 (9 条、14 条、32 条) が導入されている[14]。

(c) 消費者金融の規制　出資法 5 条によると、貸金業者以外の者は、年 109.5％を超える割合による利息の契約等をすると処罰され、貸金業者は、年 20％を超える割合による利息の契約等をすると処罰される (→第 13 章 224 頁)。

貸金業法は、貸金業を登録制として、違反者を処罰している (3 条 1 項、11 条 1 項、12 条、47 条)。また、貸金業者およびヤミ金業者による取立行為について、同法 21 条 1 項に禁止行為を列挙し、違反者を処罰している (47 条の 3 第 1 項 3 号)。貸金業者による暴力団員等の使用も禁止・処罰されている (12 条の 5、48 条 1 項 1 号)。その他、広告の規制、誇大広告の禁止、書面交付義務等の違反者も処罰される (15 条～18 条、48 条 1 項 2 号～4 号)。

違法な取立行為については、刑法の恐喝罪 (249 条)、暴行罪 (208 条)、脅迫罪 (222 条)、監禁罪 (220 条)、住居侵入罪 (130 条) 等も成立し得る。

[3] 表示等の適正化

食品等については、食品衛生法が、「公衆衛生に危害を及ぼすおそれがある虚偽の又は誇大な表示又は広告」を禁止・処罰している (20 条、82 条)。また、食品表示法は、アレルゲン、消費期限、食品を安全に摂取するために加熱を要するかどうかの別その他の食品を摂取する際の安全性に重要な影響を及ぼす事項として内閣府令で定めるものについて食品表示基準に従った表示がされていない食品の販売をした者、および、食品表示基準において表示されるべきこととされている原産地について虚偽の表示がされた食品の販売を

---

13) 木村光江「消費者保護と刑法」警察学論集 61 巻 12 号 (2008 年) 1 頁以下参照。

14) 改正を提案した「特定商取引法及び預託法の制度の在り方に関する検討委員会報告書 (令和 2 年 8 月 19 日)」は、「販売を伴う預託等取引契約については、本質的に反社会的な性質を有し、行為それ自体が無価値 (反価値、"Unwert") であると捉えるのが相当であることから、預託法において、原則禁止とすべきである」と述べている。

した者を処罰している（18条、19条）。

　表示の適正に関しては、さらに、景品表示法が、商品やサービスの品質、内容、価格等を偽って表示を行うことを禁止している（5条）。違反行為を直接処罰する規定はないが、違反の是正を命じる内閣総理大臣の措置命令（7条）に違反すると処罰される（36条）。

　一方、不正競争防止法は、①不正の目的をもって他人の商品・営業と混同を生じさせる行為や②不正の利益を得る等の目的で他人の著名な商品等表示と同一もしくは類似のものを使用する行為を処罰している（2条1号・2号、21条2項1号・2号）。

　食品や商品に不当な表示をして販売した場合には、刑法の詐欺罪（246条）の成立も問題となり得る[15]。

[4] 公正自由な競争の促進

　独占禁止法には不当な取引制限等の罪（89条）がある（→第5章68頁以下参照）。不公正な取引方法（2条9号）については刑罰は科されていないが、公正取引委員会の排除措置命令が出されたにもかかわらず、これに違反した場合には排除措置命令違反の罪が成立する（90条）。また、刑法には、公契約関係競売等妨害罪（96条の6第1項）、談合罪（96条の6第2項）が規定されている。さらに、入札談合等関与行為防止法には、国・地方公共団体の職員等による入札等の妨害罪が規定されている（8条）。

[5] 監督行政の実効性確保

　消費者法の罰則の中では、行政庁の監督行政の実効性を担保するための刑罰規定が重要な位置を占めている。

　第1に、行政庁は、必要に応じて、報告の徴収や立入調査を行う権限が与えられており、報告義務違反や検査妨害に対して刑罰が科されている（たとえば、独禁法47条、94条、消費者安全法45条、54条2項、食品衛生法28条、85条など）。

---

15)　食品偽装について不正競争防止法違反と詐欺罪の成立が認められた事例として、たとえば、札幌地判平20・3・19、大阪地判平20・4・17、仙台地判平21・2・25など参照（いずれも最高裁判所ウェブページの「判例情報」で見ることができる）。

　第 2 に、行政庁は、消費者の利益を侵害する違反行為があった場合には、これを是正するために、措置命令、業務停止命令、業務改善命令などの命令を発する権限が与えられていることが多い。これらの命令の実効性を担保するために、命令の違反に対して刑罰が科されている (→ [3] [4])。

3　刑法の役割

[1]　行政制裁の活用

　以上、代表的なものを紹介しただけでも、消費者保護のための刑罰規定が多数存在していることがわかる。生命・身体・財産が侵害された場合やこれらの法益が侵害される危険が高い場合に、刑法が用いられるのは当然であるが、それ以外の場合にも、行政規制の実効性を担保するために刑法が広く用いられている。しかし、刑罰は最も強力な制裁であるので、できるだけ謙抑的に用いるべきであり、他の手段では十分でない場合に限って用いることが望ましい (刑法の謙抑性)。また、警察・検察の人員は限られているため、違反が行われても、実際に検挙・起訴されて処罰されることは少なく、刑罰規定が絵に描いた餅になっている場合も多い。

　そこで、行政制裁制度を整備して、通常の違反行為に対しては行政庁が機動的に行政制裁を使用し、刑罰は悪質・重大な場合に限って使用する制度にしていくことが望ましいと思われる。この点、独占禁止法の課徴金制度が強化され[16]、金融商品取引法や景表法にも課徴金制度が導入されて、積極的に利用されるようになっていることは評価できる[17] (景表法の課徴金制度について → [3] (ⅱ))。他の法分野においても課徴金制度の導入を積極的に検討していくべきだと思われる。

[2]　刑法の必要性

　行政制裁制度が整備されたとしても、悪質・重大な事案に対しては、刑法

---

16)　課徴金をさらに強化するための法改正に関する検討について、公正取引委員会『独占禁止法研究会報告書 (平成 29 年 4 月)』参照。2019 年 6 月 19 日には、課徴金減免制度の改正を含む独禁法改正が成立した。

17)　拙稿『制裁論』(有斐閣、2009 年) 7 頁以下、63-64 頁参照。

が積極的に用いられるべきである。特に、多額の不法収益が見込まれる組織的な詐欺事件に対しては、厳しい刑罰を科す必要がある。この点で、組織的犯罪処罰法の組織的詐欺罪（3条13号）を適用して長期の実刑が科されるようになっていることが注目される。

　法人に対する制裁としては、法人に自然人よりも高額の罰金刑が規定されるようになってきている（たとえば、食品衛生法 88 条 1 号は 1 億円、独禁法 95 条 1 項 1 号は 5 億円、金商法 207 条 1 項 1 号は 7 億円、不競法 22 条 1 項 1 号は 10 億円）。それでも、罰金額より課徴金の額の方がはるかに高額になることも多いが、刑罰の持つスティグマ（犯罪者として非難し烙印づける）効果は、まともな企業に対しては重要な意味を持っている。

　刑法の役割としてもう一つ重要なことは、わが国の法制度において、強制手段を用いた捜査（調査）が行えるのは、刑事手続およびこれと密接に結びついた犯則調査手続（たとえば、金商法 210 条以下、独禁法 101 条以下）に限られていることである。通常の行政調査は、調査妨害罪によって間接的に保護されているにすぎず、悪質な業者に対しては、効果的でない場合が多い。その意味で、悪質な業者に対しては、刑罰規定の存在が不可欠である。この点は、次で述べる被害回復との関係でも重要である。

[3]　被害回復と刑法

　刑法は、過去の違反行為について行為者を処罰するためのものであって、個々の被害者を救済するためのものではないと考えられてきた。しかし、このような考えは、近年大きく変化してきている。

(i)　没収・追徴制度を通じた被害回復

　組織的犯罪処罰法は、犯罪収益の没収・追徴を規定しているが、犯罪被害財産の没収・追徴は認めていなかった（13 条 2 項、16 条 2 項）。犯罪被害財産は被害者に返還されるべきものだからであるが、被害者が被害回復を求めることができない場合には、犯罪者に犯罪収益が残ってしまい妥当でない。そこで、2006 年に同法が改正され、①組織的犯罪である等犯人に対する損害賠償請求権等の行使が困難であると認められるとき、および、②犯罪被害財産についてマネー・ロンダリング行為が行われたときには、犯罪被害財産を没収・追徴できることとされた（13 条 3 項、16 条 3 項）。犯罪被害財産の没収・追

徴によって得られた金銭等は、新たに制定された犯罪被害回復給付金支給法に基づいて、検察官が、被害者に対して給付金として支給する。支給対象となる犯罪行為は、犯罪被害財産の没収・追徴の理由とされた犯罪行為に限らず、これと一連の犯行として行われた対象行為も含まれる（5 条 2 項）。大型詐欺事件やヤミ金融事件においては、立証の容易さと訴訟経済等を考慮して、多数の犯罪行為のうちの一部の犯罪行為だけを訴追して処罰することが行われているので、被害者間の公平を図るために、対象行為を広げたものである。外国から譲与を受けた犯罪被害財産の給付についても規定が置かれている（35 条）。法改正の契機となった五菱会ヤミ金融事件では、スイス・チューリヒ州政府が没収した犯罪収益約 58 億円のほぼ半額の 29 億 1767 万円が日本側に返還され、東京地方検察庁において給付金支給手続が進められて、5490 人に合計 23 億 7838 万円が支給された[18]。

　支給の対象となる犯罪は一連の犯罪に拡張されているが、没収（追徴）されて支給の基金となる犯罪被害財産は起訴され有罪となった犯罪の収益に限られる。したがって、被害回復をできるだけはかるためには、できるだけ多くの事件を捜査して訴追するとともに、犯罪被害財産の所在を明らかにして、これを保全する努力が必要になる。

(ⅱ)　行政的措置による被害回復
　被害回復だけが目的であれば、行政的に犯罪被害財産を没収して、被害者に支給する制度を設けることも考慮に値する。消費者庁及び消費者委員会設置法附則 6 条は、「政府は、消費者庁関連三法の施行後 3 年を目途として、加害者の財産の隠匿又は散逸の防止に関する制度を含め多数の消費者に被害を生じさせた者の不当な収益をはく奪し、被害者を救済するための制度について検討を加え、必要な措置を講ずるものとする」と規定しており、これを受けて、消費者庁に設けられた集団的消費者被害救済制度研究会では、集合訴訟と並んで、消費者に被害を生じさせた者の不当な収益を行政的にはく奪して、被害者救済に当てるための制度の検討も行われた。研究会の報告書

---

18)　朝日新聞 2008 年 5 月 29 日朝刊、2010 年 8 月 6 日夕刊。最近の支給状況については、検察庁ホームページ（http://www.kensatsu.go.jp/higaikaihuku/）を参照。

は、「ねずみ講、和牛預託商法、投資商法、モニター商法のうち、システム
として違法又は破綻必至な悪質商法事案や、悪質リフォーム等の商品役務の
不当勧誘事案は、これらの事業により不当な収益を得ているといえるが、こ
のような事業者は責任追及が始まると、法人を解散させるなどして財産を散
逸隠匿させる例が多く、債務超過となっていることも多いため、一般的に
は、民事訴訟での被害回復が困難なことが多い」ので、「行政による経済的
不利益賦課制度」の対象とすることを検討すべきであるが、「刑法上の詐欺
を組織的に行うような、遵法意識が希薄な者に対しては、刑事手続により身
柄を拘束した上でなければ責任追及が困難であり、間接強制を主とする行政
手続に基づいて、経済的不利益を賦課しようとすることに実効性がないとの
指摘もある。そうであれば、刑事手続の延長線上にある、犯罪被害回復給付
金制度の積極的運用を図る方が、被害救済の実効性を高める観点からは、適
切とも考えられるところである」と述べている[19]。たしかに、強制捜査が
必要な場合も多いであろうが、「行政による経済的不利益賦課制度」が有効
に機能し得る場合もあると思われる。

　上記のような検討を受けて、2014 年に景表法が改正され、不当な表示を
行った事業者に対する課徴金制度が導入された (8条)。納付された課徴金を
不当表示の被害者に国が給付する制度にはならなかったが、事業者が、定め
られた手続に従って、被害者に対して自主的に返金を行った場合には、その
返金額に応じて課徴金の減免が受けられる制度が設けられている (10条・11
条)[20]。2017 年 1 月には、自動車の燃費性能を実際より優れたものとして誤
認表示した自動車メーカーに対して初の課徴金納付命令が出された[21]。そ
の後、2017 年度に 19 件、2018 年度に 20 件、2019 年度に 17 件、2020 年度
に 15 件の課徴金納付命令が出されている[22]。現在までの課徴金最高額は、
2020 年度に出された加熱式たばこに関する不当表示に対する課徴金額 5 億
5274 万円である[23]。

19)　消費者庁企画課『集団的消費者被害救済制度研究会報告書（平成 22 年 9 月）』45-46 頁。
20)　詳しくは、芝原ほか編著・前掲注 2) 616 頁以下〔古川〕参照。
21)　消費者庁 News Release 平成 29 年 1 月 27 日参照。
22)　消費者庁『令和 3 年版消費者白書』資料編資料 7（2021 年）参照。

(iii)　損害回復命令制度

　犯罪被害回復のための制度として、刑事裁判で得られた証拠を民事の損害賠償に利用するために、2007 年の犯罪被害者保護法の改正によって、刑事裁判に続いて同じ裁判所が民事の損害賠償についても審理をする、損害賠償命令制度が導入された。もっとも、同制度の対象は、故意の犯罪行為により人を死傷させた罪や強制わいせつ・強制性交等の犯罪に限られており（17条）、財産犯や特別法の罪は含まれていない。この点についても、なお検討の余地があると思われる。

4　まとめ・今後の課題

　消費者法の分野において、刑法は、①消費者の重要な利益を侵害する行為を処罰する、②消費者保護のための様々な制度や手続の実効性を担保する、という重要な役割を果たしている。最近では、③消費者の損害回復に寄与するという新しい役割も注目されている。最初に述べたように、消費者法の特色はその複合領域性にあり、刑法と他の法分野との適切な役割分担が重要である。特に、行政制裁の活用は、今後もさらに拡充していくべきであろう。損害賠償に制裁としての役割を認める懲罰的損害賠償制度の導入も積極的に検討されてよいと思われる[24]。

　消費者法を学ぶ皆さんには、固定観念にとらわれない柔軟な感覚で、刑法と他の法分野が消費者保護のために理想的な形で協働できる制度を考えていただきたい。

23)　消費者庁・前掲注 22) 141 頁参照。
24)　刑事制裁と行政制裁との役割分担、刑法と被害者の損害回復との関係、懲罰的損害賠償のなどについては、拙稿・前掲注 17) 参照。

第 5 章
消費者と経済法

京都大学教授
川濵　昇

経済法は消費者法と密接な関係にあるとされている。両者はどのような関係にあるのだろうか。また、経済法の基礎にある競争政策のあり方は消費者保護にどのような役割をはたしているだろうか。

1　経済法の意義と機能——競争秩序と消費者の利益

[1] 経済法の中核としての独禁法

　わが国の経済法は、市場経済が公正且つ自由な競争によって秩序づけられることを基礎としたものであり、その中核は「私的独占の禁止及び公正取引の確保に関する法律」(以下、「独禁法」とする) である。本章では独禁法と消費者の関係を概観する。

　独禁法 1 条はその究極的目的として「一般消費者の利益を確保するとともに、国民経済の民主的で健全な発達を促進すること」を掲げている。独禁法の直接の保護法益である「公正且つ自由な競争秩序」は様々な効能を有するが、そのなかでも消費者利益の保護 (向上) は最重要なものと位置づけられている。米国のようにそれを独禁法 (米国では「反トラスト法」と呼ばれる) の唯一の目的とし、基準とする国もある。

[2] 独禁法と消費者法

　それでは、独禁法はどのような形で消費者利益を保護するのだろうか。消費者保護は安全性等も含む多様な見地からなされているが、独禁法における消費者の保護は、消費者の経済的側面（利益）での保護である。これには、(a)消費者に有益な選択肢が適切に提供されること、(b)それらを選択する十分な能力が確保されることが必要である。(a)は競争秩序の維持が消費者にもたらす望ましい効果の典型であり、(b)は狭義の消費者保護規制の重要な一部でもある。独禁法は(a)のみならず、(b)についても一定の役割を果たしている。

　以下では、まず独禁法がどのような形で消費者の利益を保護しているのかを説明する[1]。独禁法による競争秩序維持のあり様を概観し、反競争効果の典型である市場支配力（及び自由競争減殺型公正競争阻害性）の観点から、選択肢を適切に提供することが消費者利益をどのように保護するのかを説明する。次に(b)の観点からの消費者の利益保護が独禁法ではどのように実現しているかを説明する。それを踏まえて、競争政策を消費者保護から切り離すことの問題点を指摘する。

2　競争プロセスと消費者の利益──市場支配力の観点を中心に

[1] 競争プロセスと市場支配力

　複数の企業が、特定の財・サービスに関して、相互に他の企業を排してよりよい取引条件を提示して競い合う過程が活発なものであれば、これらの競い合いが市場で累積し、消費者にとってもっとも望ましい財・サービスが適切な取引条件で提供されるようになる。逆にこのような競争プロセスが活発でないと、競争がある場合に比べて企業側に有利に、「ある程度自由に、価格、品質、数量、その他各般の条件を左右すること」ができる状態（「市場支配力」）が生じることになり、取引条件が顧客に不利になる[2]。

---

1) 独禁法と消費者保護との関係については、川濵昇「独禁法と消費者保護」消費者法1号（2009年）11頁、和田健夫「独占禁止法と消費者」日本経済法学会年報29号（2008年）32頁、泉水文雄「消費者と競争政策」公正取引725号（2011年）2頁を参照。

2) この点について詳しくは、川濵昇ほか『ベーシック経済法〔第5版〕』（有斐閣、2020年）10-18頁参照。

　独禁法は、競争プロセスを害する行為や企業結合によってこの「市場支配力」が新たに形成されたり、維持・強化されること（「一定の取引分野における競争を実質的に制限する」〔2条5項、6項、8条1号、10条他〕とは、これを指す。最判平22・12・17民集64巻8号2067頁参照）を主たる規制対象としている。

[2]　競争プロセスを害する行為

　競争プロセスを害する行為は競争を回避する行為と競争を排除する行為の2つに大別される。

　競争を回避する行為の典型はカルテルである（独禁法では不当な取引制限と呼ばれる。2条6項、3条）。企業は上述のような競争を続けるかわりに、お互いに競争を回避して自己に有利な取引条件を顧客に押しつけることによって利益を得ることができる。例えば、価格をぎりぎりまで競い合って顧客の争奪を行うより、協調して高価格を維持した方が得策である。ここでは、価格競争を取り上げたが、その他の取引条件や品質などについても同様のことが言える。

　競争を排除する行為は、競争相手の事業活動を困難にすることをいう。要するに、競争的な抑制となる事業者を市場から追い出したり、そのような抑制を加えることができないように事業活動の能力を傷つけることである。たとえば、原価を大幅に下回った価格での販売を継続して競争相手を市場から追い出すことなどがこれにあたる。競争相手からの競争的抑制がなくなると、自分に有利な取引条件を押しつけることが可能になる。このように排除が市場支配力の形成・維持・強化をもたらせば私的独占（独禁法2条5項、3条）に該当する。しかし、低価格販売競争は独禁法が促進する競争の典型でもある。低価格販売が排除になり得るということからも分かるように、適正な競争手段による排除と不当な排除の識別は重要である。この識別の際に排除が消費者の利益に資するものか否かが重要な要因となる。

　さらに、合併によって市場において競争する企業の数が減少することなどにより、その市場での競争が活発でなくなり、市場支配力が形成・維持・強化されることもある。

[3]　市場支配力と消費者の不利益

　独占禁止法は市場支配力を規制することによって、どのように消費者の利益を保護しているのだろうか。

　消費者向けの最終製品市場での価格カルテルが消費者に被害を及ぼすのは
自明であろう。カルテルでなくとも、市場支配力が形成・維持・強化されれ
ばその分だけ消費者に不利益が発生する。私的独占や企業結合の問題はわが
国では企業間の争いと考えられがちであるが消費者の利益に密接に関係して
いるのである。米国では私的独占などの事案でも消費者が損害賠償請求や差
止請求の訴訟を提起する事例はしばしば見られる。

　企業向けの原材料の市場での競争や買い手市場での競争の制限は消費者の
利益とは関係しないのではないかと思われるかもしれない。しかし、これら
の市場でも市場支配力は消費者の利益を害する結果をもたらす。まず、原材
料に市場支配力が発生した場合には、必要な原材料の供給量は競争水準より
減少し、価格は上昇する。結果として最終消費財市場の消費者に害が発生す
るのが通常である。買い手競争の制限に関しては「価格が安くなるのだから
消費者の利益は害されない」という誤解がよく見られる。最終消費者が集団
で交渉して有利な取引条件を獲得するのは消費者の利益になることは確かで
ある。しかし、買手市場支配力とは競争水準よりも低い購入価格を設定する
ことを意味するのであって、単なる交渉力の問題ではない。需要と供給で価
格が決定されるという一般的な経済学の図式があてはまる以上、買い手市場
で競争水準以下の価格設定がなされるというのは、競争水準よりもその生産
が少なくなることを通常は意味する。要するに原材料等の供給が競争水準よ
りも少なくなったら最終財の供給量も競争水準に比べて一般に減少する。し
たがって、ほとんどの場合に消費者の利益も害されるのである[3]。

[4] 2 つの消費者利益

　なお、ここで害される消費者利益は 2 種類ある。たとえば、市場支配力が
価格に関して行使された場合（価格以外の選択肢の制限についても同様の考察があてはま
る）に消費者は、(1)価格が競争水準より高騰したことに伴う超過支払型被害

---

3)　買い手市場支配力は買い手が事業者であって、生産要素の購入市場において発生する問題
　　である。なお、いわゆる交渉力と買い手市場支配力とは別物である。後者は市場全体での購
　　入量を制限できることが背景にある。両者を混同して無用な混乱をしている法学文献を散見
　　するが、市場全体での購入量削減が可能かどうかを意識すれば混乱を回避できる。

と、(2)価格が競争水準より高騰したことにより購入を断念したことにともなう厚生喪失型被害の2つのタイプの被害を被る[4]。(2)は見慣れないものかもしれないが、消費者の評価額（支払って良いと思う金額）が競争価格よりも高いのに、それが実現できなかったという被害である。これを厚生喪失型と呼ぶのは、市場支配力のせいで資源を効率的に利用できなかったことに伴う厚生＝効率性の喪失に対応したものだからである[5]。

　市場支配力による消費者の不利益として、一般には(1)のみが注目されがちである。逆に、経済分析に強く影響された米国で有力な立場では、(2)の厚生喪失型被害のみが消費者の不利益だとする。企業の利益も最終的には個人たる株主＝「消費者」の利益になるのだから、(1)は結局のところ、消費者から消費者への移転に過ぎないのに対し、(2)は資源配分上の不効率として社会全体から見た不利益であって社会全体の「一般消費者」から奪われたものだと主張するのである。これは、「一般消費者」の通常の理解からは隔絶しており、米国でも有力ではあっても通説とは言い難い。わが国で独禁法の解釈としてこの立場をとる者は皆無といって良い。もっとも、規制緩和を過度に進める議論の中には、消費者の利益の名の下に(2)のみを問題とするものが見られる。構造改革や規制緩和の主導者がしばしば消費者の利益を狭く捉えているのではないかという懸念もある。

　他方、(1)の不利益のみを消費者の不利益とする主張は、単に(2)の不利益を認識していないせいでそのように語っているだけである。両方とも一般消費者の利益を害していることにかわりはない。このように、経済的なメカニズムの無理解は消費者の保護されるべき利益を過小評価することにつながるのである。(2)の不利益は、たとえば損害賠償請求によって回復することが(1)以上に困難である[6]。事後の救済が困難であることからも、現実に競争を確保することが真の意味での消費者の利益確保につながるのである。

4)　詳しくは、川濱ほか・前掲注2) 11-16頁参照。
5)　厳密には厚生喪失型被害は社会的な厚生の喪失の一部にとどまる。このことは、議論の本質には影響しない。

[5]　公正競争阻害性と消費者利益

　公正競争な競争を阻害するおそれの防止によって消費者の利益はどのように保護されるのだろうか。公正競争阻害性のタイプごとに考えよう。

　以上の説明は、独禁法の規制対象の内、「一定の取引分野における競争を実質的に制限すること」を要件としている類型の話であるが、公正な競争を阻害するおそれの観点からの規制も消費者利益を保護する。公正競争阻害性には、①市場支配力分析をその危険性があるという予防的段階で行う「自由競争減殺型」、②手段の不当性に注目する「手段の不当性型」、③力の濫用を問題にする「自由競争基盤型」の三種がある。①については規制が行われるのが、消費者利益が現実に侵害された時かその予防段階かの違いがあるだけで、上述の議論がそのままあてはまる。これには、メーカーが小売店の販売価格を制約する再販売価格維持行為のように直接的に消費者に不利益をもたらす行為も含まれる。いったん市場支配力が発生すれば消費者利益を事後的に完全に救済することが困難である以上、未然に防止する必要は大きいのである。②の手段の不当性型公正競争阻害性は、次に見るように消費者の選択能力に関係して重要な意味を持つ。③の自由競争基盤型公正競争阻害性は、取引上の力が優越している事業者が取引相手に不当な不利益を押しつけることを問題とするものである。一見したところ、対消費者に不利益を押しつける取引を広範に規制できそうだが、これまで消費者取引に関する規制例はなかった[7]。

　しかし、デジタル・プラットフォーム事業者の対消費者取引を中心に今後の活用が期待されている[8]。

---

6)　ここで扱われた各種消費者被害にかかる具体的な損害の範囲と立証の問題については、川濵昇「独禁法は誰の利益を保護するのか」川濵昇ほか編『企業法の課題と展望』（商事法務、2009年）549頁、563-578頁を参照。

7)　これまでの規制例は被害者が事業者の場合に限定されていたため、一部の論者はそのような場合にのみ「競争」への害が発生すると誤解していたようである。優越的地位の濫用を定義する独禁法2条9項5号の例示行為に事業者間取引が多いのは確かだが、それに限定されているわけではない。優越的地位の濫用を消費者保護に利用することが重要であることについては川濵昇「独禁法と消費者保護」消費者法1号（2009年）11頁、18頁参照。

3　選択する能力の確保——消費者保護と競争政策の相互補完関係[9]

> 　消費者保護の伝統的手段である消費者の選択能力の確保のために独禁法はどのような規制を行っているのだろうか。また、個々の消費者の保護が市場全体の消費者の保護につながるというのはどういうことなのだろうか。

[1]　市場参加者の意思決定の歪曲としての不当な顧客誘引

　手段の不当性型の公正競争阻害性は、多様な意味内容を持つが、もっとも重要なのは市場参加者の意思決定を歪曲するという不当性である。この種の不当性をもつ不公正な取引方法の基本類型として「不当な顧客誘引」（独禁法2条9項6号ハ）がある。これに基づいて3つの類型の不公正な取引方法が定められている。すなわち、欺瞞的な表示等によって顧客に誤認をさせる行為（一般指定8項）や不当な利益の提供（一般指定9項）、取引の強制（一般指定10項）である。これらは顧客の意思決定の歪曲をもたらす行為である。消費者保護が最初に独禁法問題として意識されたのもぎまん的顧客誘引であった[10]。

　消費者に向けられた不当な顧客誘引は、景品と表示を利用することが多く、また、それらに迅速に対処する必要性もある。そこで、1962年に独禁法の特則として景品表示法（景表法）が制定された（→第14章）。消費者庁の設置に伴う法改正によって特則という位置づけは変更されたが、不当な顧客誘引の典型であるというその実質的な内容に変化はない。景表法は、現実に比

---

8)　公正取引委員会「デジタル・プラットフォーム事業者と個人情報等を提供する消費者との取引における優越的地位の濫用に関する独占禁止法上の考え方」（令和元年12月17日、改正令和4年4月1日）参照。

9)　以下の詳細は、川濵昇「不当な顧客誘引と景表法」公正取引585号（2007年）2頁を参照。

10)　消費者が購入した牛の絵の付いた缶詰の肉が、牛肉ではなく鯨の肉だったという「ニセ牛缶事件」を参照。ニセのラベルを貼った缶詰の販売を規制するものとして、不公正な取引方法しかなかった。さらに、独占禁止法制定の経緯からこのような事例を規制することが意図されていたことも事実であった。

べて優良・有利であると誤認される表示や消費者の冷静な判断・計算を困難
にする景品によって、不当な顧客誘引と同様に消費者の意思決定が歪曲され
る行為を問題とし、それを簡易・迅速に規制することを目的としている。ここ
で歪曲の防止と言ったが、これには積極的な歪曲だけではなく、必要な情
報提供の要請による意思決定の適性化も含まれている（景表法4条1項3号）。

[2] 消費者の意思決定の保護の意味

　消費者をその意思決定の歪曲をもたらす行為から保護すれば消費者の利益
となるのは自明である。だが、消費者は単に主観的に保護されるだけでな
く、それを通じて市場機能が改善されることによっても保護されていること
にも注意を要する。消費者が正しい判断ができてはじめて、競争が真価に基
づいて行われることになる。その結果として、事業者は適切な選択肢を提供
することになるのである。消費者の意思決定の改善は、当該消費者の利益を
守るだけでなく、他の消費者の利益も守るのことになる。消費者の意思決定
の適正化は経済学でいう正の外部性をもつのである。これは意思決定の是正
を個々の消費者の自助努力だけに委ねると、社会にとって適切な水準の保護
が与えられないことを意味する。公的な介入や団体訴訟による是正が必要な
理由である。またこれは、消費者の意思決定能力の改善は、競争秩序の改善
をもたらし、後者が消費者の利益を増進するという相互補完関係の存在を意
味する。消費者保護は競争の促進にとっても重要なのである。

[3] 消費者の意思決定の限界と行動経済学

　独禁法・景表法が行っている消費者の選択する能力の確保は、事業者にそ
れを傷つける行為を禁止し、必要な情報を提供するよう要請する範囲に留ま
っている。これに関連して、そもそも消費者は経済学が仮定するような合理
的な主体ではなく、自己利益の観点から最適な選択とは乖離した決定をして
いる場合が多いのではないかという問題がある。実験的データを重視する行
動経済学はこれを支持する多くの証拠を挙げている[11]。行動経済学の知見
は、上述のような選択能力を害する行為を説明するのに有益であるが、それ
を越えて消費者の意思決定の改善のために積極的な介入を正当化するかもし
れない。この点については世界各国で盛んに議論されており、わが国でも注
目されている[12]。市場経済の頑健さを信じる論者の中には、合理性の限界

があったとしても消費者は自らの経験・学習を通じて意思決定を改善できるのであり、その保護を過剰にすることは問題だと批判する者がいる。合理性の限界で搾取され痛い目にあうことで消費者を教育してやろうというおせっかいな自由放任論さえ見られる。これは 2 つの意味で正しくない。1 つは、合理性の限界が問題になる局面の多くでは、市場を通じて学習する可能性が乏しいことである。2 つ目は、仮に市場が消費者を不合理性から救うことがあるとするならば、むしろ競争的な企業の活動を通じてであることを看過していることである。競争的な市場では、消費者の不合理性を改善する取引を案出することで利潤機会が生じることがある[13]。競争的な企業が、不合理性を改善するよう努める可能性があるということになる。このように、不合理性を改善するインセンティブが発生するような市場環境があれば競争が一定の効果を持つと期待できる。もちろん、競争がかかる事態を常に改善できるわけではない。また改善に必要なだけの競争の導入も困難な場合もある。しかしながら、活発な競争が、様々な形で行われる消費者に不利益な取引を抑止する効果を持つという認識も消費者保護と競争政策との相互補完関係の

11)　行動経済学の邦語文献は多数あるが優れた入門書として依田高典『行動経済学』（中央公論新社、2010 年）及び大竹文雄『行動経済学の使い方』（岩波書店、2019 年）を挙げておく。この分野の開拓者によるものとしてダニエル・カーネマン（村井章子訳）『ファスト＆スロー（上）（下）——あなたの意思はどのように決まるか？』（早川書房、2013 年）も有益である。行動経済学の利用として、通常の法的介入に比べて消費者の意思決定の自由を尊重したソフトな介入（ナッジと呼ばれる、大竹・前掲書第 2 章）を設計できることもあげられる。この点については、キャス・サンスティーン（田総恵子訳）『ナッジで、人を動かす——行動経済学の時代に政策はどうあるべきか』（NTT 出版、2020 年）を参照。

12)　行動経済学を用いて消費者保護の存在理由を解明するわが国の論稿として、山本豊「消費者撤回権をめぐる法と政策」現代消費者法 16 号（2012 年）4 頁、山本顯治「投資行動の消費者心理と民法学《覚書》」山本顯治編『紛争と対話』（法律文化社、2007 年）77 頁がある。

13)　不合理性につけ込む取引で利潤を得ている事業者に対抗して消費者に望ましい取引を提示して、その利潤を減少させるというストーリーなどがある。このような取引提示が可能であることについては、後掲注15）に引用する OECD レポートの 21-24 頁に紹介されている様々な研究が詳しい。なお、オレン・バー＝ギル（太田勝造監訳）『消費者契約の行動経済学』（木鐸社、2016 年）は、競争による改善が十分に機能しない情況での消費者保護のあり方を、行動経済学の独禁法への応用と目されるべき手法（Behavioral Industrial Organization）を用いて分析したものである。

重要な側面である[14]。

4　消費者保護と競争政策の分離の問題点

> 　消費者保護政策と競争政策はどのように協働することが望ましいのだろうか。

[1]　統合型規制モデル

　上述の消費者保護と競争政策の相互補完性は、競争当局が消費者保護規制も担当する統合型規制モデルの根拠となっている。完全な統合がなされている国は少ないが、競争当局が限定された範囲で消費者保護の機能をもち、また消費者保護の専門機関と密接に連携する規制モデルは多くの国で採用されている[15]。

　わが国でも公取委は、以前は景表法を所管しており、この規制モデルに沿ったものであった。もちろん、景表法は消費者保護の重要な一部ではあっても、事業者の行為の規制に留まるという点で限定的ではあるが、逆にいえば競争規制とオーバーラップする面も多かった。

[2]　競争政策と消費者行政──協働の重要性

　しかし、消費者庁設置にともない、景表法は消費者庁が所管することになった。を。そのため、不当な顧客誘引の規制は残るものの「公正取引委員会」（以下、「公取委」という）が消費者保護行政から切り離されることになり、

---

14)　消費者に合理性の限界があるとして、どのような場合に法的介入が正当化されるのかについての詳しい議論として、川濵昇「行動経済学の規範的意義」亀本洋他編『現代法の変容』（有斐閣、2013年）405頁、422-430頁を参照。

15)　消費者保護と競争法との相互補完関係及び規制当局のあり方については、OECDが詳細なリポートを公表している。OECD, The Interface between Competition and Consumer Policies 2008（http://www.oecd.org/regreform/sectors/40898016.pdf）（2018/01/31）参照。規制当局の一元化の是非についての検討がなされており、統合が必要とまでいえないにせよ、密接な協力・調整が必要であることが指摘されている。

競争政策を消費者の利益確保の観点から首尾一貫して行うことが困難になるのではないかと懸念された。たとえば、競争を排除する行為が不当かどうかを識別する局面など、問題とされる行為の独禁法上の評価にあたって当該行為が消費者利益にどのように影響するかが問われることは多い。競争者間の広告についての自主規制が消費者への誤導を防ぐものか価格競争を回避するためのものかが問題となる場合など、競争法上の評価能力と消費者保護についての知見の両者が必要となる。これは、上述の相互補完関係の反映でもある。実際、巨大化したデジタルプラットフォーム企業が大量に保有するパーソナルデータにかかる消費者保護の問題など個人情報等にかかわる消費者保護と競争政策が交錯する領域は、国際的に注目されている[16]。公取委は優越的地位の濫用規制の対消費者取引への利用などでこの問題に対処している。類似の問題は今後も増加するだろうが積極的な活動を期待したい。

　なお、消費者庁移管後も景表法の調査権限は公取委に委任されており（景表法12条2項、9条1項）、公取委とりわけその地方事務所の積極的な活動は景表法の執行に重要な意味を有する。

　ところで、消費者庁の移管に伴い、景表法上の不当表示規制違反に関しては独禁法25条の無過失損害賠償責任の対象から外れた。不当表示の責任は表示を自ら表示を作り出した者に限定されないことから、無過失責任を過酷とする論者もいたがそれは誤りである。表示を信用して損害を被った消費者の損害について表示を利用した事業者に無過失賠償責任を負わせることは、表示利用にあたって適切なインセンティブを与える上で有益であり、当事者間の公平なリスク配分をもたらす。改正前の方が望ましいと考えられるし、改正の際にこの問題が十分に考えられた形跡も見当たらない。所管の変更だけで機械的に改正が行われたのだとしたら、それにこだわらず、かつてのように、不当表示規制違反も独禁法25条の対象に戻すことが、消費者の正当な利益を保護するものと言える。消費者保護と競争政策との分離がもたらした混乱の1つといえよう。所管の違いという縄張り問題を越えて、消費者保護政策と競争政策の緊密な連携が必要である。

---

16)　この問題について詳しくは、Maurice E. Stucke and Allen P. Crunes, BIG DATA AND COMPETITION POLICY（OXFORD UNIVERSITY Press 2016）を参照。

第2部
一般消費者法

消費者契約法(1)

第6章
総論・契約締結過程の規律

慶應義塾大学教授
鹿野菜穂子

1　本章で学ぶこと

　本章は、消費者に関わる法律の中でも最も重要な法律の1つである「消費者契約法」を取り上げる。まず、総論として、この法律の意義や適用対象等、全体に関わる点を明らかにした後、各論のうち、契約締結過程に関わる同法の規律を解説する。後述のとおり、消費者契約法には大きく3つ柱があるが、本章で詳しく取り上げるのは第1の柱までであり、残る2つは次章及び第4部で扱う。

2　総論——消費者契約法の意義・目的・適用対象など

[1]　消費者契約法制定の背景と意義[1]

　消費者契約法は、平成12 (2000) 年5月12日に公布され、平成13 (2001) 年4月1日に施行された。施行から20年余り経過したが、なお比較的新しい法律である。

　消費者被害の救済において、私法の役割が重要であることはすでに第2章で述べたが、消費者契約法の制定以前には、消費者契約において消費者の利

---

1)　消費者契約法制定の背景については、さらに、消費者庁企画課編『逐条解説　消費者契約法〔第4版〕』(商事法務、2019年) 2頁以下、後藤巻則＝齋藤雅弘＝池本誠司『条解　消費者三法〔第2版〕』(弘文堂、2021年) 1-12頁以下など参照。

益を擁護するための私法は、整備されているとはいえない状況にあった。そのため、事業者の不適切な勧誘行為に起因するトラブルや、消費者に不利な契約条項などをめぐるトラブルで、法的解決が困難なものが多く存在した。

このうち、事業者の不適切な勧誘行為に関わるトラブルについて見ると、私法の一般法である民法にも、詐欺・強迫による取消しの規定（96条）はあるが、詐欺・強迫のいずれも故意に基づくものであることが必要とされるなど、要件が厳格であるためその適用は容易ではなかった。また、民法の錯誤規定（95条）が消費者の利益保護に結びつくこともあるが、改正前民法95条のもとでは、消費者トラブルで特に問題となるいわゆる動機の錯誤の取扱いは、条文上明確ではなく、解釈論も多岐にわたり、同規定による解決にも限界が見られた。なお、消費者契約法制定後であるが、平成29 (2017) 年には、民法の大きな改正（債権法改正）があり（2020年4月1日施行）、民法95条に、従来動機の錯誤といわれてきた錯誤類型が「基礎事情錯誤」として規定され、その要件も明文化された（同条1項2号、2項）。この新しい民法95条をめぐり、今後の解釈論の展開の余地はあるものの、新しい条文でも、消費者被害に対して利用しやすい状態が十分に確保されたわけではない[2]。

一方、以前から、特定商取引法をはじめとするいくつかの法律には、いわゆるクーリングオフの規定が存在していたし、それは、この種のトラブルの解決手段としても実質的に重要な機能を果たしてきた。しかし、クーリングオフは、行使できる期間が8日や20日など比較的短期に限定されており、また、そもそも当該法律の定める具体的な要件を充たす取引にしか適用されない（対象取引の限定）という限界もあった[3]。

---

[2]　民法改正の審議の途中では、相手方の不実表示によって引き起こされた、いわゆる惹起型の錯誤の規律を明文化することについても検討されたが（「民法（債権関係）の改正に関する中間試案」第3、2(2)イ）、改正法への導入は実現されなかった。解釈論としては、改正民法95条2項の「法律行為の基礎とされていることが表示されていたとき」の意味をめぐって、惹起型錯誤の一部をここで捉える余地はあると思われる。この点につき、鹿野菜穂子「改正民法における基礎事情錯誤（動機の錯誤）の『表示』要件について」片山直也ほか編『民法と金融法の新時代』（慶應義塾大学出版会、2020年）209頁以下参照。

[3]　消費者契約法の制定後に、特定商取引法においても取消しに関する規定が設けられたが、2000年当時はこのような規定もなかった（→第8章）。

　不当条項の問題の解決も、消費者契約法制定以前においては、多くの場合、民法に依らざるをえなかった。裁判例には、事案により、契約の解釈や、公序良俗（90条）、信義則（1条2項）などの規定を通して、不当条項による不利益から消費者の救済を図るものも見られたが、自由で対等な当事者を理念型とし、私的自治の原則、契約自由の原則を基本原則とする民法の下では、公序良俗規定等に基づいて不当条項を無効とすることには限界も存した。なお、その後の民法改正（債権法改正）では、民法548条の2以下に定型約款に関する規定が導入され、特に548条の2第2項には不当条項排除の規定が設けられたが、その適用対象は「定型約款」に限定されている（→第2章も参照）。

　消費者契約においては、商品やサービス等に関する情報は圧倒的に事業者の側にあり、消費者としては事業者から提供された情報に依拠せざるを得ない状況にある。また、消費者契約の多くは、事業者側の用意した約款条項に依拠して行われており、消費者にはその内容について交渉し変更する余地は事実上ほとんどない。このように、消費者契約では当事者間の実質的な対等性が欠けており、契約自由の原則を形式的に貫くと、かえって消費者に一方的に不利で不公平な結果を招くことになる。そこで、わが国でも、従来から、情報提供義務論、意思表示規定の拡張解釈論などにおいて、消費者に一定の要件の下で契約の拘束力からの解放を認めるべきだとの主張や、約款や消費者契約の不当条項規制に関する明確な規定の必要性に関する主張などが唱えられ、学説の展開があった[4]。一方で、海外では、ヨーロッパ諸国をはじめ世界の多くの国で、消費者契約における不当条項規制や約款規制に係る私法規定が既に設けられてきていた[5]。このような中で、日本でも遂に、消費者と事業者との間の格差の存在と、それを踏まえて消費者の利益擁護を私

4）　とくに情報提供義務については、山田誠一「情報提供義務」ジュリスト1126号（1998年）179頁、横山美夏「契約締結過程における情報提供義務」ジュリスト1094号（1996年）134頁など参照。その他、消費者契約法立法時における議論として、とくに、沖野眞已「『消費者契約法（仮称）』の一検討(1)～(3)」NBL652～654号を参照。

5）　1993年には、ヨーロッパ共同体（現在のEU）で消費者契約における不公正条項指令（93/13/EEC）が採択され、同指令の国内法化がその後各国で実現された。このような動きは、日本の消費者契約法（特に8条から10条）にも、間接的な影響があったといえよう。

法上図る必要性を正面から捉えた消費者契約法が制定されたのである。

　なお、消費者契約法には、その後、2006年の改正（2007年6月7日施行）によって、適格消費者団体による差止請求制度が導入された（12条以下）。また、その後の3度の改正によって、実体法部分の拡充も図られてきた。つまり、①2016年の改正（2017年6月3日施行）では、過量契約取消権の追加（4条4項）、重要事項の範囲拡大（4条5項）、取消権の行使期間の伸長（7条）、不当条項の追加（8条の2）等が行われ、②2018年の改正（2019年6月15日施行）では、努力義務規定の明確化（3条）、困惑による取消規定の拡充（現在の4条3項5～10号）、不利益事実の不告知による取消しの要件緩和（4条2項）、不当条項の追加（8条の3の新設、8条・8条の2の一部改正）が行われ、さらに、③2022年の改正では、事業者の努力義務規定の拡充（3条1項2～4号、9条2項、12条の3～5）、困惑による取消規定のさらなる拡充（4条3項3～4号の新設、同項9号の一部改正）、不当条項の追加（8条3項）が行われた。もっとも、従来議論のあった点の多くが努力義務規定にとどめられており、実効性の観点から課題は残っている[6]。

[2]　消費者契約法の趣旨・目的（1条）

　消費者契約法は、同法の定める民事規定により、消費者の利益の擁護を図ることを目的とする法律である（1条）。なぜ、この法律によって特に消費者の利益を私法上保護する必要があるのか。この点につき、同法1条の目的規定には、消費者と事業者との間の「情報の質及び量並びに交渉力の格差」が掲げられている。つまり、消費者と事業者との間に情報力と交渉力につき構造的格差が存在することにかんがみて、一般法である民法とは別に、特別の規定による保護が必要だと考えられたのである。こうした考え方は、消費者基本法1条にも見られる（→同法については第1章参照）[7]。

---

6)　2018年改正の基礎となった「消費者委員会・消費者契約法専門調査会報告書（平成29年報告書）」では、9条1号の「平均的な損害の額」の立証に関して、消費者の立証責任を緩和する推定規定を設けることなどが盛り込まれていたが、同改正によっては実現されなかった。その後の2022年改正でも、この推定規定の導入は見送られ、解約料の説明に関する事業者の努力義務規定が設けられるにとどまった（9条2項、12条の4）。

[3] 消費者契約法の 3 つの柱

　消費者の利益保護のために同法に設けられている民事規定はいかなるものだろうか。1 条の目的規定にも示されているように、現在、同法の設ける規定には、次の 3 つの柱がある。

　(a)　**消費者の取消権**　第 1 の柱は、事業者の不当勧誘行為により、消費者が誤認しまたは困惑して消費者契約締結の意思表示をした場合、および、事業者の勧誘により消費者が過量な内容の契約を締結する意思表示をした場合に、消費者に取消権を認めるというものである (4 条～7 条)。その具体的な内容については、本章の後半 (とくに **4**) でさらに詳しく触れる。

　(b)　**不当条項の無効**　第 2 の柱は、消費者契約における契約条項のうち、消費者の利益を不当に害する条項を無効とするものである (8 条～10 条)[8]。その詳細については、次章で取り上げる。

　(c)　**適格消費者団体の差止請求権** (消費者団体訴訟制度)　第 3 の柱は、適格消費者団体に、事業者の不適切な勧誘行為や不当条項の使用の差止めを請求する権利を認めるものである (12 条以下)。この第 3 の柱に関する規定は、2000 年に消費者契約法が制定された当時は存在しなかったが、消費者の被害の発生・拡大の抑止のための制度として、2006 年の改正で同法に追加されたものである (→第 25 章および第 26 章)。

---

7)　消費者基本法は、消費者政策の基本理念その他基本となる事項等を定める法律である。同法 1 条の目的規定では、同法が「消費者と事業者との間の情報の質及び量並びに交渉力等の格差にかんがみ」、消費者の利益の擁護及び増進に関し基本理念を定め、また施策の基本事項を定めるものであること等が規定されている。

8)　2017 年 6 月 2 日に公布され (平成 29 年法律第 44 号) 2020 年 4 月 1 日に施行された改正民法では、定型約款に関する規定が新設された (民法 548 条の 2～548 条の 4)。消費者契約法の不当条項の規定は、消費者契約を対象とし、約款か否かを問わないのに対し、民法の定型約款の規定は、約款を対象とし、消費者契約か否かを問わない。特に民法 548 条の 2 第 2 項は、不当条項の排除に関わる規定であり定型約款の不当条項は契約内容にならない旨規定する。消費者としては、消費者契約法の規定に基づいて不当条項の無効を主張するほか、改正民法の規定に基づく法的主張をすることも、それぞれの要件を満たす限り可能となる。

[4] 消費者契約法の性質と他の法律との適用関係

(i)　消費者契約に関する一般法

　消費者契約法は、消費者と事業者との間で締結される消費者契約全般に広く適用される法律であり、その点は、この法律の大きな特徴でもある。特定商取引法や割賦販売法をはじめとする各種の特別法は、特定の領域または形態の取引に限定した規定を置いている。このような特別法は、それぞれの取引に即した規律という点では有益であるが、それだけでは、消費者被害に対する隙間のない対応は図れない。その反省もあって、消費者契約法が、消費者契約に関する一般的民事ルールを定めた法律（一種の一般法）として制定されたのである。

(ii)　例外としての労働契約

　このように、消費者契約法は、消費者契約一般に対して適用されうるが、「消費者契約」（2条）に該当しうるもののうち、唯一、労働契約のみは同法の適用対象から除外されている（48条）。労働契約における労働者の利益保護の法理は、労働法の領域においていち早く独自の展開を遂げてきたし、憲法28条に定める勤労者の団結権、団体交渉権とそれを具体化する法制度の存在など、一般の消費者契約とは異なる要素が存在するからである。

(iii)　その他の法律との関係

　消費者契約法は、消費者契約一般に（労働契約を除いて）適用されるという意味では一般法というが、民法・商法との関係では、なお特別法としての位置づけを有する。したがって、消費者契約法で規律されていない点については、他の特別法による規定がない限り、私法の一般法である民法や、商法の規定が適用される（11条1項参照）。

　一方、民法および商法以外の個別法において、別段の定めがあるときは、その個別法の規定の適用が消費者契約法の規定に優先する（11条2項）[9]。た

---

9)　たとえば、利息制限法4条1項の規定は、消費者契約法9条2号との関係で、別段の定めを置いたものと解されている。消費者庁・前掲注1) 311頁。その他の具体例について、同書307頁以下参照。

だし、ここにいう「別段の定め」とは、あくまでも、消費者契約法の規定を排除して当該特別規定を適用するという趣旨でその規定が設けられている場合（抵触する場合）を指す。これに該当するか否かは、当該法規の趣旨の解釈によって決まるのであって、個別法に消費者契約法と異なる規定が置かれている場合にそれが直ちに本条にいう「別段の定め」に該当するわけではない。

[5]　適用対象
──「消費者契約」・「消費者」・「事業者」・「適格消費者団体」とは

> **[事例1]**　A子は、B大学に合格し、B大学と在学契約を締結したが、その後、別の大学に合格したので、B大学に、入学を辞退する旨の通知を送った。ところが、B大学は、契約上の定め（学納金不返還条項）を根拠に、既に納付した学費等を返してくれない。そこでAは、消費者契約法に基づいて当該契約条項の無効を主張したいが、そもそもAB間の在学契約は、消費者契約法にいう「消費者契約」に該当するか。

消費者契約法は、「消費者契約」が事業者の不当な勧誘行為によって締結された場合における消費者の取消権や、「消費者契約」における不当条項の無効について規定を置いている。したがって、上記の例で、Aが消費者契約法のこのような規定に基づく権利主張をするためには、まず、Aが「消費者」、Bが「事業者」であって、AB間の契約が同法にいう「消費者契約」に該当することが必要である。

　(a)　**消費者契約**　消費者契約法にいう「消費者契約」とは、消費者と事業者との間で締結される契約をいう（2条3項）。極めて簡潔な定義であるが、この意味を理解するためには、その前提として、同法にいう「消費者」と「事業者」の概念を理解しなければならない。

　(b)　**消費者**　2条1項によれば、「消費者」とは、個人をいう。ただし、括弧書きで、個人であっても、「事業として又は事業のために」契約の当事者となる場合におけるものを除くとされている。つまり、個人は、原則的には消費者契約法における消費者に該当するが、最終的には、当該契約との関わりにおいて、消費者に該当するか事業者に該当するかが決まるのであ

る。その意味で、個人については、相対的な消費者概念が採られているのである。なお、「事業として又は事業のために」という場合の「事業」とは、同種行為の反復継続的遂行であって、営利目的か否かや事業形態は問わないとされている[10]。もっとも、「事業」性の有無については、契約の外形のみならず、最終的には実質的観点も踏まえて判断されるべきであろう。たとえば、いわゆるモニター商法などのように、個人が「事業のため」に契約をしたような外形がとられている場合でも、そのモニター等の業務には実体がなく、単に事業者がその個人に契約締結の意思表示をさせるための誘い文句として利用されているにすぎないような場合には、その個人の「事業」性は否定されるべきであろう。

　(c)　事業者　　2条2項によれば、「事業者」とは、①法人その他の団体、及び、②事業としてまたは事業のために契約の当事者となる場合における個人をいう。つまり、①「法人その他の団体」であれば、常に同法にいう事業者に該当するのであり、その法人等の目的は問わない。営利法人でなくても、消費者との間の情報・交渉力の格差は存在すると考えられたからである。もっとも、特に「団体」については、様々な種類・性質のものが存在し、外延が明確とはいえない。何らかのグループが、そのグループの名前で契約をした場合に直ちに消費者契約法の「事業者」に該当するのかというと、そうではなく、本法の趣旨を踏まえた解釈の余地があるというべきであろう。裁判例にも、権利能力なき社団について、そのような観点から事業者性を否定したものがある[11]。

　上記の事例1における A 子は、個人であり、しかも「事業として又は事

10)　消費者庁・前掲注1）99頁。
11)　東京地判平23・11・17判タ1380号235頁（控訴審）は、大学のラグビークラブチーム（権利能力なき社団）である X が、Y 経営の旅館での宿泊を予約した後、同チームの構成員のインフルエンザ罹患を理由としてキャンセルをしたところ、キャンセル料に関して争いとなったという事案において、X の「消費者」該当性が問題となった。判決は、X の組織の構成員等の実質を考慮し、X は、情報の質及び量並びに交渉力において優位に立っているとは評価できず、「消費者」（消契法2条1項）に該当するとした。なお、事業者間取引における中小事業者の利益保護の要請をいかにして図るのかも、消費者概念・事業者概念とも関わって、さらに検討する必要がある。

業のために」在学契約の当事者となったものではないから、消費者契約法にいう「消費者」に該当する。一方で、B大学は、法人であり、消費者契約法における「事業者」に該当する。学校法人であって営利を目的とするものでないということは、上記のとおり、事業者性を否定する理由にはならない。したがって、事例1におけるAB間の契約は、消費者契約に該当する[12]。

　(d)　**適格消費者団体**　　消費者契約の定義は、以上のとおりであるが、2条4項はさらに、差止請求権が認められる「適格消費者団体」の定義規定を置いている。これによれば、適格消費者団体とは、「不特定かつ多数の消費者の利益のためにこの法律の規定による差止請求権を行使するのに必要な適格性を有する法人である消費者団体」であって（実質要件。具体的には13条3項以下が定める）、第13条の定めるところにより「内閣総理大臣の認定を受けた者」（形式要件）をいう[13]。

3　事業者の消費者に対するの努力義務等

> **[事例2]**　消費者Aは、事業者Bからマンションを賃借していたが、2年後に賃貸借が終了し退去した。AがBに対して交付していた敷金50万円の返還を求めたところ、Bは、損耗による壁紙およびカーペットの貼替費用は賃借人の負担とする旨の契約条項があり、これらの費用を差し引くと10万円しか返還できないと主張する。通常損耗しか生じていないのに、Aは10万円しか返還を請求できないのか。

[1]　3条1項に規定する事業者の努力義務
　消費者契約においては、事業者が勧誘時の説明や契約条項の記載が不明瞭

---

[12]　最判平18・11・27民集60巻9号3437頁（学納金返還請求訴訟に関する判決）も、学校法人も消費者契約法にいう「事業者」に該当するとして、学生との間の在学契約が消費者契約に該当するとした。

[13]　消費者庁のホームページによれば、2022年8月1日時点で、認証を受けた適格消費者団体は全国で23存在する。

または誤解を招くものであったために、消費者が誤認して契約の締結に至るというトラブルは多い。また、消費者が約款に記載された内容を知らないまま契約に入り、後にトラブルになる場合もある。さらに、消費者は契約締結後の解除権の行使等においても、十分な情報がないために、権利行使が事実上制約される場合もある。

そこで、消費者契約法3条1項は、事業者が消費者に対して負う努力義務を4項目にわたって規定している（第1〜4号）。以下では、これらの規定の内容と意義についてみていく[14]。なお、12条の3〜12条の5には、適格消費者団体の差止請求に係る事業者の努力義務規定が設けられたが、その意義については、第25章を参照されたい。

(a)　**契約条項の明確性・平易性の確保**（3条1項1号）　第1の努力義務は、事業者が契約条項を定めるに当たり、「消費者の権利義務その他の消費者契約の内容が、その解釈について疑義が生じない明確なもので、かつ、消費者にとって平易なものにするよう配慮すること」である（1号：明確かつ平易な定め）。解釈に疑義のある不明瞭な条項によるトラブルが発生していることを受け、これを防止するために、2018年改正において、「その解釈について疑義が生じない」という文言が追加された。

(b)　**契約締結時における契約内容に関する情報提供**（3条1項2号）第2は、事業者が契約締結の勧誘をするに際し、「消費者の権利義務その他の消費者契約の内容についての必要な情報」を消費者に提供することについての努力義務である（2号）。しかも、この情報の提供は、「物品、権利、役務その他の消費者契約の目的となるものの性質に応じ」、「事業者が知ることのできる個々の消費者の年齢、心身の状態、知識及び経験を考慮」した上で、行うべきこととされている。これは、知識・経験は消費者によって様々であり、事業者の情報提供は個々の消費者の事情を考慮して行われるべきであるという考え方に基づく[15]。顧客の事情に応じた説明義務という考え方は、

---

[14]　3条2項には、消費者の努力義務に関する規定（消費者は、契約締結の際に、提供された情報を活用し、契約内容を理解するよう努めるものとする旨の規定）も置かれているが、多く問題となるのは、事業者側の義務であることから、本書ではこれを中心に解説する。

[15]　2018年改正で、「個々の消費者の知識及び経験を考慮した上で」という文言が追加された。

すでに金融商品取引分野において導入されてきた[16]。本条は、努力義務としてではあるが、このような考え方を消費者契約一般について規定したものである。

(c) 定型約款の内容表示請求に必要な情報の提供（3条1項3号）　民法には、2017年の債権法改正により、定型約款に関する規定が置かれたが、それによれば、定型約款を用いて取引をしようとしている事業者（定型約款準備者）は、常にその約款の内容を事前に相手方に示すことまでは要求されておらず、相手方から請求があった場合に、その内容を示さなければならないとされている（民法548条の3第1項）。この規定をめぐっては、相手方が消費者の場合、このようなルールを自覚して内容表示請求を行うことは期待しにくく、約款内容の表示を相手方の請求に係らせることは、消費者の不利益につながるのではないかという議論があった。そこで、2022年の消費者契約法改正において、同法3条1項3号に、事業者が、定型約款を用いた消費者契約の勧誘をする際に、消費者が民法548条の3第1項の定める約款内容表示請求を行うために必要な情報を提供することが、事業者の努力義務として規定された。

(d) 解除権行使に必要な情報の提供（3条1項4号）　消費者契約における消費者と事業者の情報格差は、契約を締結するか否かの判断においてのみならず、契約締結後の対応、とりわけ消費者が解除権を行使する際にも問題となる。そこで、2022年改正において、消費者の求めに応じて解除権の行使に関して必要な情報を提供することが、事業者の努力義務として追加された（4号）。なお、事業者が消費者の解除に伴う損害賠償額の予定条項等を定めているときは、その算定根拠の概要を説明することも、努力義務として規定されている（9条2項→この点は第7章参照）。

---

16)　金融商品取引法40条は、適合性の原則を定め、金融商品取引業者等は、顧客の知識、経験、財産の状況及び契約目的に照らして不適当と認められる金融商品取引の勧誘行為を行ってはならない旨を規定する（特に40条1号）。また、金融サービス提供法4条は、金融商品販売事業者等の説明義務を規定するが、同条第2項で、その説明は、顧客の知識、経験、財産の状況および契約目的に照らして、顧客の理解に必要な方法および程度によることが必要とされている（第15章も参照）。

[2] 規定の性質と効果

　3条1項は、少なくとも法文上は、事業者が行うべき努力を規定したに過ぎない (いわゆる努力義務規定である) から、事業者がこれらの努力を怠った場合に、直ちに同条に基づいて事業者の損害賠償責任や消費者の取消権等の具体的な法律効果が導かれるわけではない。

　しかし、だからといって、不明瞭な記載や不十分な説明が、常に何の法的効果も導かないわけでは決してない。というのは、まず第1に、後述の4条1項・2項が定める3つの誤認類型のいずれかに該当する場合には、消費者には取消権が認められる。他の事情と相俟って、不明瞭な記載が不実告知 (4条1項1号) に当たると評価され、あるいは偏った情報の提供が不実告知 (同条) または不利益事実の不告知 (4条2項) に該当すると評価されることもありえよう。第2に、すでに消費者契約法の制定以前から、学説はもとより裁判例にも、一定の事情の下で、民法に基づく信義則上の説明義務を認め、その義務に反した事業者が損害賠償責任を負うとするものが見られた[17]。消費者契約法の施行後も、具体的な事情の下で、このような法的義務が認められうることは当然であり[18]、その際、消費者契約については、消費者契約法1条及び3条1項の趣旨も考慮に入れられるべきであろう。第3に、事業者が「明確かつ平易」の要請に反し不明瞭な形で契約条項を設けた場合には、契約の解釈により、その内容が事業者の不利な意味に解されることがありうるし[19]、当該特約の成立が否定されることもありうる[20]。これらのことも、以前から裁判例でも認められてきたことであるが、本条に定める「明確かつ平易」の要請は、消費者契約におけるこれらの解釈等を裏から支える意味も有するといえよう。

　事例2についてみると、賃貸借契約において、目的物の通常の使用収益によって生じる損耗 (通常損耗) は、原則として賃借人の原状回復義務には含

17)　東京高判平9・7・10判タ984号201頁など多数。
18)　説明義務違反による事業者の損害賠償責任を認めた比較的近時の判決として、たとえば、先物取引に関する最判平21・12・18集民232号833頁 (判タ1318号90頁) などがある。
19)　作成者不利の解釈準則といわれる。諸外国には、明文でこのような解釈準則を設ける国も見られる。上田誠一郎『契約解釈の限界と不明確解釈準則』(日本評論社、2003年) 参照。
20)　最判平17・12・16集民218号1239頁 (判タ1200号127頁) など。

まれず、その補修費用は賃貸人の負担になる（民法621条）。賃貸人とりわけ事業者たる賃貸人がこの原則と異なる特約を設けようとする場合は、消費者たる賃借人が負担する範囲が契約上明確に示され合意されていなければならない。この事例で、そうした明確性が欠けている場合には、通常損耗まで賃借人に負担させる旨の特約が成立しているとはいえず、Bの主張は認められないと解される可能性がある[21]。

4 消費者の取消権（4条）

[1] 取消規定の概要と「勧誘」概念

消費者契約法4条は、事業者の不当勧誘行為によって消費者が影響を受けて消費者契約締結の意思表示をした場合における消費者の取消権を規定している。その第一は、誤認による取消しであり（4条1項、2項）、第二は、困惑による取消しである（4条3項）。そして第三は、2016年改正（2017年6月3日施行）によって追加された、過量契約の取消しである（4条4項）。

これらいずれの取消規定においても、「事業者が消費者契約の締結について『勧誘』をするに際し」ということが要件とされている。ここにいう「勧誘」概念をめぐっては、従来から議論があった。消費者契約法を所管する消費者庁のかつての解説では、特定の者に向けた契約締結への働きかけは該当するが、不特定多数向けの広告やパンフレットは含まれないとされていた[22]。しかし、学説ではこれに批判的な見解がむしろ多数であった[23]。4

---

21) 本章前掲注20）の判例は、消費者契約という点を強調しているわけではないが、かかる特約の成立を否定した。なお、このような条項が民法548条の2第1項に定める「定型約款」に該当するときは、同条2項の不当条項規制の対象ともなる。

22) 消費者庁・前掲注1）の第2版補訂版（2015年）109頁。なお、第3版以降では記載が改められ、本文後述の最高裁平成29年1月24日判決が紹介されている（前掲注1・第4版134頁）。

23) 山本豊「消費者契約法(2) 契約締結過程の規律」法教242号（2000年）89頁、落合誠一『消費者契約法』（有斐閣、2001年）73頁、潮見佳男『消費者契約法・金融商品販売法と金融取引』（経済法令研究会、2001年）34頁、後藤巻則『消費者契約の法理論』（弘文堂、2002年）199頁。最近においても、山城一真「広告表示と契約」現代消費者法30号（2016年）40頁、鹿野菜穂子「広告と契約法理」現代消費者法32号（2016年）16頁など。

条の取消規定において、事業者が「『勧誘』をするに際し」とされているのは、契約締結に向けた事業者の働きかけであって消費者の意思形成に直接影響を与える可能性のある行為だということであり、特定人に向けられた方法でなければ「勧誘」に該当しないとの解釈は狭すぎる。その後、最高裁が、この点についての判例の考え方を明らかにした（最判平29・1・24民集71巻1号1頁）。同判決は、差止請求事件に関するものではあるが、事業者等が不特定多数の消費者に向けて働きかけを行う場合を同法所定の「勧誘」に当たらないとしてその適用対象から一律に除外することは、消費者契約法の趣旨目的に照らし相当とはいい難いとし、「事業者等による働きかけが不特定多数の消費者に向けられたものであったとしても、そのことから直ちにその働きかけが法12条1項及び2項にいう『勧誘』に当たらないということはできない」としたのである。なお、勧誘概念を広く捉えても、4条に基づく取消しのためには、当該勧誘行為と消費者の誤認による意思表示との間の因果関係が必要とされるので、取消しが直ちに認められるというわけではない。しかし、不特定多数に向けられた働きかけはおよそ4条や12条の適用対象にならないという主張は、この判例により否定されることになった。

[2] 誤認による取消し（4条1項、2項）

> **[事例3]**　以下の各場合において、消費者Aは、意思表示を取り消すことができるか。
>
> 　(1)　Aは、事業者Bから建物の耐震性に関して無料点検サービスを実施していると言われて点検を依頼したところ、Aの建物は必要な耐震基準を大きく下回っている旨の報告書を示されて工事が必要だと勧められ、Bに200万円で工事を依頼する旨の契約を締結した。しかし、不安になって別の専門家に見てもらうと、実は建物の耐震性能には問題がないことが判明した。
>
> 　(2)　Aは、事業者Bから、安定型で元本割れの心配はなく、年3％の配当は確実であると言われ、それを信じてその金融商品を購入したが、景気変動により配当は得られず、償還期には元本を大きく下回ることになった。
>
> 　(3)　Aは、事業者Bから、「日照・眺望が良好」という説明を受けて

マンションを購入したが、数ヶ月後に隣接地に別の大型マンションが建
築され、Aの居室からの日照・眺望が著しく阻害された。Aが購入した
時には、すでに隣接地マンションの建築計画があり、不動産関係業者に
はそれが広く周知されていたが、AはBから知らされていなかった。

3つの誤認類型

　消費者契約法4条1項・2項は、3つの類型において、事業者の不当な勧
誘行為により消費者が「誤認」をして契約をした場合の消費者の取消権を定
めている。民法96条1項の定める詐欺による取消しは、詐欺の故意の立証
の困難から、その適用が難しい場合が多い。これに対し、消費者契約法4条
1項・2項に定める取消しでは、詐欺の故意のような主観的要件が不要とさ
れ、消費者による取消しの要件が緩和されている（ただし、「(c)不利益事実の不告
知」については後述のとおり、主観的要件が残っている）。

　(a)　**不実告知**（4条1項1号）　　第1は、不実告知による誤認である。
すなわち、事業者が、契約締結の勧誘に際し、「重要事項」について「事実
と異なることを告げ」、それにより消費者が、「当該告げられた内容が事実で
あるとの誤認」をして契約をした場合に、消費者は取消しをすることができ
る。

　「事実と異なること」とは、客観的に真実・真正ではないことをいう。客
観的に事実と異なることを告げれば足り、事実と異なることについて事業者
が認識していたことは要件とされていない[24]。しかし、「似合う」とか「美
しい」など、主観的評価にとどまり、客観的な真否を判断することができな
いことを告げても、それは不実告知とならない[25]。もっとも、たとえば、
日光がまったく当たらないのに「日当たり良好」と告げることなどは、すで
に日当たり良好という概念の客観的意味を超えるものであり、事実と異なる

---

[24]　たとえば、中古車売買において、販売業者が走行距離につき実際より短い距離を告げ、消
　　費者がそれを信じて契約をした場合、たとえ販売業者自身が走行距離の記載を操作したので
　　はなく、しかもその誤りを認識していなかったとしても、「不実告知」に該当しうる。

[25]　消費者庁・前掲注1）135頁。

ことを告げたこと（不実告知）に該当するといえよう[26]。また、相場より安いと告げることも、単なる主観的評価ではなく、客観的な真否の判断が可能であるから、その限りで不実告知となりうるといえよう[27]。なお、本号の「重要事項」にいかなるものが該当するのかについては、4条5項に規定がある（後述(d)）。

(b)　**断定的判断の提供**（4条1項2号）　第2の類型は、断定的判断の提供による誤認である。すなわち、事業者が、契約締結の勧誘に際し、消費者契約の目的となるものに関し、将来におけるその価額その他、「将来における変動が不確実な事項」につき「断定的判断を提供」し、それによって消費者が、「当該提供された断定的判断の内容が確実であるとの誤認」をして契約をした場合に、消費者は取消しをすることができる[28]。

消費者庁の解説では、「将来における変動が不確実な事項」とは、財産上の利得を得るか否かを見通すことが契約の性質上困難である事項をいうとして、厳格な解釈が採られている。裁判例では、このような厳格な解釈論が一般的に展開されているとまではいえないが、適用を認めた事例のほとんどは、投資取引や内職商法等、財産上の利益に関するものである[29]。

(c)　**不利益事実の不告知**（4条2項）　第3の類型は、不利益事実の不告知による誤認である。すなわち、事業者が、契約締結の勧誘に際し、「ある重要事項または当該重要事項に関連する事項」について、「当該消費者の利益となる旨を告げ」かつ「当該重要事項について当該消費者の不利益となる事実を故意又は重大な過失によって告げず」、それによって消費者が、「当該事実が存在しないものと誤認」して契約をした場合に、消費者は取消しを

26)　道垣内弘人「消費者契約法と情報提供義務」ジュリスト1200号（2001年）52頁。
27)　一般的な小売価格を誤解させる値札表示を付けることにより、当該商品が一般的な小売価格の7割の値段であるように誤認させたという事案において4条1項1号の適用を認めた裁判例もある（大阪高判平16・4・22消費者法ニュース60号156頁）。
28)　たとえば、灯油の先物取引において、事業者が「灯油は必ず下げてくる、上がることはあり得ない。」「当たりの宝くじを買うみたいなものですよ。」などと告げて勧誘した行為は断定的判断の提供に該当するとして、4条1項2号による取消しが認められた事例（名古屋地判平17・1・26判時1939号85頁）など、投資型の取引に適用例が多い。
29)　丸山絵美子「消費者取消権」法律時報83巻8号（2011年）17頁参照。

することができる。

　条文上は、単なる不告知ではなく、「利益の告知」と「不利益事実の不告知」が併せ存することが要件とされているが、裁判例には、利益告知の要件を重視していないように見えるものもある[30]。利益告知と不利益事実の不告知とが併存する場合には、全体として 4 条 1 項 1 号の不実告知があったと評価される場合もあろう。

　この類型では、不利益事実の不告知が「故意又は重大な過失により」されたことが要件となる。当初は、「故意」に限定されていたが、故意の立証は容易ではなく、この要件の故に 4 条 2 項の規定が活用しにくいものとなっていたこと、民事法上一般に、重過失は、故意と同視できるような著しい注意義務の欠如として、故意と同様の取扱いがされる場面も多かったことなどを背景として、2018 年の改正で、「重大な過失」による場合が追加された[31]。

　なお、ここでも「重要事項」に係る要件が設けられているが、これについては、次の(d)で述べる。

　(d)　**重要事項**　　上記のとおり、(a)の不実告知型と(c)の不利益事実の不告知型については、「重要事項」に係る要件が設けられているが、何がここにいう重要事項に該当するのかについては、4 条 5 項があらためて規定している。これによれば、まず、(a)不実告知型と(c)不利益事実の不告知型に共通のものとして、①「物品、権利、役務その他の当該消費者契約の目的となるものの質、用途、その他の内容であって、消費者の当該消費者契約を締結するか否かについての判断に通常影響を及ぼすべきもの」(5 項 1 号)、②「物品、権利、役務その他の当該消費者契約の目的となるものの対価その他の取引条件であって、消費者の当該消費者契約を締結するか否かについての判断に通常影響を及ぼすべきもの」(5 項 2 号)が、重要事項に該当するとされる。さらに、(a)不実告知型については、以上（①②）のほか、③「物品、権利、役

---

30)　東京地判平 21・6・19 判時 2058 号 69 頁など。

31)　2018 年改正前の「故意」要件に対する立法論上の批判として、日弁連消費者問題対策委員会編『コンメンタール消費者契約法〔第 2 版増補版〕』（商事法務、2015 年）82 頁など。同書〔第 2 版増補版〕補巻（商事法務、2019 年）141 頁には、この点に関する従来の議論と改正の経緯が記述されている。

務その他の当該消費者契約の目的となるものが当該消費者の生命、身体、財産その他の重要な利益についての損害又は危険を回避するために通常必要であると判断される事情」も、これに該当するとされている（5項3号）。

　2016年改正前までは、このうち、①と②に相当するものだけが重要事項として掲げられていた（旧4条4項）。そして、この旧規定の条文を文言通り厳格にとらえると、契約の目的となるものの内容か取引条件のいずれかに該当することが必要であって、当該契約を必要とする事情に関する不実告知があっても、「重要事項」についての不実告知ではないので取消しは認められないということになりそうであり、実際、消費者庁のかつての解説ではそのような解釈が採られていた[32]。しかし、「重要事項」についてのこのような理解に対しては、学説上疑問が提起されてきたし[33]、裁判例にも、この点につき柔軟な解釈を採るものが見られた[34]。本来、これらの取消規定の基礎にあるのは、事業者側が、消費者の契約締結の判断に通常影響を及ぼすべき事項について不実告知等を行うことによって、実際にも消費者の契約締結の判断に影響が及び、歪められた意思決定に基づいて契約締結の意思表示をしたという場合には、当該誤認のリスクは事業者が負担すべきであって、事業者は契約の取消しを甘受すべきだという考え方である。そうであれば、重要事項を狭く限定することには立法論上問題があったし、解釈論としても、①と②を「契約締結の判断に通常影響を及ぼすべき事項」の典型的な場合の例示として捉えるなど、柔軟に解釈するべきだと主張されてきた[35]。

　このような議論状況を踏まえ、2016年改正により、「重要事項」に関する規定が改正され、不実告知に関しては、4条5項に（不実告知型に関して）第3

32）　消費者庁・前掲注22）〔第2版補訂版〕147-148頁。

33）　改正前規定の下で例示列挙と解すべきとする見解として、池本誠司「不実の告知と断定的判断の提供」法学セミナー549号（2000年）20頁、山本敬三「消費者契約法の意義と民法の課題」民商法雑誌123巻4=5号513頁。「質、用途その他の内容」を広く捉えるべきとする見解として、道垣内・前掲注26）51頁以下、日本弁護士連合会編『消費者法講義〔第4版〕』（日本評論社、2013年）94頁などがあった。

34）　宮下修一「消費者契約法4条の新たな展開(1)」国民生活研究50巻2号（2010年）97頁、丸山・前掲注29）16-17頁、能見善久＝加藤新太郎編『論点体系　判例民法5（契約1）〔第3版〕』（第一法規、2019年）消費者契約法4条〔鹿野菜穂子〕など参照。

号が追加されることになったのである。

　(e)　**事例の検討**　事例3(1)では、消費者Aは、事業者Bから、建物の耐震性能について事実と異なることを告げられているので (不実告知)、消費者契約法4条1項1号に基づく不実告知による取消しが検討されることになる (特商法による取消しの検討はここでは省略する)。同条の適用には、不実告知が「重要事項」に関するものであることが要件とされているが、前述のとおり2016年改正によって4条5項3号が追加され、本事例における建物の耐震性能も、同号にいう「(消費者の) 重要な利益又は危険を回避するために通常必要であると判断される事情」に該当するので、「重要事項」の要件を満たす。Aは、これを事実と信じて当該契約締結の意思表示をするに至ったのであるから (誤認、意思表示、因果関係)、4条1項1号に基づきこれを取り消すことができる。

　事例3(2)では、元本割れの危険性や配当の見込みなど、「将来におけるその価額、将来において当該消費者が受け取るべき金額その他の将来における変動が不確実な事項」について、事業者が断定的な判断の提供をしているので、それによって誤認して契約をしたAは、4条1項2号に基づき取り消すことができる。

　事例3(3)では、マンションの日照・眺望は、「契約の目的となるものの質」の一部であり、当該マンション購入契約締結の判断に通常影響を及ぼすべきものと考えられるので、「重要事項」(4条5項1号) に該当する。事業者Bは、この重要事項について、日照・眺望が良好などと「消費者に利益となる旨を告げ」、隣地のマンション建築によってその日照・眺望が近く著しく阻害されるという「消費者の不利益となる事実を故意又は重大な過失により告げなかった」ものと認められるので、それによって誤認して契約をしたAは、4条2項に基づき取り消すことができる。

---

35)　なお、その後の特定商取引法の改正により、同法に取消規定が導入され、そこでは、不実告知等の対象につき、契約締結を必要とする事情その他も含むような形で広く定められたので、同法の取消規定を通して実質的な問題事例の多くは解消されたとも見ることができる (→第8章143頁)。しかし、特定商取引法は、その適用対象が訪問販売をはじめ同法に定める取引形態に限られているので、なお、消費者契約法4条の取消規定の重要性と、そこにおける要件の再検討の必要性がなくなったわけではなかった。

[3] 困惑による取消し（4条3項）

> **[事例4]** 消費者Aが自宅に一人でいたところ、事業者Bが訪ねて来て、羽布団の契約締結の勧誘を始めた。AがBに必要ないから帰って欲しいと懇請したにもかかわらず、Bは長時間にわたって勧誘を続け、困り果てたAは、結局Bとの契約書に署名押印してしまった。Aは、契約を取り消して代金の支払を免れることはできないか。

10の困惑類型

消費者契約法4条3項は、以下に挙げる10の類型において、事業者の不当勧誘行為により消費者が困惑をした場合の消費者の取消権を定めている。民法96条の「強迫」には該当しない場合であっても、以下のいずれかの要件を充たせば、消費者は取消権を行使することができるものとされているのである。なお、消費者契約法制定の当初は、1号と2号の2つのみが取消しの原因となる困惑類型として規定されていたが、2018年の消費者契約法改正により、現在の第5号から第10号までの6つが追加され[36]、さらに、2022年の改正により、第3号と第4号が追加された。このうち、とくに第5号および第6号の追加には、成年年齢の引下げに対する対応という趣旨も含まれていた。すなわち、2018年の民法改正（平成30年法律第59号）により、成年年齢が、従来の20歳から18歳に引下げられることとなった（2022年4月1日施行）。これにより、従来とは異なり、民法の未成年者取消権（民5条2項）を行使できなくなる18歳、19歳の若年成人に予想される消費者被害について、教育等による未然防止を図ると共に、被害救済のための措置を講ずることが必要とされたからである。以下、10の困惑類型を概観しよう。

消費者は、事業者が契約締結の勧誘に際し、以下の各行為をしたことにより困惑し、当該消費者契約締結の意思表示をしたときは、これを取り消すことができる（4条3項柱書）。

---

[36] 2018年改正において4条3項5号～10号（改正当時は3号～8号）が追加された改正の経緯については、日弁連・前掲注31）〔第2版増補版〕補巻の60頁以下に詳しい。

　①**不退去**（1 号）　　第 1 は、不退去型である。すなわち、事業者が、消費者の住居や職場において契約締結の勧誘をするに際し、消費者が事業者に対して退去すべき旨の意思を示したにもかかわらず、事業者が退去しないことである。訪問販売などにおけるトラブルの典型的な場合を規定したものである。なお、特定商取引法は、訪問販売を規制する各種の規定を置き、事業者が契約を締結させるために人を威迫して困惑させる行為も禁止しているが（特商法 6 条 3 項）、困惑による取消しの規定は同法には設けられていないので[37]、取消しによる民事的救済は、消費者契約法 4 条によることになる。

　②**退去妨害**（2 号）　　第 2 は、退去妨害型である。すなわち、たとえば、宝石や絵画などの展示販売会等に行った消費者に対して、事業者が、契約締結の勧誘をする際に、その勧誘をしている場所から消費者が退去する旨の意思を示したにもかかわらず、消費者を退去させないことである。

　③**勧誘目的を告げない同行勧誘**（3 号）　　第 3 は、同行型勧誘である。すなわち、事業者が、勧誘することを告げずに消費者を退去困難な場所に同行して勧誘することである。この場合、消費者は、退去する旨の意思を示したか否かを問わず、困惑による取消しをすることができる。

　④**相談連絡の妨害**（4 号）　　第 4 は、相談妨害である。すなわち、消費者が当該消費者契約を締結するか否かについて相談を行うために、電話その他内閣府令で定める方法で他の者と相談する意思を示したのに、事業者が威迫する言動を交えてその連絡を妨害することである。消費者の慎重な選択を妨害して困惑させる行為の典型ということができる。

　⑤**不安をあおる告知**（5 号）　　第 5 は、消費者の不安をあおる告知である。すなわち、消費者が、社会生活上の経験が乏しいことから、(イ)進学、就職、生計等の社会生活上の重要な事項や、(ロ)容姿、体型等の身体の特徴・状況に関する重要な事項に対する願望の実現に過大な不安を抱いている場合において、事業者が、契約締結の勧誘に際し、それを知りながらその不安をあおって、その願望の実現のためには契約の目的となるものが必要だと告知することである。たとえば、就職活動がうまくいっていない学生が、その不安

37）　誤認による取消しについては、特定商取引法にも規定が設けられている（訪問販売については、特商法 9 条の 3）。詳しくは、本書の第 8 章を参照。

を知っている事業者から、「このままではいくらやっても成功しない。内定をもらうにはこの就職セミナーを受講することが必要だ」などと告げられて受講契約をした場合などである。なお、「社会生活上の経験が乏しいことから」という文言からは、本条が主に若年者を念頭に置いていることが窺える。しかし、本条の趣旨は、消費者の抱える大きな不安につけ込み不安をあおるという不当勧誘を規律し、その不当勧誘の影響により契約をした消費者に取消しによる保護を与えるものであるから、「社会生活上の経験が乏しい」という要件は厳格に捉えるべきではなく、同規定の適用は若年者に限定されるわけではないと解される。

　⑥恋愛感情等の不当な利用〔いわゆるデート商法〕（6号）　第6は、デート商法といわれてきた不当勧誘である。すなわち、消費者が、社会生活上の経験が乏しいことから、勧誘者に恋愛感情等の好意の感情を抱き、かつ、勧誘者も同様の感情を抱いていると誤信している場合において、事業者が、契約締結の勧誘に際し、それを知りながら、これに乗じ、契約を締結しなければ関係が破綻する旨を告げることである。たとえば、ある男性が、女性に声をかけられ話をするうちに好きになったが、その女性は宝石販売員であり、親しくなった後に突然、「宝石を買ってくれないと関係を続けられない」などと言われて契約をした場合などである[38]。このようなデート商法被害は、若年者だけに見られるわけではなく、本号でも、社会生活上の経験に係る要件は、恋愛感情等の不当な利用による不当勧誘を規律した本号の趣旨に照らして柔軟に解釈されるべきであろう。

　⑦判断力低下の不当な利用（7号）　第7は、消費者の判断力の低下を不当に利用する不当勧誘である。すなわち、①消費者が、加齢や心身の故障により判断力が著しく低下していることから、生計や健康等に関し現在の生活の維持に過大な不安を抱いている場合において、事業者が、契約締結の勧

[38]　4条3項4号が消費者契約法に追加される前においても、デート商法による売買契約を公序良俗違反（民法90条）により無効とした裁判例があった（たとえば、名古屋高判平21・2・19判時2047号122頁。なお、同判決はさらに、当該売買代金支払のためのクレジット契約も無効としていたが、上告審である最判平23・10・25民集65巻7号3114頁は、売買契約が公序良俗に反し無効とされる場合であっても、クレジット契約は特段の事情のあるときでない限り無効とならないとした）。

誘に際し、それを知りながら、消費者の不安をあおり、契約を締結しなければ現在の生活の維持が困難となる旨を告げることである。たとえば、加齢による判断力の低下により生活に不安を抱いている消費者が、事業者から「年金では今の生活は維持できない。この投資をすれば定期収入が入り生活が維持できる」などと言われ、投資のためにその事業者から物を購入して運用を委託する契約をした場合などである。

　⑧霊感等による知見を用いた告知〔いわゆる霊感商法〕（8号）　　第8は、霊感商法といわれてきた不当勧誘である。すなわち、事業者が、契約締結の勧誘に際し、消費者に対して、霊感その他の合理的に実証することが困難な特別な能力による知見として、そのままでは重大な不利益を与える事態が生ずる旨を示して消費者の不安をあおり、契約を締結することにより確実に重大な不利益を回避できる旨を告げることである。

　⑨契約締結前の債務内容実施（9号）　　第9は、契約締結前に債務内容を実施して消費者に心理的負担を抱かせる不当勧誘行為である。すなわち、事業者が、契約締結の勧誘に際し、消費者が契約締結の意思表示を未だしていないのに、当該契約が締結されれば負担することになる義務の内容の全部若しくは一部を実施し、または契約の目的物の現状を変更して、原状の回復を著しく困難にすることである。たとえば、消費者は工事の見積りを依頼したにすぎないのに、事業者が工事に着工し、消費者が断りきれずに契約をしたという場合である。

　⑩契約締結を目指した活動による損失補償の請求（10号）　　第10は、事業者が、契約締結を目指した活動を勝手にして消費者にその損失補償を請求する不当勧誘行為である。すなわち、事業者が、契約締結の勧誘に際し、消費者が契約締結の意思表示をする前に、消費者からの特別の求めその他正当な理由もないのに、契約締結を目指した事業活動（調査、情報の提供、物品の調達等）を実施し、当該消費者のために実施したとしてその損失の補償を請求する旨を告げることである。この場合も、それにより消費者が困惑して契約締結の意思表示をした場合は、消費者は当該意思表示を取り消すことができる。第9号と第10号は、事業者が消費者に心理的負担をかけ、契約を締結したくないと考えている消費者にも契約を締結させる不当勧誘行為であるという点においては、第1号〜第3号と共通している。

　事例4は、事業者が消費者の自宅で契約締結の勧誘を行い、消費者が事

業者に対して退去して欲しい旨を告げたにもかかわらず、事業者が退去しなかったことにより、消費者が困惑して当該契約を締結する意思表示をしたのであるから、4条3項1号の規定する不退去型の典型例である。Aは、同条に基づき、意思表示を取り消すことができる。なお、「退去すべき旨の意思を示す」という要件については、事例のように明示された場合だけでなく、黙示的に示されることでも足りる[39]。

[4] 過量契約の取消し（4条4項）

> **[事例5]**　Aは、75歳で一人暮らしをしていたが、布団の販売業者Bの担当者から勧誘を受け、高級羽毛布団10セットを400万円で購入した。Aは、Bの担当者の巧みな勧誘文句に対して、契約の締結を断ることができず、この契約を締結したものである。

　近年、消費者被害の中でも、事業者が、高齢者や障害者等の判断力の低下等につけこんで、不要な商品等を大量に購入させるという被害事案が増加してきた。このような「つけ込み型」の不当勧誘被害に対処するためのルールが検討され、2016年改正において新たに新設されたのが、4条4項の過量契約の取消規定である。つけ込み型不当勧誘は、過量契約に尽きるものではないが、この種の被害の典型的な事態を捉えて要件化し、それにより消費者の被害回復を図ることが企図されたものである。なお、本条の過量契約取消しは、「過量」という客観的外形的な側面を中心に要件を規定しており、消費者の判断力の低下等は要件としていない。一方、その後2018年改正によって追加された4条3項5号では、まさに高齢者等の判断力の低下につけ込む不当勧誘による取消規定が設けられ、「過量」以外の場合にも取消しが可能

---

[39]　裁判例でも、たとえば、大分簡判平16・2・19判例集未登載（日弁連消費者問題対策委員会・前掲注31）686頁）、東京簡判平19・7・26（裁判所HP20080206161302.pdf、LLI／判例検索06260017、LEX/DB25421095）、東京簡判平15・5・14消費者法ニュース60号213頁、神戸簡裁尼崎支部平15・10・24消費者法ニュース60号214頁など。

となった。

　4条4項が規定する過量契約取消しには、2つの場合がある。1つは、4項前段の定める、単一過量型である。つまり、①物品、権利、役務その他の当該消費者契約の目的となるものの分量、回数又は期間が、当該消費者にとっての通常の分量等[40]を著しく超えるものであること（「過量」要件）、②事業者が、消費者契約の締結について勧誘をするに際し、その過量であることを知っていたこと（事業者の「認識」要件）、③その事業者の勧誘により消費者が当該消費者契約の締結の意思表示をしたこと（②の要件を満たす勧誘と意思表示との間の因果関係）が要件とされ、これが満たされた場合、当該消費者は、その意思表示を取り消すことができるとされている。

　第2は、同条後段に規定する累積過量型である。つまり、①消費者が既に同種のものを目的とする契約（同種契約）を締結しており、そのすでに行われた同種契約と今回の契約の目的となるものの分量等を合算すれば通常の分量等を著しく超える場合（「累積過量」要件）には、②その合算して過量になることを、事業者が消費者契約の締結の勧誘に際して知っていた場合において（事業者の「認識」要件）、③その事業者の勧誘により消費者が当該消費者契約の締結の意思表示をしたときは、同様に、消費者はその意思表示を取り消すことができるとされている（4項後段）。

　2016年消費者契約法改正の前に、すでに特定商取引法の中で、訪問販売（現在では、電話勧誘販売についても）における過量契約解除等（申込みの撤回又は契約の解除）の規定が導入されていた（特商法9条の2、24条の2）。この特定商取引法の規定は、訪問販売等における不意打ち性に着目して、クーリングオフの延長線上の規定として設けられたものである。しかし、同規定の適用のある対象取引類型は限定されていた。そこで、あらためて消費者契約法において、より広く一般的に、不当勧誘による取消規定の一環として、過量契約取消権の規定が導入されたのである。

---

40)　ここに「通常の分量等」については、同項に、①契約の目的となるものの内容及び取引条件、②勧誘の際の消費者の生活の状況及びこれについての当該消費者の認識に照らして、通常想定される分量等をいう旨定められている。

[5] 取消権の期間制限および取消しの効果等

（a）**取消期間**　　消費者契約法4条に基づく取消権は、長短2種類の期間制限に服する（7条1項）。すなわち、第1に、追認をすることができる時から1年で、取消権は時効により消滅する（7条1項前段）。第2に、当該消費者契約の締結の時から5年を経過したときも同様とされる（7条1項後段）[41]。

民法における詐欺・強迫による意思表示の取消権（民96条）の行使期間については、民法126条の規定により、追認をすることができる時から5年、行為の時から20年と定められているが、それに比べて消費者契約法4条に基づく取消権の行使期間は短い。これは、事業者の行う取引については迅速性が求められ、法律関係の早期確定の要請が強いこと、消費者契約法では民法の定める場合より取消しの要件を緩和して取消しを広く認めることにしたので、取引の安定を考慮する必要が増すこと等に基づくとされている。

なお、2016年改正の前までは、短期の方の期間は6か月とされていたが、これでは消費者の権利行使期間としては短すぎ、これによって消費者が権利行使の機会を奪われることも多いという問題があったため、2016年改正で1年に伸長された。

（b）**取消しの効果**　　取消しの効果については、消費者契約法は一般的な規定を設けていない（ただし後述のとおり、返還義務の範囲に関する特則として6条の2がある）。取消しに関して消費者契約法に特に規定のないものについては、民法および商法の規定によることとされているので（消契11条参照）、取消しの効果については民法が適用され、取り消された意思表示は契約締結時に遡って無効となる（民121条）。この場合の当事者の返還義務については、互いに原状回復義務を負うのが民法上の原則であるが（民121条の2第1項）、消費者契約法に基づく取消しについては、取消権による消費者の保護の趣旨を貫徹するため、同法に特則が設けられている（消契6条の2）。これによれば、消費者が取消原因を知らずに給付を受領していた場合（善意の受益者）には、その消費者は、現存利益の返還、つまり消費者の手元に現に残っている利益を返還

41）　さらに、消費者契約法7条2項には、株式または出資の引受けや基金の拠出などにつき、会社法その他の法律で詐欺又は強迫による取消しができないものとされている場合には、消費者契約法の定める誤認又は困惑による取消権も排除される旨の規定が置かれている。

すれば足りるとされている。たとえば、事例4でAが布団を使用していても、そのまま返せばよい。

　なお、事例4では直接問題とはならないが、取消しは、善意無過失の第三者に対抗することはできないとされている（4条6項）。これは、詐欺による取消しに関する民法96条3項と同趣旨の規定であり、表意者である消費者の保護と取引安全との調整を図ったものである。

　(c)　**追認・法定追認等**　　追認や法定追認についても、消費者契約法には特別の規定はないので、民法の規定による。つまり、取り消すことのできる行為は、当該意思表示をした消費者本人、またはその代理人もしくは承継人が追認をしたときは、以後、取り消すことができなくなる（民122条）。追認は、取消しの原因たる状況が消滅し（消費者が誤認・困惑の状態から解放され）、かつ、取消権を有することを知った後にしなければ効力は生じない（民124条1項）。取消しまたは追認の意思表示は、契約の相手方に対する意思表示によって行う（民123条）。

　一方、追認の意思表示がなくても、弁済や弁済受領行為等、外形的に、もはや取消権を行使しないものと認められるような所定の事実があった場合には、法律上、追認をしたものとみなされる（民125条）。これを法定追認という。法定追認も、追認をすることができる時以後に、当該事実があったことが必要であるから（民125条柱書）、誤認類型であれば、消費者が誤認に気づき追認をするか取消しをするかの選択ができる状態になった時以降、困惑類型であれば、困惑状態を脱してその選択ができるようになった時以降に、その事実があったことを要する。特に消費者契約においては、「追認をすることができる時」（125条柱書）の認定においては慎重さが求められよう。

[6]　代理人・媒介受託者が関与した場合（5条）

> **[事例6]**　不実告知等の不当勧誘行為を行ったのが、契約の相手である事業者Bではなく、Bから契約締結の媒介の委託を受けた者であった場合はどうなるか。

(i)　事業者の代理人・媒介受託者による不当勧誘

　契約締結の勧誘をめぐるトラブルの中には、事業者自身ではなく、事業者の代理人や事業者から媒介の委託を受けた者による不適切な勧誘行為のケースも少なくない。このような場合に、消費者を契約に拘束し、不適切な勧誘行為による不利益を消費者に負わせることは、衡平に反する。従来から、代理人による詐欺については、相手方本人が詐欺をした場合と同視し（つまり第三者による詐欺ではないとし）、相手方本人がその詐欺の事実を認識していたか否かに関わらず、詐欺による意思表示をした表意者はその意思表示を取り消すことができるという解釈が、民法上も採られてきた[42]。しかし、このような考え方は必ずしも条文上明確とはいえないし、しかも、代理人ではない媒介受託者（たとえば、保険会社から保険募集行為を委託された代理店等、携帯電話サービス事業者から契約締結の媒介を委託された電話販売業者等）の取扱いについては、一層明確ではなかった。そこで、消費者契約法5条は、事業者の媒介受託者（1項）および代理人（2項）（受託者の受託者、復代理人等でも同様）が、4条1項から4項に定める不当勧誘行為を行った場合には、事業者本人が行った場合と同様に、消費者は取消しをすることができるとしている。

(ii)　消費者が代理人を通して消費者契約を締結した場合

　消費者契約の締結に係る消費者の代理人が、相手方である事業者（事業者の代理人、媒介受託者等も含む）から、4条1項から4項に規定された不当勧誘行為を受け、それによって誤認または困惑をして契約締結の意思表示を行い、あるいは過量契約締結の意思表示を行った場合には、消費者自らがそのような不当勧誘行為によって意思表示を行った場合と同様に、消費者は取消しをすることができる（5条2項）。この点は、民法101条と同様の考え方を規定したものである。

　事例6では、事業者の媒介受託者が消費者契約法4条所定の不当な勧誘行為をしたことが前提とされている。この場合、5条1項の規定により、事業者B自らがこのような行為をした場合と同様、消費者Aは、4条に基づ

---

42)　その根拠につき、裁判例では101条に依拠したものもあったが（大判昭7・3・5新聞3387号16頁）、むしろ、96条2項の「第三者」の解釈によるものといえよう。

き意思表示を取り消して、Bに対する代金支払を拒絶することができる。

[7]　民法の詐欺・強迫規定との関係

　消費者契約法4条の1項から4項の規定は、民法の詐欺・強迫による取消しの要件を一部緩和し、取り消すことができる場合を広くしたものであり、その限りで民法の特則ということができるが、これは、民法とは別の要件での取消しの可能性を消費者に選択肢として与える趣旨であって、民法96条の適用を排除するものではない。詐欺・強迫の要件を満たす限り、消費者は、民法96条によって取消しをすることも可能である。消費者契約法6条は、このことにつき誤解のないように明文で規定している。

　消費者契約法4条による取消しと民法96条による取消しを比較すると、消費者契約法4条が、対象となる事業者の行為類型を特定しているのに対し、民法96条の詐欺・強迫は、そのような類型による限定をしていないため、様々な態様のものがこれに含まれる可能性があるという意味では対象が広い。また、消費者契約法4条の規定する類型に該当する場合であっても、取消しの効果（民法96条に定める強迫による取消しは善意の第三者にも対抗することができる）や取消権の行使期間の違い（民法126条に定める期間の方が、消費者契約法7条1項に定める期間より長い）から、民法96条に基づく取消権を行使することに実益がある場合もある。

5　むすび──契約締結過程に関するルールの課題

　以上で、消費者契約法の全般的な意義・目的等と契約締結過程に関する規律について概説した。これらの規定を用いた裁判例も既に積み重ねられてきたし、裁判外のものも含め、この法律は、消費者紛争の解決にとって一定の成果を上げてきたといえよう。そしてまた、2016年、2018年および2022年の改正によって、従来問題が指摘されてきた点のかなりの部分につき改善が図られた。しかしなお、残された課題がある。契約締結過程に関する主要な課題についてのみ、ここで簡単に触れることとしよう。

　まず、2018年および2022年の改正で、困惑類型に第3号～第10号の8つの類型が追加されて取消規定は拡充されたものの、4条3項の各類型は、それぞれ条文上かなり限定的な要件をもって規定されている点である。各規定の趣旨に沿った解釈によって、文言をある程度柔軟に解釈する可能性は残

されているとしても、定められた型に直接当てはまらないような、消費者に不当な心理的な負担をかける勧誘、消費者の判断力の低下や経験の乏しさ等のぜい弱な部分に不当につけ込む「つけ込み型」勧誘、消費者の慎重な選択を阻害する勧誘等に対する対処としては限界がある。現在の個別類型に直接該当しないような不当勧誘に対する消費者の私法上の救済を可能とするためにも、今後の立法として、より一般的な形で「状況の濫用」[43]に関する規定や、それぞれの類型に関する「受け皿規定」を設けることが必要とされよう[44]。

　また、契約締結過程と内容の不当性とを総合的に考慮して契約の無効を導くことのできるような、いわば消費者契約に即したミニ公序良俗規定の導入可能性や、不招請勧誘・適合性の原則などに関する規律を何らかの形で消費者契約法に導入する可能性についても、引き続き将来に向けて検討されるべきであろう[45]。

　今後も、消費者被害の実態を踏まえた解釈論、立法論の一層の展開が求められる。

---

43)　状況の濫用については、大村敦志『消費者法〔第4版〕』（有斐閣、2011年）113頁以下参照。

44)　この点について、鹿野菜穂子「消費者契約法における契約締結過程の規律——2016年・2018年改正の意義と課題」消費者法研究6号（2019年）159頁以下参照。つけ込み型勧誘による取消し規定の必要性については、消費者契約法制定時以来、つとに主張されてきた。沖野眞已「契約締結過程の規律と意志表示理論」河上正二ほか『消費者契約法——立法への課題』別冊NBL54号（1999年）54頁以下、後藤巻則「契約締結過程の規律の進展と消費者契約法」NBL958号（2011年）30頁以下など。2018年改正にあたって、受け皿規定の必要性は消費者委員会からの平成29年8月8日付答申（府消委第196号）の付言としても指摘されていたし、2022年改正の前提となった「令和3年9月　消費者契約に関する検討会報告書」でも、一定の類型に受け皿となる規定を導入することが方向性として示されていたが（同報告書5頁以下）、2022年改正法案では受け皿規定は盛り込まれず、その導入は実現していない。なお、2022年改正時の国会の附帯決議においても、これらを含め多くの点についてのさらなる検討が求められている。

45)　この点に関する外国の状況につき、『諸外国の消費者法における情報提供・不招請勧誘・適合性の原則（別冊NBL121号）』（商事法務、2008年）。適合性原則については、さらに、角田美穂子『適合性原則と私法理論の交錯』（商事法務、2014年）も参照。

消費者契約法(2)

第7章
不当条項規制

龍谷大学教授
中田邦博

1 本章で学ぶこと

　消費者契約法のいわゆる3つの柱のうちの第2の柱である不当条項規制＝契約内容規制を取り上げる。不当条項規制は、消費者契約法の中核であり、判例も比較的多く蓄積されている[1]。

　以下では、最初に、契約自由の原則の意義とその制約法理について概説し、次いで不当条項規制を概観する。本章の前提となる消費者契約法の意義や目的、不当条項規制の一般的な意味については第2章および第6章を参照してほしい。第3の柱となる適格消費者団体による差止請求については第25章および第26章で解説されている。

2 契約自由の原則と内容規制

[1] 契約自由の原則とその制約
　不当条項規制の説明に入る前に、民法上の原則との関係を簡単に整理して

[1] 不当条項をめぐる判例は数多くあるが、本章では、その動向について十分に扱う余裕がないので、次の文献を参照されたい。とりわけ、「消費者契約法」能見善久＝加藤新太郎編『論点体系　判例民法7　契約Ⅱ〔第3版〕』(第一法規、2019年)〔鹿野菜穂子〕327頁以下、『消費者法判例百選〔第2版〕』(有斐閣、2020年)、『消費者法判例インデックス』(商事法務、2017年)、日本弁護士連合会消費者問題対策委員会編『コンメンタール消費者契約法〔第2版増補版〕』(商事法務、2019年)が参考になる。

おこう。民法においては私的自治の原則が妥当する。私的自治の原則とは、法秩序の制限の下で個人の意思に基づいて法律関係の形成を認めるという民法上の大原則である[2]。それは、個人は自己決定した以上はその範囲において責任を負うということ（自己決定による自己責任）、および、国家は原則として干渉せずにその内容を承認するということを意味する。私的自治の原則は、法律行為自由の原則としてあらわれ、契約のレベルにおいては契約自由の原則として具体化される。契約をするかしないか、誰と契約するか、またどのような内容で締結するか、どのような方式をとるかは、各人の自由に委ねられているが、両当事者は、いったん契約した以上はその内容に拘束されることになるのである。しかし、こうした契約自由の原則は、そのままでは貫徹させることはできない。契約自由は、労働契約が典型であるが、優越的な地位にある者ないしは強者の一方的な自由としてあらわれるからである。

　このため、今日の社会では契約自由の原則はさまざまな制約を受けている。民法上も、契約の自由を制限する一般法理として、契約の解釈や公序良俗（90条）、信義則（1条2項）などの規定が用いられてきたことはよく知られている。また、特別法によっても一定の属性をもつ主体が保護されてきた。たとえば、雇用関係では労働法が労働者を保護し、市場寡占化や市場での不当な取引に対しては独占禁止法が事業者を保護する。不利な契約条件を押しつけられやすい土地・建物の借主は、借地借家法によって保護され、消費者は一定の取引形態について特定商取引法、割賦販売法などによって保護される。しかしながら、不当な消費者契約から消費者を保護するための一般的規制は、2001年に消費者契約法が施行されるまで置かれてはいなかったのである。

[2] 約款問題

　契約法において、一方当事者の契約の自由が行使されることで、他方当事者の利益が害されるという問題がとくに意識される例となるのは、約款によ

---

2)　以下で扱う私的自治の原則、契約自由の原則、自己責任、任意規定・強行規定などの民法用語の簡単な説明については、たとえば、中田邦博＝後藤元信＝鹿野菜穂子『新・プリメール民法I〔第2版〕』（法律文化社、2020年）24頁、134頁を参照。

る取引である。私たちの社会では、資本主義経済の発展のなかで大量生産、大量取引といった現象が出現し、今や当然のこととなっている。このような取引では、事業者・販売業者としては顧客ごとに個別の交渉をして契約内容を決めるのは煩雑きわまりなく、またコストがかかりすぎる。また、相手方・消費者側にとっても平等な処理をしてもらうためには画一的な契約内容によることが望ましいこともある。このために、契約当事者の一方である事業者が予め契約内容を細部にわたって定め相手方はこれを承認する形式での契約が作り出された。このような契約は、保険契約、運送契約、銀行取引、クレジット取引などで行われる。これを約款による契約という。

このように、約款による取引には、両当事者にとって契約にかかるコストを低減するというメリットがある。しかし、約款による契約では、その形式から事業者に一方的に有利な契約条件が定められることが多い。たとえば、約款で「解約は一切認めません」とか、「いったん受領した金銭はいかなる理由があろうとも返却しません」とかいった消費者に不利な条項が定められることもよくみられる。

消費者は、当該の約款条項が適用される事態が生じるまで、自己に不利であることのみならず、その存在にさえ気づかないことがほとんどである。また、消費者が、仮に事前に約款の内容が自己に不利であることに気づき、それを公正なものに変更したいと思っても、そのために費やさなければならない交渉コストを冷静に計算すれば、そうした行動がまったく割に合わないと考えるのが普通であろう。事業者は、消費者がそうした「合理的な行動」をとることを知ってそれ（消費者の弱み）につけ込むのである。このような契約自由の濫用は、当事者の対等な取引関係（市場メカニズム）を破壊する。この点に消費者契約における不当条項規制の根拠をみいだすことができるのである[3]。こうした規制の正当化根拠は、事業者と消費者間にだけ妥当するものでなく、私人間取引においても考慮されるべきであり、2017年改正民法に

---

3)　約款論については、河上正二『民法総則講義』（日本評論社、2007年）280頁以下が的確な整理を行っている。同295頁の文献一覧も参照。約款規制の簡潔な比較法的考察として、ハイン・ケッツ（潮見佳男＝中田邦博＝松岡久和訳）『ヨーロッパ契約法I』（法律文化社、1999年）241頁以下〔第8章契約のコントロール〕がある。

よって約款規制が私人間取引にも導入されることになった（後述 **5** も参照）。

【約款──用語説明】　約款とは、不特定多数に用いられる予め定型化された契約条項のことをいう。普通取引約款ともいう。大量に行われる契約で用いられ、書式に細かい文字で印刷されている場合が多い。消費者契約でも、そのほとんどに約款が使われている。消費者契約法の規制の対象となるのは契約条項であるから、議論はあるものの、概念的にはその規制の対象に当事者が個別に取り決めた合意条項（個別合意条項）も含まれる。この観点からすると、消費者契約における条項と、個別合意条項を除く概念である約款との区別が可能となる。しかし実際には、消費者に手書きでその条項を書き込ませたりすることで、一見すると個別合意条項のようにみえるものでも、そこには具体的な交渉がなく個別に合意されたとはいえないものがほとんどである。さらに、事業者が他の消費者との契約にそれを利用していたり、またその可能性があるとされる場合には、もはや個別合意ではなく約款として評価できる。消費者取引においては、約款アプローチによる規制も可能となることから、両者の概念の区別はあまり意味を持たないことになろう。このような理由から、以下の説明では両者を厳密に区別することはしていない。

3　契約の成立とその内容──契約条件の開示の必要性

　消費者契約も契約である以上、一般的な契約法理が妥当する。とくに、第一段階として消費者契約を「解釈」してその内容を確定するという作業[4]は、消費者契約法を適用する際の前提問題となる。以下では、契約条件の開示問題をとりあげ、事業者によって作成された約款が契約の内容となりうるのか、その場合、どのような要件が充たされる必要があるのかを検討してみよう[5]。

---

4)　法律行為（契約）の解釈についての簡単な説明として、前掲注2）・『新・プリメール民法Ⅰ〔第2版〕』119頁以下、とくに123頁以下〔中田執筆〕参照。東京高判平30・4・18判時2379号28頁（無線データ通信サービス契約の消費者契約法に基づく取消し等）は、契約解釈を消費者法の観点からどのように行うべきかについて判断を示した判決である。この判決の評釈として中田邦博・私法判例リマークス（2019年）59号38頁以下参照。

> **［事例１］**　Ａは、外国航空会社Ｂのインターネットのサイトでドイツ
> 行きのチケットを購入した。チケットを同社の搭乗受付カウンターで提
> 示したところ、氏と名が入れ替わって記載されていることを指摘され、
> 「パスポートと同じ記載でないので搭乗できません。訂正はできます
> が、その際、手数料として６千円を頂戴します」と説明された。購入
> 時に同社のサイトでそうした注意書きなどをみた記憶がなかったし、こ
> んな「高額」の手数料を支払いたくはなかったが、搭乗時間が迫ってい
> たので、仕方なく６千円を支払った。

(i)　問題の所在

　事例１は、消費者が、そうした些細な間違いに対して高額の手数料の発
生を定める約款条項について事前には知らされていなかったケースである。
Ａは、支払った高額の手数料を取り戻すことができるのだろうか。

　インターネットで航空チケットを購入することは一般化してきているが、
他方、パソコン画面で、長文の注意事項を読みながら必要事項を記入するの
は煩雑である。航空会社によっては、最初は日本語のページであっても登録
の際は英語ページの書式に記入することを求められたりすることもある。記
入事項を間違ったり、あるいは環境によっては文字化けが発生したりする可
能性もある。パスポートの記載をみながら記入したりすると、氏と名を、書

---

5)　約款の組入れ要件の問題は、消費者契約法の制定過程では意識されていたものの、現行法
　　上は明確な規定がない。民法改正の議論の過程については、山本敬三『契約法の現代化Ⅲ』
　　（商事法務、2022年）175頁以下参照。債権法改正の基本方針（民法〔債権法〕改正委員会
　　編『債権法改正の基本方針』〔商事法務、2009年〕）が組入れ要件を採用する方向での具体
　　的な提案【3.1.1.26】を示していた（同107頁）。内田貴『民法改正のいま』（商事法務、
　　2013年）69頁以下も参照。これらの提案の基礎を形成するドイツ法の考え方については、
　　石田喜久夫編『注釈ドイツ約款規制法〔改訂普及版〕』（同文舘、1999年）26頁以下参照。
　　同法は2002年ドイツ債務法現代化法によってほぼそのままドイツ民法典に組み込まれた。
　　ドイツ民法典の約款規制（305条～310条）の条文訳については、法務省民事局参事官室
　　（参与室）編「民法（債権関係）改正に関する比較法資料」別冊NBL　No.146（2014年）
　　162頁以下参照。

式が要求するのとは違った順序で記入することもありうる。**事例1**は、こうした場面が想定されており、そこでは、契約の主要な内容以外の、いわゆる付随条項に基づいて訂正のための「高額」の手数料支払が要求されている。

(ii)　約款の開示と認識可能性

　事業者は、約款条項を契約の内容とするには、少なくとも契約時において消費者に事前にこの内容を開示しておく必要がある。なぜなら、消費者としてはおよそ知ることができなかったことについて同意を与えることはできないからである[6]。そうだとすると、消費者がこうした約款の存在を知る可能性がなければ、**事例1**での手数料の発生については合意がないと考えることができる[7]。この手数料条項は、契約の内容にはならないのである。この立場からは、Aは当該約款条項の存在を知ることができなかったことで、Aはそれに拘束されなくてもよいことになる[8]。つまり、**事例1**では、Bはこの6千円の手数料収入を保持する法的な原因を有しないこととなり、Aは、不当利得（703条）に基づいてBに対して手数料の返還を求めることができることになる。とりわけ、消費者に余分な金銭的負担を生じさせる条項については、契約時にはっきりと明示することが必要である。それが明示されていない場合には、当該条項の契約内容への組み込みをしないとの扱いが適

---

[6]　約款条項の組入れ要件は消費者契約法の改正の議論でも重要な課題とされてきた。平成29年8月8日付消費者委員会「消費者契約法の規律の在り方についての答申」では、消費者契約における約款等の契約条件の事前開示について、事業者が、合理的な方法で、消費者が契約締結前に契約条項（改正民法548条の2以下の定型約款を含む。）をあらかじめ認識できるように努めることが課題として付言されている。消費者契約法2022年改正の課題と背景を知るのには、消費者庁に設置された消費者契約の検討会による令和3年9月の報告書（https://www.caa.go.jp/policies/policy/consumer_system/meeting_materials/assets/consumer_system_cms101_210910_01.pdf）が有益である。

[7]　これに対して、火災保険契約に関する古い判例（大判大4・12・24民録21輯2182頁）では、当事者双方が約款によらない意思を表示せずに契約した場合において契約時に約款内容を知らなかったとしても、反証のない限り、その約款による意思をもって契約をしたものと推定するとした。しかし、消費者契約法の制定後においては、こうした推定を当然視する考え方はもはや維持されるべきではない。事業者は、消費者に対して契約締結前に約款を認識可能な形で提供しなければならないというべきであろう。

切となろう。現状では、契約の申込みを受け付けるインターネット上のサイトでは、事業者は広告・宣伝活動において消費者にとって有利な情報の提供を重視するあまり、逆に消費者に不利となる情報提供がおろそかになっている状況がみられる。そこでは、対面取引や代理店を通じた取引では発生しなかったリスクが消費者に転嫁されている。事業者においては、消費者契約法3条の情報提供努力義務を踏まえて、こうした契約情報を消費者に適切に提供し、また、一定の割合で発生する消費者の通常の「過誤」のリスクに備え、消費者に不測の損害が発生しないように対処することが求められているというべきであろう。

(ⅲ) 約款条項の適正化の必要性

　もっとも、こうした付随条項が適切に開示されたとしても、多くの場合、消費者がそれに大きな注意を払うことはない。消費者の関心は、そうした契約条項にはなく、チケット代の金額や旅程にあるからである。ここに情報開示だけでは終わらない約款問題の本質がある。また、高額の違約金の支払いを予定する解約金条項の有効性は、こうした問題を含んでいる。たとえば、解約金条項は、消費者に大きな不利益をもたらすこともある。近時は、いわゆる長期拘束をもたらしかねない自動更新条項がサブスクリプションといった継続型の契約形態によく使われるようになっており、それが一般化することによって消費者に予期しない不利益が生じている[9]。とくに、消費者に更新時に、継続の意思を確かめる機会を設けていない更新条項がある場合において、解約に高額な違約金を課すような条項が設けられていると、それは消

---

8) たとえば、山本敬三『民法講義Ⅰ総則〔第3版〕』（有斐閣、2011年）297頁を参照。河上・前掲注3) 369頁も「顧客の権利義務を定めた付随的契約条件を適切に開示していない場合には、『知り得ない条件は契約内容とすることができない』ため、合意内容の構成部分からそれが除外されると考えるのが本来の効果であろう」とする。こうした約款の組み込み要件を定める準則については、消費者契約法には明文で規定されてしかるべきであろう。基本方針・前掲注5) では、この趣旨を民法に規定する方向性が示されていたが、2017年改正法には明文の規定は設けられていない。

9) 栗原由希子「サブスクリプション契約における消費者トラブルと自動更新条項」現代消費者法55号（2022年）63頁以下参照。

費者の契約離脱の自由を実質的に奪うものとなり、消費者が他のサービスの機会を得ることを阻害するものとなる。それは、競争という観点からも望ましくない。こうした不利な扱いは、日常的な取引においてもみられるが[10]、消費者は、契約締結時にそうした条項にそれほど関心を向けないことも多く、また、契約が継続する限り問題とならず、離脱時にのみ問題となることも消費者が事前にそれに関心を向けるインセンティブを削ぐことになる。たとえ気づいて不合理だと考えたとしても、他の可能性がないなら、それでもしかたないと考えてしまうのが普通だからである。

　このようにみれば、上記の手数料条項や解約金条項は、契約への組み込みという問題だけでなく、長期拘束型の契約条項のあり方やそれ自体の合理性の問題として検討する必要がある。それは、次に述べるような内容規制の問題として裁判所での審査に付されてしかるべきものとなる。

4　消費者契約法における不当条項の内容規制

[1]　概　説

　消費者契約における不当条項規制として消費者契約法の第3章「消費者契約の条項の無効」には次の3つの条文が置かれている。8条および9条が個々の不当条項を列挙した個別条項規制として、10条が包括的な規制のための一般条項（一般原則）ないし受皿規定として定められている。

　まず10条から説明しよう。10条が一般条項として置かれている理由は、個別的な規定方式だけでは将来において現れてくる可能性のある不当条項を網羅的に挙げることは不可能であり、したがって、個々の不当条項ごとに無効規範を列挙するだけでは、そこから漏れるものに対処できなくなるからで

---

10)　判例では携帯電話の解約金条項の有効性が承認されてきた。これに対して、2019年改正電気通信事業法は、事業者間の競争を高め、消費者の携帯電話契約への長期の拘束を抑制するとの観点から、高額な違約金を制限するという方針を打ち出した。同時に、通信代金と端末代金の分離、携帯端末への割引の制限を導入することなどによって、携帯電話契約や料金体系の透明性を高めることが企図されていた。この背景には、当該の市場の活性化にとって、契約内容の透明性を高めて、それによる消費者の選択を可能にすることが必要であるとの政策的判断があった。総務省通信局の「電気通信事業法の消費者保護ルールに関するガイドライン」も参照（http://www.soumu.go.jp/main_content/000620751.pdf）。

ある。10条にはこの漏れに対応するため、不当条項のすべてに適用される
という「受皿規定」という位置づけが与えられている。10条の意義は、次
に述べるように、それにとどまるものではなく、不当条項規制の指導理念を
示すところにある。10条は消費者契約法における契約内容規制をリードす
る一般原則を定めた規定として捉えておくことが適切であろう。

[2] 消費者契約法10条の意義と構造

　10条の重要な意義は、消費者契約における不当条項について、その当否
を判断するための一般的かつ積極的な審査権能を明文において裁判官に付与
した点にある。先述した契約自由の原則は、一定の制限のもとでその内容を
国家（裁判官）がそのまま承認するということに本来の意味があった。しか
し、消費者契約法は、「実質的な契約自由」を実現するために、裁判官に対
して契約内容を検討・審査することを命じており、裁判官は、消費者利益保
護の観点からの事後的な審査によって契約条項の合理性を検証し、その有効
性を判断しなければならない。裁判官は、消費者契約における内容形成を単
に当事者間での形式的な合意に委ねて事足りるとするのではなく、契約の内
容を吟味しながら、その条項の合理性を判断しなければならないのである。
そして、その判断基準は契約内容を形成する際に社会的なレベルで承認され
るスタンダードとして提供される。こうしたプロセスによって、消費者契約
において合理的な契約条項ないし契約類型が形成されることになる。

　もっとも、最高裁の敷引き特約や更新料条項に関する判決においては、下
級審での判断とは異なって、こうした特約（合意）を有効とする傾向がみら
れる。そこでは、交渉経過などの個別具体的な事情を考慮したうえで当事者
の「合意」を優先させており、契約の内容を事後的に適正化するという観点
が重視されていないと言わざるをえない[11]。これでは、裁判所に契約条項
の内容を事後的に審査し合理的なものとする規制権限を託した消費者契約法
の意義を失わせてしまうことになりはしないかとの危惧を抱かざるをえない。

[3] 法規定に反した契約条項の効力──契約条項の無効

　これらの消費者契約法の規定の効果は、原則として契約全体を有効なもの
として維持しつつ、特定の契約条項の効力を「無効」という形で奪うもの
（いわゆる一部無効）である。契約全体を無効にする必要があるとき（全部無効の場

合) には、公序良俗の規定 (90条) での判断が必要となる。

[4] 不当条項規制の構造——消費者契約法 10 条の構造

　10 条の要件の検討に際しては、次の 2 点の判断が重要である。まず① 10条前段の要件として「法令中の公の秩序に関しない規定」(任意規定＝任意法)12)によって形成される権利義務関係に比べて、当該の契約条項が消費者の権利を制限したり、その義務を加重したりしていないかどうか、である。つまり民法、商法その他法令中の「任意法からの逸脱の程度」が問題となる。次に、②後段要件として、その「逸脱の程度」について「民法第一条第二項に規定する基本原則」である信義則に反して一方的に消費者を害するものかどうかが問われることになる。

11)　借家の更新料に関する最判平 23・7・15 金商 1372 号 12 頁以下は、消費者契約法 10 条への該当性の判断にあたって、契約成立の経緯、当事者間の明確な合意の存在に着目している。しかし、契約条項の有効性について当事者の主観的な観点を重視しすぎると、結局のところ、消費者契約法が求める下記のような趣旨の内容規制ができなくなるおそれが生じる。敷引特約に関する最判平 23・3・24 民集 65 巻 2 号 903 頁、および最判平 23・7・12 判時 2128 号 43 頁も先の更新料判決と同じような判断を示している。そこには、消費者契約法および借地借家法の趣旨 (同 30 条など) を踏まえて賃貸借契約を消費者契約として合理的なものとして形成するという観点が欠如していると言わざるをえない。これらの判決によれば、「賃料」という重要な契約条件について、消費者自らが敷引特約や更新料などの名目での「賃料」も考慮して契約時に「全体としての賃料」を再計算することを求めることになる。それでは、結局、消費者の負担になる形で再計算という複雑な要素を契約時の「賃料」の評価に組み込むことを正当化することにしかならない。それは消費者のリスクともなる。消費者契約法が要請していることは、そのようなことではなく、むしろ事業者＝賃貸人において賃料について他の賃貸物件との比較可能性を高める簡明な契約内容を形成することであろう。それは消費者にとっての契約締結時における契約内容の合理性と透明性を高めるものとなり、ひいては市場の透明性を確保することにもつながるのである。このような場面での消費者契約法の役割としては市場での取引の基礎条件を形成するという側面を重視すべきなのである。法と経済の観点から、敷金や更新料のもつスクリーニング機能の存在を指摘する見解もある。もっとも、住居の賃貸借契約の締結に際しては、多様な判断要素があり、それらに関する多様なリスクが消費者に転嫁されていることにも十分な配慮が必要である。

12)　任意規定の意味については、本章の Column を参照。

(i)　前段要件

　まず、①でのポイントは任意規定の範囲である。「権利義務関係」とは、民法・商法その他法令中の明文の任意規定のみによって形成されるものとされることがあるが、それでは狭すぎる。任意規定はむしろ例示とみるべきであって、特約がなければ形成されていたであろう権利義務関係[13]や、当事者が交渉力の不均衡のない理想的な状況におかれたときに合意したであろう権利義務関係[14]と考えるべきであろう。その際には、明文の任意規定のみならず、判例法や、契約類型における目的やリスク分配、契約類型に即して信義則や健全な取引慣行から導かれる一定のルールなど（これらをあわせて以下では「任意法」と呼ぶことにしたい）が考慮されるべきである[15]。判例は、10条前段の任意規定には法文に明文のない場合の準則も該当することを明らかにしてきた。2016年改正法においては、この趣旨を明確にするために、10条前段に、「任意法」からの逸脱条項となるものの例示として、「消費者の不作為をもって当該消費者が新たな消費者契約の申込み又はその承諾の意思表示をしたものとみなす条項」を付加した[16]。この種の条項については、消費者の積極的な意思の表明を待たずにその意思表示を擬制するものであり、消費

---

13)　山本敬三「消費者契約立法と不当条項規制」NBL686号（2000年）22頁以下参照。

14)　ケッツ・前掲注3）273頁以下。

15)　中田邦博「消費者契約法10条の意義」法学セミナー549号（2000年）39頁。さらに、河上正二・前掲注3）409頁。前掲注11）最判平23・7・12も同様の立場にある。不当条項規制の法理の展開については、大澤彩『不当条項規制の展開と構造』（有斐閣、2010年）、武田直大『不当条項規制による契約の修正』（弘文堂、2019年）がある。

16)　前掲注11）最判平23・7・12。10条のいわゆる「任意規定」の範囲を明確化するために、こうした例示条項が10条の冒頭に付加されていることは重要である。もっとも、10条の冒頭に挿入された結果（副作用とでも言うべきか）、10条の規定がかなり読みづらいものとなっており、それにより、10条の一般条項としての条文の趣旨と構造が不鮮明になったように思われる。立法としては、10条が一般条項であることを明確にし、その他の条項が一般条項を具体化する個別条項規制となっていることが明確に分かるようなシンプルな構造とそれに対応した文言が用いられることが望ましい。ちなみに、そうした不当条項の規制モデルとして、ヨーロッパ共通参照枠草案（DCFR）II.-9:401条〜410条が参考になる。そこには、任意法からの逸脱の判定のための要素もあげられている。クリスティアン・フォン・バールほか編著（窪田充見ほか監訳）『ヨーロッパ私法の原則・定義・モデル準則──ヨーロッパ共通参照枠草案（DCFR）』（法律文化社、2013年）119頁以下を参照。

者に不測の不利益（知らないうちに契約上の拘束を受ける）を生じさせるおそれがあるからである。たとえば、注文した商品と一緒に他の商品が送られてきて、消費者が事業者に不要であると連絡しないかぎり、それも購入したものとする条項がこれにあたる。

(ⅱ)　後段要件

　次に、後段要件である②でのポイントは、「信義則」の理解であるが、契約の形成にあたって自己の利益だけでなく、相手方の利益にも配慮することと捉えたうえで、消費者と事業者間の構造的な情報格差・交渉力格差を是正する原理として均衡性原理に基づくものとする見解がある[17]。これによれば、②では、契約条項が「一方的に」、つまり「正当な理由がなく」消費者の利益を害することが問題とされ、この正当の理由の有無が、信義則の要請に基づく均衡性による判断で決まることになる。たとえば、事業者が、上記の「任意法」を離れて、契約内容を一方的に変更したり、消費者に負担を課したりしているような場合、それによって当事者間の契約上の均衡性が害されている＝信義則に反しているとみてよいことになる[18]。

　かくして、消費者契約法10条は、当該契約条項が任意法から逸脱し、信義誠実の要請に反して消費者の利益を一方的に害するものであれば無効とすべきことを定めたものとなる。

[5]　個別条項規制

　以下では、個別に規定されている不当条項規制の内容を説明していくことにしよう。

---

17)　山本・前掲注8) 309頁以下参照。
18)　中田・前掲注15) 参照。主張・立証責任の所在にも言及してこのような「推定」が働くことを明確に述べるのは、潮見佳男編『消費者契約法・金融商品販売法と金融取引』（経済法令研究会、2001年）81頁以下〔松岡久和〕である。筆者も同じ立場にある。さらに、道垣内弘人「消費者契約法10条による無効判断の方法」民法研究2集2号（2017年）41頁、とりわけ44頁以下も参照。

(i)　免責・責任制限条項（8条）

> **［事例2］**　Aは、B社が経営するスポーツクラブに入会したが、契約書に「本クラブの利用に際しては、どのような事情があろうとも、Bは一切の損害賠償責任を負いません。」といった条項が含まれていた。

　(a)　**事業者の債務不履行責任を制限する条項**　事業者の債務不履行による損害賠償責任を制限する条項のうち、①損害賠償責任の「全部を免除する条項（全部免除条項）」および当該事業者にその責任の「有無」を決定する権限を付与する条項（8条1項1号）（決定権限付与条項という。2018年改正により追加）や、②事業者の故意・重過失による債務不履行による損害賠償責任の「一部を免除する条項」および当該事業者にその「限度」を決定する権限を付与する条項（同2号）は、無効となる。したがって、**事例2**のBの用いる免責条項は、①の全部免除条項に該当し、無効となる。Aがこのクラブの利用において損害を被った場合には、この免責条項は効力を有せず、事業者であるBは、民法上予定される債務不履行責任を負うことになる（民415条、416条参照）。
　(b)　**不法行為責任を制限する条項**　「事業者の債務の履行に際してされた当該事業者の不法行為による損害賠償責任」を制限する条項のうち、①全部免除条項および当該事業者にその責任の「有無」を決定する権限を付与する条項（8条1項3号）、②故意・重過失による責任の「一部を免除する」条項およびその責任の「限度」を決定する権限を付与する条項が無効となる（同4号）。事業者が、自己の故意・重過失による不法行為責任から免れることを契約条項で定めたとしても、当該条項は、無効となる。
　(c)　**免除の範囲を明示しない条項**（8条3項）　消費者契約法は、事業者の故意・重過失がある場合には免除を認めていないが、軽過失の場合には、免除の効力を認めている（8条1項2号・4号参照）。たとえば、「軽過失の場合は1万円を上限として賠償します」という契約条項の有効性は原則として認められている。
　問題となるのは、「法令に反しない限り、1万円を上限として賠償に応じます」と定める条項である。こうした条項は、結果的に事業者に故意・重過失がある場合にもこの限度額での請求しかできないように消費者に思わせ、

事実上、その請求を封じる効果を生じさせるものとなる。さらに、それは、事業者に故意・重過失がある場合には、事業者は損害賠償責任を免れることはできないとする8条1項2号・4号の脱法行為となりかねない。

　事業者には、条項の内容を明確にして、免除の範囲について消費者に適切に情報提供しておくべきことが要請される。また、8条1項2号・4号の趣旨からすれば、上記の条項は無効とすべきものであるが、事業者が、この条項を制限的に解釈して、軽過失の場合においては有効であると主張するおそれもある。そこで、2022年改正法は、こうした制限的解釈を否定し、不明確な条項の利用を明確に阻止することを意図して、免責条項が軽過失による行為にのみ適用されることを明確にすべきであることを定め、上記のような不明確な内容の条項そのものを一律に無効にしたのである（8条3項）。上記の例であると、1万円を上限とすることも許されないことになり、民法上の損害賠償のルールが適用される。

(d)　契約不適合責任（担保責任）を制限する条項

> **［事例3］**　Aは、販売業者Bの店を訪れたところ、「①本店で販売する製品に瑕疵があってもBは一切の責任を負いません。②交換・修理や返品・返金にも応じかねます。」との注意書きが店頭に掲示されてあった。同店では、在庫限りで掃除機が通常の定価（5万円）の2割引きの4万円で提供されていたので、Aはこれを購入し自宅に持ち帰った。次の日、Aは掃除機が初期不良によって故障していることに気がついた。

　事例3では、AとBとの間で売買契約が締結されていたが、製品の契約不適合（いわゆる「瑕疵」とされてきたもの）についての責任をすべて免れるという免除特約の有効性が問題となる。

　民法では、売主が契約不適合を知って告げなかったという悪意の場合のみ担保責任の免除を無効としているが（民572条）、これにあたらなければ、売主は特約で民法上の契約不適合責任（民562条〔買主の追完請求権〕、民563条〔買主の代金減額請求権〕、民564条→民415条〔買主の損害賠償請求権〕）を免れることができる。しかし、消費者契約法は、これを修正し、事業者の債務不履行による損害賠償責任を免除する特約の効力を制限したのである（8条1項・2項）。それ

によれば、有償契約において、いわゆる契約不適合（引き渡された目的物が種類または品質に関して契約に適合しないこと）によって生じた損害を賠償する事業者の責任を免除し、また当該事業者についての責任の有無や限度を決定する権限を付与する条項もまた、8条2項1号・2号の定める例外を除き、原則として無効となる（8条1項1号・2号）。

　このような規制が置かれているのは次のような理由による。一般に、初期不良などはどのような製品にも一定の割合で発生する可能性があるが、買主は、自分に瑕疵のある製品が提供されるとは考えないのであって、目先の「割引」に惹かれて購入してしまう。本来、こうしたリスクは、売主側が負担すべきものであり、このリスクを買主に転嫁してはならないのである。したがって、事例3では、こうした契約条項（約款）の効力は制限され、Bは原則として売主としての契約上の責任を免れることはできない。Aには、買主の権利として、製品の交換や修理を求め、また契約の解除によって代金の返還を受ける可能性が与えられることになる。

　もっとも、消費者契約法は、次のような形で消費者に他の救済手段が認められている場合には、売主は損害の賠償を免れることを許している（8条2項柱書）。すなわち、①当該事業者が履行を追完する責任（代替物の給付や修補責任）や、不適合の程度に応じた減額をする責任を負う場合（8条2項1号）や、②第三者によってそうした責任が引き受けられている場合（8条2項2号）である。②の場合は、消費者契約と同時またはそれ以前に第三者がその責任を引受ける契約が締結されていることが必要となる。たとえば、スマートフォンを購入したとき、当該製品について販売店は交換や修理等の責任を負わないが、製造者がその責任を負うという契約条項が付加されている場合には、販売事業者は免責されることになる。とはいえ、こうした契約条項は、消費者にとっての利便性を著しく損なうこと（販売店で故障かどうかを確認したり相談をしたり、また修理を依頼することもできないことになる）も事実であり、消費者に一方的に負担を強いるものとなることから、この種の契約の有効性は、具体的な状況に応じて、さらに消費者契約法10条の問題として検討されてよいと思われる。

(ii)　解除権を放棄させる条項（8条の2）

　事業者が債務を履行しない場合に、消費者に契約からの解放を許さないとする解除権の放棄条項は、消費者にとって一方的に不利なものである。こう

した規定は、10条においても当然に無効とされてしかるべきものである。
2016年改正法は、当事者の予測可能性を高めるという観点から、この種の
規定が無効であることを明文化した。

　なお、消費者が解除権を行使するには、その解除の条件や方法等について
の情報が必要となる場合がある。そこで、2022年改正法は、事業者の努力
義務として消費者の求めに応じて解除権の行使に必要な情報提供をすること
を規定した（3条4号）。消費者の解除権の行使を実質化するのに役立つもの
となる。

(iii)　事業者に対し消費者が後見、保佐、補助開始の審判を受けたことのみを
理由とする解除権を付与する条項（8条の3）

> **[事例4]**　次の条項の有効性について検討してみよう。
> 　賃借人が次の各号のいずれかの事由に該当するときは、賃貸人は直ち
> に本契約を解除できる。（中略）成年被後見人の宣告や申立てを受けたと
> き。

　事例4では、賃借人が成年被後見人の宣告や申立てを受けたことで、事
業者が賃貸借契約を解除することができるという条項が使われている。しか
し、そうした解除条項は、成年被後見人の社会生活の基盤を脅かし、成年被
後見人等がそれ以外の人と等しく生活をすることができる社会を作るという
成年後見制度の理念に反する。そうした考慮から、2018年改正で8条の3
が付加され、上記のような条項の無効が規定された。同条は「成年後見制度
の利用の促進に関する法律」（平成28年法律第29号）の趣旨にも沿うものである。

(iv)　損害賠償額の予定・違約金条項（9条）

> **[事例5]**　A子は、B大学に合格し、入学手続をとってB大学と在学
> 契約を締結したが、その後、別の大学にも合格したので、3月末日にB
> 大学に対して入学を辞退する旨の通知をし、Aが既にBに納付した入
> 学金および学費（授業料）等（以下、学納金）の返還を求めた。ところが、B

大学は、手続書類に「いったん納付された学納金は一切返還しない」との条項があることを盾に、返還を拒否した。Aは、こうした「学納金」の返還を請求することができるか。

　①消費者契約の解除に伴う損害賠償額を予定し、または違約金を定める条項　この損害賠償額と違約金を合算した額が、当該条項で設定された解除の事由・時期等の区分に応じ、「同種の消費者契約の解除に伴い当該事業者に生ずべき平均的な損害を越える場合」には、その越える部分について無効とされる (9条1号)。

　事例5は、いわゆる学納金返還請求事件をモデルにしたものであり、いくつかの最高裁判決 (いわゆる学納金判決) がある。ここでは、大学を受験する際の募集要項等に記載されていた条項 (不返還特約と呼ばれる) の効力が問題となる。かつてはこうした不返還特約は契約自由の原則から当然のように有効と考えられてきたが、消費者契約法の制定後、あらためて問題が提起されたのである。この学納金判決を受けて、多くの大学の募集要項は修正されたが、現在でも学習塾などのパンフレットなどで同じような条項が使われていて問題となることがある。

　以下では学納金判決の要旨を紹介する[19]。同判決は、入学金と授業料を区別し、その扱いを異にしている。

　(a)　入学金について

　同判決は、入学金の不返還特約の有効性については、解除を伴わない場合の条項であるとして、9条1号の問題ではなく、10条の問題であるとして、入学金は学生が入学する権利を確保するための対価であることを根拠に、大学がそれを保持することを認めた。結論的には、この入学金の不返還特約の合理性を認め、消費者契約法10条の不当条項には該当しないとした。

　(b)　授業料について

　解除の場合に授業料を返還しない旨の特約 (不返還特約) は、9条1号の

---

19)　最判平18・11・27民集60巻9号3597頁。さらに、最判平18・11・27民集60巻9号3437頁。判批・松本恒雄『消費者法判例百選〔第2版〕』44事件108頁を参照。

「損害賠償額を予定し、または違約金を定める条項」に該当する条項であるとして、「平均的な損害」を超える部分を無効とした。このような、解除の場合の平均的な損害の算定をどのように判断するかについて、同判決は、4月1日を基準日として、3月31日までに解除されていれば損害なしと判断し、4月1日以降については納付済みの授業料等全額を平均的な損害とみなした[20]。さらに、平均的な損害の立証責任の所在についても争われたが、同判決は消費者側にあると判示した。

(c) 事例5の処理

上記の判決によれば、事例5では、入学を辞退した日が3月31日までかどうかが問題となる。事例の「事実」では、3月末日にAが辞退をB大学に通知していたとされていることから、Aは3月31日までの時期に在学契約を解除したこととなり、納付した授業料（学費）の返還を求めることができる。しかし、3月31日までに解除したかどうかを問わず、Aはいったん納付した入学金についてはその返還を請求できないことになる。

(d) 「平均的損害」の意義

こうした裁判例でも争われているように、消費者契約法9条1号の適用においては、「平均的損害」の意義およびその立証責任が問題となる[21]。「平均的損害」とは当該事業者に生ずべき平均的な損害のことを意味するが、その理解については争いがみられる。

一つは、定型的通常損害説と呼ばれる見解であり、「平均的損害」を「通常生ずべき損害（通常損害）」に相当するものとみる。これによれば、9条1号

---

20) 判例が示した解決の仕方に問題がないというわけではない。たとえば3月31日までは大学に損害が生じていないとの見方は、定員を超える学生を入学させることが厳しく制限されており、定員割れが常態化している最近の傾向からすると、それでよいかという疑問もある。穴埋めのために定員を超える学生をあらかじめ確保したり、また補欠合格で学生を常に補充できたりするわけでもないからである。他方で、4月1日以降であっても、授業料の全額を平均的損害とせずに、合理的な額に限定して一定額（たとえば、施設利用料などの名目の費用）の返還を認めることも可能であろう。こうした議論については、松本・前掲注19) も参照。

21) 平均的損害の意義に関する判例・学説の整理については、山本敬三・前掲注8) 302頁を参照。

は、消費者契約に関して、416条の適用を前提としつつ、消費者契約に関して定型化された基準を定めたものとなる。「平均的損害」とは「当該消費者契約の当事者たる個々の事業者に生じる損害の額について、契約の類型ごと合理的な算出根拠に基づいて算定された平均値を意味する」のである[22]。

　もう一つは、原状回復損害説と呼ばれるものである[23]。これによれば、多数の同種の契約の締結を前提する消費者契約においては、①「平均的損害」は、契約の履行前の段階では原状回復賠償に限定され、契約の締結および履行のために「通常要する平均的な費用」となる（いわば必要経費＝平均的損害となる）とする。②例外として、契約の目的物に代替性がなく、当該契約の締結により他と契約を締結する機会を失い（機会の喪失）、それによって営業の逸失利益が生じた場合には、これは「平均的損害」として考慮される。その算定の際には、現実に締結した契約から得ることのできる「営業上の利益（履行利益）の額」を指標としつつ、事業者が損害を回避または軽減する可能性も考慮されている[24]。要するに、この説からは、9条1号は、割賦販売法や特定商取引法においてとられてきたところの、契約の履行前の段階において解除に伴って生じる損害賠償請求については原状回復に向けられた賠償に限定するという原則は、すべての消費者契約法に妥当する法理として一般化した規定と理解されることになる[25]。

　両説の違いを整理すると、上記の定型的通常損害説は通常損害を抽象的に算定することで平均的損害を捉えているのに対して、原状回復損害説は通常

---

22)　消費者庁編『逐条解説消費者契約法〔第2版補訂版〕』（商事法務、2015年）209頁。

23)　森田宏樹「消費者契約の解除に伴う『平均的な損害』の意義について」潮見佳男ほか編『特別法と民法法理』（有斐閣、2006年）93頁以下、140-141頁を参照。

24)　こうした準則に基づいた裁判例として、東京地判平14・3・25判タ1117号289頁を参照。また、大阪地判平14・7・19金判1162号32頁は、契約締結後から消費者が解約するまでの期間が数日であって、事業者に現実に損害が発生しておらず、またその可能性もないケースにおいて、販売によって得られたであろう利益は「平均的な損害」にあたらないとした。森田・前掲注23) 111頁以下参照。

25)　森田・前掲注23) 140-142頁を参照。そこでは、消費者契約の解除に伴う損害賠償を限定することの趣旨として、消費者契約が事業者主導で行われるという構造にかんがみて、「消費者が望まない契約から離脱することを容易にすることによって、契約の成立段階に起因するトラブルを回避するインセンティブを事業者に付与するという考え方」が示されている。

損害を具体的に「必要費」とすることで平均的損害の範囲をより限定する意図を示しているものとみることができる。

　(e)　立証責任の所在

「平均的損害」の立証責任の所在については、とくに結婚式場などのキャンセル条項をめぐって争われることが多い（第25章419頁参照）。上記の学納金判決のように、この場合の立証責任を消費者側に負担させることは大きな負担となる。消費者にとって事業者が請求する損害の算定の根拠を知ることは容易でないからである。学説の多くにおいて、事件の性質によって、同種事業者の平均的な損害や一般的経験則による事実上の推定、あるいは文書提出命令（民訴223条）などを有効に利用することで、消費者の立証負担の軽減が主張されてきた[26]。2022年改正法において、損害賠償額の予定および違約金の算定根拠について、事業者は、その算定の根拠の概要について消費者に説明する努力義務を負うことが規定された（9条2項）。こうした事業者の説明によって、消費者が負担している平均的損害額についての立証責任を緩和することが意図されている。

　②金銭債務の支払遅延に伴う損害賠償額を予定し、または違約金を定める条項　金銭債務の支払い遅延の場合には、損害賠償額および違約金の額については、14.6パーセントを乗じた額を超える部分は無効となる（9条2号）。本条は、金銭債務の支払い遅延の場合に適用される。たとえば、代金支払が期日に遅れたときに代金額に20パーセントを乗じた額の損害賠償を請求すると定める条項などがこれにあたる。結果として、請求額は縮減され、14.6パーセントを乗じた額となる。これに対して、たとえば、レンタルビデオの延滞料の問題などは、物の返還債務の遅滞による損害賠償ないし違約金債務の発生であって、本条を直接に適用してそれを制限することはできないが、この場合にも、本条を類推するか、あるいは10条の問題として処理しようとする見解がみられる。法外な額や過酷な条件が付されている違約金条項は、公序良俗違反（民90条）として無効にすることができる。

---

26)　たとえば、河上・前掲注3）407頁を参照。原状回復損害説の立場では、「必要経費」を合理的に算定し根拠づけることができるのは、おそらく事業者ということになろう。

5　むすび──消費者契約法の今後の課題

　消費者契約法の施行後、すでに 20 年以上が経過した。2011 年に施行 10 年を迎えたときには、「消費者契約法の 10 年」の総括が同年の日本私法学会のテーマとなった[27]。この間の運用をみる限り、消費者契約法は、消費者の権利救済のために一定の役割を果たしてきたと評価することができる。消費者利益を擁護し、消費者契約の適正化を図るためには、消費者契約法の積極的な活用が必要とされている。2018 年・2022 年改正法はそうした流れを踏まえたものである。しかしながら、消費者契約をめぐる消費者被害の抑止と救済は、なお十分に達成されているとは言い難い。そのため、消費者の権利の実現を目的とした消費者法の実効性を高める改正のあり方については、消費者法の体系という問題とも関連させて、引き続き検討されるべきことになる[28]。この意味で、消費者契約法の改正は、今後も重要な課題として位置づけられる（→第1章）。

　消費者法の体系化については、2017 年改正民法の審議過程においても消費者契約に関する規制を民法典の中に取り込む可能性が議論されたことが知られている。そこでは、民法と消費者契約法の原理面での共通性が指摘されつつも、結局、民法への消費者契約法の規定の統合は行われなかった（→第2章 40 頁）[29]。もっとも、不当条項規制については、当初から約款規制の問題として民法に導入する方向が示されていたこともあり、紆余曲折があったものの、定型約款の規制という形で実現した（民法 548 条の 2～548 条の 4）[30]。こうした流れは、消費者法の発展が民法の問題領域においても重要な影響を与え

27)　日本私法学会の同シンポジュウムの報告資料は、NBL959 号（2011 年）19 頁以下に掲載されている。同学会での議論の記録については私法（2012 年）3 頁以下参照。

28)　この問題を消費者契約法と特定商取引法の交錯という観点から検討したものとして、中田邦博「消費者契約法と特定商取引法──制度発展の交錯を踏まえて」ジュリスト 1558 号（2021 年）28 頁以下参照。そこでは「消費者売買法」の必要性を指摘した。

29)　「特集　消費者法の最前線」法学セミナー 681 号（2011 年）35 頁以下参照。中田邦博「民法総則の意義と民法改正」長尾治助教授追悼論文集『消費者法と民法』（法律文化社、2013 年）所収 65 頁以下。消費者法の民法への統合については経済界のサイドからも消費者サイドからも反対が表明された。

ていることを示している。新たな約款規制が民法に導入されたことから、消費者契約における不当条項規制の問題をめぐっては消費者契約法だけでなく民法上の約款規制も考慮に入れて両者の関係を整理しておくことが求められている。それぞれの規制が、裁判所による条項（約款）審査を中核としつつも、実効性のある契約内容規制として、どのような役割を果すべきなのか、そのためにはどのような理論や道具立てが必要となるのかといった問題については改めて検討することが必要とされている[31]。

30) 定型約款についての簡潔な説明として、潮見佳男『債権各論Ⅰ〔第3版〕』（新世社、2017年）28頁以下。さらに「定型約款」能見善久＝加藤新太郎編『判例民法6 契約Ⅰ〔第3版〕』（第一法規、2018年）124頁〔宮下修一〕。改正民法の約款規制を消費者法の視点から包括的に検討したものとして、消費者法研究3号（2017年）1頁以下において「特集改正民法における『定型約款』と消費者法」として収録された諸論文（河上正二「『約款による契約』と『定型約款』」ほか）参照。そこには定型約款についての立法資料もまとめられている。

31) 松本恒雄「消費者契約法の10年と今後の課題」・前掲注27）NBL959号（2011年）39頁以下、とりわけ49頁参照。消費者契約法の見直しに関する議論については次の文献を参照。河上正二編著『消費者契約法改正への論点整理』（信山社、2013年）、「特集 改正消費者契約法」消費者法研究6号（2019年）に収録された諸論文、とくに本章との関係では大澤彩「不当条項規制の現状と課題——民法改正・消費者契約法改正を受けて」179頁以下を参照。消費者契約法改正の動向については、第1章、前掲注6）も参照。2022年改正消費者契約法の準備のために作成された消費者検討委員会『報告書』には改正の課題が示されている（消費者庁のHP参照）。最新の情報は消費者庁・消費者委員会のHP（http://www.cao.go.jp/consumer/kabusoshiki/）上で提供されている。隣接諸科学との関係も考察の対象としたものとして、丸山絵美子編著『消費者法の作り方』（日本評論社、2022年）も参照。

契約自由の実質化？──任意規定と強行規定

　任意規定と強行規定は、民法や消費者法の構造や機能を理解するための基本的な用語であるが、近時はそれらに新たな光が当てられている。

　任意規定とは、当事者がそれと異なる合意をした場合には、その合意が優先する規定のことをいう。民法の債権編の規定の多くは任意規定である。本文（121頁）で取り上げた民法562条1項本文（売主の担保責任）も任意規定である。これに対して、強行規定は、当事者がその規定と異なる合意をした場合であっても、その合意の効力が奪われ、常に適用される規定のことをいう（民法91条の反対解釈）。たとえば、民法では、制限行為能力者の取消権（5条2項ほか）、公序良俗の規定（90条）や意思表示の規定（95条、96条ほか）などがこれにあたる。借地借家法にも同様の規定がある（30条参照）。消費者法の領域では、特定商取引法上のクーリングオフの規定や中途解約権の規定、損害賠償の予定や違約金の制限、また消費者契約法の規定（とりわけ8条〜10条）など、数多く存在している。

　また、任意規定の強行規定化という現象も指摘されている。ある任意規定の内容が強行規定によって紛争解決の基準とされ、それとは異なる合意の効力が奪われることがある。たとえば、民法572条前段により、売主が契約不適合について知っていた場合には562条1項本文の担保責任を免れる旨の特約の効力は否定されることになる（121頁も参照）。また、消費者契約法10条は、任意規定を基準として契約条項がそれを逸脱して消費者に一方的に不利となる場合にはその効力が奪われるとしている。こうした形で本来的には任意規定であるものに強行法的な効力が付与される可能性が与えられている。ドイツでの「半強行法規（Halbzwingendes Recht）」の議論は、この側面を取り上げるものであり、強行規定によって一律に条項の無効を規定するより、契約の自由を尊重した規制手法であり、それは裁判所の判断を介在させて契約条項の有効性を判定する柔軟なものであることを評価するべきであろう。

　強行規定は、契約自由を制限するが、場面により、契約自由の実質的な意味を回復させる機能を持つ。半強行法による規制アプローチは、こうした実質的な契約自由を回復することを企図している。消費者契約法はそのような市場を構築する法（市場法）としての機能を有している。ちなみに、ドイツではこうした議論が盛んである。マテオ・フォルナザーア（中田邦博訳）「強行的契約法による契約自由の実質化」川角由和ほか編『ヨーロッパ私法の展望と日本民法典の現代化』（日本評論社、2016年）277頁以下を参照。

特商法(1)

第8章
総論・訪問販売・電話勧誘販売・クーリング・オフ

法政大学教授
大澤 彩

1　本章で学ぶこと

　本章では特定商取引法とは何かについて、同法の制定と改正の経緯、および、同法の特徴を学んだ上で、同法の対象となっている取引類型のうち、訪問販売、電話勧誘販売について詳しく学ぶ。また、特定商取引法における消費者保護のための重要なルールであるクーリング・オフの要件・効果についても詳しく学ぶ。

2　特定商取引法とは[1]

[1] 制定と改正の経緯

　特定商取引法（正式名称は「特定商取引に関する法律」）は、もともとは消費者にとって不意打ち的な訪問販売や電話勧誘販売による被害の増加、および、悪質

---

1)　立案担当者による解説として、消費者庁取引・物価対策課＝経済産業省商務情報政策局消費経済対策課編『特定商取引に関する法律の解説　平成28年版』（商事法務、2018年）、他に、齋藤雅弘ほか『特定商取引法ハンドブック〔第6版〕』（日本評論社、2019年）、圓山茂夫『詳解　特定商取引法の理論と実務〔第4版〕』（民事法研究会、2018年）、後藤巻則ほか『条解消費者三法——消費者契約法・特定商取引法・割賦販売法〔第2版〕』（弘文堂、2021年）。概要として、日本弁護士連合会編『消費者法講義〔第5版〕』（日本評論社、2018年）147頁以下を参照。2021年の法改正については、消費者庁HP（https://www.caa.go.jp/policies/policy/consumer_transaction/amendment/2021/）を参照。

なマルチ商法の社会問題化を受けて 1976 年に制定された「訪問販売等に関する法律」(訪問販売法) である。訪問販売法においては、訪問販売、通信販売、連鎖販売取引 (いわゆるマルチ商法) の３つの取引類型が規制対象とされており、このうち訪問販売と通信販売については政令で指定された商品のみを適用対象とする指定商品制が採用された。しかし、新たな商品をめぐる消費者被害の多発や、以上の３類型以外の取引をめぐる消費者被害が社会問題化するのを受けて、指定商品の品目の拡大や指定役務制・指定権利制の採用が実現し、また 1996 年には電話勧誘販売、1999 年には特定継続的役務提供に関する規定が新設される。さらに、2000 年の改正において、業務提供誘引販売取引に関する規定が新設されるとともに、「特定商取引に関する法律」に改称された。その後も、2008 年には大規模な改正がなされ、また、2012 年には新たに第５章の２に「訪問購入」が追加された。さらに、2016 年および 2021 年にも改正が行われ、現在に至っている。

　特定商取引法は、特定商取引を「公正にし、及び購入者等が受けることのある損害の防止を図ることにより、購入者等の利益を保護し、あわせて商品等の流通及び役務の提供を適正かつ円滑にし、もって国民経済の健全な発展に寄与する」ことを目的としている (1条)。同法では「消費者」ではなく「購入者等」という言葉が用いられているが、のちに見るように、訪問販売、通信販売及び電話勧誘販売については「営業のために若しくは営業として締結する」契約が適用除外とされていることから (26条1項1号)、特定商取引法は実質的には消費者保護法としての性格を強く有している[2]。

　「特定商取引」とは、訪問販売、電話勧誘販売、通信販売、連鎖販売取引、特定継続的役務提供、業務提供誘引販売取引、訪問購入の７つの取引類型である[3]。本章ではこのうち、訪問販売、電話勧誘販売、訪問購入に関す

---

2) 坂東俊矢「特定商取引に関する法律を知る——特商法の法的性格と訪問販売の規制」法学教室 315 号 (2006 年) 105 頁。そのため、本章でも便宜上「消費者」という言葉を用いる。

3) 他に、消費者から注文がないのに、一方的に商品を送りつけて売買を申し込むネガティブオプション (「送りつけ商法」と呼ばれることもある) に関する 59 条が設けられている。具体的には、一方的に送りつけた商品について、販売業者は直ちにその商品の返還請求をすることができなくなる。つまり、消費者は、一方的に送りつけられた商品を直ちに処分等できる。

る規定をとりあげる。なお、業務提供誘引販売取引とは、仕事を提供して収入が得られることを誘引文句に、その仕事をするために必要だとして商品や役務を販売するというものである（いわゆる内職商法など）。通信販売、連鎖販売取引および特定継続的役務提供については8〜11章にゆだねる。

　規制の対象となる商品・役務については、かつては政令で指定された商品・役務のみが対象となっていたため（指定商品・役務制）、指定されていない商品等をめぐるトラブルが起きるとその商品を政令で追加するといった、規制の「後追い」が問題となった。そこで、商品と役務については、指定制が廃止された（ただし、権利については、「特定権利」として、一部指定制が残っている）。

　連鎖販売取引と業務提供誘引販売取引については、もともと政令による商品等の指定が存在しないため、不動産を除くすべての商品及び役務、施設を利用し又は役務の提供を受ける権利を適用対象としている。特定継続的役務提供では、指令で指定された7業種の「特定継続的役務」に限られている。訪問購入では、物品に限られ、政令で適用除外となる物品の種類が定められている。

[2] 特定商取引法の特徴

　特定商取引法は消費者保護にあたって非常に重要な役割を果たしているが、同法には以下のような特徴があり、そのことから理論的にも実務的にも興味深い点を有している。

　第1に、特定商取引法は、消費者問題を生じさせやすい特定の取引類型毎に規制している。そのため、現下の消費者問題に対応するために頻繁に改正がなされる。たとえば、いわゆる次々販売問題に対応するために2008年改正で過量販売に関する規定が追加されるとともに、規制の抜け穴を減らすために商品と役務の政令指定制が廃止された（過量販売規制は2016年改正で電話勧誘販売にも導入された）。また、事業者が顧客の住居におしかけて強引に廉価で貴金属を買い取るといったトラブルに対応するために、2012年には「第5章の2　訪問購入」という章が追加された。さらに、2016年には、訪問販売、電話勧誘販売および通信販売の「指定権利」を社債その他の金融債権等にも拡大し、これらを「特定権利」とするなど、重要な改正が実現した。また同年の改正では、ファクシミリ装置を使った広告を請求していない消費者に対して、当該広告の提供を禁止する旨の規定も追加され、それまで電子メール広

告に限定されていた規制対象が拡大されている。もっとも、消費者問題の特徴として、法の隙間をかいくぐった新たな手口による問題が次々と起きるという点があり、後追い型の法律ともいえる特定商取引法が必ずしも適用されない問題も生じる。ここには後追い型の法律ゆえの問題点が表れている。

　第2に、特定商取引法はいわゆる業法であり、同法の行為規制に違反した事業者には、消費者庁長官による改善指示（7条など）、業務停止命令（8条など）、業務禁止命令（8条の2ほか）報告・立入検査（66条）などの行政処分の他、刑事処分が課されることもある（都道府県知事にも同様の権限が付与されていることがある）。業務禁止命令制度は、2016年改正で創設された。業務禁止命令制度とは、業務停止を命じられた法人の取締役やこれと同様の支配力を有すると認められるもの（従業員、黒幕的第三者など）に対して、新たに法人を設立して停止の範囲内の業務を継続すること等が禁止され、違反した場合には罰金や懲役刑が科される（8条の2等）。これによって、違反行為を行った同一の事業者が、別の法人を作るなどして違反行為を繰り返すのを防ぐのが目的である。さらに、業務停止命令を受けた事業者に対して、消費者利益を保護するために必要な措置（たとえば、行政処分を受けた旨を既存顧客に通知したり、消費者への返金など）を指示できることになった。このように事業者に制裁を科すことで被害の拡大を防いでいるが、これらに加え、特定商取引法にはクーリング・オフや損害賠償等の額の制限などの民事ルールも規定されており、それによって購入者等が不本意な契約の拘束力から逃れることや、不当な損害を被ることを防いでいる。特に、2004年改正で不実告知・故意による不告知が取消権の対象となった点は、特定商取引法の民事ルールとしての色彩を強くした。

　第3に、特定商取引法には行政規制だけではなく民事ルールも存在する。むしろ、民事ルールとしての側面を重視して、特定商取引法を業法部分と民事法部分に分解し、後者については民法や消費者契約法に1章を設けて吸収することを提案する見解もある[4]。

---

4)　圓山・前掲注1) 821頁。消費者契約法、特定商取引法の規定を含めた1つの「消費者法典」を提案とするものとして、近畿弁護士会連合会消費者保護委員会編『消費者取引法試案——統一消費者法典の実現をめざして』別冊消費者法ニュース（2010年）。

　第4に、特定商取引法は、その適用範囲を定める上で「消費者」という概念を用いておらず、「営業」性のある行為を行った当事者には特定商取引法の規定を適用しないという適用除外方式がとられている。具体的には「購入者が営業のために若しくは営業として締結する契約」には訪問販売・通信販売・電話勧誘販売に関する規定が適用されない（26条1項1号）が、零細事業者などのように、消費者同様に契約相手方たる事業者との間に情報・交渉力の格差が見られる場合もある。実際に裁判例においては、自動車販売会社が訪問販売形式で消火器点検薬剤充填業務を行っている事業者との間で締結した消火器薬剤充填整備等の実施契約について、「営業のため若しくは営業として締結されたということはできない」としてクーリング・オフ権の行使を認めた事案や[5]、税理士が締結した電話機のリース契約が「営業のために若しくは営業として」締結されたものといえるか否かは当該事業や職務及び取引の実態から判断しなければならないとして、一部の原告について特定商取引法に基づくクーリング・オフ権の行使が認められた事案[6]も存在する。

3　訪問販売

[1]　訪問販売とは何か

> **[事例1]**　Xが繁華街を1人で歩いていたところ、男性Aから「美白効果のある化粧品を試してみませんか？」と声をかけられ、Aと一緒にAが属する化粧品会社Yの営業所まで行った。営業所で化粧品を試してみたところ、執拗に勧誘されたため、Xは化粧品を購入してしまった。

　特定商取引法上の訪問販売にあたるのは、たとえば消費者の自宅など事業者の営業所やこれに類する場所以外の場所で契約を締結する場合や、事例1のようなキャッチセールス、および、アポイントメントセールスによる営業所等での契約である。アポイントメントセールスとは、「あなたは当選しま

---

5)　大阪高判平15・7・30消費者法ニュース57号155頁。
6)　大阪地判平21・10・30判時2095号68頁。

した」などの言辞で消費者を誘引して、商品等の契約について勧誘するためであることを隠して呼び出し、営業所等で契約をさせるという勧誘方法である。呼び出し方法としては、電話、郵便、電子メール、FAX、住居訪問のほか、SNSのメッセージ機能等による来訪要請も含まれる。こうした訪問販売は消費者にとって不意打ち的な状況で、熟慮する余裕もないままに契約を締結させられることが多いので、規制の対象となっている。

　もっとも、購入者が営業のために若しくは営業として締結する契約（26条1項1号）、申込者等がその住居において取引するために事業者に来訪するよう請求した場合（26条6項1号）、店舗業者が過去1年以内に当該事業に関して1回以上（無店舗販売業者の場合には2回以上）の取引があった顧客に対する契約（26条6項2号、施行令8条2号、8条3号）は、この規制の対象外である。

　本章で説明する訪問販売、電話勧誘販売、通信販売（→第9章）については、政令で指定された適用除外リスト（26条1項から9項など）等を除き、すべての商品・役務が規制の対象となる。権利については、スポーツ施設利用の権利、美術等の鑑賞・観覧する権利、語学の教授を受ける権利に加え、社債その他の金銭債権や株式等も対象とされている（「特定権利」と言われている）。もっとも、権利の販売という形式をとっていても、実際に労務又は便益の提供を行う事業者と直接契約を締結する場合には、「特定権利」ではなく、「役務」となる。

[2]　訪問販売に関する規制

　次のような行為規制が定められている。

　①氏名等の明示義務（3条）　　販売業者等は、勧誘に先立って、販売業者名・契約の勧誘目的であること・商品等の種類を明示しなければならない。

　②契約を締結しない旨の意思を表示した者に対する勧誘の禁止（3条の2）　消費者が拒絶の意思を示しているにもかかわらず、執拗な勧誘を受けるという被害に対応するために、2008年改正で設けられた規定である。具体的には、販売業者等は、相手方に勧誘を受ける意思があることを確認するよう努めなければならず（1項）、また、契約を締結しない旨の意思を示した者に対する当該契約の勧誘は禁止される（2項）。

　③書面交付義務（4条、5条）　　顧客が契約の申込みをし、販売員がその場で契約を承諾して契約を締結したときは、当該取引行為が完了した際その場

で直ちに「契約書面」を交付する義務がある。申込みを受けて会社に持ち帰った後で後日正式に契約が成立する場合には、まず、申込みを受けたときに「申込書面」を交付する義務があり、次に契約が成立したときに「契約書面」を交付する義務を負う。

　申込書面・契約書面の記載事項は、法律及び省令に具体的に規定されているが、例として、事業者の名称、住所、固定電話番号、商品名・製造者名、型式・種類、数量、販売価格、支払時期・方法、商品の引渡時期、クーリング・オフの事項、契約日、瑕疵担保責任、契約解除事項がある。

　2021年改正によって、紙での書面交付を原則としつつ、消費者の承諾を得た場合に限り、例外的に契約書面等に記載すべき事項を電磁的方法（電子メールなど）によって提供することが可能となった（4条2項）。事業者が、政省令等で定められた方法による消費者の有効な承諾を得ずに電磁的方法での提供を行った場合には、当該事業者は書面を交付したものとみなされず、クーリング・オフ期間が満了しない。また、書面交付義務違反として行政処分や刑事罰の対象となる。

　④**禁止行為・指示対象行為**（6条、7条）　　商品の種類・性能・品質、対価、代金支払い方法など6条1号から7号に定める事項についての不実告知、同条1号から5号に定める事項についての故意の事実不告知、威迫・困惑行為、販売目的秘匿勧誘が禁止されており、違反した場合には行政処分・罰則の対象となる。

　また、7条および省令では改善指示の対象となる行為が定められている。具体的には、契約の履行拒否・不当な履行遅延、迷惑を覚えさせる勧誘、判断力の不足に乗じた契約締結、虚偽の事実を記載させる行為、つきまとい行為、消耗品のクーリング・オフ妨害、顧客の知識、経験、財産の状況に照らし不適当と認められる勧誘を行うことが指示の対象となる。さらに、2016年改正によって、契約締結に際し、事業者が消費者に借金を強要する行為や、預貯金を引き出させようとする行為も改善指示の対象に追加された。

　⑤**クーリング・オフ**（9条）　　後掲［3］を参照。

　⑥**過量販売に対する対応**（9条の2）　　いわゆる「次々販売」と呼ばれているものである。後掲［4］を参照。

　⑦**誤認による取消**（9条の3）　　2004年改正により、不実の告知、故意の事実不告知によって、申込者等に誤認が生じ、それによって契約締結に至っ

た場合には、当該契約は取り消しうるものとされた。後掲［5］を参照。

　⑧損害賠償等の額の制限（10条）　　顧客に債務不履行などがあって契約を解除する場合の、事業者から請求できる損害賠償額の定めについての規制である。

［3］　クーリング・オフ

> **［事例2］**　Xが自宅に一人でいるときに玄関のチャイムが鳴った。ドアを開けると男性Yから浄水器の購入を勧誘された。Xは浄水器を購入したが、数日後、代金が高額であるという理由で契約を解除したいと思うに至った。

　事例2のような訪問販売においては、販売業者の不意打ち的な勧誘を受けた消費者が、契約意思が不確定なままで契約をしてしまうことが多い。他にも、契約内容が複雑な取引では消費者が契約内容をよく理解しないままに契約を締結してしまうことがある。そこで一定の期間内であれば何らの理由も必要とせず、かつ、無条件に消費者から一方的な契約解除を行うことが認められている。これをクーリング・オフという（クーリング・オフとは「頭を冷やしてよく考えて契約をとりやめる」という考え方から一般に使われている俗称である）。

　クーリング・オフは、日本では1972年の割賦販売法改正によって導入され、その後特定商取引法のほか、宅地建物取引業法などで採用されている。

（i）　クーリング・オフの要件
（a）　**クーリング・オフの対象・行使期間**

　クーリング・オフの対象となるのは、訪問販売と電話勧誘販売の場合にはすべての商品・役務および特定権利、特定継続的役務提供の場合には政令で指定された6業種である。これに対して、連鎖販売取引と業務提供誘引販売取引ではすべての商品、権利及び役務が対象となる（通信販売にはクーリング・オフ制度は存在しない。ただし、一定の要件のもとでの返品制度が存在する〔15条の2〕）。これらの商品等につき、法定の書面を受け取った日から一定期間であれば、書面によって契約を解除することができる。行使期間は、訪問販売、電話勧誘販

売、特定継続的役務提供、および訪問購入では8日間、連鎖販売取引と業務提供誘引販売取引では20日間とされている。

　行使期間の起算時は契約時ではなく法定の書面交付時である。訪問販売の場合でいえば、申込書面又は契約書面を受領したいずれか早い日から起算して8日間ということになる。そのことから、事業者が書面を交付しない場合には、クーリング・オフ期間は進行しないため、いつまでもクーリング・オフ権を行使することができる。特定商取引法所定の書面の記載要件は裁判例上厳格に解されており、また、記載要件が欠けている場合に、他の文書の記載をもってこれを補完することはできないとされている[7]。したがって、書面は交付されているもののその記載に不備がある場合や虚偽の記載がある場合にも、クーリング・オフ期間は進行しない。消費者が冷静に契約について再考し、クーリング・オフ権を行使するか否かを判断するためには、契約書等によって契約内容が明らかにされている必要があるからであり[8]、特定商取引法上の書面交付義務は、それを履行しないとクーリング・オフ期間が進行しないという形で民事上の制裁と結び付けられている[9]。

　また、事業者が事実と異なることを告げたり威迫したために申込者等が誤認、困惑してクーリング・オフを行使しなかった場合には、改めて書面でクーリング・オフの告知を受けるまでは期間が進行しない（9条1項但書）。書面が再交付されて、かつ、クーリング・オフができることを消費者に説明した日から8日間または20日間となる（9条1項但書等）。

(b)　行使方法

　クーリング・オフは書面により通知しなければならず（9条本文）、行使期間内に通知書を発信することによって解除の効力が発生する（9条2項。発信主義）。2021年改正により、クーリング・オフ通知を紙だけではなく、電子メールも含む電磁的記録で行うことが可能となった（改正後の9条1項等）。

　書面（電磁的記録含む）によることを要求しているのは、当事者の権利関係を

---

7)　東京地判平16・7・29判時1880号80頁等。

8)　坂東俊矢・圓山茂夫「民事ルールとしてのクーリング・オフと特商法」法学教室316号（2007年）86頁。

9)　大村敦志『消費者法〔第4版〕』（有斐閣、2011年）85頁。

明確にし、クーリング・オフ権の行使をめぐっていたずらに紛争を招くことのないようにするためであるが、この点については後述する。

(c)　適用除外

　訪問販売についてはいくつか適用除外がある。①乗用自動車および自動車リースにはクーリング・オフ規定が適用されない（26条3項1号、施行令6条の2）、②政令で指定された消耗品（化粧品、健康食品など）は、交付された書面に「使用するとクーリング・オフができなくなる」旨の記載があり、かつクーリング・オフ期間内に使用・消費した商品については、通常の小売最小単位についてクーリング・オフができなくなる（26条4項）。たとえば4箱中2箱のように途中まで使った場合は、未使用のものについてはクーリング・オフができる。もっとも、たとえ商品が使用されていたとしても、購入者が自分の意思で使ったものではない場合、たとえば、事業者がクーリング・オフを妨げるために、消耗品を契約したその場で使用又は消費させた結果、「使用済み」になってしまった場合には、クーリング・オフ権を行使することができる（26条4項1号括弧書）。政令で指定された金額未満の現金取引の場合（訪問販売の場合には3000円未満〔施行令7条〕）にはクーリング・オフは適用されない（26条4項3号）。

　前述したように、「営業のために若しくは営業として」契約を締結した場合（特商法26条1項1号）、来訪要請をした場合（同条5項1号）、過去1年間に2回以上取引がある場合（特商法26条5項2号、特商法施行令8条2号・3号）にも適用されない。

(ii)　クーリング・オフの効果

　契約は遡ってなかったものとされるので、事業者は受け取った代金全額を返還しなければならない。また、事業者は損害賠償などの請求をすることができず（9条3項）、商品返還のための費用も事業者負担である（9条4項）。申込者等がすでに役務を受けていた場合であっても、その役務の対価を返還する必要はない（9条5項）。土地などの工作物の現状に変更を加える役務提供契約で、役務の提供がされている場合には、申込者等は事業者に対して原状回復を求める権利があり、その際事業者は無償で原状回復を行う義務がある（9条7項）。

　このように、顧客は、一定期間内であれば、何らの理由も必要とせず、ま

た、何ら負担も負わずに契約を失効させることができるのがクーリング・オフ制度である。しかも、クーリング・オフに関する規定は強行規定であり、顧客に不利な合意は無効とされる（9条8項）ことから、クーリング・オフ権を事業者によって排除することはできない。

(iii) クーリング・オフの意義と消費者保護のあり方

　解除原因の有無を問わずに一方的な解除を可能にするクーリング・オフの法的性質について、その民法上の解除との違いについては議論があるものの[10]、クーリング・オフが、民法の錯誤・詐欺・強迫を補完する機能を有している点は否定できず、それゆえに、クーリング・オフを消費者保護のために拡張することができないかが議論されている[11]。

　拡張の一態様として、下級審裁判例の中には、クーリング・オフが消費者保護に重点を置いた規定であること、書面を要する理由が申込みの撤回等について後日紛争が生じないよう明確にしておく趣旨であることから、それと同様の明確な証拠がある場合には保護を与えるべきであるとして、口頭によるクーリング・オフを認めるもの[12]があり、学説も賛同するものが多い。しかし、これに対しては、クーリング・オフが契約当事者の一方の単独行為により合意による拘束をまぬがれることを認めることから、その行使の方式を厳格にし、かつその効果の発生について後日紛争が生じないようにするために書面が要求されている以上、口頭での行使を不可とするもの[13]もあり、また肯定した裁判例も業者に直接解除する旨を伝えたが、それに対して事業者が応諾したか否か不明であり、後日改めて書面で解除することが考えにくいという事情で認められていることから、口頭でも可とするのが絶対的な考え方とはいえないだろう。

　事例2では、XはYから書面を受け取ってから8日以内であれば、クー

---

10)　学説の概要として、大村・前掲注9）687頁。代表的な論文として、河上正二「『クーリング・オフ』についての一考察——時間という名の後見人」法学60巻6号（1997年）166頁以下。「特集　消費者撤回権をめぐる法と政策」現代消費者法16号（2012年）4頁以下。

11)　大村・前掲注9）688頁。

12)　福岡高判平6・8・31判時1530号64頁。

13)　大阪地判昭62・5・8判タ665号217頁。

リング・オフをすることができ、すでに支払った代金は返還してもらえる。また、受け取った浄水器はＹに引き取りに来てもらうか、あるいは、Ｙの送料負担で（Ｂ宛の着払いで）返還することになる。

[4]　過量販売

> **[事例3]**　一人暮らしの高齢者であるＸは、ある日、Ｘ宅を訪れたＹの従業員Ａから羽毛布団２組を買うよう勧誘され購入した。その後、ＹのみならずＺ、Ｂなどの業者がＸ宅を訪れ、さらに３組の同種の布団を購入させられ、金額が合計400万に至った。Ｘは高額になった代金を支払うことができなくなった。

　事例３のような過量販売（次々販売）においては、消費者がクーリング・オフ期間を過ぎてから「過量」であることに気づくことが通常であるためにクーリング・オフ制度が利用できないことが多い。過量販売とは、「日常生活において通常必要とされる分量を著しく超える商品若しくは特定権利の売買契約」または、「その日常生活において通常必要とされる回数、期間若しくは分量を著しく超えて役務の提供を受ける役務提供契約」である。そこで、2008年の特定商取引法改正で過量販売に対応する規定が導入され、解除権が付与された。

　具体的には、過量販売等を目的とする契約の締結を勧誘する行為が改善指示の対象となり（7条1項3号）、また、申込者等にその過量販売等を目的とする契約を結ぶ特別の事情がなければ、契約締結後１年以内であれば消費者による契約の解除等が可能となった（9条の2）。

　過量販売には、大きく次の３つのタイプがある。

　①同一の販売業者による同一商品の過量販売の契約である場合であって、１つの契約で過量販売契約となるもの。

　②①と同様の場合であって、複数の契約で過量販売契約となるもの。

　③複数の販売業者による同一商品の過量販売契約。

　具体的に「過量」といえるか否かは個々の事案に応じて判断するしかなく、当該商品等の性質、機能や相手方消費者の世帯構成人数等の事情が考慮

される。

　過量販売の場合、ある程度の期間にわたって物品の提供がなされるため、クーリング・オフ期間を過ぎてしまうことが多い。そこで、以上に述べたように契約締結の時から1年以内であれば申込者等による契約の解除が可能となったのである。

　ただし、販売業者が過量販売であることを「知りながら」契約していることが必要であり（9条の2第1項2号）、これを欠いている場合には解除できない。「知りながら」の要件は、消費者が立証する必要がある。また、申込者等に過量販売契約の締結を必要とする特別の事情（親せきに配るため、など）があったことを事業者側が立証した場合には、過量販売契約を解除できない（クレジット契約も解除できない）。

　同様の規定が、電話勧誘販売においても設けられている（23条1項4号、24条の2）。具体的には電話勧誘販売において過量な契約を締結した消費者は契約締結から1年間、当該契約を解除することができる（24条の2）。電話勧誘販売による過量販売を勧誘する行為は、行政処分の対象となる（23条1項4号）。

[5] 誤認による取消

> **[事例4]**　Xは、自宅を訪れたYから「このマンションの水道水は非常に汚れており、このままだと病気になる」と言われて浄水器を購入した。しかし、実際にはマンションの水道水が健康を害するといえるほどに汚いものであるとまではいえなかった。

　事例4のような場合に適用できるのが、不実の告知、故意の事実不告知によって、申込者等に誤認が生じ、それによって契約締結に至った場合には、当該契約は取り消しうる旨定めた特定商取引法9条の3である。同法9条の3においては、代金・対価の支払時期・支払方法、商品引渡し時・権利移転時・役務提供時やクーリング・オフに関する事項に関する不実告知・故意による不告知が取消権の対象となるなど、より具体的かつ広範囲で不実告知・故意による不告知を取り消すことができるので、消費者契約法による取消権よりも消費者に有利であるとされている。特に、特定商取引法の取消権

の対象には「顧客が……契約の締結を必要とする事情に関する事項」が列挙されており（6条1項6号）、また、その他重要事項に当たりうるものを包括する規定が設けられているため（6条1項7号）、消費者契約法の「重要事項」（消費者契約法4条5項）よりも取消権の対象が広いとされている[14]。こうして特定商取引法は民法のみならず消費者契約法をも補完しているのである。

取消権の行使期間は追認できる時から1年間である（9条の3第4条）。取消権が行使されると、消費者契約法同様、売買契約等に基づく債務の履行として給付を受けた消費者は意思表示を取り消した場合において給付を受けた当時その意思表示を取り消すことができることを知らなかったときは、現受利益を返還する義務を負う（9条の3第5項）。

仮にXが消費者契約法4条1項1号の不実告知に基づいて浄水器の売買契約を取り消すということになると、不実告知の対象が契約の「重要事項」（消費者契約法4条5項）にあたるかが問題となる。しかし、かつて、同法の「重要事項に該当するもの」としては、条文上契約目的物の内容と取引条件しか明示されておらず（→第6章94頁）、事例4のようにXが契約を締結した動機が「重要事項」に該当するかについては争いがあった。その後、2016年の消費者契約法改正により、同法4条5項に3号が追加されたため、現在では「重要事項」にあたる余地はある（→第6章）。

4 電話勧誘販売

[事例5] Xの自宅に、ある日Yから電話がかかってきた。その内容は資格教材の購入の勧誘であり、Xは長時間にわたる電話による勧誘を受けて資格教材を購入した。

電話勧誘販売とは、事業者から電話（スカイプやIP電話も含む）をかけて契約の締結を勧誘すること、または、販売目的を告げないで相手方に電話をかけさせて勧誘することである（2条3項）。電話をかけてその場で契約を締結す

---

14) 圓山・前掲注1）280頁。

る場合のみならず、当該売買契約等の申込みを郵便等によりうけ、もしく
は、郵便等によって契約を締結して行う場合も含まれる（なお消費者から主体的
に電話等で契約を申し込む場合は「通信販売」である〔→通信販売については第9章152頁〕）。
電話勧誘販売についても、訪問販売と同様、政令で指定された適用除外リス
ト（26条1項から9項など）等を除き、すべての商品・役務が規制の対象とな
る。権利については、「特定権利」が指定されている。

　電話勧誘販売は、事業者から一方的に勧誘行為を行い、消費者にとって不
意打ち的な状況で契約を締結させる点で訪問販売と同様の問題があることか
ら、その規制内容も訪問販売とほぼ同一のものとなっている。具体的には、
氏名等の明示義務（16条）、契約を締結しない旨の意思を表示した者に対する
勧誘の禁止（17条）、書面交付義務（18条、19条）、禁止行為・指示対象行為（21
条、22条）、クーリング・オフ（24条）、過量販売規制（24条の2）、誤認による取
消（24条の3）、損害賠償等の額の制限（25条）である。

　事例5では、Xが書面を受け取ってから8日以内であればクーリング・
オフをすることができるほか（24条）、8日を過ぎた場合であっても、Yが勧
誘にあたって不実告知または故意による事実不告知を行った結果、Xが誤
認して契約の意思表示をした場合には、Xは当該契約を取り消すことがで
きる（24条の2）。

5　訪問購入

［事例6］　Xが自宅でくつろいでいたところ、貴金属買い取り業者Y
が突然X宅を訪問し、「今、お宅にある宝石を全部出してくれ。今なら
高値で買い取る」と言われ、XはYの高圧的な態度に抵抗できずに所
有しているネックレス、指輪、イヤリングなど20点をすべてYの前に
提示した。そうしたところ、YはXに有無を言わせずこれらの宝石類
をXが想定していたよりもかなり低い値段で買い取るとして、ただち
にこれらの宝石類を持ち帰ってしまった。後で宝石類を売ったことを後
悔したXがYに連絡して宝石類を返してもらいたいと言ったところ、
「もう他の人に転売した」といってとりあってくれない。

　訪問購入とは、「物品の購入を業として営む者（以下、「購入業者」という）が営業所等以外の場所において、売買契約の申込みを受け、又は売買契約を締結して行う物品」の購入である（58条の4）。2010年以降、消費者の自宅を突然業者が訪問し、消費者が所有する貴金属等を不相当に安価で買いとる、いわゆる「押し買い」トラブルが急増した。消費者の自宅を突然業者が訪問し、消費者に物品等を販売する「押し売り」には、特定商取引法第2章の「訪問販売」の規定が適用されるが、「押し買い」のように消費者が売主となる場合には「訪問販売」の規定は適用されない。しかし、突然業者の訪問を受けて熟慮せずに売買契約を締結してしまう点では「押し売り」も「押し買い」も同様である。そこで、平成24年法律第59号によって特定商取引法の6類型に、7番目の類型として「第5章の2　訪問購入」が追加され、規制の対象となった。訪問購入の規制の対象となるのは、「物品」であるが、自動車、家具、書籍等の購入には適用されない（政令16条の2）。

　具体的には訪問販売と同様に、氏名・勧誘目的等の明示義務（58条の5）、勧誘を受ける意思の確認義務（58条の6第2項）、再勧誘の禁止（58条の6第3項）、不実告知の禁止等の勧誘規制・クーリング・オフの妨害禁止（58条の10、58条の12）、書面交付義務（58条の7、58条の8）、損害賠償等の額の制限（58条の16）に関する規定が置かれているが、これらに加えて以下の規定が設けられている点が特徴的である。

　第1に、押し買いトラブルにおいては、買い取られた物品が第三者に転売されてしまい、消費者が物品を取り戻すことができないというトラブルが発生していた。このようなトラブルを発生させないために、次のような規定が設けられている。

　まず、契約申込み時書面又は契約締結時書面の交付を受けた日から8日を経過するまでは書面によってクーリング・オフを行うことができる（58条の14第1項）が、クーリング・オフ期間中は、売主たる相手方は購入業者及びその承継人に対して物品の引渡を拒むことができる（58条の15）。売主たる相手方が物品を引き渡すか否かを判断できるようにするため、購入業者は、クーリング・オフ期間中に、売主たる相手方から直接物品の引渡しを受ける時は、物品の引渡しを拒むことができる旨を告知しなければならない（58条の9）。また、物品の引渡しを受けるために不実告知をする事等も禁止される（58条の10、58条の12）。

　次に、クーリング・オフ期間中に物品が購入業者から第三者に転売された場合、購入業者は、売主たる相手方に対しては当該物品の第三者への引渡しに関する情報を、第三者に対しては相手方によるクーリング・オフ行使の有無に関する情報をそれぞれ通知しなければならない（58条の11、58条の11の2）。また、第三者に引き渡された場合にも、売主たる相手方はクーリング・オフをもって第三者に対して物品の所有権を主張することができる（58条の14第3項本文）。ただし、善意・無過失の第三者に対しては物品の所有権を主張することができない（同項但書）。取引の安全に配慮した規定である。したがって、**事例6**では、Xがクーリング・オフ期間内にクーリング・オフを行使したのであれば、これを転売先である第三者に主張することができるが、第三者が善意無過失の場合は主張できない。

　第2に、訪問購入の勧誘の要請をしていない者に対し、営業所等以外の場所において、当該売買契約の締結について勧誘をし、又は勧誘を受ける意思の有無を確認してはならない（58条の6第1項）。いわゆる不招請勧誘の禁止規定である。

　以上の規定に違反した場合、購入業者には行政処分、罰金が科される。したがって**事例6**のYは以上の規定のほとんどに違反しているため、行政処分や罰金が科される。

6　特定商取引法の将来──消費者法の将来

　以上のように、特定商取引法は、その時々の消費者問題に対応すべく、改正を積み重ねてきた。たとえば過量販売取引に対応するために、訪問販売や電話勧誘販売に解除権に関する規定を設けたように、既存の取引類型の中に新たな規定を設けるといった改正にとどまらず、内職商法への対応のための2000年の業務提供誘引販売取引や貴金属の訪問買取トラブルへ対応するための2012年の訪問購入類型追加といった、新たな取引類型の追加も柔軟になされてきた。

　同じく、消費者契約に適用される法律として、消費者契約法（→第6章）がある。消費者契約法は、民法の特別法であり、「事業者」と「消費者」の間で締結される消費者契約一般を適用範囲として、意思表示の取消しや不当条項の無効といった民事ルールを定めている。これに対して、本章で説明した特定商取引法は、消費者問題が多く発生している特定の取引類型を対象とし

て、事業者の行為規制を定め、その違反に対する行政処分や刑事罰を科すことで、取引の健全化を図り、紛争の事前予防の役割を果たしている。

　しかし、本章でも説明したように、特定商取引法にもクーリング・オフや意思表示の取消権、損害賠償等の額の予定条項の制限など、民事的効果を有する規定が設けられており、消費者被害にあった消費者の民事的救済に大きな役割を果たしている。また、具体的な賠償額の上限や、意思表示の取消権が付与されている事業者の禁止行為が具体化されている点から、特定の取引類型に限定されるとはいえ、消費者のみならず事業者にとっても具体的なルールの透明性や予見可能性が高いルールとなっている。

　そのことから、やや抽象度の高いルールではあるが消費者契約一般に適用される消費者契約法と、特定の取引類型に限定されてはいるが、より具体的な民事ルールを定めている特定商取引法とは、互いに補完関係にあると言うことができる[15]。しかし、消費者契約法の近時の改正で、特定商取引法にすでに設けられている過量販売取引に関する規定とほぼ同様の規定が消費者契約法にも定められた（こちらは意思表示の取消権を付与している。4 条 4 項）。また、消費者契約法にも 2018 年の改正で同法 4 条 3 項に具体的な行為態様に基づく「困惑」類型が複数追加された。これらのことから、消費者契約法も具体的なトラブルを火消しするための法律としての様相を呈しており、特定商取引法に類似してきている[16]。さらにいえば、消費者契約法 4 条に列挙された不実告知等の事業者の不当な勧誘行為や、同法 8 条以下の不当条項リストは、適格消費者団体による差止めやその前提にある事前の申し入れを受けた事業者の自主的な規制など、紛争の事前防止にも活用されている。このことから、消費者契約法と特定商取引法の役割は一層重複しており、それぞれの存在意義が改めて問われよう。

　そうすると、両者を一体化して「消費者取引法」とでも呼ばれる法律を設け、その中に、現在、消費者契約法に存在する抽象度の高いルールを一般条

---

[15]　中田邦博「消費者契約法と特定商取引法──制度発展の交錯を踏まえて」ジュリスト 1558 号（2021 年）33 頁。

[16]　山本敬三ほか「座談会　消費者契約法の改正と課題」ジュリスト 1527 号（2019 年）35 頁の沖野眞已教授の発言を参照。

項として定めると同時に、特定商取引の場合の特則として、現在特定商取引法に存在するルールを設けることも、十分検討に値するのではないか。

特商法(2)

第9章
通信販売・インターネット取引

中央大学教授
宮下修一

1　本章で学ぶこと

　本章では、特定商取引法（以下「特商法」という）が規制対象とする7つの取引態様のうち、「通信販売」をとりあげる[1]。

　私たちの生活の中で、「通信販売」・「インターネット取引」は、なくてはならないものになっている。たとえば、みなさんは、今、手にしているこの『基本講義消費者法』をどのようにして手に入れただろうか。もちろん、書店で購入した人もいるだろうが、パソコンやスマートフォン、タブレット端末を使ってインターネットで検索して注文し、クレジットカード決済や代金引換（代引き）、デジタル決済アプリによる決済等の方法を用いて宅配便で自宅まで届けてもらった人も少なくないだろう。このように、インターネットの急速な普及と、宅配などの配送・流通網の拡大・充実によって、「通信販売」・「インターネット取引」の重要性は、年々増大してきている。

　統計調査を見ると、そのことがますます明らかとなる。たとえば、日本通

---

[1]　通信販売規制の概要については、消費者庁取引対策課＝経済産業省商務・サービスグループ消費経済企画室編『平成28年版　特定商取引に関する法律の解説』（商事法務、2018年）116-161頁、圓山茂夫『詳解　特定商取引法の理論と実務〔第4版〕』（民事法研究会、2018年）278-344頁、齋藤雅弘ほか『特定商取引法ハンドブック〔第6版〕』（日本評論社、2019年）319-401頁等を参照。

信販売協会の調査によれば、2020年度の通信販売の売上高は、コロナ禍で需要が急増したこともあり、前年比20.1%（約1兆7,800億円）増の10兆6300億円と、過去最高を記録した[2]。また、経済産業省が毎年実施している「電子商取引実態調査（電子商取引に関する市場調査）」によれば、国内の消費者向け電子商取引の市場規模は、コロナ禍で物販系分野が大幅に拡大する一方、旅行サービスの縮小に伴うサービス系分野が大幅に減少したため、2020年度は前年比0.43%（約0.1兆円）減でほぼ横ばいではあったが、19.3兆円（前年比8.96%増）とまもなく20兆円を超えるところまできている[3]。

　このように、「通信販売」・「インターネット取引」は、社会で行われている取引の中で非常に重要な位置を占めてきている。もっとも、その反面、**5**[1]で述べるように、これらの取引をめぐるトラブルも増加しており、それを食い止めるためにどのような規制をしていくかが重要な課題となる。

　規制という面では、特商法が重要となる。同法では、インターネット取引を含む通信販売については店舗における商品購入のような対面販売ではないという特性を考慮して、**4・5**で述べる広告規制が設けられている。また、対面販売とは異なり商品そのものの確認が難しいという特性を考慮して、いったん締結された契約について、**3**[2]で述べる「返品権」も用意されている。

　もっとも、これらの取引は、特別法である特商法によってのみ規律されるわけではない。契約である以上は、一般法である民法によって規律される場面も少なからず存在することに十分留意する必要がある。

　なお、特商法が規律する通信販売は、「クーリング・オフ」の規定がない唯一の取引態様であり、他の6つの取引態様（訪問販売・電話勧誘販売・連鎖販売取引・特定継続的役務提供・業務提供誘引販売取引、訪問購入）とはやや異なる位置づけを与えられている。

2) 公益社団法人日本通信販売協会ホームページ「通販市場、20.1%増の10.6兆円市場へ：JADMA『2020年度通販市場売上高調査（2021年8月23日）』」（https://www.jadma.or.jp/pdf/2021/20210823press2020marketsize.pdf）（2022/6/15）。

3) 経済産業省ホームページ「電子商取引に関する市場調査の結果を取りまとめました（2021年7月30日）」（https://www.meti.go.jp/policy/it_policy/statistics/outlook/210730_new_kohyoshiryo.pdf）（2022/6/15）。

　そこで、以下では、まず、通信販売の定義や特徴を確認したうえで（**2**）、
「返品権」の内容（**3**）、広告規制の概要（**4**）、通信手段の発展に伴う広告規制
の変容をそれぞれ検討する（**5**）。さらに、**3〜5**以外の通信販売に関する規
制を簡単に紹介するとともに（**6**）、通信販売ではないが、関連するものとし
てネガティブ・オプション（送りつけ商法）に関するルールも紹介する（**7**）。そ
のうえで、今後の通信販売規制の方向性を考えてみることにしたい（**8**）。

2　通信販売とは何か

> **[事例1]**　A子は、自宅に郵便で送られてきた甲社のカタログを見て、
> デザインや色が気に入ったセーターを注文した。ところが、実際に届い
> た商品を見ると、カタログの写真とはデザインも色も違うので契約関係
> を解消して返品したい。

　事例1は「通信販売」にあたる。「通信販売」とは、商品・特定権利の販
売または役務（サービス）の提供[4]をする業者が、郵便・電話・FAX・テレ
ビ・インターネット等の通信手段によって消費者から契約の申込みを受け
て、販売または役務提供契約を締結することである（2条2項。なお、以下では、
典型的事例である商品販売を中心に検討する）。

　訪問販売では、突然、業者が現れて、消費者が予期していなかった商品を
購入させられるという状況（「不意打ち」性〔**3**[1]〕）がしばしば存在する。しか
し、通信販売は事情が異なる。事例1のA子は、カタログを見て自ら商品
を選択して注文しているのであって、訪問販売のような状況は存在しておら
ず、無理やり購入意思を作り出されたわけではない。

---

　4)　2008年特商法改正により、訪問販売・通信販売・電話勧誘販売においては、その規制対象
　　を政令で指定された商品・役務に限定するという指定商品・指定役務制が撤廃された。その
　　一方で、リゾート会員権・ゴルフ会員権等の「権利」の販売については、依然として政令で
　　指定されたものに対象が限定されることになった（「指定権利制」）。もっとも「権利」をめ
　　ぐるトラブルが相次いだことから、2016年特商法改正により「指定権利」に代えて「特定
　　権利」という概念が導入された（特商法2条4項）。本書第8章**2**[2]も参照。

　他方で消費者は、訪問販売では、一応は、目の前で業者のもってきた商品を確認できるが、通信販売では、実際に商品を確認することができない。そこで、カタログや広告の記述が消費者の商品購入に非常に大きな役割を演じることになるが、事例1のように、届いた商品の内容と、発注する際に購入者がカタログを見て考えていたものとが異なる事態もしばしば発生する。このように、通信販売は、いわゆる「対面性の不存在」[5]と「商品確認方法の不存在」がその特徴となる点で、対面販売が原則となる店舗販売とは大きく異なっている。

3　「クーリング・オフ」の不存在と返品権の導入

> **[事例2]**　事例1において、A子は、商品を返品しようと考えて、カタログのどこかに返品に関する特約（返品特約）の記載がないか確認してみた。
> 　①そうした特約の記載がなかった場合はどうか。
> 　②返品は一切認められないという特約の記載があった場合はどうか。

[1]「クーリング・オフ」の不存在
　A子は、送付されてきた商品を返品できるか。通信販売では、多くの場合、商品を一定の期間内、無条件あるいは一定の条件のもとで返品できるという返品特約が設けられている。こうした特約があれば、A子はそれに従って返品することができる。しかし、特約がない場合には、そう簡単ではない。いったん購入した物を返品するには、なんらかの理由が必要となるからである。
　特商法には「クーリング・オフ」制度（→第8章138頁）が用意されているが、実は通信販売にはこの制度が設けられていない。クーリング・オフは、一般的には、訪問販売のように、業者の「不意打ち」による勧誘を受けて、熟慮しないまま商品を購入した消費者を保護するために、一定の熟慮期間を

設けて契約関係から無条件で離脱することを可能にする制度である。ところが、通信販売では、消費者がカタログや広告を見て十分に検討したうえで商品を購入することができる。そこで、そもそも「不意打ち」性がない通信販売には、クーリング・オフ制度を導入する前提が存在しないと考えられたのである。

　民法の原則によれば、いったん商品を購入した以上、無効・取消しの原因や相手方の債務不履行がない限り、「契約の拘束力」は失われないことになる。そうすると、A子は、この原則に従って返品できないことになりそうである。それでよいのだろうか。

[2]「返品権」の導入——クーリング・オフとの共通点と相違点

　通信販売では、事例1のような返品をめぐるトラブルが現実にしばしば発生する。そのため、2008年の特商法改正前も、通信販売の広告では、商品の引取りおよび返還についての特約に関する事項（特約がない場合にはその旨）を表示することが義務づけられていた（2008年改正前11条1項4号）。しかし、トラブルは増え続け、とりわけインターネット取引ではその傾向が顕著であった（**5**[1] 参照）。

　そこで、2008年の特商法改正により、通信販売で返品を可能にする「返品権」の制度が設けられた。具体的には、商品の引渡し（または特定権利の移転）を受けた日から8日以内であれば購入者は原則として、契約を解除して返品することができる（15条の3第1項本文）。しかし、この規定は特約による変更の余地を認めており、業者が返品に関する特約を広告に表示していた場合には、その特約に従うことになる。したがって、特約で返品できないとしている場合には、例外的に返品ができなくなることがある（同ただし書）。この返品特約は、消費者にとってわかりやすい形で表示をすることが求められている[6]。なお、役務（サービス）については、通常は継続的な契約で行われることから、中途解約等による対応が予定されているため、返品権は認められていない。事例2では、商品の販売が問題となっているため、上記の規定により、①の場合には返品できるが、②のような返品不可の特約があれば返品できないことになる。

　もっとも、この場合、そもそも契約内容に従った商品を送付していないのであれば、業者は、債務の本旨に従った履行をしていないとして債務不履行

責任を問われる可能性がある。具体的には、まずは契約に従った商品の引渡しを請求し、それを業者が拒めば、契約を解除することができ（民法541条）、損害賠償も請求できる（民法415条）。また、欠陥があるなど、送付された商品が本来備えるべき品質を有していない場合には、業者に対し、債務不履行責任の一種である契約不適合責任として目的物の修補や代替物の引渡し等の履行の追完請求（民法562条）や代金減額請求（民法563条）、あるいは損害賠償請求（民法564条・415条）や解除（民法564条・541条・542条）をすることもできる。さらに、かりに業者が返品を受けつけずに、特約は債務不履行責任（契約不適合責任を含む）を全面的に免れるという趣旨であると主張したときには、消費者契約法8条または10条によって、こうした特約の効力を否定することができよう（→第7章116頁）。**事例1**でA子はカタログの写真とは異なる商品を送付されていることから、甲社に対して上記の債務不履行責任（商品に傷などがあれば契約不適合責任）の追及が可能であろう。また、**事例2**の②の特約があった場合には、上記の消費者契約法の条項に基づきその無効を主張できると考えられる。

　この返品権は、一定の期間内であれば購入者の契約の解除を可能にする点で、クーリング・オフ権と共通する。

　しかしながら、クーリング・オフに関する規定は強行規定であって、特約により排除または制限することは一切できないのに対し、返品権に関する規定は任意規定であって、上記のとおり特約により排除または制限することが可能である。また、返品権とクーリング・オフ権では、その効果も異なる。

---

6)　表示の仕方については、「通信販売における返品特約の表示についてのガイドライン」において、広告媒体（①カタログ等の紙媒体、②インターネット、③テレビ、④ラジオ）ごとに具体例が示されている。例えば、カタログには、返品特約すべてについて、商品の価格等、消費者が必ず確認すると考えられる事項の近い場所に、それらと同じサイズで表示し、色文字・太文字を用いる等して表示すること等が求められている（ガイドラインⅡ1（1）①）。仮に広告に返品特約が存在しても、上記のガイドラインに従わない形で表示されている場合には、15条の3の返品特約に該当しないものとして、返品可能と解すべきである。通達でも、たとえば特約を微細な文字で記載している場合など、15条の3における特約としては認められないような場合については、特商法11条・同施行規則（省令）9条3号に基づき禁止されるため、そのような特約は15条の3の趣旨から当然無効となるとされている（消費者庁＝経済産業省編・前掲注1）159頁）。

つまり、クーリング・オフ権の場合には返品のための費用は業者が負担するのに対し（9条4項等）、返品権の場合には購入者が負担する（15条の3第2項）。また、行使期間の起算点についても、クーリング・オフ権はそれに関する事項が記載された書面の交付時であるが（9条1項等）、返品権は商品の引渡時（または特定権利の移転時）である点に注意しておきたい（15条の3第1項）。

　なお、業者が、消費者からの通信販売の申込みの撤回や解除を妨害することを目的として、返品権があることやその内容、または、顧客が通信販売をするきっかけや動機づけ（『契約締結を必要とする事情』）について不実告知をすることは禁止されている（13条の2。本規定は、5［4］で後述する定期購入に関する規制強化の一環として2021年の特商法改正で新設されたが、定期購入に限らず、通信販売一般に適用されることに注意されたい）。

4　広告規制の概要

　通信販売では、業者が、事例1のようにカタログ等を送付したり、インターネットや新聞、雑誌等に広告を出したりして、消費者の側から当該業者に連絡させる方法をとるのが一般的である。もっとも、法律上は「広告」の存在は、通信販売の要件とされていない。そのため、消費者が広告を見ずに通信手段を用いて契約を申し込んだ場合も、通信販売に該当する（なお、電話については、消費者が広告等を見て「自発的」にかけた場合のみが通信販売となる。業者が電話をかけ、または消費者に電話をかけさせて勧誘を行った場合には「電話勧誘販売」となる）。

　とはいえ、消費者が何の情報もないまま業者に商品を発注することは、通常は考えにくい。そのため、2で述べたように、通信販売では広告の内容が大きな意味をもつ。

> **［事例3］**　B子は、自宅のパソコンでインターネットを利用して、乙社のウェブサイトを見たところ、「身につけるだけですぐにやせる『痩身磁気ブレスレット』」の広告を見つけた。1週間で10キロやせたという体験談なども掲載されており、興味をもったので早速1万円で購入して身につけてみた。しかし、1週間経っても、B子の体重はまったく減らなかった。

　ウェブサイトを見ていると、**事例3**のように、もっともらしい体験談を掲載して、実際にはどうなるかわからないのに、あたかも確実に効果が生じるかのように宣伝する広告が、しばしば目に飛び込んでくる。このようなケースをあげられると、「そんなことにひっかかるわけがない」と考える人も多いであろう。しかし現実には、インターネットに限らず、新聞や雑誌など他の媒体においても、この種の広告をめぐるトラブルは多発している。しかも、体験談の中には、アフィリエイターと呼ばれる人が自分のウェブサイトやブログ、SNS等で商品の利点を強調して購入を勧め、これを見た消費者がウェブサイト等に記載されたリンク先を通して商品を購入すると、その商品を販売する業者がアフィリエイターに成果報酬を支払うという「アフィリエイト広告」が急増している。その中には、成果報酬を得るために、商品の利点を過度に強調するなどして消費者のアクセスをあおるような虚偽または誇大な表示をするものも相当数存在する[7]（→第14章241頁）。

　以上のような状況をふまえて、特商法では、広告をする際に、まず契約の基本的な内容として、①商品等の対価、②支払時期・方法、③商品の引渡時期等、④商品等の申込みの期間・内容（**5**［4］で詳述する）、⑤契約の申込みの撤回・解除に関する事項、⑥販売業者の名称・住所・電話番号等を明らかにすることを義務づけている（11条、省令8条）。さらに、著しく事実に相違する表示や実際のものよりも著しく優良・有利であると人を誤認させる表示をする「虚偽広告」・「誇大広告」も禁止されている（12条）。**事例3**でB子が見た乙社の広告は、実際には効果が生じないにもかかわらず、科学的根拠も示さないまま「身につけるだけですぐにやせる」という事実と異なる表示をしている点で、まさに「虚偽広告」または「誇大広告」にあたる。こうした広告に関する規制に違反した場合には、主務大臣は、業者に指示（14条）・業務停止命令（15条）・業務禁止命令（15条の2）という行政処分を行うことができる[8]。また、その前提として主務大臣は、業者に対し、期間を定めて、広告

---

7)　アフィリエイト広告の実態及び法的な問題点とその対応の必要性については、消費者庁「アフィリエイト広告等に関する検討会報告書（2022年2月15日）」を参照（https://www.caa.go.jp/policies/policy/representation/meeting_materials/review_meeting_003/assets/representation_cms216_220215_01.pdf）（2022/6/15）

表示の裏付けとなる合理的な根拠を示す資料の提出を求めることができる（12 条の 2）。もし業者が資料を提出しなければ、虚偽広告または誇大広告をしたとみなされて、行政処分を受けることになる[9]。

このほか、広告規制は、消費者取引一般の不当表示を禁止する景表法（不当景品類及び不当表示防止法）5 条によっても行われる（→景表法について第 14 章）。また、健康食品やダイエット食品は、薬機法（医薬品、医療機器等の品質、有効性及び安全性の確保等に関する法律）66 条・68 条または健康増進法 31 条の広告規制に抵触する可能性がある。これらの法律は、同時に適用されており、相互に補完しながら消費者保護に対応している。

民事責任の追及として、広告も消費者契約法上の「勧誘」に当たりうるという最高裁判例（最判平 29・1・24 民集 71 巻 1 号 1 頁〔クロレラチラシ配布差止等請求事件〕第 6 章 91 頁）を前提とすれば、事例 3 のような広告の内容である場合には、不実告知があったとして売買契約を取り消すこともできよう（同法 4 条 1 項 1 号）。

5　通信手段の発展と広告規制の変容

> **［事例 4］**　C 男は、求めてもいないのに、突然、出会い系サイト（結婚・交際を希望する者に異性を紹介するウェブサイト）への登録を勧める丙社からのメールを受信した。C 男は、「登録無料」という表示につられ、気軽に考えてついサイトに登録をしたところ、高額の紹介料を請求された。

8)　たとえば、2013 年 3 月 21 日に、消費者庁は、開運ブレスレットの通信販売・電話勧誘販売業者である 3 つの事業者に対して、通信販売については虚偽・誇大広告などを理由として 3 か月、また電話勧誘販売については不実告知などを理由として 6 か月の業務停止命令を発している。

9)　現行の特商法では、虚偽・誇大広告がなされた場合における契約の民事的効力に関する規定は存在しない。虚偽・誇大広告がなされた場合に契約の取消しを可能とする立法提案として、近畿弁護士会連合会消費者保護委員会編『消費者取引法試案』（消費者法ニュース発行会議、2010 年）101-107 頁。なお、**6** で述べるように、特定商取引法専門調査会においては、虚偽・誇大広告に関する取消権の付与も検討されたが、最終的な報告書では今後の検討課題とされた。

[1] インターネット取引の増加と通信販売における問題点

　1990年代半ばに急速に普及したインターネットは、遠隔地間で迅速・大量・安価に情報を送受信することを可能にしたという点で、通信手段に文字通り革命をもたらした。さらに、近時は、パソコンだけではなくスマートフォンやタブレット端末を用いて、いつでもどこでもインターネットにアクセスできる状況にある。

　このような状況を受けて、とりわけインターネットを用いた通信販売の利用件数は、飛躍的に増加している。しかしながら、利便性が強調される一方で、インターネット取引には「落とし穴」も多い。実際に、国民生活センターによれば、「全国消費生活情報ネットワーク・システム（PIO-NET：パイオネット）」に2020年度中に寄せられた全相談件数939,343件のうち、通信販売をめぐる相談は372,851件（39.7%）にのぼる。さらに、そのうちインターネット通販をめぐる相談は220,667件と、通信販売をめぐる相談の約6割を占めている。また、インターネット上に開設された市場で、事業者と消費者、さらに消費者どうしが直接取引を行うインターネット・オークションをめぐっても、トラブルが後を絶たない（2020年度には、3,268件の相談がPIO-NETに寄せられている）[10]。

　こうしたインターネットをめぐるトラブルの要因は、いくつか考えられる[11]。

　第1に、「匿名性」の高さがあげられる。まず、**事例3・事例4**のように、業者の側は、誰でも閲覧できる形でウェブサイトを開設するとともに、きわめて低額または無料で電子メールにより勧誘を行うことが可能である。インターネット上のウェブサイトは誰でも開設・閉鎖が容易にできることから、仮に取引によってトラブルが生じても、購入者が届いた商品に問題があると気がついたころにはウェブサイトが閉鎖されていて責任を追及すること

---

10)　国民生活センターホームページ「PIO-NETにみる2020年度の消費生活相談の概要」（https://www.kokusen.go.jp/pdf/n-20210805_1.pdf）（2022/6/15）。

11)　東京弁護士会消費者問題特別委員会編『ネット取引被害の消費者相談』（2010年、商事法務）4-8頁は、電子商取引の特徴として、①非対面性・匿名性、②距離的・時間的制約の解消、③ペーパーレス化、④機械（非対人）取引、⑤事業者・消費者間取引から消費者間取引の拡大の5点を指摘し、それぞれの特徴から生じる問題点を指摘している。

が困難となることも少なくない。

　第2に、「アクセスの容易さ」があげられる。事例3のように、顧客の側も、国内外を問わず、時間や費用をかけずに、迅速かつ大量に取引に関する情報を収集することができる。そのため、**3**[1]で述べたように、本来、通信販売では顧客が熟慮して取引に臨むことを前提としているが、パソコンやスマートフォン、タブレット端末の画面を見て、情報をよく確認しないままにマウスやボタンをクリックしてしまうことも多い。

　第3に、「ペーパーレス」化があげられる。前述のとおり、もともと通信販売では、購入者がじっくり考えて商品を選んだつもりでも、実際に確認できないため（**2**参照）、届いたものが自分の考えていたものとは異なる場合もしばしば見られる。さらに、インターネットの場合には、カタログ等とは異なり、ペーパーレスであることからサイトの画面を印刷または保存しておかない限り、後日の確認も難しくなる。

[2]　特商法による対応――電子メール広告への「オプト・イン規制」の導入
　上述した状況に対応すべく、特商法その他の法整備も進んでいる[12]。

　まず、2000年には、インターネット通販におけるパソコンの誤操作等によるトラブルの多発を受けて、有料・無料の別など申込内容等がわかるように画面表示を明確にすることが、業者に義務づけられた[13]。

　また、2002年には、電子メールを用いた商業広告によるトラブルが増加したことに対応して、広告メールの受取りを拒否した顧客への再送信の禁止（オプト・アウト規制）が導入されるとともに、省令（特商法施行規則）が改正されて、広告メールである場合には顧客に対してその旨を明らかにするよう業者に義務づけられた[14]。

　ところが、オプト・アウト規制を導入してもなお、電子メール広告をめぐる苦情が後を絶たなかったことから、2008年には、あらかじめ承諾をしない消費者に対する迷惑広告メールの送信の禁止（オプト・イン規制）が導入された。

---

12)　以下で紹介する特商法改正の経緯については、消費者庁＝経済産業省編・前掲注1）19-32頁。

　オプト・イン規制は、消費者からの承諾がない限り事業者からのアクセスを禁止するものであり、アクセスがいったんは許容されるオプト・アウト規制にくらべると、事業者にとっては格段に厳しいルールである。現在、オプト・イン規制は、特商法ではこの電子メール広告のほか訪問購入に（58条の6第1項）、また、特商法以外の法律では外国為替証拠金取引・商品先物取引の一部にも「不招請勧誘の禁止」という形で導入されている（金融商品取引法38条4号・商品先物取引法214条9号）。

　もっとも、このような勧誘がなされた場合における契約の民事的効力を定めた規定は、特商法には存在しない。事例4は結婚・交際相手の仲介というサービスの提供であり、返品権の対象とはされていない。しかし、上記のようにそもそも勧誘自体が禁止されている以上、その勧誘により締結された契約自体が公序良俗違反により無効となる場合もあろう（民法90条）。また、事例4のように、登録は無料という表示によって登録させた場合には、そもそもC男は料金を支払ってまで異性の紹介を受ける契約をするつもりはなかったのであるから、業者による契約意思の詐取であって、C男は、当然、契約の不存在または契約の無効を主張することができる。

13)　なお、翌2001年に制定された電子消費者契約特例法（電子消費者契約に関する民法の特例に関する法律）では、パソコン等の誤操作に対応して錯誤の規定（民法95条）の特例が設けられている。インターネット取引では、商品の内容や注意事項を確認しないまま、うっかり画面上のボタンをクリックしてしまうということがしばしば起こりうる。ところが民法上は、重過失のある表意者は原則として自ら錯誤取消しを主張することができないとされているため（民法95条3項）、そのままでは、こうしたうっかりミスが重過失にあたるか否かが争われるケースが後を絶たないことになる。そこで、電子消費者契約特例法3条では、消費者に①契約の申込みまたは承諾の意思表示を行う意思がなかったとき、あるいは、②その意思表示と異なる内容の意思表示を行う意思があったときは、民法95条3項の規定を適用しないものとされている。もっとも、インターネット取引を行う事業者が、消費者が契約の申込みまたは承諾の意思表示を行う際に、その意思の有無を確認させる措置（例えば、いったん申込みのボタンをクリックした後に、その後に本当に申し込むかどうかを再度確認するボタンをクリックさせる方法）を講じている場合には、民法95条3項の規定がそのまま適用される（電子消費者契約特例法3条ただし書）。

14)　同年、迷惑メールの送信を防止するために、特定電子メール法（特定電子メールの送信の適正化等に関する法律）も制定されている。なお、後述する2008年特商法改正と同時に特定電子メール法も改正され、オプト・イン規制が導入された。

[3]「オプト・イン規制」のファクシミリ広告への拡大

　上記の電子メール広告の規制が強化される陰で、その登場以前から情報の送信手段として使用されていたファクシミリ（FAX）についても、設置者の承諾を得ないまま広告が送信され、トラブルに発展することが次第に増加してきた。このような状況が生じたのは、送信代行業者の登場による①ファクシミリ送信のコストの低下及び②一斉送信を可能とする新たな技術・サービスの登場、さらに③電子メール広告と比較した規制の緩さが原因であると指摘されている[15]。

　そこで、2016年特商法改正では、電子メール広告と同様にファクシミリ広告にも「オプト・イン規制」を導入し、相手方から請求があった場合等を除いて、業者が相手方の承諾なしに通信販売に関するファクシミリ広告を提供することを原則として禁止した（12条の5第1項）。

[4]定期購入トラブルを背景とした「特定申込み」に関する取消権の導入

> **[事例5]**　D子は、スマートフォンの画面上に「健康サプリメント／初回お試し価格300円」という丁社の広告が出てきたので、試しに1回だけ使ってみようと考えて画面の表示に従い購入手続をした。ところが、実際には6か月間毎月購入しなければならず、1か月目は300円だが2か月目以降は5000円を支払わなければならないことがわかった。丁社に連絡をしたらそのことは広告に記載してあるというので確認してみると、画面のわかりにくいところに小さく記載されていた。

　事例5では、D子は、1回だけ500円で購入するつもりで売買契約を締結したが、実際には、6回にわたって継続的に購入する売買契約を締結したことになっている。このように、2回以上継続して売買契約を締結することを

15）　内閣府消費者委員会の第9回特定商取引法専門調査会における「【資料1】その他の個別論点に関する検討」（消費者庁提出資料）13頁。（https://www.cao.go.jp/consumer/history/03/kabusoshiki/tokusho/doc/20150731_shiryou1_3.pdf）（2022/6/15）

「定期購入」という[16]。この事例のように、実際には定期購入であることが一応広告には記載されているものの、一見してわからないように記載されているため、消費者があたかも1回のみの契約であるかのように誤解をして契約を締結してしまうケースが後を絶たない。

そこで、2016年に改正された特商法の施行に合わせて2017年に改正された省令では、定期購入である旨と金額（支払代金の総額等）、また契約期間その他の販売・提供条件を広告に明示することが義務づけられた（2021年改正前11条5号、同省令8条7号）。

ところが、その後も定期購入をめぐるトラブルが後を絶たないため、2021年の特商法改正により、これに対応するためのルールがさらに強化された（2022年6月1日施行）。

まず、上記のように2017年には定期購入である旨とその販売・提供条件について広告に明示することが省令で定められたが、2021年の改正では、そのことがより明確になるように特商法自体に規定された（11条5号）。

そのうえで、定期購入を念頭に置いて、業者やその委託を受けた者（以下「業者等」）が用意した書面、または設定したパソコンやスマートフォン、タブレット端末等の画面の表示に従って顧客が通信販売の申込みをする「特定申込み」に関する規定が新設された。

具体的には、業者等が顧客から特定申込みを受ける場合には、書面または画面において次の①・②の事項を表示することが義務づけられた（12条の6第1項）。

①販売する商品・特定権利または提供する役務の分量

②申込期間の定めや返品権等に関する事項

それとは逆に、書面または画面において次の③・④の表示をすることが禁止された（同第2項）。

③書面の送付や情報の送信が通信販売の申込みとなることについて、顧客を誤認させるような表示をすること

16）「定期購入」という用語は、①定期的に配達する契約で中途解約が自由にできるものと②期間の定めのある複数個数の契約で中途解約が拒絶されるもののいずれを指すのか不明確なので、「錯覚商法」という表現を用いるべきとする見解もある（圓山・前掲注1) 329頁）。

④上記①・②に関する事項について、顧客を誤認させるような表示をすること

　これらの規定に違反した場合には、**4**で述べた行政処分だけではなく、刑罰の対象にもなる（70条2号）。

　また、業者等の行為により顧客が誤認して特定申込みをした次の(a)〜(d)の場合には、顧客は、その申込みの意思表示を取り消すことができる（15条の4第1項。なお、第2項により、訪問販売における不実告知による取消しを定めた9条の3第2〜5項が準用される）[17]。

(a)　上記①・②に反する不実表示によってそれが事実であると顧客が誤認した場合

(b)　業者が上記①・②の表示をしなかったため、その表示されていない事項が存在しないと顧客が誤認した場合

(c)　上記③の表示により書面の送付や情報の送信が通信販売の申込みとはならないと顧客が誤認した場合

(d)　上記④の表示により上記②の申込期間の定めや返品権に関する事項について申込者が誤認をした場合

　このほか、顧客の意に反して通信販売による売買契約・役務提供契約の申込みをさせようとする行為についても、主務大臣による是正措置の指示の対象となる。具体的には、①定期購入契約の申込みの最終段階の画面上で契約の主な内容のすべてが表示されていない場合やそれが容易に認識できないほどその一部が離れた場所に表示されている場合、また、②その内容を確認・訂正するための手段も提供されていない（たとえば、「注文内容の確定」・「変更」ボタンの表示や「ブラウザの戻るボタンで前に戻ることができる旨の説明がない」）場合が、これに該当する（14条1項2号、省令16条1項1・2号、「インターネット通販における『意に反して契約の申込みをさせようとする行為』に係るガイドライン」）。

　さらに、2021年に改正された特商法の施行に合わせて、12条の6（特定申込みを受ける際の表示）と上記の14条1項2号（顧客の意に反して契約の申込みをさせよ

---

17)　なお、民法上も、当事者間の意思が合致している初回の契約のみが成立し、2回目以降の契約はそもそも成立していない（契約の不成立）、あるいは、成立しているとしても錯誤に基づく取消し（民法95条1項）の対象となると考えることができよう。

うとする行為) をふまえ、申込画面の具体例を示した「通信販売の申込み段階
における表示についてのガイドライン」も公表されている。

6 通信販売に関するその他の規制

通信販売では、**3〜5** 以外にも規制が設けられている。特商法では、①商
品・特定権利の代金や役務の対価の全部または一部を前払いする通信販売
(前払式通信販売) においては、業者が申込みの承諾の有無を遅滞なく書面で通
知することを義務づけている (13条1項。なお、2項により申込者の承諾があれば電磁的
方法による提供も可能)。また、②業者が債務の履行を拒否または不当に遅延す
ることを、行政処分である指示の対象とすることによって事実上禁止してい
る (14条1項1号)。

7 ネガティブ・オプションに関する規制

> **[事例6]** ある日、E男のもとに、戊社から突然、健康食品とその代金
> の請求書が送られてきた。注文した覚えがまったくないが、請求書には
> 不要な場合には、送料は自己負担で戊社に返送するように書いてあった。

通信販売ではないが、事例6のように、購入を申し込んでもいないのに
業者から突然商品が送りつけられてきてその購入を強要されるケースがしば
しばある。このような商法を「送りつけ商法」あるいは「ネガティブ・オプ
ション」という。

このような場合には、そもそも売買契約を締結していない以上、送りつけ
られた者には、代金を支払う義務はまったくない (仮に支払った場合でも、不当利
得として返還を請求できる)。また、送りつけた業者は、送付した商品の返還を請
求できない (59条1項)。売買契約の成立を偽って送りつけた場合も、同様に
返還を請求できない (59条の2)。逆に言えば、送りつけられた者は、業者に
返還する必要がない以上、送付された商品を直ちに処分することができるこ
とになる[18]。

したがって、事例6では、E男は、代金の支払いや健康食品の返送に応
じる必要はなく、その健康食品を直ちに処分できる。

8　通信販売規制の方向性と課題

　通信取引は、ほぼすべてが国内の取引にとどまる他の6つの取引態様とは異なり、国境を超えた取引（越境取引・クロスボーダー取引）を可能にするものであって、グローバルな市場での消費者保護が大きな課題となる。日本の業者が国外にいる者に対して通信販売をした場合には特商法は適用されないが（26条1項2号）、逆にいえば、日本国内にいる購入者には特商法の規定が適用される。しかしながら、実際に国外の事業者とのトラブルが生じた場合には、言葉の壁や法律・商取引の違いもあり、容易に紛争が解決できないという現実がある[19]。今後、情報通信技術の高度化に伴い、国境を越えた通信販売がより一層発展していくことが予想される。わが国においても、よりグローバルな視点から、諸外国とも連携しつつ通信販売に関する新たな規制の枠組みを考えていくことが求められよう。

　さらに近時は、個々の業者のホームページではなく、複数の業者が商品を販売するオンラインモール（ECモール）等のデジタルプラットフォーム（オンラインプラットフォーム）を通した通信販売が主流となりつつある。これにより、商品やサービスへのアクセスや越境取引が容易となるとともに、事業者対消費者のB2C取引だけではなく、ネットオークションやフリマ（フリーマー

---

18)　2021年改正前の特商法では、商品が送付された日から起算して14日（業者が商品の引取請求をした場合には請求日から起算して7日）が経過すると、送りつけた業者が返還請求権を失う（逆に言えば、送りつけられた者の保管義務は消滅し、14日〔または7日〕が経過すると処分が可能となる）と定められていた。もっとも、カニなどの生鮮食品の送りつけ商法等への対応としては不十分であるうえ、高齢者を狙った健康食品の送りつけ商法等も後を絶たなかったことから、本文で述べたような形で対策が強化された。

19)　国境を越えた取引をめぐるトラブルを解決する組織として、2011年に消費者庁が開設し、2015年に国民生活センターが事業を引き継いだ「越境消費者センター（CCJ：Cross-border Consumer center Japan）」の役割の重要性が年々高まっている。

　詳細については、国民生活センター越境消費者センター（CCJ）ホームページを参照（https://www.ccj.kokusen.go.jp/home）（2022/6/15）。なお、2020年度中にCCJに寄せられた越境消費者相談の件数は、4,625件である（国民生活センターホームページ「2020年度の越境消費者相談の概要——越境消費者センター（CCJ）で受け付けた相談から」（https://www.kokusen.go.jp/pdf/n-20210805_2.pdf）（2022/6/15）。

ケット）による消費者対消費者のC2C取引の展開も容易となる。もっとも、通信販売の匿名性や個人データの集積に伴う悪用や流出の危険性などが高まることから、顧客との直接の接点をもつデジタルプラットフォーム事業者の役割が重要となる。そこで、特定デジタルプラットフォーム法（特定デジタルプラットフォームの透明性及び公正性の向上に関する法律）や取引デジタルプラットフォーム消費者保護法（取引デジタルプラットフォームを利用する消費者の利益の保護に関する法律）が相次いで制定され、デジタルプラットフォームをめぐる法的規制の強化が図られており、今後の展開が注目される（→詳細は第20章）。

1・2で述べたように、通信販売ではもともと「不意打ち」性が少ないと考えられていたため、特商法では他の取引とは異なりクーリング・オフの規定等は設けられず（**3**で述べたように返品権の規定は設けられたが、強行規定であるクーリング・オフとは異なり、業者の広告表示の内容が優先する任意規定にすぎない）、広告規制に関する規定が中心となってきた。

しかしながら、**5**［4］で述べたような単なる広告規制にとどまらない取消権等の契約の効力に関わるルールの導入や上述した通信技術や取引形態の進化に伴い、通信販売をめぐるルールはさらに大きな変革を迫られている。その意味では、単に通信販売のみならず、電子商取引全体をカバーする形で立法のあり方を見直す――例えば、特商法を全面的に見直す、あるいは、通信販売を特商法から分離し、デジタルプラットフォームに関する法制度を含め、新たに電子商取引に関する立法を行う――ことが、今こそ求められているといえよう。

特商法(3)

第10章
連鎖販売取引（マルチ商法）

元明治学院大学教授
圓山茂夫

1　本章で学ぶこと

　連鎖販売取引は、会社員、主婦、学生など商売の素人に対して、お金が儲かるサイドビジネスをしないかと勧誘するもので、トラブルが多い。マルチ商法とも呼ばれている。本章では主に、特定商取引法の連鎖販売取引の定義と、民事・行政・刑事にわたる規律を学ぶ。（以下、本章では、現存するマルチ商法と連鎖販売取引の範囲を同じものとして説明する。また、特定商取引法を単に「法」と略称する）。

2　連鎖販売取引とはどういったものか

　[事例1]　会社員のAに、学生時代の友人から「副業に興味ありませんか」とメッセージが来た。友人に詳しい会員の所に連れて行かれ、「B社の化粧品をクチコミで広める仕事だ。入会金を払ってビジネス会員として登録する。友達を誘って自分の下に会員のグループを作っていくと、彼らがB社から購入した金額に応じたポイントが支給され、現金化されて自分の口座に振り込まれる。登録が早いほど会員を増やしやすいから、いま登録しないと損だ」と勧誘された。魅力を感じるが入会してよいだろうか？

　事例1は連鎖販売取引に該当している。連鎖販売取引は、数千円程度の

化粧品、日用品等を販売するものから、数十万円にのぼる物品等を販売するものまで様々である。その特徴は、儲かるビジネスだと知人を誘って連鎖販売取引の組織に入会させ（以下、組織に加入した者を「加入者」という）、併せて運営会社に対して取引料（たとえば入会金）や商品購入代金等の金銭を支払わせる（この金銭を特定負担という。下図の左側を参照）。加入者は、勧誘した側が上位者、勧誘された側が下位者となる系列に組み込まれ、下位者を勧誘することに成功すれば、下位者が支払った金銭の一部が、運営会社を通じて自分を含めた上位者たちに配当される（この金銭を特定利益という。下図の右側を参照）。加入者は実績に応じて、配当率の良い上位のランクに昇格することができる[1]。

連鎖販売取引
【入会時　特定負担を支払う】

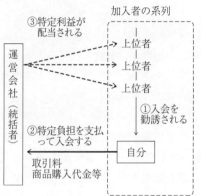

連鎖販売取引
【勧誘成功時　特定利益を受領する】

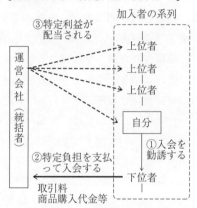

　このようなからくりから、連鎖販売取引の加入者は、組織に加入していない一般消費者に対して地道に小売りすることよりも、自分の下に新規加入者を獲得して系列の下位者を増やし、下位者の勧誘活動によって自分の配当を増やすことに走りがちとなる。しかし、加入者の拡大には限度があり、下位

1)　連鎖販売取引の解説書として、消費者庁取引対策課、経済産業省消費経済企画室編『特定商取引に関する法律の解説〔平成 28 年版〕』（商事法務、2018 年）、齋藤雅弘ほか『特定商取引法ハンドブック〔第 6 版〕』（日本評論社、2019 年）、圓山茂夫『詳解　特定商取引法の理論と実務〔第 4 版〕』（民事法研究会、2018 年）、千原曜『Q ＆ A 連鎖販売取引の法律実務』（中央経済社、2018 年）、阿部高明『逐条解説特定商取引法第 II 巻』（青林書院、2022 年）がある。

者が倍々ゲームで無限に増えるなどは夢物語である。自分が多数の友人を加
入させることができれば自分は儲かるが、その友人たちの多くは勧誘に失敗
して損をすることになるだろう。結局は（勧誘した）友だちを泣かすか、（勧誘
できなくて）自分が泣くか、という結末を迎えることとなる[2]。

3　特定商取引法の連鎖販売取引の定義

　連鎖販売取引は、法33条に定義が置かれている。要約すると、①物品の
販売または有償で行なう役務（サービス）の提供の事業であって、②物品の再
販売など5つの取引形態のいずれかに該当し、③特定利益を得られるといっ
て加入者を誘引し、④特定負担の支払いを伴う取引である。
　以下、順に詳しく説明をする。
　連鎖販売の事業には、物品の販売をうたうものが多い。事例1から後述
する事例4までは、それぞれ、化粧品、USBメモリ、健康食品、カタログ
に掲載された商品を販売する事業である。このほか、有償の役務の提供とし
ては、知識を伝達する、投資を受ける、データやネット上のサービス等の無
形コンテンツを提供する、といった事業が見受けられる。
　5つの取引形態には、物品（商品）の販売に関し、再販売[3]、受託販売[4]、
販売のあっせん[5]の3つの形態、役務の有償提供に関し、同種役務の提
供[6]、その役務の提供のあっせん[7]の2つの形態がある。事例1の加入者A
は、B社と新規加入者との間で結ばれる商品販売契約を取り持つ役割をする

---

2)　連鎖販売取引の実態を活写した小説に、西尾潤『マルチの子』（徳間書店、2021年）がある。
3)　再販売は、加入者が運営会社から商品を買い取り、売主となって新規加入者等に販売する
　　形態。売れない在庫を抱え込む危険がある。
4)　受託販売は、加入者が運営会社から商品を買い取り、売主となって新規加入者等に販売す
　　るが、売れなかった商品は返品できる約定がある形態。出版社と書店の関係に似ている。
5)　販売のあっせんは、加入者が、運営会社と新規加入者等の間の売買契約の締結を取り持つ
　　形態。販売のあっせんは紹介販売とも呼ばれる。受託販売と販売のあっせんの2つは、制度
　　上は在庫を抱える危険性はないが、実際は実績をあげて上位ランクに昇格したい動機から商
　　品の過剰な買い込みに走ることがある。
6)　同種役務の提供は、加入者が提供を受けた役務と同一の種類の役務を、加入者から新規加
　　入者等に提供する形態。自分が受け取った無形コンテンツを複製して新規加入者に提供する
　　ことなどが考えられる。

ので、販売のあっせんにあたる。現存する組織では販売のあっせん型が多い。

　ここまで述べた、事業の要件と取引形態の要件は、過去に起きた脱法を克服するために網羅的に書かれている。連鎖販売取引の要件で重要なのは、以下に述べる、特定利益と特定負担の2つである。

　特定利益とは、連鎖販売の組織内の下位者が支払った金銭の一部が、上位者に分配される利益のことである。法33条の条文を読みながら検討していこう。特定利益の定義は同条1項の8番目のカッコ書で示されている。すなわち、「(特定利益とは) その商品の再販売 (中略) をする他の者が提供する取引料その他の主務省令で定める要件[8)]に該当する利益の全部または一部をいう」。この文の中で「他の者」とは販売活動をする者のうち自分以外の者であるので、「他の者が提供する (中略) 利益」とは、自分以外の加入者が自分に提供する利益を指す。つまり、自分が加入する際に、自分以外の加入者、言い換えれば主に下位者が支払った金銭 (取引料や商品購入代金等) の全部または一部を得ることができると誘引されたら、特定利益の要件を満たす。この点で、販売組織の外にいる一般消費者に対して販売したら利益が得られると誘引されたときは、特定利益にはならない[9)]。事例1におけるポイント、事例2の仲介料、事例3の月収100万円、事例4の2万円の報酬は、下位者が支払う金銭が原資となるので、それぞれ特定利益に該当する。

---

7)　役務の提供のあっせんは、加入者が、運営会社と新規加入者との間の役務提供契約の締結を取り持つ形態。新規加入者に対する役務は運営会社から直接提供される。

8)　「主務省令で定める要件」は、3つの形態が規定されている（同法施行規則24条1号から3号）。1号は、上位者が下位者から取引料を受け取る場合の取引料の一部である。2号は、上位者が下位者に商品を販売し下位者から商品購入代金を受け取る場合の代金の一部である。3号は、下位者が運営会社（条文の「当該他の者以外の者」が運営会社を指す）に取引料や商品購入代金を支払う場合に、運営会社から上位者に提供される報酬であに。現存する組織では、1号と2号の形態は見受けられず、運営会社が売上金の流れや特定利益の支払を管理しやすい3号の形態がほとんどである。

9)　一般消費者に対する販売から得られる利益は、特定利益ではなく、いわゆる小売利益である。例えば、コンビニエンスストアなどのフランチャイズシステムでは、加入者（店主）が運営会社に対して加盟金を支払って加入する点は連鎖販売取引に似ているが、加入者は一般消費者に対する販売から得られる小売利益を目的としており、他の加入者（他店の店主）から得られる特定利益を目的としていないため、連鎖販売取引に該当しない。

　特定負担とは、新規入会時の入会金、昇格時の昇格料（法の用語ではこの 2 つを「取引料」という）、商品購入代金、役務提供の対価など、加入者が運営会社に対して支払う金銭である[10]。事例 1 では入会金と商品購入代金、事例 2 の USB メモリ代金、事例 3 の健康食品代金、事例 4 のオーナー契約出資金が、特定負担に該当する。

　つまり、連鎖販売取引の核心は、新規加入者などの下位者が支払った金銭が上位者に配当される（特定利益）といって入会を勧誘し、加入した者に、入会金、商品購入代金等の特定負担を支払わせる取引である。

4　特商法の連鎖販売取引の規制の経緯

　歴史を振り返ると、アメリカで発祥したマルチ・レベル・マーケティング（直訳すると多段階販売、これを略してマルチ商法と俗称される）の事業者が 1970 年代に日本に進出した。加入者が借金をして商品を買い込んだのに全く売れず、経済的に破綻したなど深刻な被害が生じた[11]。この時期は、連鎖販売取引のほかにも、訪問販売、通信販売といった無店舗販売のトラブルが多発しており、その対応のために、1976 年に特定商取引法が立法された（立法当時は訪問販売等に関する法律という名称だった）。

　立法に際して、無店舗販売の規制を審議した国民生活審議会（当時の経済企画庁に設置）は、マルチ商法は社会的に無価値であり直ちに禁止すべきと答申した。一方、産業構造審議会（当時の通商産業省に設置）は、マルチ商法は禁止しないが実質的な禁止措置を講じ、予防措置と被害救済策を用意すべきと答申した。

　1976 年、産業構造審議会の答申の大方を取り入れて、特定商取引法が立法され、連鎖販売取引が規制されるようになった。その後、何度も、規制対象の拡大や規制の強化をする法改正が行われ、現在に至っている[12]。

---

10)　立法当時は「2 万円以上の特定負担をすることを条件とする」という要件があったが、2000 年の法改正で「特定負担を伴う」に変更され、要件が拡大された。

11)　当時の状況は、堺次夫『マルチ商法とネズミ講』（三一書房、1979 年）に詳しい。

5　連鎖販売取引の保護の対象——無店舗個人

特定商取引法が規制する7つの取引分野のうち、訪問販売（法3条以下）、通信販売（法11条以下）、電話勧誘販売（法16条以下）、特定継続的役務提供（法41条以下）、訪問購入（法58条の4以下）の5つは、消費者の利益保護を目的として立法された。法は、それぞれの取引の購入者、役務の提供を受ける者、物品の売却者が「営業のために若しくは営業として締結する」契約を適用除外している（法26条1項1号、法50条1項1号、法58条の17第1項第1号）。この結果、これら5分野で同法の規制が及ぶ範囲は、概ね消費者契約法の消費者契約と同じとなる。

一方、同法の連鎖販売取引と業務提供誘引販売取引の2つは、そもそも営利目的の営業活動であり、ビジネス参加者の利益保護を目的に立法された。加入者が「営業のために若しくは営業として締結する」契約を適用除外する規定はなく、加入者が保護されるのである。法で保護される範囲は、加入者のうち「店舗等によらないで行なう個人」（法34条1項柱書等、以下「無店舗個人」と略称する。）とされている（他の条文の「連鎖販売加入者」（法40条1項等）という用語も同じ意味と考えてよい）。無店舗個人とは、勤め人、主婦、学生、無職など、現在その種類の商品を自分の店舗で販売していない個人を指す。加入者として長期間活動をし、多額の特定利益を受け取った者であっても、運営会社との関係では弱い立場なので、無店舗個人である限りは法の保護を受ける。ここから、連鎖販売取引は、消費者契約法における消費者契約だけではなく、事業者間取引となるものであっても、特定商取引法の規律対象となる。他方、法人として加入した者や、自分の店舗で同種の商品を販売している個人は、「店舗等によらないで行なう個人」にあたらないので、特定商取引法は適用されない。

12)　立法当初の連鎖販売取引の要件は、取引形態は商品の再販売型のみ、特定負担は2万円以上であったため、マルチ商法の多くは販売のあっせん型をとったり、特定負担を数千円にしたりして法の適用を免れた結果、2000年まではマルチ商法であるのに連鎖販売取引として規制ができないものがマルチまがい商法と呼ばれた。同年の法改正により連鎖販売取引の要件が拡大されたので、今ではマルチ商法と連鎖販売取引の規制範囲は一致している。

6　連鎖販売取引の行為規制（行政ルール、刑事ルール）

　上記の立法の経緯から、法の行為規制は「悪質なマルチ商法は実質的に禁止する」[13]趣旨で禁止行為が定められ、警察、消費者庁、経済産業省、都道府県庁などの規制当局が取締りに当たっている。この趣旨は、立法時に禁止論があったことを受けて、連鎖販売取引を始めることは禁止しないが、勧誘時には徹底的な説明義務を課し、正しくない説明をするような者はすぐ摘発して拡大を止めるというものである。つまり、連鎖販売の運営会社（法の用語では「統括者」）、または上位者（法の用語では「勧誘者」）が、特定利益、特定負担、商品の内容や品質等について、不実を告げたり（法34条1項）、故意に事実を告げなかったりした（同条2項）等の場合は、刑事罰（懲役、罰金）または行政処分（取引停止命令、業務禁止命令、指示）を加え、加入者の拡大を止める。

　つまり、上位者が勧誘する際には、①加入させることができる人数に限界があること、②加入者のどれ位の割合がどの程度の報酬を得ているか（すなわち、ほとんどの加入者が損をしていること）を告げなければならず、この点で誇大な説明、事実を隠した説明をしたら、不実告知あるいは故意の事実不告知として法34条に違反するのである。これを活用し、警察が摘発すれば悪質なマルチ商法を根絶できるであろう[14]。

　事例1に戻って考えてみると、Aに対する勧誘は、連鎖販売取引ではありふれているものだが、自分の系列に多数の下位者を作ることに成功し多額の特定利益を得ている加入者は実際にはわずかであり、加入者の多数は特定負担を取り戻せずに損失を被っているのに、そのことを告げずに、容易に報酬が得られるような説明をしている。この勧誘は、不実告知または故意の事実不告知に該当し、法34条1項または2項に違反する。

　このほか、勧誘する相手を威迫し困惑させること（同条3項）、勧誘目的を告げずに閉鎖的な場所で勧誘すること[15]（同条4項）、広告の記載義務違反（法35条）、誇大広告（法36条）、概要書面、契約書面の交付義務違反（法37条）が

---

13)　2004年4月27日の参議院経済産業委員会における坂本経済産業副大臣の答弁など。

14)　竹内昭夫「マルチ商法とネズミ講」『消費者保護法の理論』所収（有斐閣、1995年）294頁。この論文はマルチ商法の本質をつかむ参考文献として最適である。

刑事罰をもって禁止されている。また、これら刑事罰の類型に加えて、迷惑な勧誘など15類型について、取引停止命令などの行政処分が行われる（法38条、法39条、施行規則31条）。行政処分は、末端の勧誘者が違反をしたら統括者も処分を受ける連座制である。しかし、捜査や行政処分が追いつかないため、多かれ少なかれ違法な勧誘が行われているように見受けられる。

7　特定商取引法の契約解消規定（民事ルール）

[1]　クーリング・オフ

> **［事例2］**　学生のCは同級生から「すごく稼いでいる人の話を聞いてみない」と誘われた。「投資の方法を教える人工知能が入ったUSBメモリを50万円で販売する仕事だ」と言われ、D社から仲介料がもらえるというので入会とともに購入した。考え直したので退会と返品をしたい。

　連鎖販売取引の契約を解消するために、法に①クーリング・オフ、②取消権、③中途解約権の3つの民事ルールが置かれている。まず、クーリング・オフについて説明する。

　クーリング・オフは、その期間内であれば、連鎖販売加入者が一方的に、損害賠償なしで契約解除ができる制度である。加入者に熟慮期間を与える趣旨である（→第8章138頁）。

　連鎖販売業者は、契約後、遅滞なく、法定の事項を記載した契約書面（法定書面）を加入者に交付することが義務づけられている（法37条2項）。加入者は連鎖販売取引の契約（入会契約と商品購入契約の両方を指す）のクーリング・オフをすることができ、法定書面を受領した日から20日を経過したときにはクーリング・オフはできなくなる（法40条）。

---

15)　法34条4項の例として、2021年11月11日、京都府警は、マッチングアプリを使い交際目的で知り合った相手に対し、エステをするといって人の出入りのない部屋に呼び出し、連鎖販売取引の契約をさせた勧誘員を逮捕した（朝日新聞2021年11月12日朝刊）。

　第 1 に、訪問販売のクーリング・オフは 8 日間であるが、連鎖販売取引の
それは 20 日間と長い。仕組みが複雑なので、熟慮期間を長くしている。

　第 2 に、法定書面を受け取っていない場合は「法定書面を受領して 20 日
が経過した」ことにならないので、クーリング・オフ権は失われない。法定
書面に記載すべき事項は、法 37 条 2 項、施行規則 29 条、30 条にわたって
規定されている。特定利益、特定負担、クーリング・オフ、中途解約など、
大きく分けて 13 項目について詳細に記載しなければならない[16]。

　実務では記載の有無が厳格に判断され、法定書面の交付がないことを理由
に、クーリング・オフ期間の延長を認める判決が相次いでいる。たとえば、
法定書面の交付があったというためには、記載事項が過不足なく正確に、か
つ明確でわかりやすく記載されていることが求められ、連鎖販売取引の仕組
みの基本である特定負担や特定利益について、細大漏らさずすべての記載を
尽くすことはもちろん、新規加入者においてその内容が理解できるように記
載されていることが必要であると述べて、細かな記載が欠落している点をと
らえて書面不備と判断した判決がある。この事案では、入会契約から 4 年経
過していたがクーリング・オフが認められた[17]。連鎖販売業者の契約書面
の多くにはいまだに不備が見受けられる。その場合は法定書面の要件を満た
さないのでクーリング・オフ権が継続しているという主張が有効である。

　第 3 に、クーリング・オフの対象は、訪問販売の場合と比べ、広く設定さ
れている。①訪問販売のように適用除外となる商品や役務はないので、すべ
ての物品や役務の連鎖販売取引についてクーリング・オフができる、②訪問
販売の場合と異なり、健康食品・化粧品等の消耗品を使用していてもクーリ
ング・オフができる、③加入者が仕入れた商品を再販売するタイプ（再販売
型）の連鎖販売取引では、クーリング・オフの起算点は、法定書面の受領日
か、商品の受領日か、どちらか遅い方から 20 日間である。再販売型の加入
者は、売れない商品を在庫に抱え込むリスクがあるので、商品の実物を受取
ってから、それが売り物になるかを熟慮できるようにする趣旨である。

　第 4 に、クーリング・オフの通知方法は書面によるが、2021 年法改正に

---

16)　記載項目のリストは、消費者庁等・前掲注 1) 263 頁以下、圓山・前掲注 1) 456 頁以下。
17)　名古屋地判平 31・4・16 判時 2426 号 47 頁。

より、電子メール等の電磁的記録による通知の方法が加えられた。

　事例2は、加入者Cは学生で、無店舗個人なので連鎖販売加入者に該当する。契約書受領後20日間はクーリング・オフ（入会契約と商品購入契約の解除）を通知して、退会して返品し、返金してもらうことができる。なお、20日を超えていても契約書の記載に不備があった場合はクーリング・オフが適用されるため、受け取った契約書を詳しく点検することが大切である。

[2] 取消権

> **[事例3]**　会社員のEは、知人からF社の健康食品を紹介していくマルチ商法に誘われた。「原材料の動物の胎盤（プラセンタ）だから、飲んだ人の体内で幹細胞から新しい細胞が作られて、がん、糖尿病、関節の痛み、アトピーが治っていく」「このビジネスで月収100万円取れるのは間違いない」と言うので、その気になって健康食品を購入して入会した。すでにクーリング・オフ期間を過ぎているが、解約したい。

　特定商取引法の取消権について説明する。

　まず、本章2で述べたように、連鎖販売取引の勧誘にあたって、商品の内容や品質等についての不実告知や故意の事実不告知は禁止されている（法34条）。これは刑事罰の要件として規定されているが、民事ルールである取消権の要件の入口ともなる。

　すなわち、統括者や勧誘者が法34条に違反して不実を告げた場合、または故意に事実を告げなかった場合に、加入者がそれによって誤認をして契約したときは、連鎖販売加入者は連鎖販売取引の契約を取り消すことができる（法40条の3）。取り消しをすると、入会契約と商品購入契約の両方が契約時点にさかのぼって無効となる。入会金や商品代金を支払っている場合は取り戻すことができる。取消権の期間は民法の取消よりも短く、誤認に気付いたときから1年間で時効によって消滅する。契約から5年を経過したときも消滅する（法9条の3を準用）。

　連鎖販売取引の勧誘においては、特に特定利益に関して、①実際には利益を得ている者が少数であることを告げないこと、②利益が生じることが確実

であることを誤解させること、③新規加入者の募集が容易であると示唆すること、④特異な成功例を引用することなどは禁止されている。それにもかかわらず、こうした勧誘の仕方は頻繁にみられる。このため、取消権の行使が可能な場合が少なくなく、被害の救済には有用である。

　事例3では、Eは会社員で無店舗個人なので連鎖販売加入者に該当する。健康食品は医薬品でないため病気が治る効果がないのに、様々な病気が治ると告げたことが商品の効能効果に関する不実告知にあたる。月収100万円取れると断定したことも特定利益に関する不実告知にあたる。これによって誤認をして入会をした加入者Eは連鎖販売取引の契約を取り消すことができ、支払った商品代金は返金される。

　このように、特定商取引法は、連鎖販売取引に関して、消費者契約法の誤認取消（同法4条1項および2項）とほぼ重複する形で、加入者が不実告知または故意の事実不告知により誤認した場合の取消権を規定している（法40条の3）。なお、商売の素人が新規入会した際は消費者契約に該当するため、消費者契約法の誤認以外の取消権（困惑取消し〔同法4条3項〕、過量販売取消し〔同条4項〕）を行使することも可能である。また、民法の錯誤・詐欺・強迫などの要件を満たす場合は、これらの規定も適用することができる（民95条、96条）。

[3]　中途解約権

> **[事例4]**　会社員のGは、カタログ通信販売事業のマルチ商法に誘われた。1口17万円を出資してオーナー会員としてH社に入会するとオーナーを募集する資格ができ、1人入会させると2万円の報酬が得られるという。入会したがうまくいかない。解約したい。

　特定商取引法は、クーリング・オフ期間が経過した後においては、連鎖販売加入者の中途解約権を認め、清算の方法を定めている（法40条の2。本章3の⑤を具体化したものである）。営業としての契約にも適用されるが、無店舗の個人の契約に限定される。

　第1に、加入者に、理由のいかんを問わず中途解約（将来に向かっての解除）の権利を保障する。連鎖販売業者が解約を制限する約款を設けても無効とさ

れる。

　第 2 に、すでに支払った取引料や、購入した商品代金等の清算については
次の場合に分かれる。

　(a)　**商品を購入して中途解約した場合**　　入会後 1 年以内の加入者につい
て、購入商品の返品ルールが設けられている。①商品の引渡し前なら、商品
の受領を拒絶し、「契約の締結および履行のために通常要する費用の額」(書
面作成費、印紙代、配送料程度。以下「通常費用」と略称する) のみ差し引いて残りの金
額を加入者に返金する。②商品の引渡し後なら、引渡されてから 90 日以内
の、再販売や使用消費等をしていない手持ちの商品に限り返品を認め、通常
費用と、返品する商品の価格の 10% 以内の金額を加算した額を差し引い
て、残りの金額を加入者に返金する。

　(b)　**役務の提供を受けて中途解約をした場合**　　①役務の提供開始前な
ら、通常費用の額のみ差し引いて、残りの金額を加入者に返金する。②役務
の提供開始後なら、通常費用と、提供された役務の対価を加算した額を差し
引いて、残りの金額を加入者に返金する。

　(c)　**その連鎖販売取引で商品の購入もせず、役務の提供も受けていない場
合** (つまり、入会金等の取引料を支払った場合。「モノなしマルチ」とも呼ばれる[18])　　通常
費用のみ差し引いて残りの金額を加入者に返金する。

　事例 4 は、会社員の G は無店舗個人なので連鎖販売加入者である。支払
った 17 万円は「オーナー」と称する加入者になるための金銭である。これ
は商品購入代金でも役務提供の代金でもなく、取引料に相当するので(c)に該
当し、中途解約をしたら、通常費用のみ差引かれ、それ以外のほとんどの金
額が返金されることとなる[19]。

　上記(a)(b)のように、商品が売買され現実に再販売や使用をした場合や、役
務が現実に提供された場合は、中途解約をしても履行の済んだ商品売買や役
務提供は維持され、その分の代金は戻ってこない。逆に、商品売買が存在せ

---

18)　商品の販売ではなく、実体のない役務を取扱うマルチ商法を指す。事例等は国民生活セン
　　ター 2019 年 7 月 25 日の発表文に掲載。
19)　愛知県消費生活審議会消費者苦情処理委員会「連鎖販売取引における中途解約に関する報
　　告書」(2006 年 2 月)、圓山・前掲注 1) 489 頁。

ず役務の提供も受けていない場合、すなわち取引料が上位者に配当されているだけの場合は、商品・役務の流通がなく、金品の配当組織となっており悪質性が高い。中途解約をしたら、通常費用を除いたほとんどの支払額は戻ってくるように立法されている。

　以上、クーリング・オフ、取消、中途解約の要件は各々異なっているが、複数に該当する場合は、重複して主張されている。

8　連鎖販売取引と無限連鎖講（ネズミ講）をめぐる課題

[1]　無限連鎖講

　連鎖販売取引と同じような構造を有する取引に、無限連鎖講がある。無限連鎖講は、加入者が入会時に金品（金銭や債券等）を送金して、それを何段階か上の加入者（無限連鎖講防止法の用語では「先順位者」）に配当するという組織（金品配当組織）である。ネズミ講とも呼ばれている[20]。たとえば、10万円を3代上の先順位者に送金して加入し（下図の左側）、2人ずつ増やす仕組みの組織では、後順位者を獲得し、1代下が2人、2代下が4人、3代下が8人と増えると、3代下の8人から自分に10万円ずつ送金されてくる（下図の右側）ので、最初に出費した10万円が80万円に増えると宣伝される。

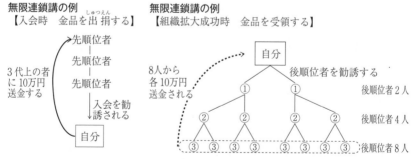

　無限連鎖講防止法は、無限連鎖講の開設、運営、勧誘をすると懲役または罰金を科すとして、全面的に禁止している（同法5条〜7条）。

---

20)　ネズミ講は、算数のねずみ算と、日本の伝統的な講（頼母子講、伊勢講など、近隣の者がお金を出し合う仕組み）を組み合わせて名付けられた。

　無限連鎖講の加入者の民事的な救済としては、以下の裁判例が参考になる
だろう。①無限連鎖講入会契約は公序良俗に反して無効とされ、加入者によ
る入会金の返還請求が認められた[21]。②無限連鎖講を開設運営し、加入す
るように勧誘することは民法 709 条の不法行為に該当するとして損害賠償が
認められた[22]。③無限連鎖講を運営して破産した会社の破産管財人が、破
産債権者（加入者）に対する返金にあてるため、無限連鎖講で儲かった上位の
加入者に対して、無限連鎖講会員契約は公序良俗に反して無効であり、支払
った配当金は不当利得であるとして返還を求めた事案で、上位の加入者は受
取った配当金が不法原因給付に当たることを理由として返還を拒むことは信
義則上許されないとされた[23]。④無限連鎖講と商品販売が合体した契約に
ついて、無限連鎖講の性質を持つ金品配当契約の部分については公序良俗に
反し無効であるとされた[24]。

[2] 連鎖販売取引と無限連鎖講

　連鎖販売取引と無限連鎖講は、片方に該当すれば他方に該当しないという
排他的なものではない。両者の要件はかなり重なっており、一つの運営会社
が両方の規制を受けることもある（両法の重畳適用）。連鎖販売取引のポイント
は、上位者が、下位者の支払う金銭（特定負担）から報酬（特定利益）を得る取
引である。一方、無限連鎖講のポイントは、先順位者が、後順位者の支払う
金品から自己の支払った金品を受領する金品配当組織である（同法 2 条）。両
者は、下位者が出費すれば上位者が儲かる点において同じだからである。

　連鎖販売取引で販売されている商品の価値がわずかで商品販売の実体がな
い場合、たとえば市場価格 1 万円の品物を 50 万円で販売しているときは、
儲け過ぎの 49 万円部分を上位者と運営会社が山分けする点が金品配当組織
（つまり無限連鎖講）と判断されることがある（前注 24 の判例）。あるいは取引全体

21） 長野地判昭 52・3・30 判時 849 号 33 頁、別冊ジュリスト 135 号 102 頁。

22） 山形地判平元・12・26 判時 1346 号 140 頁、別冊ジュリスト 135 号 104 頁。

23） 最判平 26・10・28 民集 68 巻 8 号 1325 頁、別冊ジュリスト 249 号 66 頁。

24） 印鑑ネズミ講事件（名古屋高金沢支判昭 62・8・31 判時 1254 号 76 頁）、ベルギーダイヤ
　　モンド事件（東高判平 5・3・29 判時 1457 号 92 頁など）がある。

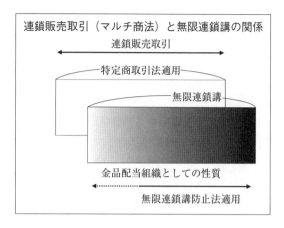

連鎖販売取引（マルチ商法）と無限連鎖講の関係

を金品配当組織と判断して無限連鎖講防止法違反で有罪とする判例もある[25]。

また、前述した「モノなしマルチ」の場合、たとえば事例 4 の参考にした連鎖販売業者「アースウォーカー」は、連鎖販売取引として特定商取引法違反により取引停止命令が下されたうえ、社長等が無限連鎖講防止法違反で逮捕されて有罪判決が言い渡された[26]。つまり、連鎖販売取引が取引料の収受を中心に組み立てられている場合や、実体のないオーナー権・サービス・暗号資産等を扱っている場合は、金品配当組織と判断されやすいといえる。

両者の関係は上の図のイメージとなるだろう。

このように、連鎖販売取引と無限連鎖講が重畳適用される範囲（連鎖販売取引のどこから先が無限連鎖講ともなるか）は、現在、たとえば特定利益の割合が何％以上といった明確な基準はない（図の灰色のところ）。無限連鎖講防止法の定義が抽象的すぎることがその原因といえるであろう。世間一般には、「無限連鎖講（ネズミ講）は禁止だ。しかし、連鎖販売取引（マルチ商法）はグレーであるが許容される」と考えている人もいるがこの考えは誤りである。連鎖販売取引は、無限連鎖講のレベルに至ると営業そのものが禁止される。そのレベルに至らなくても、不実告知や故意の事実不告知等を伴う勧誘は特定商取引法で禁止されていることは、すでに述べたとおりである。

25)　最決昭 60・12・12 刑集 38 巻 8 号 547 頁、別冊ジュリスト 135 号 108 頁。

26)　経済産業省が 2005 年 6 月 20 日取引停止を命令。京都地裁が 2007 年 3 月 9 日、無限連鎖講防止法違反で有罪判決（朝日新聞 2007 年 3 月 9 日付け夕刊）。仕組みの詳細は圓山・前掲注 1) 398 頁。

[3] 連鎖販売取引の容認と禁止の線引き

　外国の状況を見ると、米国の連邦取引委員会 (FTC) は連鎖販売取引が違法となる基準を示している[27]。EU の不公正な取引方法に関する指令は、ピラミッド的な連鎖販売取引を禁止した[28]。中国、韓国は、商品代金のうち特定利益として配分される率が高い（つまり無限連鎖講としての金品配当組織の要素が強い）連鎖販売取引を禁止している。

　1976 年に立法された特定商取引法、1978 年に立法された無限連鎖講防止法は、いずれも 40 年以上が経過した。

　すでに説明したように、連鎖販売取引は誰でも自由に開業することができ、勧誘を行なう時点で禁止行為が見つかれば取締まる「実質的に禁止する」という手法が維持されてきたが、構成要件に該当する実行行為の立証がしにくい結果、取締りが立ち遅れている。また、連鎖販売取引に誘われた者は正確な説明を受ければ合理的な意思決定ができるはずだということが前提とされているが、むしろそのような者は稀であって、説明が詳細になり長時間にわたるほど生身の人間の理解の範囲を越え、断るどころか人間関係に引きずられて儲け話に乗る者も多いのではなかろうか。

　被害が繰り返され、まったく止まらない歴史に鑑みると、規制の枠組みを再考することが必要であろう。連鎖販売業者のうち、被害を生じさせない条件を満たした事業者は容認し、政府に登録させて営業を認める（登録制の導入）一方で、条件に満たない事業者は営業を全面禁止するといった、行政が後見的な役割を担う方式へ転換することが必要な時期に来ていると思われる[29]。

---

27)　細川幸一「米国におけるマルチレベル販売（連鎖販売）規制の現状」早稲田大学大学院法研論集 74 号（1995 年）248 頁。

28)　カライスコス アントニウス『不公正な取引方法と私法理論──EU 法との比較法的考察』（法律文化社、2020 年）93 頁。

29)　特定商取引法は、行政法、刑事法、民事法の 3 つの面を持つが、連鎖販売業者に対する登録制導入の提案は、行政法の面を強化するものである。行政法的、政策法務的な検討が求められる。筆者が登録制に賛成する意見は、圓山・前掲注 1) 407 頁。なお、自治体の条例では、滋賀県野洲市はくらし支えあい条例において訪問販売業者が市長に登録する制度を創設し、2016 年 10 月から実施している。この制度では連鎖販売業者も多数登録している。野洲市の Web サイトの「訪問販売事業者登録情報」で確認できる。

特商法(4)

第11章
特定継続的役務提供

慶應義塾大学教授
丸山絵美子[1]

1　本章で学ぶこと

　本章では、特定商取引に関する法律 (以下、「特商法」という) の規制対象取引である「特定継続的役務提供」について学ぶ。これまでの章で学んだ、特商法における事業者に対する行為規制、クーリング・オフ権や取消権といった民事ルールのほか、中途解除権が設けられていることに注目して欲しい。

2　特定継続的役務提供

[1]　規制の背景[1]

　特商法 (→特商法の概要については、第8章参照) は、長期にわたって行われる消費者向けの役務提供 (サービス) 契約のうち、特定のものを、「特定継続的役務提供」として規制の対象としている。まず、このような規制が導入された背景の説明から始めよう。

　1980年代後半から、消費者向けの役務提供が市場において拡大するとと

---

1)　規制背景の詳細については、消費者庁取引対策課=経済産業省商務・サービスグループ消費経済企画室編『特定商取引に関する法律の解説　平成28年版』(商事法務、2018年) 15頁以下 (以下、『行政庁解説』という)、齋藤雅弘=池本誠司=石戸谷豊『特定商取引法ハンドブック〔第6版〕』(日本評論社、2019年) 402頁以下、圓山茂夫『詳解特定商取引法の理論と実務〔第4版〕』(民事法研究会、2018年) 499頁以下、後藤巻則=齋藤雅弘=池本誠司『条解　消費者三法〔第2版〕』(弘文堂、2021年) 960頁以下〔齋藤雅弘〕参照。

もに、エステティックサロンや英会話教室などに対する苦情・トラブルが増加した。それ以前にみられた月謝制のピアノ教室や習字教室などとは異なり、トラブルが増加した役務提供契約は、数か月から数年の単位で契約期間が設定され、または大量の単位でチケット販売が行われ、代金の一括前払が要求されていた。そして、多くの場合、消費者が中途で契約をやめることを認めない（中途解除権の排除条項の設定）、または、中途でやめる場合には高額なキャンセル料をとる（中途解除に対する損害賠償額の予定・違約金条項の設定）といった契約内容となっていた。しかしながら、消費者は、役務をあらかじめ目で見て手にとって確認できないため、事業者の誇大な宣伝や成果を強調した勧誘に乗せられ契約したものの、期待外れといった結果となり、あるいは契約が長期に及ぶため、体調不良や遠隔地への転勤など事情の変更によって通うことが困難となるといった事態が発生した。そのため、消費者は、契約を中途解除して、未提供部分に相当する前払金の返還を希望するものの、役務提供事業者は、契約条項を盾にこれを拒否したため、苦情・トラブルが増加したのである。さらに、多くの場合、消費者は高額な代金を一括前払するために、クレジット（クレジット会社による立替払）を利用していたので、役務提供契約の解除の可否とともに、クレジット会社への分割返済を継続する必要があるのかも問題となった（→クレジット取引の規制については、第12章参照）。

　行政は、まず、トラブルの多かったサービスを中心に、業界ガイドラインやモデル契約約款の作成など事業者の自主規制によって契約の適正化を行うよう促した。しかし、自主規制の普及は十分なものではなく、苦情も減少しなかった。そこで、消費者の保護と取引の健全な発展を目指し、1999年の訪問販売法の改正（訪問販売法は2000年改正により特商法に名称変更となる）によって対応策が講じられることとなったのである。

[2] 特定継続的役務提供とは

[事例1] AとBは夫婦である。(a)妻Aは、エステティックサロンCと30回（1年間有効）の痩身コースを、総額30万円（一括前払）で契約した。(b)夫Bは、育毛・増毛サロンDと30回（1年間有効）の増毛コースを、総額30万円（一括前払）で契約した。A・Bともに、途中で成果に不満をもち、C・Dに対する特商法に基づく主張を考えているという場

　合、(a)、(b)の契約は「特定継続的役務提供」に該当するのだろうか。

　特商法41条によれば、特定継続的役務提供等契約は、①役務の提供を受ける者の身体の美化又は知識若しくは技能の向上その他のその者の心身又は身上に関する目的を実現させることをもって誘引が行われるもので、かつ②役務の性質上、①に規定する目的が実現するかどうかが確実でないものに該当する役務のうち、③有償で継続的に提供される役務であって、政令で定めるもの、と定義されている。要するに、政令による指定役務が、政令による指定期間・金額を超えて契約された場合にのみ、特定継続的役務提供契約（あるいは特定権利販売契約[2]）に該当することになる。当初は、エステティック、語学教室、家庭教師、学習塾の4業種のみが指定されていたが、2003年の政令改正により、パソコン教室と結婚相手紹介サービスが追加された。さらに、2017年の政令改正によって美容医療（レーザー・針など一定の方法による脱毛、レーザー・薬剤等によるしみ等除去・皮膚の活性化、薬剤や糸によるしわたるみの軽減、レーザー・薬剤・機器による脂肪減少、歯牙の漂白など主務省令31条の4で定める方法によるものに限定されている）が追加されている。不適切な勧誘や解約等に関する消費者トラブルの増加に応じて指定役務は拡大されてきた。現在の指定役務・期間・金額は【図表1】の通りである。

　事例1の(a)(b)役務はともに身体の美化にかかわる。(a)で、Aが契約したエステティックサロンでの痩身コースは指定役務の「人の皮膚を清潔にし若しくは美化し、体型を整え、又は体重を減ずるための施術」というエステティックに該当し、指定期間・金額も充足するので、特定継続的役務提供である。しかし、(b)の育毛・増毛サロンでの増毛コースは、立法を担当した行政庁の解説によれば、人の皮膚を清潔にし若しくは美化するというエステティックの概念には当たらないとされている[3]。したがって、Aは、あとでみる中途解除権など特商法にもとづく主張をすることができるが、Bはすること

---

2)　権利の販売とは、権利販売業者が、消費者に、第三者である役務提供事業者から特定継続的役務の提供を受けることができる権利を販売する場合である（41条1項2号）。

3)　『行政庁解説』・前掲注1）312-314頁。

【図表1】

指定役務	指定期間	指定金額
エステティック	1か月を超えるもの	5万円を超えるもの
美容医療		
語学教室	2か月を超えるもの	
家庭教師		
学習塾		
パソコン教室		
結婚相手紹介サービス		

ができないことになる（特商法以外の法律による対応可能性については、**6**を参照）。なお行政庁の解説によれば、指定役務に関し、家庭教師という概念にピアノや絵画の技芸教授は含まれず、学習塾には浪人生のみを対象とする教育役務や資格取得講座は含まれないなどと説明されている。行政庁の解説に対しては、狭い限定や区別に合理性があるのか疑問も提起されている[4]。

3 事業者の行為規制

　特定継続的役務提供等契約に関して、特商法は、同法に定める行為規制に事業者が違反した場合、主務大臣が改善措置等の指示（46条）、業務停止命令（47条）や役員等に対する業務の禁止等の命令（47条の2）を行うことによって、被害の拡大を防ぐことができるようにしている。具体的な行為規制として、事業者には、概要書面および契約書面の2段階の書面交付義務が課せられ（書面交付義務：42条）[5]、誇大広告等を行うことが禁止され（誇大広告等の禁止：43条）、不実告知・故意の事実不告知など一定の行為が禁止され（禁止行為：44条）、債務の履行拒否や迷惑勧誘など一定の行為が指示の対象とされている（指示対象行為：46条）。また、特定継続的役務提供に特有の規制として、5万円を超えて消費者[6]に前払を求める取引では、消費者に事業者の財務状況を確

---

4) たとえば、齋藤雅弘ほか・前掲注1）ハンドブック408頁や齋藤雅弘・前掲注1）消費者三法975頁は、増毛もエステティックに該当すると解釈する余地があるとし、明確な追加の必要性を指摘する。また、圓山・前掲注1）505頁注5）も、発毛・育毛サービスはエステティックに該当するという解釈を示す。

認する機会を与えるため、事業者に財務等書類を営業所に備え、消費者の閲覧請求に応じるべきことになっている（45条）。なお、主務大臣は、誇大広告等の疑いのある事業者に対し、広告等で謳っている効能等の裏付けとなる資料の提出を命じることができ、事業者が定められた期間内に資料を提出できなければ、違反事実があるとみなされる不実証広告規制も置かれている（43条の2〔誇大広告〕、44条の2〔不実告知〕）。特定継続的役務提供の適正化は、まずはこのような行政規制によって図られることになる。

4　民事ルール

[1]　クーリング・オフ

> **［事例2］**　Aは、パソコン教室Bと受講契約（30回・5か月コース）を締結し、受講料15万円、テキスト代金5千円を現金で前払した。契約から3日後、1回目の授業を受けたが、授業内容があわず、講師との相性も悪く、すぐに「やめたい…」と思うに至った。Aは、Bとの受講契約をやめることができるだろうか。

　パソコン教室は、指定役務に該当し、指定期間・金額を超えて契約されているので、特定継続的役務提供（41条）として、特商法の規制を受ける。受講契約をやめたいというAの主張は、特商法上の規定に基づき認められるだろうか。

---

5)　特商法・預託法の令和3（2021）年改正（2021年6月1日成立。6月16日公布）によって、消費者の承諾がある場合に、書面に記載すべき事項を電磁的方法により提供することができる旨の規定（改正特商法42条4項）が導入されているが、令和5（2023）年6月15日までとされている施行日（公布から約2年後）までの間に、消費者からの承諾のとり方、電磁的方法による提供のあり方が、消費者庁「特定商取引法等の契約書面等の電子化に関する検討会」（2021年7月～）において検討される。

6)　特商法は、「特定継続的役務受領者等」という言葉を用い、この者が「営業のために又は営業として締結する」場合を適用除外としているが（50条1項1号）、本章では、営業目的ではなく特定継続的役務提供を受ける者を、便宜的に「消費者」と呼ぶ。

　まず、特商法は、特定継続的役務提供等契約に対する民事ルールとして、クーリング・オフとしての解除権（48条）を置いている。クーリング・オフの要件・効果は基本的には訪問販売などにおけるクーリング・オフ規定と同様である。すなわち、消費者は、特定継続的役務提供等契約を、クーリング・オフする旨を記載した書面や電子メール等を発信することによって[7]、契約を無条件に解除できる（48条1項、3項）。しかし、法定書面の受領日から[8]、8日を経過した場合には、クーリング・オフ妨害などがない限り[9]、クーリング・オフはできなくなる（48条1項）。また、クーリング・オフ権の行使に対し、事業者は損害賠償金も、提供済役務の対価の支払も請求できず（48条4項6項）、受領した代金を消費者に返還しなければならない（48条7項）。クーリング・オフは、消費者にとって非常に有利な効果論と結びついているといえるが、これは事業者による不当勧誘や利得の押し付けを予防するという観点から正当化できよう。

　ここでは、特定継続的役務提供契約に特徴的なクーリング・オフをめぐる問題について説明しておこう。

　第1に、クーリング・オフを導入する趣旨が問題となる。一般に、クーリング・オフは、不意打ち的に行われる取引において熟慮の機会を確保できない消費者に、頭を冷やして考える機会を与える制度と説明される。しかし、特定継続的役務提供は、訪問販売などとは異なり、不意打ちとは直結しないことから、なぜクーリング・オフの導入が認められるか問題となる。これに

---

7)　特商法・預託法の令和3（2021）年改正によって、電磁的記録（EメールやWebの専用フォームなど）によるクーリング・オフを認める法改正がされている（改正特商法48条3項参照）。電磁的記録によるクーリング・オフも発信主義が採用されている。なお、この改正は口頭でのクーリング・オフを否定する趣旨ではなく、これが認められるかは解釈論に委ねられている（福岡高判平6・8・31判時1530号64頁は、書面によることが要求される趣旨が後日紛争を生じないようにすることにあるため、明確な証拠がある場合には保護を与えるのが相当として、口頭でのクーリング・オフを肯定していた）。

8)　契約書面等に代えてその記載事項について電磁的方法による提供を可能とする改正法の詳細については、前掲注5）の検討会における議論を注視する必要がある。

9)　不実告知や威迫以外の態様（泣き落としなど）によってクーリング・オフが妨害された場合も、48条1項括弧書きの趣旨から、8日経過後もクーリング・オフできるという解釈は可能と考える。

ついては、役務は契約締結前にその内容・有用性を客観的に評価することが難しく、成果を誇張し感情を煽るなど不適切な勧誘も多かったことを理由に、役務の必要性・有用性について消費者に熟慮する機会を与えるためクーリング・オフが導入されたと説明することができる。ただし、クーリング・オフ期間の起算点は、訪問販売などと同様に法定書面受領日であり（48条1項）、8日のクーリング・オフ期間中に顧客が役務を受領し内容・有用性を確認できるとは限らない。クーリング・オフ期間経過後に役務を受領してから、その有用性に疑問を抱いたといった場合には、後述の中途解除権によって対応することになる。

　第2に、特定継続的役務提供等契約とは別に、当該サービスに関連して締結した商品販売契約についての対応が問題となる。たとえば、エステティックサロンと美顔コース契約を締結すると同時に、施術に利用する高額な化粧品を購入したり、あるいは自宅用美顔器の購入を勧められたという場合である。このような事態について、役務提供事業者が販売・代理・媒介し、かつ役務提供を受ける際に購入の必要があるとされた政令指定商品、すなわち「関連商品」に該当する場合には、関連商品の販売契約もクーリング・オフの対象となるとされている（48条2項本文）。関連商品かどうかは、役務と商品の関連性や勧誘の実態に照らして、当該商品を購入しなければ役務の提供を受けられないものかどうかによって判断されると解されており、「推奨品」といった文言が使われていても、勧誘・説明の実態も考慮して関連商品か否かが実質的に判断される[10]。役務の効果と関連づける勧誘等がある場合には該当性が肯定される可能性があるが、当該役務提供と関係なく任意に購入した場合は関連商品の該当性の肯定は難しくなる[11]。関連商品がクーリン

10）　関連商品が販売される場合、関連商品としての商品名の記載は法定書面等の記載事項であるため、その旨の記載が欠けるときは、記載事項不備として、クーリング・オフ期間は起算せず、8日経過後も、クーリング・オフが認められることになる。

11）　福岡地判令元・7・25判タ1479号208頁は、問題となった化粧品等は顧客が自宅で使用する商品として販売されており、化粧品等の購入がエステサービスを受けるために必要な条件であるとか、本件化粧品等を使用しなければ本件エステサービスの効果は上がらないなどの説明はなかったとして、その性質及び勧誘の実態に照らして、関連商品に該当するとは認められない、と判断している。

グ・オフされた場合には、その返還・引取りに要する費用は販売業者の負担
となる (48条5項)。ただし、関連商品が政令指定消耗品 (化粧品など) に該当
し、書面で使用・消費によりクーリング・オフできなくなる旨が明示されて
いたにもかかわらず、消費者が自らすすんで使用・消費した場合には、クー
リング・オフの対象外となる (48条2項ただし書き)。

　事例2のAは、法定書面受領日を含め8日を経過するまでに、受講契約
とテキストの購入契約をクーリング・オフする旨を記載した書面 (日付がわか
るよう内容証明郵便等を利用するのが望ましい) を発信すればよい (48条1項、2項本文、3
項)。クーリング・オフをした場合、**事例2**のテキストは授業で使用するた
めのもので関連商品に該当するため、Aは、Bの費用負担で関連商品である
テキストを返還でき (48条5項)、授業を1回受講したにもかかわらず、支払
った代金全額の返金を受けることができる (48条6項、7項)。Bは、Aによる
クーリング・オフ権の行使に対し、損害賠償や違約金などを一切請求できな
い (48条4項)。

[2] 取消権

　次に、特商法は、特定継続的役務提供等契約に対し、不実告知・故意の事
実不告知があった場合の契約取消権 (49条の2) を置いている。この取消権に
ついては特商法の他の規制取引類型における取消権と同様の説明が妥当する
ので、ここでは詳述しない。たとえば、行政庁の通達では、フリータイム制
の語学教室で、会員が大幅超過で予約が取れない状況を事業者が意図的に告
げない場合が、故意の事実不告知 (49条の2第1項2号、44条2項、44条1項1号)
の例として挙げられている[12]。なお、取消権の対象は、特定継続的役務提
供等契約であるが、関連商品の販売契約も行われていた場合については、中
途解除の場合における関連商品販売契約の解除の規定が準用され、その解除
が可能とされている (49条の2第3項、49条5項)。特定継続的役務提供等契約が
取り消され、それに伴い関連商品も解除された場合には、関連商品の中途解
除権の違約金の上限規制が妥当することになる (49条の2第3項、49条6項)。

12)　『行政庁解説』・前掲注1) 330頁。

[3]　中途解除権

> **[事例3]**　Aは、エステティックサロンBと入会金2万円、施術料金60万円（30回、1年有効）で美顔コースを契約し、また、エステの効果を高めるために必要があるとして、今回のコースにセットとして販売された自宅ケア用の美顔クリーム1個3万円も購入し、すべて現金で一括前払した。10回施術を受け、クリームも半分消費した時点で、大した成果はないと考えるに至った。クーリング・オフ期間は経過していたので、中途解除したいと考えているが、いくら返金してもらえるのだろうか。

(i)　趣　旨

　クーリング・オフ期間が経過しても、消費者には、将来に向けて特定継続的役務提供等契約を中途解除する権利が認められている（49条）。この制度は、上述の苦情・トラブルの解決を目指し、消費者に契約期間の途中でも将来に向けて契約を解消する権利を保障し、かつ解除時に事業者が請求できる損害賠償・違約金の額を制限することを内容とする。強行規定としてこのような中途解除制度が導入されたのは、継続的役務提供等契約には、①継続性故に事情の変更が発生し得る、②役務は視認困難なので効果や有用性を判定しにくい、という2つのレベルの不確実性があるところ、この不確実性に伴うリスクを消費者に一方的に負担させるべきではなく、むしろ中途解除者数を予測して備えるなどリスク回避能力のある事業者に負担させるべきと考えられたからである。

(ii)　要　件

　クーリング・オフ期間の経過後、消費者は、解除する旨の意思表示を事業者に対して行えば、特定継続的役務提供等契約を将来に向けて解消できる（49条1項3項）。とくに解除の意思表示の方式は規定されていない。関連商品の販売契約も、特定継続的役務提供等契約が中途解除されたことを要件として、解除できる（49条5項）。関連商品概念は、**4** [1] で説明したところであるが、事例3については、施術の効果を高めるために必要であるとしてセ

【図表2】

	役務提供開始前	役務提供開始後	
エステティック	2万円	提供された役務の対価に相当する額	+2万円又は契約残額（全体価格−提供済役務の対価額）の10％額のいずれか低い額
美容医療	2万円		+5万円又は契約残額20％額のいずれか低い額
語学教室	1万5千円		+5万円又は契約残額の20％額のいずれか低い額
家庭教師	2万円		+5万円又は1か月分の役務の対価額のいずれか低い額
学習塾	1万1千円		+2万円又は1か月分の役務の対価額のいずれか低い額
パソコン教室	1万5千円		+5万円又は契約残額の20％額のいずれか低い額
結婚相手紹介サービス	3万円		+2万円又は契約残額の20％額のいずれか低い額

ット販売されていたということなので、関連商品該当性を肯定できると考える。

(iii) 効　果

　中途解除の効果は、中途解除の際の損害賠償額の予定・違約金条項に対する金額の上限規制という形で規定されている（49条2項4項）。役務提供の開始前後という区分によって、【図表2】のとおり請求金額の上限が定められている。

　また、関連商品販売契約の解除が行われた場合にも、損害賠償額の予定・違約金条項の金額は制限されている。その上限は、①商品の引渡前は契約締結費用（通信費、準備費）、②商品の引渡後で商品が返還された場合は商品の使用料相当額（商品の減価が使用料相当額を超える場合は減価額）、③商品の返還が不可能な場合は商品の価格である（49条6項）。

　事例3について検討しよう。Aが締結した美顔コース契約は特定継続的役務提供等契約に該当するから、特商法が適用される（【図表1】）。したがって、特商法49条1項に基づき、将来に向けて契約を解除できる。その際、事業者の請求できる金額を【図表2】に基づいて計算すると、提供済役務の

対価は20万円（2万円×10回）[13]であり、〔62万円−20万円〕×10％＝4万2千円と2万円とを比較し、2万円の方が安いため、20万円（提供済役務の対価）＋2万円（政令指定の通常損害額）＝22万円が事業者の請求できる金額の上限となる（入会金を提供済役務の対価に加算することを認める見解によれば、24万円となる）。関連商品（3万円のクリーム1個）の販売契約については、たとえ解除をしても、使用済みクリームに残存価値はなく、3万円の支払を免れることは困難と考えるべきであろう（特商法49条6項参照）。したがって、事例3の場合は、Aは、65万円（62万円＋3万円）−25万円（22万円＋3万円）＝40万円について返金を求めることができることになろう。

[事例4]　事例3において、Aが、65万円を現金で支払わずに、Bの紹介するC信販会社と個別クレジット契約（Cに代金を立替払してもらい、合意した回数でCに返済する契約）を締結し、Cに対し13回の分割払で支払うことにしていた。その後、Aは施術を10回受け、3回分（〔1回5万円＋クレジット手数料〕×3回）の分割払について口座引き落としが行われた時点で、美顔コース契約を中途解除した。この場合、清算はどのように行われるのだろうか。

　事例4は、事例3で検討したように、仮に現金でAがBに前払していれば、AはBに40万円の返金を求めることでできる事例である。事例4は、支払にクレジットが利用され、Bは代金全額をすでにCから受け取ってお

---

13)　『行政庁解説』・前掲注1）356-358頁によれば、手続きなどの初期費用が発生する場合、提供済役務の対価といえる合理的な範囲に限って提供済役務の対価に含めることができ、入会金がこれに対応する場合もあるが、契約締結時の書面において、精算に関する事項としてその内容が明らかにされており、かつ、中途解約の場合には請求できる旨を明示しておくことが望ましいと説明されている。しかし、登録料・初期事務手数料等は、役務の提供前も後も、上限金額内で請求可能な損害賠償金・違約金の中に吸収されていると考えることができる。現在指定されている役務では、契約締結後すぐに、各消費者のために高額な投資がなされるようなものはなく、上限金額内の損害賠償・違約金を徴収することに加えて、初期費用を別途加算できるケースはほとんどないと考えてよいのではないか。

り、A は 15 万円＋クレジット手数料を C に支払っているという状況で、中途解除が行われている。この場合、A が誰との間でどのようにして清算を行うべきか問題となる。

　まず、特商法も、割賦販売法（割販法）も、特定継続的役務提供等契約が中途解除された場合に、その支払のために締結されていたクレジット契約が存続し続けるのか、それとも解除されるのかについて何も規定を置いていない（→割販法については、第 12 章を参照）[14]。消費者は、役務提供事業者に対し支払うべき金額を超えて、クレジット会社からの支払請求に応じる必要がないことを、割販法における抗弁の対抗制度を利用してクレジット会社に主張できるように思える（個別クレジットについて、割販法 35 条の 3 の 19）。しかし、クレジットの契約書においては、特定継続的役務提供等契約が中途解除された場合、クレジット契約も中途解除・清算がされるものとし、未経過期間に対応するクレジット手数料の全部・一部及び解除事務手数料を一括して支払う義務を消費者に負わせる契約条項がみられる。クレジット会社がこのような契約条項に基づき未経過期間に対応するクレジットの手数料や高額な事務手数料を消費者から徴収することが問題視されており、このような条項について、消費者契約法 9 条 1 号や 10 条の適用を検討するのみならず、割販法の改正による明確な対応が必要とされている[15]。

---

14) 特定継続的役務提供等契約や関連商品販売契約に伴って締結された個別クレジット契約のクーリング・オフについては、割販法 35 条の 3 の 11 に規定があり、特定継続的役務提供等契約に関し不実告知等があった場合の個別クレジット契約の取消については、割販法 35 条の 3 の 15 に関連規定があるものの、中途解除の場合については、特別な手当てがされていない。

15) 割販法 30 条の 3、35 条の 3 の 18 は、クレジット会社に対する消費者の債務不履行等を理由とする解除の場面を想定した規定であり、本問のような場面を想定した規定ではなく、割販法はこの問題に対する明確なルールを置いていないと考えるべきであろう。この問題の詳細については、齋藤雅弘ほか・前掲注 1）464 頁以下、齋藤雅弘・前掲注 1）消費者三法 1062-1063 頁を参照。

5　大量・長期購入特典割引と中途解除──いわゆる NOVA 事件

[事例5]　Aは、中国語会話教室Bと受講契約を締結する際、多数回で契約するほど、1回の受講料が安くなると説明され、50回コース（有効期限8か月）を、チケット単価 1,500 円で契約し、総額 75,000 円を現金で支払った。Bは、30回コース（有効期限5か月）＝単価 1,800 円、20回コース（有効期限3か月）＝単価 2,000 円、10回コース（有効期限2か月）＝単価 2,500 円というコースと値段設定をしており、「中途解除の場合には、消化回数以下でそれに最も近いコースの単価によって提供済役務の対価を計算する。ただし、その額が消化回数以上の最も近いコースの受講料総額を超える場合は、その受講料総額とする。解除手数料は、前払金から提供済対価を控除した残額の2割か5万円のいずれか低い額とする」という条項が置かれていた。Aは15回通った時点で、中途解除したいと申し出たところ、Bは、上記条項に基づき、15回×2,500円（37,500円）が提供済役務の対価額となると説明した。Aは、単価 1,500 円での計算を希望している。どちらの主張が認められるだろうか。

　事例5と類似の事案を扱ったものとして、最判平 19・4・3 民集 61 巻 3 号 967 頁（NOVA 事件）がある。最高裁は、個別役務の対価額が契約時の単価をもって一律に定められている場合、契約時の単価とは別に、中途解除があった場合にのみ用いられる高額な対価額を定める清算規定は、実質的には、「損害賠償額の予定又は違約金の定め」として機能し、受講者による自由な解除権の行使を制約するものであると述べた上で、そのような清算規定は特商法 49 条 2 項 1 号に定める法定限度額を超える額の金銭の支払を求めるものとして無効であり、解除の際の提供済役務対価相当額は、「契約時の単価」によって算定される額であるとした。この判決後に通達が改正され、大量購入割引やキャンペーン価格として契約した場合でも、中途解除時の提供済役務の対価計算に用いるべきは契約時の単価であるという行政庁の解釈も示されている[16]。事例5は、割引のある契約時の単価 1,500 円で提供済役務の対

価額の計算が行われることになる。

　契約時の単価で清算を行う最高裁判決に対しては、紛争解決基準の明確さといった観点から好意的な評価がある一方、大量・長期で契約しておいて中途で解除すれば、当初より少量・短期で契約していた者より得になるという解決が妥当なものといえるのか、また割引を清算する条項を損害賠償額の予定・違約金条項として扱うことが妥当であるのかという疑問も示されている（説明・理解不足といった契約締結過程の事情及び大量性・不確実性の程度を考慮して、消費者契約法 10 条や民法 90 条の問題として扱うべきという考え方もある）[17]。NHK 受信料や交通機関の定期券など大量・長期で購入すれば割引を受けられる取引は世の中にたくさんあるが[18]、NOVA 事件最高裁判決は、特商法の適用対象となる特定継続的役務提供等契約を念頭に置く判決であり、契約時の単価による清算という解決は、特商法が適用される取引を超えてただちに一般化できるものではない。

16)　『行政庁解説』・前掲注 1) 356 頁。

17)　学説の状況等については、山本豊「判批」平成 19 年度重要判例解説（ジュリスト 1354
　　号）82 頁、石田剛「判批」消費者法判例百選（別冊ジュリスト 200 号）126 頁など参照。

18)　特商法による規制問題から離れるが、近接した問題として、モバイル市場（通信サービス
　　契約）では、いわゆる 2 年縛りと違約金条項が問題視されてきた。消費者契約法 9 条 1 号に
　　よって争われる限りでは、平均的な損害をどのように捉えるべきかについて難しい問題を抱
　　え、下級審では考え方が分かれ（丸山絵美子「携帯電話利用契約における解約金条項の有効
　　性」名大法政論集 252 号 187 頁）、最高裁（最決平 26・12・11）は上告不受理として判断を
　　示さなかった。しかし、2 年縛り違約金ありの低額料金プランに対し期間拘束なしの高額料
　　金プランの選択肢が実質的には機能しておらず、大手事業者による寡占的状況において競争
　　が不十分であるという指摘がなされ、競争促進という観点から、不要な囲い込みに対する措
　　置として、違約金の上限規制などが、電気通信事業法によって課せられることになった（総
　　務省「モバイル市場の競争促進に向けた制度整備（2019 年 10 月 1 日）」、「電気通信事業法
　　第 27 条の 3 等の運用に関するガイドライン」参照）。長期拘束・中途解除違約金という契約
　　条件は、寡占状況や契約条件の事業者横並びの状況において、競争法の観点からも問題視さ
　　れ得ることを指摘できる。

6　特商法による対応の限界と課題

> **［事例6］**　Aは資格取得専門学校Bのフラワーアレンジメントコース
> に通っている。定員制の固定クラスコースで、授業期間は半年間、週3
> 回、授業料25万円、入学金5万円という内容であり、契約時に総額
> 30万円を納めた。Aは、入学から2か月後に将来計画の変更を決意
> し、Bへの通学をやめることにしたが、Bの契約書には、「納入された
> 入学金と授業料はいかなる理由があっても返金できません」と記載され
> ていた。退校を申し出ても、返金は認められないのであろうか。

　事例6のフラワーアレンジメントコースは、指定役務ではなく、特定継
続的役務提供に該当しないことから、特商法の適用はない。指定役務に該当
しない長期にわたる役務提供契約をめぐる問題の解決は、消費者契約法や民
法に委ねられることになる。事例6について、どのような解決が考えられ
るのか最後にみておこう。

　Aが行い得る主張としては、次のようなものが考えられる。①前払金不
返還条項は実質的には損害賠償額の予定・違約金条項であるとして、消費者
契約法9条1号に基づき、「平均的な損害」を超える部分は無効であると主
張し、平均的な損害額を超える部分の額の返金を請求する（→学納金返還請求事
件に関する第7章の解説およびそこでの引用文献を参照）。これに対し、前払金不返還条
項を損害賠償額の予定・違約金条項と捉えることに批判的な見解によれば、
②本来、役務提供型の契約では、解除の自由が認められ（民法641条、651条参
照）、未提供役務部分の対価は返還されるべきところ、前払金不返還条項は
未提供役務部分の対価の保持を事業者に認めるものとして、任意規定に比し
て消費者の権利を制限し、かつ信義誠実の原則に反して消費者の利益を一方
的に害するものとして、消費者契約法10条により無効となると主張し、提
供済役務相当額を差し引いた前払金の返還を求める法律構成も考えられる。

　特商法の特定継続的役務提供の規制対象外となる役務提供契約や継続的契
約について、解除や違約金問題にどのようにアプローチするべきか、検討を
深めることも重要であろう。

消費者信用取引(1)

第12章
総論・割賦販売法

早稲田大学教授
後藤巻則

1　本章で学ぶこと

[1]　消費者信用取引とは何か

　私たち消費者は、商品等（商品や権利）を買ったり、役務の提供を受けたりして対価の支払義務を負うが、現金で支払うほかに、後に支払うことを約束して購入するという方法がある（以下、商品等の販売と役務の提供をまとめて「販売」、商品等の購入と役務の提供を受けることをまとめて「購入」、販売業者と役務提供事業者をまとめて「販売業者」、購入者と役務提供を受ける者をまとめて「購入者」と略す）。

　このような後払いの取引には、後に払ってくれると「信用」して取引するという特徴がある。たとえば、クレジットカードを使って購入する場合、クレジット会社は購入者が一括または分割で後払いしてくれると「信用」するから取引をする。このような取引を消費者信用取引という。これを利用すれば、販売業者は購入時点でお金を所持していない購入者に販売をすることができ、購入者はその時点から取引による利益を受けることができるため、両者にメリットがある。

　消費者信用取引には、上記のような商品の購入などのための販売信用と金銭を借り入れる金銭信用（消費者金融）がある（→第13章）。

　販売信用では、後で代金を払ってくれるという信用が取引の基礎にあり、金銭信用では、後で貸金を返してくれるという信用が取引の基礎にある。この場合に、他人を信用して先に利益を与えてくれる人を与信者（信用供与者）と呼ぶ。

[2]　消費者信用取引を規制する法律

　消費者信用取引では、後払いとなる代金や返済金を分割して支払うことを約束することが多い。そのため、販売信用における手数料や金銭信用における利息を含めた将来の支払金額が商品等の価格や借りたお金の額より高額になるのに購入者がそれを認識していないということが起こる。また、販売信用では、購入者が、販売業者に対してではなく、クレジット会社に対して代金を一括ないし分割で支払っていくという「信用購入あっせん」(第三者与信型信用取引) が行われることが多い。そこでは、「販売業者と購入者の契約」(以下、「販売契約」と略す) と「クレジット会社と購入者の契約」(クレジット契約) は別々の契約であるとされる。そこで、たとえば、購入者に商品が引き渡されない場合に、購入者はこれをクレジット会社に対して主張することができるか、という問題が構造的に生ずる (「抗弁の対抗」問題)。

　このように、消費者信用取引は、種々の問題が生じやすい取引である。そのため、こうした問題に対処するための法律として、販売信用については割賦販売法があり、金銭信用については貸金業法、利息制限法、出資法 (「出資の受入れ、預り金及び金利等の取締りに関する法律」) がある。

　本章では、これらのうち割賦販売法について学ぶことにする。割賦販売法は、昭和36年に成立し、その後、数次の改正を経て今日に至っている。

2　割賦販売法による規制

[1]　割賦販売法の適用対象

(i)　割賦販売法の規定

　割賦販売法は、販売信用取引の形態が代金後払いか前払いかで大きく区別される。代金後払いの販売信用取引として、割賦販売 (2条1項、2章)、ローン提携販売 (2条2項、2章の2)、信用購入あっせん (2条3項、4項、3章) を規定し、前払式の販売信用取引として、前払式割賦販売 (2条3節) や前払式特定取引 (2条6項、3章の2) を規定している。

　割賦販売という用語は、販売業者が購入者に信用を供与する販売契約の形態を総称して用いることが多いが、割賦販売法は、同法2条1項が定める定義に該当するもの (販売業者自身が与信をするタイプのもの＝自社方式) のみを割賦販売としており、一般的な用語法とは異なる (「割賦」の意味については、後述参照)。

　ローン提携販売は、カード等を利用し、販売業者が購入者の債務を保証す

るという形態である。

　前払式割賦販売は、政令指定商品[1]を引き渡すに先立って2回以上にわたりその代金の全部または一部を受領する割賦販売（割賦販売法2条1項1号に規定されている割賦販売）をいう。前払式割賦販売では、営業許可制（同法11条）、営業保証金供託義務（同法16条）、前受金保全措置義務（同法18条の3）が規定されている。

　前払式特定取引は、商品の売買の取次ぎ（たとえば、百貨店の「友の会」等）または指定役務の提供または取次ぎ（現在、冠婚葬祭互助会が政令指定されている）であって、商品の引渡しまたは政令指定役務の提供に先立って、その代金または対価の一部を2か月以上の期間にわたり、かつ3回以上に分割して受領するものをいう。前払式特定取引では、営業許可制（割賦販売法35条の3の61）および営業保証金供託義務（同法35条の3の62、16条、18条）が規定されている。

　代金前払いでプリペイドカード等を発行し、またはコンピュータサーバーにデータを登録して、自社または指定された販売業者との間で商品・役務の契約を行う取引については、割賦販売法ではなく、「資金決済に関する法律」（資金決済法）が適用される。

　割賦販売法が規定する販売信用取引の類型には、その契約主体という観点から、二者型と三者型がある。

　二者型は、販売業者との間の商品等の販売契約について、販売業者自身が代金後払取引を行って与信をする場合である。

　これに対して、販売業者とは別の者が与信をするタイプが三者型である。信用購入あっせんとローン提携販売が三者型であるが、販売業者にとっては保証責任を負わない信用購入あっせんの方が経済的メリットが大きいため、ローン提携販売はあまり用いられていない。そこで、以下では、信用購入あっせんを中心に解説する。

(ii)　信用購入あっせん

　(a)　**信用購入あっせん**　　信用購入あっせんは、購入者と販売業者以外の

---

1)　割賦販売法は、商品一般を適用対象とするのではなく、政令で指定された商品のみを適用対象とする法律としてスタートした。指定制についてのその後の変遷については、後述参照。

■クレジット取引の仕組み

個別クレジット

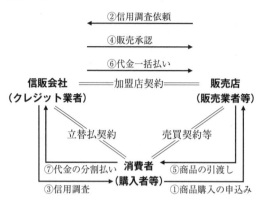

包括クレジット

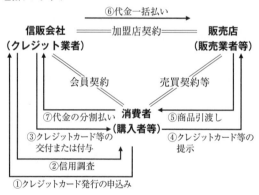

第三者が与信をするものであるが、それには包括式と個別式の区別がある。その区別の決め手はクレジットカード等（カードその他の物又は番号、記号その他の符号）の利用を前提とするどうかである。クレジットカード等の利用を前提とする「包括信用購入あっせん」[2]と、クレジットカード等を利用せずそのつどクレジット契約（立替払契約）をする「個別信用購入あっせん」がある[3]。

（b）　**包括信用購入あっせん**　包括信用購入あっせん（以下、包括クレジットという）は、あらかじめ与信枠（利用限度額または極度額）の設定や支払条件等に関する基本的な契約条件を定めてクレジット

カード等を交付または付与し、その極度額（与信限度額）の範囲内であれば原

---

2)　従来はクレジットカードの発行が一般的だったが、インターネット取引でクレジット決済を利用するため、カードを発行しないで ID 番号とパスワードを付与して利用するカードレスのクレジット決済が登場している。割賦販売法は、番号・記号その他の符号を付与する方法の包括信用購入あっせん（平成 20 年改正前は、総合割賦購入あっせん）もすでに平成 12 年改正により認めている。

則として個別の販売契約の与信審査を行うことなくクレジットの利用を認める仕組みである。

(c) **個別信用購入あっせん** 個別信用購入あっせん (以下、個別クレジットという) は、販売契約ごとに申込書を作成して提出し与信審査の上、与信契約を締結する方法であり、主に高額商品の販売に利用される傾向がある。個別クレジットを用いれば事前にクレジットカードを保有していない者 (定期的な収入のない高齢者など) でもクレジットの利用が可能となることから、訪問販売等で個別クレジットが利用され、多くの場合それがトラブルの原因となってきた。

(d) **法改正による対応** 割賦販売法の平成20年改正前の平成17年においては、個別クレジットに関する相談がクレジット取引に関する消費生活センターへの相談件数の約8割を占めていた[4]。そこで、平成20年改正では、こうした包括クレジットと個別クレジットの取引実態の違いを考慮して、個別クレジットについて、取引適正化のための行政的監督を強化する必要から、個別クレジット業者に登録制を導入するほか、個別クレジット契約の解除や取消しなどの厳しい規制を設けた。

包括クレジットについては、クレジット取引の信頼性を確保するため、割賦販売法制定当初から包括クレジット業者に登録制が規定されていたが (31条)、平成20年改正で、クレジットカードの不正使用に対処すべく、包括クレジット業者または2月払購入あっせんを業とする者は、従業員、退職者等が容易にクレジットカード番号等を漏えいまたは不正な手段で取得できないよう、クレジットカード番号等の適切な管理のために必要な措置を講ずる義務を負うことが定められた (割賦販売法35条の16〔平成28年改正前〕)。これに加え

---

3) 平成20年改正前には、「信用購入あっせん」に相当する方式は、「割賦購入あっせん」と呼ばれ、「包括信用購入あっせん」に相当する方式は「総合割賦購入あっせん」、「個別信用購入あっせん」は「個品割賦購入あっせん」と呼ばれたが、平成20年改正によって、「割賦購入あっせん」につき割賦要件 (2か月以上の期間にわたり、かつ3回以上に分割して支払うという要件) が廃止され、2か月を超える一括後払いも適用対象に加わった (2条3項、4項)。そのため、「割賦購入あっせん」から「信用購入あっせん」への名称変更が行われた。

4) 産業構造審議会割賦販売分科会基本問題小委員会報告書 (平成19年12月10日) 3頁、21頁。

て、近年、クレジットカードを取り扱う加盟店におけるクレジットカード番号等の漏えい事件や不正使用被害が増加していることに伴い、平成28年改正で、クレジットカード番号等取扱契約締結事業者[5]について登録制を導入し（35条の17の2）、加盟店に対し、クレジットカード番号等の適正な管理（35条の16）や不正利用の防止（35条の17の15）を義務づけるなどの法改正が行われた[6]。さらに、令和2年改正では、近年、決済テクノロジーが進化するなかで、クレジットカード分野において多様なサービスが登場するとともに、与信審査に関しても、AIやビッグデータを利用した審査を行うことが可能となっていることを背景に、少額の分割後払いサービスの提供事業者についての登録制度の創設、審査手法の高度化への対応、現行のクレジットカード会社、立替払取次業者、加盟店に加え、新たに決済システムにおいて大量のクレジットカード番号等を取り扱う事業者（決済代行業者、QRコード決済事業者、ECモール事業者等）についても、クレジットカード番号等の適切管理を義務化するなどの改正が行われた。

(iii) 支払方法

> **[事例1]** Aは、家電販売店で大容量の冷蔵庫を購入し、代金をクレジットカードで支払った。この購入に割賦販売法が適用されるのはどのよ

---

[5] クレジットカード番号等取扱契約締結事業者とは、加盟店に対しクレジットカードの取扱いを認める契約を締結する事業者をいう。販売業者との間で加盟店契約を締結し、クレジットカード発行会社（イシュアー）が発行したクレジットカードで消費者が決裁を行うと、加盟店に代金を立替払いし、その後に立替金の清算を行う事業者をアクワイアラー（加盟店契約会社）と呼ぶが、このアクワイアラー等が、クレジットカード番号等取扱契約締結事業者に当たる。

[6] 従来は、カード自体の盗難・紛失やカード番号の不正読み取り（フィッシング、スキミング）により不正取得したカード番号と有効期限を利用して偽造カードを作るケースが多かったが、近年は、加盟店のコンピュータに不正アクセスしてカード番号情報を一挙に不正取得（ハッキング）するケースが多発している。平成28年改正は、これを踏まえての改正である（池本誠司「消費生活相談員のための割賦販売法」第6回〔ウェブ版国民生活2018年8月号〕27頁以下参照）。平成28年改正を含め包括信用購入あっせんに関しては、同第2回〜第8回（ウェブ版国民生活2018年4月号〜10月号）参照。

うな場合か。

　平成 20 年改正前の割賦販売法は、割賦払い（2か月以上の期間にわたり、かつ3回以上に分割する方式）およびリボルビング払い（基本契約時にあらかじめ支払月額の算定方法を定めておく方式）だけを適用対象とし、一括払いは対象外としていた。しかし、平成 20 年改正により、信用購入あっせんについては、2か月を超える後払いであれば一括払い（翌月一括払い、ボーナス払いなど）も適用対象に加えた（2条3項、4項）。もっとも、平成 20 年改正でも、主に銀行系クレジットカードで用いられているマンスリークリア（monthly clear）方式と呼ばれる、2か月を超えない範囲内で決済を行う翌月一括払方式は適用対象外とされている。したがって、**事例 1** では、マンスリークリア方式でない限り割賦販売法が適用される。

(ⅳ)　信用購入あっせんにおける指定商品・指定役務制の廃止

　平成 20 年改正前の割賦販売法は、割賦販売、ローン提携販売および割賦購入あっせんのすべての取引形態について政令で商品・役務・権利を個別に指定する方式（指定商品・役務・権利制）を採用していた。しかし、割賦販売法は、クレジット取引の仕組みの特徴に着目して一定の規制を加えようとするものであるから、購入品目によって適用の有無が異なることは本来合理的とはいえない。実際にも被害が発生してから後追的に政令指定されるということが続き、批判が強かった。そこで、平成 20 年改正により、信用購入あっせんについては、商品と役務について指定制を廃止して、原則としてすべての商品・役務について同法を適用することになった。例外となるのは、たとえば、不動産である（35条の3の60の第1項6号）。

　信用購入あっせんにおいても、権利については指定権利制が維持された。その理由は、権利は広い概念であるため、政令指定制を廃止すると規制の外延が不明確になるおそれがあるためである。権利について指定制を維持した点は、特定商取引法と同じである。

　なお、特定商取引法は、平成 28 年改正で、指定権利制を「特定権利制」に改正したが、クレジットを利用した権利の販売に関するトラブルはほとんど発生していないことから、割賦販売法は指定権利制を維持している。

[2] 取引条件表示義務

　包括クレジットの場合、包括クレジット業者は、クレジットカードを消費者に交付するとき、またはカード番号・記号を付与するとき、ならびに包括クレジットの取引条件を広告するときは、取引条件に関する一定の事項を記載した書面を利用者に交付しなければならない（30条）。この記載事項とは、①支払期間、支払回数、②手数料率、③支払総額の具体的算定例、④極度額の定めがあるときはその金額、⑤特約があるときはその内容などである（省令〔割賦販売法施行規則〕36条）。

　個別クレジットの場合、販売業者は、販売時までに、現金販売価格、支払総額、支払期間・回数、手数料率等の取引条件を記載した書面を交付する義務を負う（35条の3の2）。

[3] 支払能力調査義務と過剰与信の禁止

　過剰与信の禁止については、平成20年改正前の割賦販売法にも、購入者の支払能力を超える与信をしないよう努めなければならないとする旨の規定があったが（旧法38条）、この規定は単なる努力義務にとどまっていたため、その実効性が不十分であった。

　そこで、平成20年改正により、事業者に支払能力調査義務を課し過剰与信を防止することとし、その実効性が行政的な制裁をもって担保されることになった。

　まず、個別クレジットについては、個別クレジット業者が個別クレジット契約（個別信用購入あっせん関係受領契約＝個別クレジット業者と購入者との間のクレジット契約部分）を締結しようとするときは、購入者の年収、預貯金、クレジット債務の支払状況、借入状況、その他の「個別支払可能見込額」を判定するために必要な事項を調査しなければならないものとされた（35条の3の3）。個別クレジット業者は、個別支払可能見込額の算定に当たり、指定信用情報機関[7]が保有する特定信用情報を利用しなければならず（35条の3の3第3項）、調査

---

7)　指定信用情報機関は、クレジット業者の過剰与信禁止を実効性あるものとするため、購入者の信用情報（特定信用情報）をクレジット業者に提供する機関である（35条の3の36以下）。割賦販売法の平成20年改正によって創設された。

記録を作成し、保存しなければならない (35条の3の3第4項)。

　そして、個別クレジット業者は、当該個別クレジット契約の支払総額のうち1年間に支払うこととなる額が、上記の調査により得られた事項を基礎として算定した個別支払可能見込額を超えるときは、当該個別クレジット契約を締結してはならない (35条の3の4) こととされた。

　次に、包括クレジットについては、カード発行時または極度額増額時に、「包括支払可能見込額」に関する調査義務を負い (30条の2)、包括支払可能見込額を超えることとなるカードを交付し、または極度額を増額してはならないとされた (30条の2の2)。

　また、令和2年改正で、包括信用購入あっせん業者の中でAI・ビッグデータを利用した与信審査方法 (利用者支払可能見込額調査) を採用できる者を「認定包括信用購入あっせん業者」として行政庁により認定し、その認定を受けた者には包括支払可能見込額調査義務を免除することとした (30条の5の4)。

[4] 適正与信調査義務

　平成20年改正前には、クレジット業者の購入者に対する法的義務規定はなく、経済産業省からクレジット業者に対し加盟店調査・管理の強化を求める通達が繰り返されてきた。しかし、通達は、大臣等が所管の諸機関や職員等に向けて発する行政指導であって、法的拘束力を持たないため、悪質な事業者に対しては指導が徹底しない状況であった。

　そこで、平成20年改正で、訪問販売等の取引において個別クレジットを利用したトラブルが多発していたことを受けて、個別クレジット業者は、販売契約の勧誘方法等について調査義務を負うものとし (35条の3の5)、不適正な勧誘行為による販売契約の場合は与信契約を禁止した (35条の3の7)。こうした調査義務は、一般的に認められているものではなく、特定商取引法 (「特定商取引に関する法律」) 上の訪問販売、電話勧誘販売、連鎖販売取引、特定継続的役務提供および業務提供誘引販売取引 (以下、「特定商取引5類型」という) について個別クレジット契約を締結しようとする場合にのみ認められている。また、個別クレジット業者は、顧客から苦情が寄せられたときは、苦情の適切かつ迅速な処置のため加盟店の調査義務を負うものとされた (35条の3の20)。

[5] 書面交付義務

　平成 20 年改正前の割賦販売法は、個別クレジットを利用して販売契約を締結したときは、販売業者が、遅滞なく、法定事項を記載した契約書面の交付義務を負うことを定めていたが、個別クレジット業者に対する義務づけはなかった。そのため、訪問販売等の類型で、たとえば、太陽熱温水器の販売業者が商品の取付けをセットにして販売契約を締結しながら、契約書面には太陽熱温水器販売の内容しか記載しないなどの書面の不備に起因するトラブルが多発した。そこで、平成 20 年改正により、販売業者の書面交付義務を強化する（35条の3の8）とともに、個別クレジット業者も特定商取引5類型に関する個別クレジット契約の申込みを受けたときおよび契約を締結したときは、遅滞なく、個別クレジット契約の申込書面および契約書面の交付義務を負うものとした（35条の3の9）。個別クレジット業者の交付書面の記載事項は、販売業者の交付書面の記載事項に若干の事項が付加されたものであり、基本的には両者の記載事項は共通である（35条の3の9第2項および4項はそれぞれ35条の8の第1号〜7号を引用している）。このような書面を作成し交付する義務が課されたことにより、個別クレジット業者が販売契約の内容を把握する責任を負うことが明確にされた。

　包括クレジットでは、包括クレジット業者は、商品販売等の代金決済につき包括クレジット契約を締結したときおよび弁済金の支払を請求するときは、遅滞なく、書面の交付義務を負う（30条の2の3第1項、第3項、省令49条、53条）。リボルビング払いの場合は、支払総額や支払回数が確定できないので、契約時の書面には、購入商品の現金販売価格、弁済期の分割金の支払方法等を記載し（30条の2の3第2項、省令51条）。弁済金請求時の書面には、支払時期、支払金額・計算根拠を記載する（30条の2の3第3項、省令53条）。

　また、包括クレジットを利用して商品を販売した販売業者は、遅滞なく、販売契約の内容に関する事項を記載した契約書面の交付義務を負う（30条の2の3第4項、省令54条）。割賦販売法の書面交付義務は、消費者の承諾があれば例外的に電子データで提供できるものとされていたが、カード決済で販売業者が書面交付義務を負うことの負担を考慮して、平成 28 年改正に伴う省令改正で、販売業者については電子データの提供を原則とし、消費者から書面交付を求められたときは書面を交付する義務を負うものとした（30条の2の3第5項、省令55条の2）。

[6] 抗弁の対抗

> **[事例2]**　Aは、B英会話学校に入会し、受講料をクレジットで支払う契約をしたが、契約してから2か月後に学校が事実上倒産してしまい、受講できなくなった。Aは、Cクレジット会社から毎月支払の請求を受けているが、支払わなければならないか。

　クレジット取引の場合、販売契約とその代金の支払に関するクレジット契約という2つの契約があり、当事者も異なる。他方で、両契約は密接に関連しているので、販売契約当事者間で主張できることを、クレジット契約の当事者間においても主張できないかどうかが問題となる。

　クレジット業者（信販会社）と販売業者（加盟店）との間には販売契約についてのクレジットの利用に関して提携関係（加盟店契約）があり、クレジット契約を締結する手続きは、販売業者に委託されて販売業者が行っている。そのため、販売契約につき無効・取消し・解除など代金支払請求を拒絶できる事由があるときには、クレジット業者からの支払請求を拒むことができるというのが購入者の通常の期待といえる。また、クレジット業者は販売業者を監督できる立場にある。

　これらの点を考慮して、割賦販売法の昭和59年改正により旧30条の4が新設され、購入者は、販売契約につき無効・取消し・解除など代金支払請求を拒絶できる事由がある場合に、これをもってクレジット業者の支払請求に対抗できることが定められた[8]。これを抗弁の対抗（抗弁の接続、または支払停止の抗弁）という（現行規定では、個別クレジットにつき35条の3の19、包括クレジットにつき30条の4）。抗弁事由の範囲について基本的に制限はなく、販売契約の解除・

---

8)　最判平2・2・20判時1354号76頁は、この規定によって抗弁対抗が創設的に認められたとする「創設的規定説」をとった。学説は、購入者がクレジット業者に対して有している権利を確認的に規定したものに過ぎないという「確認的規定説」をとるものがほとんどであり（千葉恵美子「割賦販売法上の抗弁接続規定と民法」民商法雑誌創刊50周年記念論文集2〔1986年〕280頁以下など）、上記最高裁判決を批判してきたが、最高裁は、「創設的規定説」を維持している（最判平23・10・25民集65巻7号3114頁）。

取消し・無効その他販売業者に対して代金の支払拒絶を主張することができる事由は、原則としてすべてクレジット業者に対抗することができると解されている。

そこで、**事例2**において、AはBの債務不履行（民法415条）を理由としてBとの契約を解除し（民法542条）、それをCに対して主張することができる。

割賦販売法の平成20年改正により、個別クレジット契約については、クレジット契約のクーリング・オフ、解除、取消しによる既払金返還制度が導入されたが、これらについては次に述べるように、その適用対象となる取引形態や主張できる事由に制限がある。

[7]　既払金の返還

割賦販売法の平成20年改正により、悪質な訪問販売に個別クレジットが利用されているという実態にかんがみ、販売業者が個別クレジットを利用する一定の場合に、購入者がクレジット会社に支払った既払金の返還を請求することが認められた。

具体的には、販売業者が個別クレジットを利用する一定の場合に、次の3つの権利が認められた。

(i)　クーリング・オフ

割賦販売法の平成20年改正前には、営業所等以外の場所で個別クレジット契約を利用して販売契約を締結したときは、購入者は、販売契約についてクーリング・オフができるものと定めていた（旧30条の2の3）（→クーリング・オフについて第8章138頁）。これによっても、販売契約をクーリング・オフして代金支払義務が消滅すれば、代金支払義務の消滅を抗弁事由としてクレジット契約の支払いを拒絶することができるので（旧30条の4）、クレジット契約をクーリング・オフできることの意義は少ないように見える。しかし、書面不交付または記載不備により数か月後にクーリング・オフをする場合は、販売契約については問題なくクーリング・オフできても、クレジット契約については抗弁対抗により未払金の支払いを拒絶できるにすぎず、クレジット業者に対する既払金の返還請求は認められない。そこで、平成20年改正により、個別クレジット業者に書面交付義務を課し（35条の3の9）、購入者は、特定商取引5類型による販売契約とともに、個別クレジット契約についてもク

ーリング・オフができることとした (35条の3の10、11)。これにより、個別ク
レジット業者に対して既払金の返還を請求することが可能となった。

(ii)　過量販売解除権

> **[事例3]**　年金暮らしの高齢者が、訪問販売業者の勧誘を受けて、ク
> レジット契約を利用して次々と高価な健康食品を購入した。この場合
> に、購入者は誰に対してどのような主張をすることができるか。

　平成17年頃から訪問販売により高齢者等の弱者を狙ってその支払能力を
無視して次々と契約を勧誘する次々販売被害が社会問題化した。これを受
け、特定商取引法および割賦販売法の平成20年改正で、訪問販売の方法に
より個別クレジット契約を利用して商品等の購入の契約を締結した購入者は
過量な販売契約の解除をすることができるとし (特定商取引法9条の2)、同時
に、これに利用した個別クレジット契約も解除できることが規定された (割
賦販売法35条の3の12)。これを過量販売解除権という。販売契約の過量販売解
除の要件は、訪問販売により、日常生活において通常必要とされる分量を著
しく超える商品等を購入する契約を締結したことであり、ただし、通常の必
要分量を著しく超えるものと評価される契約であっても、販売業者が当該購
入者に当該契約の締結を必要とする特別の事情があったことを証明したとき
は解除することができない (同条1項)。行使期間は、契約締結の日から1年
以内である (同条2項)。そこで、事例3がこの要件に該当すれば、購入者
は、販売契約と個別クレジット契約の両方を解除することができる。
　なお、特定商取引法の平成28年改正に伴い、同様の規律が電話勧誘販売
の方法により個別クレジット契約を利用して商品等の購入の契約を締結した
場合にも導入された (35条の3の12)。

(iii)　個別クレジット契約の取消し

> **[事例4]**　事例3で、訪問販売業者が健康食品の効能について購入者
> に虚偽の事実を告げていた。この場合に、購入者は誰に対してどのよう

> な主張をすることができるか。

　前述の抗弁対抗規定は、クレジット業者に対して未払金の支払いを拒絶することができるという規定であり、既払金の返還には及ばない。そこで、割賦販売法の平成 20 年改正で、個別クレジット契約を利用した特定商取引 5 類型の契約の締結に際し、販売契約または個別クレジット契約に関する不実告知または不告知により誤認して契約したときは、購入者は、販売契約とともに個別クレジット契約を取り消すことができ、個別クレジット業者が既払金の返還責任を負うことが規定された (35 条の 3 の 13~16)。そこで、事例 4 では、購入者は、販売契約と個別クレジット契約の両方を取り消すことができる。販売業者が不当勧誘を行ったときにクレジット契約の取消しを認める点は、個別クレジット契約の締結に関する業務について、あらかじめ個別クレジット業者と販売業者が提携関係を結び委託している関係にあることから、消費者契約法 5 条の「媒介者の法理」を根拠としたものといわれる[9]。

3　残された課題

　割賦販売法の平成 20 年改正により、信用購入あっせんについては割賦要件や指定商品制が廃止され、適用範囲について大きな改善がなされた。しかし、2 か月を超えない一括の後払いであるマンスリークリア方式は、改正後も適用対象でないため、購入者にこれまで述べてきたような保護が及ばない。そこで、マンスリークリア方式を割賦販売法の規制対象に加えるべきかどうかが問題となるが、この問題は、デビットカード方式[10] (預金即時決済方

---

9)　この問題につき、他の理論構成の可能性も含め、後藤巻則＝池本誠司『割賦販売法』(勁草書房、2011 年) 312 頁以下〔池本誠司執筆〕。取消しの効果として、販売業者、個別クレジット業者、購入者の間の清算関係が生ずる。三者間の清算関係はクーリング・オフや過量販売解除の場合も含めて問題となるが、これについては、後藤＝池本・前掲 286 頁以下、305 頁以下、321 頁以下、平田健治「第三者与信型割賦販売契約の解消と清算方法——割販法改正による清算規定の位置づけ」阪大法学 61 巻 3・4 号 (2011 年) 117 頁以下、長尾治助＝中田邦博＝鹿野菜穂子編『レクチャー消費者法〔第 5 版〕』(法律文化社、2011 年) 171 頁以下〔谷本圭子執筆〕参照。

式）や、プリペイド方式（資金前払方式）などの販売代金の電子的決済システムの多様化の中で、代金後払いという販売信用の特徴をどう位置づけるかという問題であり、今後の課題である。

　平成20年改正は、トラブルの多発している個別クレジットへの法的対応に重点を置いている。しかし、信用購入あっせんは、販売業者が顧客の支払能力を考慮することなく不適正な販売行為を行うおそれがある取引であり、この点は、個別クレジットと包括クレジットに共通する課題である。たとえば、個別クレジットについて規定された既払金返還ルールは、包括クレジットにおいても問題となる。包括クレジットに関し、平成28年および令和2年改正の改正項目は多くの事項に及ぶが、なお包括クレジットへの法的対応の拡充が必要である。

　さらに、一応の対応がなされた個別クレジットについても課題が残っている。たとえば、クレジット業者に対する既払金返還請求は、クレジットの対象である取引が特定商取引法が定める5類型（訪問販売、電話勧誘販売、連鎖販売取引、特定継続的役務提供、業務提供誘引販売取引）に該当する場合であり、かつ一定の取消事由がある場合などに認められているが、店舗販売でもクレジット被害は多数存在しており、また、クレジット業者は販売業者の信用状況を把握できる立場にある。そのため、店舗取引で、販売業者等の債務不履行により購入者が契約を解除した場合にも、クレジット業者に対する既払金返還請求が認められてもよいのではないだろうか。この問題は、既払金返還請求の理論的な根拠づけにかかわる問題であり、いっそうの検討が求められるところである。

　近年、インターネットによる各種取引に関する消費者被害が増加しており、とりわけ、いわゆる「決済代行業者」を経由したクレジットカード決済で、「利用した覚えがないサイトから利用料を請求された」といった被害が増加しているが、関係する事業者が海外に存在する場合が多いこともあって、解決が困難である。また、今日では、ポイントカード機能が併存する複

10）　デビットカード決済とは、銀行が発行するカードを販売業者の端末機に挿入して暗証番号を入力する等の方法により、銀行の預金口座から即時に代金相当額が引き落とされる決済手段をいう。

合カードによる決済や、スマホを店頭でかざすだけで代金決済ができるスマ
ホ決済、さらに暗号資産による代金決済や資金移動など、多数のキャッシュ
レス決済が現れている。これらの販売信用に隣接する領域で、たとえば、暗
号資産交換業者への不正アクセスによる漏洩・流失事件も起こっている。こ
れらのトラブルを防止して、健全なキャッシュレス決済の発展を図ることも
重要な課題である。

Column

キャッシュレス決済

　キャッシュレス決済とは、現金を使わない支払方法をいう。特に、個人の決済方法として、近年急速に普及している。

　キャッシュレス決済の種類としては、従来は、クレジットカードが一般的だったが、現在では、クレジットカード、デビットカード、各種の電子マネー（Suica や nanaco など）、各種プリペイドカード、QR/バーコード決済など、多種多様のものがある。

　キャッシュレス決済には大別すると、「前払」型、「即時払」型、「後払」型がある。

　「前払」型のものとしては、電子マネー（プリペイド式）など、「即時払」型にはデビットカードなど、「後払」型には信用購入あっせんなどがある。適用法律は一様でなく、例えば、電子マネーには資金決済法が、デビットカードには銀行法が、信用購入あっせんには割賦販売法が適用される。

　キャッシュレス決済の普及率は、先進国では 60％ 以上に及ぶものの日本では30％ ほどと言われる。2020 年に始まった新型コロナウイルス感染症の世界的拡大への対策として、キャッシュレス決済には新しい生活様式の一つとしての意義が高まっている[11]。

　キャッシュレス決済のメリットとしては、現金の持ち合わせがなくても決済できる、スピーディーな決済が実現する、決済の履歴が残る、現金を使うことで生ずる社会的なコストを減らすことができる、企業や店舗の業務効率化、新たなキャッシュレス決済サービスの普及による経済の活性化などを挙げることができる。これに対して、キャッシュレス決済のデメリットとしては、お金を使っている感覚が薄まる、端末の故障などで使えなくなる、デジタル化に対応できない人（高齢者など）が決済手段に困るといった点を挙げることができる。また、デジタル化に伴うリスクの発生が重大な問題であり[12]、これを防ぐための検討が進められている。

---

11) 金子宏直「キャッシュレス決済をめぐる法規制の現状と課題の整理」現代消費者法 51 号（2021 年）21 頁。キャッシュレス決済については多くの文献があるが、最新のものとして、「特集 キャッシュレスの現在と未来」国民生活研究 61 巻 2 号（2021 年）所収の諸論文参照。

12) たとえば、キャッシュレス決済に使用するアカウントの ID・パスワードを他人が使用することによる不正出金など。デジタル化に伴うリスクへの対応につき、金子・前掲 25 頁以下。

消費者信用取引(2)

第13章
貸金規制

弁護士
釜井英法

1　本章で学ぶこと

　本章では、貸金の中でも特に、主婦やサラリーマンなどに対し消費生活資金を融通する無担保の消費者金融やクレジットカードによる融資（キャッシング）を念頭に置きながら、貸金の金利規制、取立行為規制、過剰与信規制などを扱う。こうした消費者金融やキャッシングが、多くの支払不能者や多重債務者を生み出し、社会問題化してきたからである[1]。また、債務者の民事的救済や、多重債務に陥った債務者がその状態から脱出することを支援するための法制度についても扱う。

　戦前の庶民金融、消費者金融は主として頼母子講[2]や質屋などが担ってきた。戦後の社会経済状況の変化に伴い、1960年代に入ると、主婦、サラリーマンらに対し将来所得を担保に小口（5~30万円）、短期（6か月~2年位）の信用貸しをする消費者金融、いわゆるサラ金（サラリーマン金融）が質屋などに代わって登場し[3]、容易に暴利を稼げる業態として消費者金融業者が増加し

---

1)　中小零細事業者に対する融資をめぐる問題については、日栄・商工ファンド対策全国弁護団編『商工ファンドを斬る』（2000年）、同『最高裁が日本を変えた』（2010年）を参照。

2)　地域の人や同業者達が一定人数集まって組合を作り、毎月一定の金額を出資し、くじ引きをして、その当選者がその資金を利用するという方式の金融をいう。

3)　大阪の千里団地で主婦やサラリーマンに対し「お金配達します」などと広告して始めた「団地金融」がサラリーマン金融の始まりだといわれている。

た。その後は、クレジットカードによるキャッシングや銀行カードによるカードローンが急増した。

　既に1954年には利息制限法が制定されていたものの、1960年代当時、消費者金融やクレジット販売に対する行政規制（業法）は存在せず、出資法[4]では金利年109.5%を上回る貸付を刑事罰の対象としているに過ぎなかった。そのため、利息制限法の制限を超えるが出資法による処罰対象にはならない範囲の高金利（「グレーゾーン金利」。後述2 [1] (ii)参照）での貸付が横行し[5]、支払遅滞者に対する違法な取立てに追われる債務者が急増し、多重債務に陥ったことに起因する家庭崩壊や自殺その他の事件・事故も増え、社会問題となった[6]。

　このような状況に対して、1970年代後半からサラ金規制運動が高まり、多重債務の原因が貸金業者の高金利、違法取立て、過剰与信にあるとする貸主責任論が支持され、約30年経過してようやく、2006年の貸金業法等の大改正に至り（2010年完全施行）後述のような今日の法規制が形成された。

　なお、消費者金融を中心とする貸金業者に対する法規制が厳しくなった後の2011年頃より、銀行等の金融機関による過剰与信が増加し、減少傾向にあった破産申立件数が2016年頃から再び増加するという新たな問題が起こった。貸金業者の貸付やキャッシングと異なり、銀行等の貸付や銀行カードローンは、融資枠規制の対象となっていないためである。この事態を受けて、全銀協は2017年に申し合わせを行い、以後、自主規制による沈静化が図られた。

2　貸金業に対する規制

　貸金の契約は、民法の規定する「消費貸借契約」（民法587条以下）に該当する。民法の規定では、利息は、特約があった場合にのみ請求できることとされているが（同法589条1項）、現実には、事業者から貸付けを受ける場合のほ

---

4)　出資の受入れ預り金の取締等に関する法律。
5)　大手消費者金融でも当時は年70〜80%の高金利を徴求し、中小消費者金融は上限の年109.5%の金利を取って営業をしていた。
6)　この当時の状況を報告したものとして、木村達也「サラリーマン金融の実態と問題点」ジュリスト645号（1977年）、同「サラ金被害の実態・その類型化」法律時報51巻5号（1979年）。

とんどは利息の特約が付されている。そして、民法では、契約自由の原則が基礎とされ、利息の特約の効力についても、公序良俗（90条）などの一般条項による制限のほかは、特に制限は設けられていない。

　一方、高金利や過剰与信等の問題に対処するため、特別法としては、利息や貸金業を規制する法律が設けられている。利息制限法、貸金業法、出資法の3つの法律が重要である。

[1] 利息制限法

> **[事例1]**　A子は、長年にわたって消費者金融から借金し、年29％の利率による利息を支払ってきた。こんな高金利を支払い続けた結果、現在借金は4件300万円にかさみ、苦しい借金返済の生活を続けている。ところが、最近、利息制限法を超える金利支払分は返してもらえると聞いた。A子はどのようにすれば救済を受けられるか。

(i) 金利規制

　金銭消費貸借契約における借主は一般的に資金に窮しており、貸主の示す貸付条件を自由に選択できる立場にはない。このため、貸付利息を法律で規制する必要が生じる。そうしなければ高金利が横行し、借主が不当に不利益な契約を強いられることになるからである。利息制限法は、借主を保護するために金銭貸借契約における金利を次のように規制している[7]。

　(a)　金銭貸借における利息の契約の上限は、利息制限法第1条によって次の通り定められており、その超過部分は無効とされる。

1　元本の額が10万円未満の場合　　年2割
2　元本の額が10万円以上100万円未満の場合　　年1割8分
3　元本の額が100万円以上の場合　　年1割5分

　(b)　同法4条は、金銭貸借上の債務不履行による賠償額の予定について、

---

7)　現在の利息制限法は、1954年に制定された後、2006年12月20日の貸金業法の改正と同時に改正され、同改正法は2010年6月18日から施行された。

第1条に規定する率の1.46倍を超えるときは、その超過部分について無効とすると定める。

(c)　貸金業者による貸付けについては、より厳格な規制も設けられている（2006年改正により、5条以下の営業的金銭消費貸借の特則が新設された）。まず、貸金業者のする追加的な貸付けの場合は、その元金合計額をもって元本の額とみなされ（第5条）、その元本を基準にして、1条の定める金利の上限額が計算される。貸金業者が少額の貸付数を多くすることによって高利を徴収することを禁じたのである。

また、第7条は貸金業者の金銭貸借については、借主の不履行の場合の賠償額の予定の上限は年2割と定め、その割合を超える部分は無効と定める。出資法5条2項で貸金業者による年2割を超える利息（遅延損害金を含む）契約が処罰されることとなったことと平仄を合わせているのである。

さらに、貸金業者に対して保証料名目で高額な金額を徴収することを禁ずるため、同法第8条は、利息制限法1条、5条の率を超えた保証料の契約を無効としている。

(d)　事例1のA子は、利息制限法（年15〜20%）を大幅に超える年29%の利率による利息を長年にわたって支払ってきた。この場合、利息制限法に定める利息を超えて支払った過払利息分は、利息制限法1条1項によって無効となり[8]、毎月の元本返済に充当することができる。その結果、元本が減額され、これに順次過払利息の元金充当計算を繰り返すことで、元金がゼロとなり、またはそれ以上の返済金があれば、A子は、不当利得の返還請求によりその過払金を貸金業者から取り戻すことができる[9]。

A子の救済としては、全ての貸金業者に対してA子の最初からの取引履歴の開示を求めて過払利息の元金への充当計算を行い、元金の減額請求をするか、元金がゼロになって過払金があれば貸金業者から過払金の取戻しを請求することになる。これにより、A子は多重債務状態から脱することができる。貸金業者が過払い金を返還する場合、返還金に法定利率（民404条）による遅延利息を付して借主に返還しなければならない[10]。

---

8)　柄澤昌樹ほか著『クレジット・サラ金の任意整理実務Q&A』（青林書院、2009年）。

9)　最判昭43・11・13民集22巻12号2526頁など。

なお、2010年6月18日の改正貸金業
法完全施行以降、登録貸金業者は利息制
限法の制限利率内で営業することが行政
規制としても義務付けられたこともあり
最近では違法になる事業は減少している
(後述 **3** [3] (i)参照)(貸金業法12条の8)。

出資法上限金利の推移 (年利)	
1954 (S29)/8/1〜	109.5%
1983 (S58)/11/1〜	73%
1986 (S61)/11/1〜	54.75%
1991 (H3)/11/1〜	40.004%
2000 (H12)6/1〜	29.20%
2010 (H22)6/18〜	20%

(ii) 利息制限法——補論「グレーゾーン金利」と2006年 貸金業関連法の大改正

　利息制限法は、上記のとおり、1954年に制定されて以来、利息の上限を、「10万円未満の貸付金について20％、10万円以上100万円未満　18％、100万円以上　15％」と定めている。一方、貸金業者が従わなければならない営業的金銭消費貸借契約についての出資法の刑罰金利は、現在は年利20％だが、右図のようにかつては109.5％であり、そこから次第に下がってきた。グレーゾーン金利とは、利息制限法の制限を超過しているが、出資法上の刑事罰の対象とならない範囲の金利のことを言う。

　もともと、利息制限法1条2項は、債務者が1項の定める制限を超過した利息を任意に支払ったときは1項にかかわらず返還請求できないと定めていたが、最高裁は、借主保護の視点から利息制限法1条1項を重視して「過払利息を元金に充当し、元金が存在しなくなれば、それ以後に支払ったものは不当利得として借主に返還すべき」と判断した[11]。ところが、いわゆるサラ金問題は後を絶たず、それに対処するために、1983年に (旧) 貸金業規制法が制定され、貸金業者に対する行政規制が導入されるとともに、出資法の刑事罰対象金利が引き下げられた。しかし、同法の43条には、貸金業者が利息制限法を超えた利息を受領しても借主が任意に支払ったものは有効な利息の弁済とみなすとする規定 (「みなし弁済規定」という) が設けられた。

　そこで、(旧) 貸金業規制法の43条につき、「支払の任意性」の解釈が争われた。最高裁は、期限の利益喪失特約の下で行われた制限超過利息の支払

10) 最判平19・2・13民集61巻1号182頁。
11) 最判昭43・11・13民集22巻12号2526頁。

は、事実上の強制によるものであり任意性を欠くとし、同法43条1項のみなし弁済規定の適用を否定した[12]。貸金業者のほとんどが、こうした貸付に期限の利益喪失特約を付しており、「みなし弁済規定」の適用が認められないことになった。これを受け、2006年の改正で43条のみなし弁済規定は廃止され[13]、貸金業規制法の名称も「貸金業法」に改められることになった。出資法による刑事罰の対象とされる金利も引下げられ、利息制限法の貸付金10万円未満の制限金利と同じ20%となって、グレーゾーンの範囲はきわめて狭くなったのである。

　出資法の上限金利の推移は、貸金業者の栄枯盛衰の歴史であると同時に、高利に苦しむ貸金利用者の救済の歴史でもあるといえよう[14]。

[2] 貸金業法
(i) 開業規制と業務規制
　貸金業法は、貸金業を営むには登録が必要であるとし、その上で、貸金業者が業務の適正な運営を確保するためのルールを定めている。借主の観点から重要なルールとしては、貸金業者の取立行為規制（以下(iii)参照）のほか過剰貸付け等の禁止（同法13条の2）、契約書面、受取証書等の書面交付義務（同法17条、18条等）等がある。このうち、個人に対する過剰貸付けの禁止は、住宅資金貸付け等を除き、その個人の年間収入の3分の1を基準とし、その基準額を越えることとなる貸付けの契約を貸金業者が行うことを禁止するものである（同法13条の2）。

(ii) 違法な取立てへの対処

［事例2］ Cは、1年くらい前に生活費が足りないときに貸金業者D

---

12)　最判平18・1・13民集60巻1号1頁など。森泉章編『新・貸金業規制法〔第2版〕』（勁草書房、2006年）、日本弁護士連合会上限金利引下げ実現本部編『Q&A改正貸金業法・出資法・利息制限法解説』（三省堂、2007年）も参照。

13)　2010年6月18日完全施行。

14)　小島庸平『サラ金の歴史——消費者金融と日本社会』（中公新書、2021年）は、戦後日本金融史の流れの中でサラ金・消費者金融の成功と挫折の経過を論じた好著である。

社から年利 18% の利息で 20 万円を借りて、毎月 1 万円ずつを支払っていたが、先月分と今月分の支払を滞納してしまった。すると、昼夜問わず、D 社の社員から督促の電話がかかってくるばかりか、自宅にまで取立が来て、玄関のドアの前で、隣近所の人にも聞こえるくらいの大声で、繰り返し借金を返済するように怒鳴られている。C にどのようなアドバイスができるか。

　事例2では、CとD社との間の金銭消費貸借契約における利息の定めは、利息制限法の制限利率の範囲内である。したがって、C は、年 18% の割合の利息を、そして支払期限を過ぎた後は年 20% の利率の範囲内での遅延損害金を支払わなければならない（利息制限法1条、7条）。

　しかし、事例2でみられるような、人の日常生活を妨害する厳しい取立行為が許されてよいわけではない。人は、誰でも平穏に生活できる権利を持っているからである（憲法13条、25条参照）。その禁止を明文化したのが、貸金業法 21 条 1 項である。

　同項は、貸金業者または貸金業者から債権の取立てについて委託を受けた者は、債権の取立てをするにあたって、人を威迫し、又は人の私生活若しくは業務の平穏を害するような言動をしてはならない旨を定め、さらに、それを具体化する詳細な規定を置いている（同項1〜10号）。こうした禁止に違反する貸金業者等の取立行為は、罰則や行政処分の対象となる[15]。

　事例2のD社従業員の取立行為は、夜から朝にかけての支払督促行為（21条1項1号）やプライバシー侵害行為（同項5号）に該当する。C は、行政の貸金業者監督部門に連絡をして、行政指導等の対応を求め、または、弁護士等に債務整理を依頼して、貸金業者と交渉してもらうことができる。何度もこのようなことが続くのであれば、強い違法性のある取立行為であるとしてD社に対して不法行為（民法709条）による損害賠償請求をすることも考えら

---

15)　具体的には、2 年以下の懲役若しくは 300 万円以下の罰金等が課せられ（法47条の3第1項3号）、また、業務改善命令（法24条の6の3）、営業停止命令・登録取消（法24条の6の4第1項2号）の事由となる。

れる。

(iii) 高利の消費貸借契約の無効

> **[事例3]** アルバイトで生活していたAは、身体をこわし、約1か月
> 分のアルバイト収入がなかったため、生活費が足りなくなった。そこ
> で、郵便受けにチラシが入っていた貸金業者Bに連絡したところ、月
> 利10%(年利120%)の利息で、20万円を貸してくれた。1か月後、B
> が22万円の返還を求めてきたが、Aは、これを拒むことができるか。

2003年に高金利の契約を規制するために、ヤミ金対策[16]として新設され
た貸金業法42条は、貸金業者が、「年109.5%を超える割合による利息の契
約をしたときは、当該消費貸借の契約は、無効とする」と定めた。この規定
は、制限利率を超える利息を無効とする(=制限金利の範囲内の利息の契約は有効)
だけの利息制限法とは異なって、利息契約のみならず、貸金契約全体をも無
効としている点で特徴的である。つまり、この場合、貸主は利息を一切請求
できなくなるのである。

事例3のA・B間の契約は、金銭消費貸借契約であり、その利息は契約
により、月利10%=年利120%と定められている。年利120%の利息は、
利息制限法の制限を超過するだけでなく、貸金業法42条が定める年109.5%
の利率を超えるものである。したがって、A・B間の消費貸借契約は、貸金
業法42条により無効となる。事例3では、Aは利息の支払を一切拒絶する
ことができる。

また、Aが受け取っていた20万円の元本についても、不法原因給付(民法
708条)に該当すると主張して返還を拒絶することが考えられる。年利120%

---

16) 「ヤミ金とは、出資法5条に違反する高利の貸付を行う貸金業者のことを言う。貸金業登
　　録をしているかどうかは問わない。ヤミ金業者の特徴は、①超高金利、②過酷な取立て、③
　　過剰与信とされている(「ヤミ金対策法のポイント」リーフレット〔金融庁2003年7月作
　　成〕、後掲「クレジット・サラ金処理の手引き〔6訂版〕」165-181頁)。

という金利は、人の生活を破綻させる危険性のある高金利であり、かつ、B
はそのような高金利での貸付を反復継続して、違法な収益を挙げていること
などを考慮すると、この契約は公序良俗違反（民法90条）と認められる可能性
が高いからである[17]。この場合、Bは、契約に基づく返還請求ができない
のはもちろん、不当利得を理由に返還を求めることも否定されることになる。

[3] 出資法（5条）

　出資法は、刑事罰による制裁をもって高金利での貸付を禁止している。そ
の際、金銭の貸付を行う者と、金銭の貸付けを業として行う者とに分けて規
制をしている。

　①5条1項では、金銭の貸付を行う者は年109.5%を超える割合による利
息の契約をしたときは、5年以下の懲役若しくは1000万円以下の罰金に処
し、又はこれを併科するとし、

　②2項では、これを業として行う場合には年20%を超える割合による利
息の契約をした者に1項と同様の刑に処するとした（前掲2 [1]（ii）の表「出資法
上限金利の推移」も参照）。

　③さらに3項では、これを業として行う者が年109.5%を超える割合によ
る利息の契約をしたときは、10年以下の懲役若しくは3000万円以下の罰金
に処し、又はこれを併科すると定め、高金利規制をより厳しい刑で処罰する
こととされている。

3　多重債務者の救済

> **[事例4]**　Eは、インターネットでの買い物や飲食などに複数のクレジ
> ットカードを使っていたが、収入が減って返済のためにキャッシング
> （貸金）機能も利用するようになり、そのうちキャッシングの枠が一杯に
> なり追加の借入れもできなくなってしまった。Eは現在、複数の業者か
> ら総額約150万円の借金を負っている。Eの月収は約20万円であ
> り、その平均支出（家賃、食費、光熱費、交通費等）は約18万円程度であ
> る。Eはどのような法的救済手段を選択することができるか。

任意整理	特定調停	個人再生	自己破産
業者との話し合いによる債務整理	簡易裁判所での調停による債務整理	地方裁判所で再生計画の認可を受けて行う債務整理	地方裁判所で破産・免責の決定を受けて債務を整理
• 毎月の支払額を減額 • 将来利息をカット	• 毎月の支払額を減額 • 将来利息をカット	• 全債権者の同意は不要 • 元本カットも可能 • 給料差押えは受けない • 住宅を維持できる可能性 • 資格制限を受けない	• 免責の可否は裁判所の判断 • 免責により全ての債務を免れる（税金等は免責されない） • 破産手続開始後の収入は自由な財産（フレッシュ・スタート）
✓ 非協力的な債権者がいると整理不可能 ✓ 無理な返済計画を立てると再び破綻する危険 ✓ 元本カットは難しい	✓ 非協力的な債権者がいると整理不可能 ✓ 無理な返済計画を立てると再び破綻する危険 ✓ 元本カットは難しい	✓ 無理な返済計画を立てると再び破綻する危険	✓ 住宅は手放さざるを得ない ✓ 資格制限を受ける ✓ 免責不許可の場合もある

[1] 4つの多重債務救済手続

　多重に債務を抱え、返済ができない状態に陥っている場合に選択できる救済手続には、①任意整理、②特定調停、③個人再生、④自己破産の4つがある。このうち、任意整理と特定調停は、話合いでの解決を目指す方法であり、個人再生と自己破産は、話合いではなく法律で決められた手続を利用する方法である。

　選択肢の検討は、これらの制度のメリットとデメリットを考慮して行う必要がある。裁判所を利用しなければならない破産や民事再生ではなく、まずはその面倒を回避して、話合いでの解決を目指したいと考える人も少なくな

---

17)　最判平20・6・10民集62巻6号1488頁参照。同判決は、不法行為による損害賠償請求事件に係るものであるが、いわゆるヤミ金融業者による貸付を、「社会の倫理、道徳に反する醜悪な行為」とし、借主に交付された貸付金を損益相殺の対象として損害から控除することは民法708条の趣旨に反し許されないとした。

いであろう。だが、話合いでの解決は、円満なように見えて、次のようなデメリットもある。たとえば、返済回数を増やして、返済の額を少なくしてもらうと、返済が長期化し、経済的な痛みを大きくするものとなる。親族からお金を援助してもらって一括で返済する方法は、自分以外の人に経済的負担をかけることになる。

　弁護士としての実務経験からすると、多重債務者の状態から回復する場合には、自己破産手続が、自身の経済的痛みを最小限にし、自分以外の者への経済的負担をかけない（または最小限にする）やり方として一番適切ということになる。ただし、個人再生手続の利用が適切な場合もある。たとえば、支払中の住宅ローンがあり、住宅を残したいような場合である。

　以下で、より具体的に検討してみよう。

[2] 多重債務に陥った場合の最初の対応

　まず債権者に対する日々の支払をストップすることが大事である。その上で、弁護士または司法書士に相談し、債務整理事件として依頼することになる[18]。

　依頼を受けた弁護士等が、債権者に「債務者から債務整理の委任を受けた旨の通知」（受任通知）をすれば、債権者は、正当な理由なく、債務者に督促行為をすることができなくなる（貸金業法21条1項9号。前述参照）。これにより、債務者は、支払をストップしても債権者から督促を受けることはなくなり、自己の収入の範囲での家計の建て直しに取り組むことができるようになる。このように、貸金業法21条が、多重債務者の平穏な生活回復と経済的再起に対して与える効果はきわめて大きい。

[3] 破産と個人再生と特定調停・任意整理の選択基準

(i) 過払金返還請求の可能性

　上述した2006年の貸金業法・出資法大改正により、同法が完全施行された2010年以降は利息制限法の制限利率を超えた利率で金銭を貸し付けるこ

---

18)　全国の弁護士会の法律相談センター情報。https://www.nichibenren.or.jp/legal_advice/search/center.html

とはできなくなった。それ以降は、過払いはほぼ生じないが、2010年以前からの借入れがあって、現在も借入れ・返済を続けている場合は、「過払い」金の返還を請求することができる可能性が高い。その場合、過払金の返還を受けてから、全体の債務整理の方針を決めることになる

(ii)　消滅時効、特定商取引法の適用可能性、ヤミ金からの借入れ

消滅時効の適用可能性（最後の支払日から5年以上経過していれば、支払債務は時効により消滅している可能性が高い）や、ふとん、リフォーム、屋根点検、消火器等の強引な訪問販売、キャッチセールス、マルチビジネスなど特定商取引法が適用できる場合には、クーリングオフや取消しなどができないか等、総債務額の減額策を検討する。

ヤミ金からの借入れは返済する必要はない（本章2［2］(iii)）。ただし、その他にも多額の債務がある場合には、ヤミ金も債権者に入れて破産申立することになる。

(iii)　36回返済基準[19]

（i）と(ii)を検討しても債務が残りそうな場合、破産、個人再生、任意整理・特定調停を検討する。破産手続はもっとも迅速かつ簡便に経済的更生を図ることできる制度であり、こちらをまずは検討する。破産が可能かどうかの基準として36回返済基準がある。この基準に基づき、負債総額を月々の返済可能額で割り、返済回数が36回以上（＝3年以内で返済できない）となるのであれば、たとえ負債総額が100万円以下でも債務者は破産を選択することができる。

例外的に、住宅ローン返済中の不動産を保有していて、それを残せる可能性がある人、生命保険勧誘員や警備員など資格制限の関係で問題がある人の場合には、個人再生を検討することになる。

特別な事情があり、個人再生すらも選択できない場合には、任意整理・特

---

19)　東京弁護士会＝第一東京弁護士会＝第二東京弁護士会『クレジット・サラ金処理の手引〔6訂版〕』（2019年4月）40-41頁「第6講　手続選択の基準」参照。同書は弁護士向けの実務書であるが、多重債務処理の全てのノウハウが詰まっている。

定調停となるが、経験上、このような事例はまれである。

　多重債務に陥って相談にくる人が 36 回以内で全負債を返済できるような
ケースはほとんどないが、仮に 36 回以内の回数での返済ができる場合に
は、個人再生または任意整理・特定調停を選択することになる。

(iv)　E のとるべき選択

　E の毎月の返済可能額は 2 万円で、総負債額は 150 万円であるから、返済
に要する回数は 75 回となり、基準である 36 回を超える。したがって、住宅
所有、資格制限、免責不許可事由等の破産申立の障害となる特段の事情がな
ければ、自己破産相当ということになる。

　E がやるべきことは、まず、弁護士等の専門家に相談して、債務整理を委
任することである。その上で毎月の返済をストップし、健全な家計状況の回
復を目指して、裁判所に自己破産申立をし、免責決定を得ることを目指すべ
きである。自己破産による免責制度は、まさに、E のような人が立ち直るた
めの制度なのである。

(v)　補論——自己破産手続と個人再生手続の利用実態

　こうした自己破産手続は、個人再生手続よりも圧倒的に多くの割合（おお
よそ85：15の割合）で利用されている。自己破産申立件数は、商工ローン・貸
金業者の過剰与信等の多重債務問題が深刻化していた 2003 年がピークであ
ったが（約24万件）、2006 年の貸金業法及び出資法の大改正により、大幅に減
少した。しかし、2021 年でも約 7 万件の申立てがされており、多数の多重
債務者を発生させるシステムは依然として続いている。

4　今後の課題

　本章でみてきた貸金規制は、様々な人や団体の取組みの成果として実現し
たものである。貸金業者が、高金利・過剰な貸付け、過酷な取立てなどによ
って債務者を「サラ金地獄」と呼ばれるような状態に追い込むことで、自殺
者の増加や自己破産件数の激増などの問題が生じ、大きな社会問題となっ
た。多重債務被害者、被害者の会、それを支援する消費者団体、労働福祉団
体、債務整理事件に取り組む弁護士、司法書士らが連携して知恵と力を合わ
せ、その被害実態と理不尽さを社会に対して訴え、何年にもわたって救済策

自然人自己破産事件・個人再生事件新受事件数（2016年〜2021年）
（最高裁判所HP司法統計から*2021年は速報値に基づく）

| | 自然人自己破産 | 個人再生 | | | 自然人自己破産と個人再生の合計のうち前者の割合 | 個人再生のうち小規模の割合 |
		小規模	給与所得者等	計		
2014年	65,189	6,981	686	7,667	89.5%	91.1%
2015年	63,844	7,797	679	8,476	88.3%	92.0%
2016年	64,637	8,841	761	9,602	87.1%	92.1%
2017年	68,791	10,488	796	11,284	85.9%	92.9%
2018年	73,084	12,354	856	13,210	84.7%	93.5%
2019年	73,095	12,764	830	13,594	84.3%	93.9%
2020年	71,678	12,064	777	12,841	84.8%	93.9%
2021年	68,240	10,509	740	11,249	85.8%	93.4%
＊参考：自己破産新受件数が一番多かった年（2003年）と2020年の10年前（2010年）のデータ						
2003年	242,357	15,001	8,611	23,612	91.1%	63.5%
2010年	120,930	17,665	1,448	19,113	86.4%	92.4%

を提言し続けた。それは人々を動かし、ついに国会・政府にも届き、2006年に出資法、利息制限法、貸金業法（貸金三法）の大改正が実現した。これらの法律の大改正は、政府任せ、議員任せの改正ではなく、「この問題はおかしい！」と気づいた国民自身が主人公となって成し遂げたものであり、画期的なことであった[20]。

　この貸金業法等の大改正により、2003年に約24万件だった自己破産件数は2015年には約6万4000件にまで減少した。

　その後、自己破産件数は、銀行によるルーズな貸付け（過剰与信）により

---

20)　上柳敏郎＝大森泰人『逐条解説貸金業法』（商事法務、2008年）18頁は、2006年改正法の成立は、「その立法事実である多重債務をめぐる社会問題の深刻さを示すとともに、日本の司法、行政、立法各府がそのような社会問題に対して一定の解決の意志と能力を持っていることを示したものである。」と指摘する。構造的な被害を防止するための、わが国での立法のあり方を考える上で、大変参考になる。

2016年ころから再び増加の傾向を見せたが、2020年から減少傾向を示しているようにみえる。

　しかし一方で、新たな問題も登場している。まず、貸金規制が厳しくなったため、「貸金」以外の衣をまとった脱法的な貸付行為が裏で行われていることを指摘できる。たとえば、債権譲渡というスキームを装ったファクタリング[21]、後払い（ツケ払い）現金化サービス[22]などがインターネット上で氾濫している。これらの脱法的な実質的貸付行為のほとんどは、出資法の刑罰金利の上限を超えており、実態はヤミ金である。脱法的「貸金」業者対策が必要となっている。

　また、2022年4月からの成年年齢引下げに伴い、若年者の貸金利用可能性が一気に増加している。さらにこうした状況下で、少額の貸付けについてはAIを活用した簡易な与信審査で貸付けを可能にするというような動きもでてきている。ずさんな与信審査による多重債務被害を防止するための対策も必要となろう。今後、貸金をめぐる新たな法規制が必要になるように思われる。

　このほか、クレジットなど消費者販売信用取引の規制は十分ではないことも指摘できる。たとえば、クレジットを受ける際の「手数料」は貸金の「利息」に相当するものであるが、これについては規制がない。これに対して、消費者金融には、すでにみてきたように、出資法、利息制限法、貸金業法という法律が存在し、利息の制限についての一定の対策がとられている。消費者金融もクレジットなどの消費者販売信用も、消費者に信用を与える取引であることは共通している。消費者信用取引については、こうしたギャップを埋めることも必要となる。また、その共通性を確認する中で、国民にとってわかりやすく使いやすい統一ルールの策定も視野に入れることができるかもしれない。たとえば、「統一消費者信用法」の構想は、将来的な課題として検討の必要があるように思われる（→ Columnを参照）[23]。

21）　金融庁「ファクタリングに関する注意喚起」https://www.fsa.go.jp/user/factoring.html

22）　金融庁「いわゆる後払い（ツケ払い）現金化に要注意」https://www.fsa.go.jp/ordinary/chuui/cashing_chuui.html

Column

クレジット契約の「手数料」には利息制限法のような決まりはないのか

　店舗やインターネットで物やサービスを購入するときなどに利用するクレジット契約は、割賦販売法という法律で規制されている。一括で代金を支払う場合には手数料を取られることはあまりないが、分割払とかリボルビング払い[24]という返済方法を選択するときには、手数料を徴収されるのが普通である。クレジット取引は貸金（金銭消費貸借契約）ではないので、この手数料については、出資法や利息制限法は適用されない。

　消費者がクレジット契約の当事者となっている場合には、消費者契約法が適用され、支払期日に遅れた場合の損害賠償額予定条項の上限利率は年14.6%と定められ、それを超える部分は無効とされている（同法9条2号）。また、2か月を超える後払いのクレジット契約の場合には、利用者がクレジット代金の支払いを滞り、クレジット業者が、残代金全額を請求するような場合、違約金等の定めがあっても、その残代金に法定利率（民法404条1、2項）による遅延損害金を加えた額を上限とするという規定がある（割賦販売法30条の3）。

　このように、クレジット契約については、手数料や利息や遅延損害金の定め方は、消費者には大変わかりにくい規制内容となっている。統一消費者信用法の制定が、その意味でも望まれる。

23)　2003年8月に日弁連が「統一消費者信用法要綱案」を発表している。約20年前の提案であるが、まだ色あせてはおらず参考になる。https://www.nichibenren.or.jp/library/ja/opinion/report/data/2003_51.pdf, https://www.nichibenren.or.jp/library/ja/publication/booklet/data/shohisya_shinyouhou.pdf

24)　「リボルビング払い」とは、クレジットカードや消費者金融の利用代金の支払方法の1つであり、利用者が、クレジットカード等の利用残高に対して、毎月定額または残高の定率をクレジットカード会社等に支払う方法である。「分割払」が個別取引ごとに支払回数や手数料額を決める支払方式であるため、個別取引が増えると毎月の支払金額も増えていくのに対し、「リボルビング払い」の場合、毎月の支払額が定額または定率なので、クレジットカード等の利用がしやすいという面がある。しかし、クレジットカード等の利用金額（利用残高）が増えると、手数料（リボルビング払いの一般的な手数料率は年15%程度とされている）の支払額も増えていくため、結果的に過大な債務を負担することになり、返済期間が長期化したり、別途新たな借入れをしたりすると多重債務に陥る危険性もあるので、注意が必要である。

広告・表示規制

第14章
景品表示法

弁護士
染谷隆明

1 本章で学ぶこと

　私たちは、商品またはサービス（以下「商品等」という。）を購入する際には、それに関する広告・表示に依拠している。たとえば、スマートフォンの通信サービス契約をする場合、その月額料金やギガ数などの情報を広告・表示によって比較し、自分に合ったものを選択する。このように、広告・表示は、消費者にとって商品等を選択するための情報であり、よりどころである。この広告・表示の内容が適正でなければ、その選択の基礎が崩れ、その選択も適正なものではなくなる。それは、消費者の選択を歪曲し、市場の健全さを失わせる。消費者基本法も、消費者政策における重要課題として広告・表示の適正化を捉えている（同法15条1項参照）。

　本章では、消費者の商品等の選択にとって重要な広告・表示に関する法律問題を学ぶ。広告・表示規制は多様で、かつ複雑である。そこで、まずは広告・表示規制に関わる法律を整理する（後記2）。次に、表示規制の基本法として位置づけることができる景表法を概説し（後記3）、最後に、その課題についても明らかにする（後記4）。

2 表示規制に関わる法律とその概要

　表示規制には統一法典が存在しない。多くの法令がそれぞれの法目的に基づき、それぞれ表示規制を課し、かつ、その内容も民事法、行政法及び刑事法の分野にまたがる。一つの表示行為に対し、複数の法令が適用されること

も珍しくない。下記の事例でどのような法令が適用されるか見てみよう。

> **［事例1］** 食品製造販売業者Aは、新型ウイルスの流行によって国民
> の健康への関心が高まっていることに着目し、自らが製造したドリンク
> 商品の包装に、特段効果がないにもかかわらず、「新型ウイルス予防に
> 効く！」と記載した上で、自社ウェブサイトでも同様の表示をし、イン
> ターネット販売を開始した。

　まず、民事法の観点では、消費者は、新型ウイルス予防の効果があること
を前提に商品を購入するものと考えられるのに、実際には効果がなかったこ
とから、Aに対し返金を求めるであろう。具体的には、錯誤（民法95条）や
不実の告知（消契法4条1項1号）があったとして、商品購入契約を取り消した
上で、売買代金の不当利得返還請求を行うものと考えられる。
　行政法の観点では、たとえば、景表法が、事業者が自己の供給する商品等
に関し不当表示をすることを禁止している。そして、景表法に違反した場
合、消費者庁は違反事業者に対し違反状態の是正などを求める措置命令を行
うことができる（同法5条1号、7条）。したがって、消費者庁は、Aが実際には
効果がないのに「新型ウイルス予防」の効果があるかのような不当表示をし
たとして、Aに対し、景表法に基づく措置命令をすることができる。
　刑事法の観点では、たとえば、不正競争防止法が不正の目的をもって商品
の品質、内容などに関し誤認させるような表示をすることを罰則の対象とし
ている（同法2条1項20号、21条2項1号）。このため、Aは同法により罰せられ
る可能性がある。
　上記の適用法令は、本事例に適用され得る法令の一部を示したものであ
り、適用される法令の全てを記載したものではないが、一つの表示行為に複
数の法令が適用され、かつ、その分野も民事法・行政法・刑事法にまたがる
ことがわかる。このように表示規制は複雑であるが、表示規制を読み解く視
点もある。具体的には、民事・行政・刑事の各法分野の視点に加え、たとえ
ば、①規制内容、②商品等の内容・販売手法、③規制主体などの視点が広
告・表示規制を読み解くにあたり役立つ。具体的には下記のとおりである。

[1]　規制内容という視点

　表示規制はその規制内容に着目する場合、大まかに(i)表示義務付け型規制、(ii)表示禁止型規制に分類できる。(i)は、積極的に特定の事項を表示することを義務付けるものであり、一般消費者に対する情報提供の役割を果たしている。たとえば、食品の包装に特定原材料（アレルギー）などを記載することを義務付ける食品表示基準（食品表示法 4 条）がこれにあたる。(ii)は、特定の表示をすることを禁止するものであり、たとえば商品等の内容や取引条件などに関し、実際と異なる虚偽・誇大な表示を規制することによって、消費者の商品等の選択を保護する機能などを有している。景表法は、このタイプの業種横断規制である。各種業法でも虚偽・誇大広告規制をしている例がある（薬機法 66 条等）。

[2]　商品等の内容・販売手法という視点

　商品等の内容や販売方法によって適用を受ける表示規制がある。商品等によっては消費者の生命・身体の安全を確保する必要がある場合や、販売手法によっては一般消費者の誤認を招きやすい場合など特に表示規制を行う趣旨である。たとえば、食品を摂取する際の安全性の確保する目的の表示規制として上記①の食品表示基準がある。また、商品等の通信販売を行う場合に販売業者や取引条件に関する情報の表示を義務付ける特商法 11 条は、商品等の販売手法に着目した表示規制といえる。

[3]　規制主体という視点

　表示規制の権限を誰が持つか、という視点もある。この視点には 3 つの類型がある。まず、広告審査基準など事業者が自主的に規制するファーストパーティ型規制がある。次に、虚偽・誇大広告があった場合に契約の取消し、解除、損害賠償請求を行うといった契約当事者に権利を与えるセカンドパーティ型規制がある。そして、行政が行う事前規制（許認可による参入規制）・事後規制（行為規制）や、競争事業者に虚偽・誇大表示を差し止める権利付与をするタイプのサードパーティ型規制がある。これらの視点が混合する制度も存在する。たとえば、景表法の公正競争規約（景表法 31 条）は、消費者庁長官と公正取引委員会が表示や景品類に関する業界自主規制を適正な内容であると認定することによって当該業界の表示を適正化することを企図した制度であ

るが、ファーストパーティ型規制とサードパーティ型規制のミックスといえる。

以下では、業種横断型の表示規制として重要な位置付けにある景表法について概説する。

3　景表法の表示規制の概要

[1]　景表法の目的

景表法は、①「商品及び役務の取引に関連する不当な……表示による顧客の誘引を防止するため、一般消費者による自主的かつ合理的な選択を阻害するおそれのある行為の……禁止について定めることにより、一般消費者の利益を保護することを目的」とする法律である（景表法1条。以下では断りがない限り景表法の条文を指す。）。元々、景表法は、独禁法の特例法として制定され、その当時、②「公正な競争の確保」が目的であった。しかし、消費者庁設置に伴い、消費者庁が景表法を所掌することとなり（消費者庁及び消費者委員会設置法4条1項14号）、消費者法体系に組み込まれたことから上記の目的に変更された。ただし、①と②の目的は表裏一体の関係にあるため、規制内容に変更はないとされる[1]。

[2]　行為規制

景表法における「表示」は、2条4項に定義されている。同項に基づき指定された表示は、チラシなど商品そのものによる表示以外のものも含み、口頭による表示も含み、不特定多数ではなく個別の消費者に対するものを含み、インターネットなどの電磁的方法も含むなど広範である[2]。

そして、景表法は、1条の目的を実現するため、5条に定める表示行為（以下「不当表示」と総称する）を禁止している。具体的に禁止される不当表示は、商品等の品質、規格その他の内容に関するもの（同条1号、いわゆる優良誤認表示）、価格その他の取引条件に関するもの（同条2号、いわゆる有利誤認表示）、内

---

1)　西川康一編著『景品表示法〔第6版〕』（商事法務、2021年）28頁。

2)　「不当景品類及び不当表示防止法第二条の規定により景品類及び表示を指定する件」（昭和37年公正取引委員会告示3号）2項。

閣総理大臣が指定する表示に関するもの（同条3号、指定告示に係る表示）である。

　また、事業者は、不当表示等を予防するため、表示等を適正に管理するために必要な措置（管理上の措置）、すなわち、コンプライアンス体制の構築をしなければならない（26条1項）。その他、消費者庁長官及び公正取引委員会が認定した業界の表示等に関する自主ルールは、公正競争規約と呼ばれており、業界の表示等の適正を確保するルールとして機能している（31条1項）。

　以下では、優良誤認表示と有利誤認表示の具体例を順に確認してみよう。

(i)　優良誤認表示

> **[事例2]**　衣服製造業者Bは、加圧シャツを製造した上で、自らのホームページにおいて、当該加圧シャツを着た筋骨隆々な男性の写真と共に「着るだけで劇的変化！　加圧により体に負荷をかけ簡単にマッスルボディに！」と表示し、当該加圧シャツを販売した。

　Bが行った表示は、あたかも加圧シャツを着るだけで筋肉が増強される効果があるかのような印象を与えるものである。当該表示は商品等の内容に関するものであるから、優良誤認表示該当性が問題となる。

　まず、優良誤認表示とは、一般消費者に対し、商品等の内容に関し、実際の商品等、または、競合事業者の商品等よりも著しく優良であると示す表示であって、不当に顧客を誘引し、一般消費者による自主的かつ合理的な選択を阻害するおそれがあると認められるもの[3]をいう。

　ここに「著しく」という要件がある。この要件が置かれたのは、一般に広

---

3)　「著しく」を満たす場合、通常、「不当に顧客を誘引し、一般消費者による自主的かつ合理的な選択を阻害するおそれがあると認められるもの」を満たすが、例外的に、法令による義務付表示であるなど非難可能性がない場合には「不当に顧客を誘引」に該当しないとする考えがある（行政不服審査会答申平成30・10・31（平成30年度答申47号〔日産自動車〕））。他方で、「不当に顧客を誘引」は専ら表示内容の不当性を問題とするものであって、表示内容以外の要素を持ち込むことを否定するのが消費者庁の見解である（消費者庁裁決平30・12・26（消総総710号〔日産自動車〕））。

告にはある程度誇張を含み、また、単純化されるものであるから、それが常識的な範囲内のものであれば許容される一方で、「著しい」誇張であれば違法とする趣旨である。そして、「著しく」とは、誇張・誇大の程度が社会一般に許容されている程度を超えて、一般消費者の商品等の選択に影響を与えることをいう[4]。具体的には、一般消費者の立場から表示全体を見た場合の印象を前提に、商品等の実際を知った場合に当該商品等に誘引されなかったであろうという関係が認められるのであれば、「著しく」という要件は満たされる[5]。

　また、優良誤認表示にはいわゆる不実証広告規制が置かれている。具体的には、消費者庁長官は、優良誤認表示に該当するか否かを判断する必要があると認めるときは、表示をした事業者に対し、当該表示を裏付ける合理的根拠資料[6]の提出を求めることができ、当該資料を提出しない場合、当該表示は措置命令との関係では優良誤認表示とみなされ、課徴金納付命令との関係では優良誤認表示と推定される制度である（7条2項・8条3項）。

　このため、本件では、消費者庁長官がBに対し、加圧シャツを着るだけで筋肉が増強される効果があるかのような表示を裏付ける合理的根拠資料の提出を求めることが考えられる。Bが当該資料の提出ができない場合には、Bの表示は措置命令との関係では優良誤認表示とみなされ、課徴金納付命令との関係では優良誤認表示と推定される。

(ⅱ)　有利誤認表示

> **［事例3］**　クレジットカード信販会社Cは、新規入会施策として、「今だけ！　令和4年4月限定！　新規入会者　初年度ポイント5％還

---

4)　東京高判平14・6・7判タ1099号88頁（平成13年（行ケ）454号）。

5)　一般論として一般消費者の2割から3割が誤認すれば「著しく」を充足する説があると説明する消費者庁幹部の発言がある（「特集　景品表示法違反事件の動向〔座談会〕最近の景品表示法違反事件をめぐって」〔小林渉審議官（当時）発言〕（公正取引830号〔2019年〕18頁)）。

6)　合理的根拠資料の要件については、消費者庁「不当景品類及び不当表示防止法第7条第2項の運用指針」第3を参照。

元！」と表示し、クレジットカード会員の勧誘をした。Cはこのキャンペーンが好評であったことから、翌月には「今だけ！　令和4年5月限定！　新規入会者　初年度ポイント5％還元！」と表示し、繰り返しキャンペーンを行い、さらにその後も毎月同一キャンペーンを繰り返し行った。

　Cは、自ら供給するクレジットカード役務に関し、あたかも令和4年4月に限り新規入会者には初年度ポイント5％が還元されるかのような表示をしている。そして、このキャンペーンに申し込むには4月中にクレジットカードの会員となるという条件があるから、当該表示は「取引条件」に関する表示といえる。このため、Cの表示が有利誤認表示となるかが問題となる。

　有利誤認表示とは、一般消費者に対し、商品等の取引条件に関し、実際のもの、または、競合事業者に係るものよりも著しく有利であると一般消費者に誤認される表示であって、不当に顧客を誘引し、一般消費者による自主的かつ合理的な選択を阻害するおそれがあると認められるものをいう。「著しく」の意味は上記(i)優良誤認表示で説明したものと同じである。

　本件において、一般消費者は、令和4年5月以降も同一キャンペーンが実施されるのであれば、4月中に駆け込んで新規入会する必要はなかった。それにもかかわらず、一般消費者が4月のキャンペーンに誘引されたのは、「今だけ！　令和4年4月限定！　新規入会者　初年度ポイント5％還元！」という表示があったことによるものであろう。したがって、Cの表示は、「著しく」有利であると誤認される表示といえ、有利誤認表示に当たると考えられる。

[3]　景表法の適用主体（行為規制のその他主要要件）

　景表法は、「事業者は、自己の供給する商品又は役務の取引について、次の各号のいずれかに該当する表示をしてはならない。」と規定している（5条）。このため、不当表示の規制の対象となるのは「自己の供給する商品又は役務の取引」の表示である必要がある。また、景表法は、表示行為規制であるから、違反要件として表示行為が必要となる。5条の文言では表示を「し」に表示行為を読み込む。それぞれ簡単に説明する。

（ⅰ）「自己の供給する商品又は役務の取引」

　この要件が定められたのは、景表法の立法過程において、景表法の適用対象を広告主（商品等を供給する者）に絞り、新聞などの広告媒体事業者が景表法の適用を受けないよう配慮されたためである[7]。

　まず、「自己の」取引には、最終需要者に至るまでの全ての流通段階における取引を含む[8]。したがって、特定の商品に関し、メーカー、卸業者、小売業者、一般消費者という商流を経る場合、小売業者と一般消費者間の取引は、当該メーカーにとっても「自己の」取引とされる。

　次に、「供給する」とは、実際に商品等を販売することが含まれることはもちろん、個別具体的な事案に応じて商品等の提供や流通の実態をみて実質的に判断するのが政府見解である[9]。たとえば、「供給する」該当性が認められたものとして、フランチャイズシステムがある[10]。具体的には、フランチャイズ本部は、一般消費者に直接商品を販売していないとしても、フランチャイジー（加盟店）に対し、商標をラインセンスし、経営指導などを行なっている。このような関係を捉え、フランチャイズ本部は、実質的にフランチャイジーを通じて一般消費者に対し、商品を「供給する」ものと評価できる[11]。

　他方で、新聞社などのメディア、広告代理店やインターネットモールなど

7)　第40回国会衆議院商工委員会議録30号（1962年）1頁以下の板川正吾衆議院議員の質問に対する小沼亨政府委員の答弁。

8)　「景品類等の指定の告示の運用基準について」（昭和52年事務局長通達7号）3（1）。

9)　「衆議院議員丸山穂高君提出インターネット商取引の多様化に伴う消費者保護の強化に関する質問に対する答弁書」（2020年3年27日閣議決定）。

10)　措置命令令2・3・30（消表対576号〔ファミリーマート〕）。

11)　その他にも①百貨店内に入店する店子が供給する商品に関し百貨店が、②OEM商品に関しOEM製品製造受託業者が、③葬儀サービスに関し、その名称に自社グループの商標を付した上で、提携葬儀会社を一般消費者に斡旋し、自ら定めた契約内容・取引条件にて提携特約店葬儀社に当該サービスを実施させ、提携会社の支援、顧客管理、顧客からの問い合わせ等を行っていた斡旋会社が「供給する」に該当するとされた（それぞれ、①措置命令平28・12・21（消表対1754号・1755号〔イズミヤ・牛肉商但馬屋〕）、②措置命令令和2・3・30（消表対577号〔山崎製パン〕）、③措置命令平成29・12・22（消表対1793号〔イオンライフ〕）参照）。

の広告媒体事業者は、広告の対象となる商品等を供給するものではないから、通常、「供給する」の要件を満たさず、景表法の適用を受けない。ただし、消費者庁の管理上の措置の指針では、広告媒体事業者であっても「商品又は役務を一般消費者に供給している他の事業者と共同して商品又は役務を一般消費者に供給していると認められる場合は、景品表示法の適用を受ける」[12)]とされている。これを受け、最近、広告代理店業務を行う会社が、通信販売会社と共に商品を「共同して……供給している」と認定された事案が登場している[13)]。

　次に、「取引」について検討する。まず、売買契約などの有償契約は「取引」に該当する。他方で、無償契約は「取引」に該当するか。次の事例を見てみよう。

[事例4]　事業者Dは、自ら供給する無償の家計簿アプリにおいて銀行口座の出入金履歴情報と連携できる機能を準備の上、「完全無欠の安全セキュリティ！」と強く訴求する表示をしていた。しかし、実際には、深刻なセキュリティホールがあり、大規模な情報漏えいを起こした。

　スマートフォンの普及により、SNS、検索サービス、無償アプリなど一般消費者が金銭的な出損を伴わない無償サービスが増加した。上記の事例のように、無償サービスであっても、広告において訴求していることが虚偽・誇大なのであれば、一般消費者は、当該無償サービスを選択しないであろう。そうであれば、「自主的かつ合理的な選択」(1条)を確保するという法目的に照らし、少なくとも表示規制の文脈においては、商品等の無償契約も「取引」に含むと解すべきである[14)]。この理解によれば、上記事例の無償の家

---

12)　「事業者が講ずべき景品類の提供及び表示の管理上の措置についての指針」(平成26年内閣府告示276号)第2・1。

13)　措置命令令3・11・9(消表対1794号・1796号〔アクガレージ〕)。

14)　染谷隆明「景品表示法の『取引』概念の再検討——無償契約は『取引』か」公正取引834号(2020年)34頁。

計簿アプリ利用契約は「取引」に該当する。そして、実際には深刻なセキュリティホールがあるのであれば、一般消費者は誘引されなかったであろうから、Ｄの表示は「著しく」に該当し、優良誤認表示となる[15]。

(ⅱ)　表示を「し」たこと

　事業者が表示を「し」たか否かについてはベイクルーズ事件高裁判決[16]の考えが参照されるのが通例である。当該判決は、景表法の規制対象となるのは、「表示内容の決定に関与した事業者」であり、具体的には、①「自ら又は他の者と共同して積極的に表示の内容を決定した事業者」のみならず、②「他の者の表示内容に関する説明に基づきその内容を定めた事業者」や③「他の事業者にその決定を委ねた事業者」も含まれると判示した。この考え方は、執行実務に定着している[17]。実務では③の該当性が問題となることが多い。たとえば、③に当たるとされた事例として、アフィリエイトプログラムサービスを利用した場合におけるアフィリエイト広告[18]や、ECサイト運営事業者が価格表示に関し商品の仕入先事業者に委ねていた例[19]等がある。

[4]　法執行とその体制

　事業者が不当表示をした場合、消費者庁は、当該事業者に対し指導 (行政手続法2条1項6号) や措置命令 (7条1項) をすることができる。措置命令は、違反行為の差止、再発防止策の実施、一般消費者に生じた誤認の排除措置や今後同様の表示をしてならないことその他必要な事項を命ずる行政処分である。措置命令に違反した場合は罰則の対象となる (36条1項)。
　さらに、一定の要件を満たす場合、消費者庁は、違反事業者に対し、課徴金対象期間に取引をした課徴金対象行為に係る商品等の売上額に3% を乗じ

---

15)　無償取引を「取引」と認定したものと評価できる事案として、措置命令令4・4・27 (消表対546号・547号〔DYM〕) 参照。
16)　東京高判平20・5・23公正取引委員会審決集55巻842頁 (平成19年 (行ケ) 5号)。
17)　西川・前掲注1) 50頁。
18)　措置命令令3・3・3 (消表対312号〔T. Sコーポレーション〕)。
19)　措置命令平29・12・27 (消表対1802号〔アマゾンジャパン〕)。

た額の課徴金を国庫に納付することを命じなければならない（8 条 1 項）[20]。なお、違反事業者が返金措置を実施し、適式に消費者庁長官に報告した場合、返金措置として交付した金額相当額が課徴金額から減額される（10 条・11 条）。

　次に事業者が管理上の措置（26 条 1 項）を講じなかった場合、消費者庁は、指導及び助言並びに勧告及び公表ができる（27 条・28 条）。また、公正競争規約に加盟する会員事業者が規約に違反した場合、規約の運用者は違反した会員事業者に対して規約に基づく措置（警告、違約金、除名、消費者庁への措置要求等）をすることができる。さらに適格消費者団体は、事業者が不特定かつ多数の一般消費者に対して 30 条 1 項各号に規定する表示を現に行い、または、行うおそれがある場合には、差止請求等をすることができる（30 条 1 項）。

　景表法の具体的な事務は、消費者庁表示対策課が行う（消費者庁及び消費者委員会設置法 4 条 1 項 14 号及び消費者庁組織令 12 条 2 号）。都道府県知事も措置命令を行う権限を有しているが、課徴金納付命令を行う権限はない（33 条 11 項・景表法施行令 23 条）。また、公正取引委員会は、措置命令及び課徴金納付命令の権限を持たないが、景表法の調査権限を持つ（33 条 2 項・景表法施行令 15 条）。

4　景表法の課題

[1]　景表法の規制の限界

　景表法は不当な顧客誘引行為の中でも特に表示と景品類だけを規制する（1 条）。しかし、将来、不当な顧客誘引が他の行為でもなされることがあれば（たとえば、販売システムそれ自体や、技術革新により脳波を利用した勧誘が登場する等）、これに対応するため、法目的から「景品類及び表示による」を削除し、単に「一般消費者による自主的かつ合理的な選択を阻害するおそれのある行為」を広く規制する改正も検討すべきである。

　次に、不当な表示により顧客誘引することは、SNS のインフルエンサーなど商品等を「供給する」に当たらない者でも可能である。この点、上記政府見解（前掲注 9）のように「供給する」の要件を柔軟に認定する方向の検討

---

20)　課徴金制度の詳細については、原山康彦＝古川昌平＝染谷隆明「詳説　景品表示法の課徴金制度」（商事法務、2016 年）参照。

もあり得るが、景表法の表示規制を「何人も」規制対象とする改正を行う方向の検討もあり得る。このような改正を行うことは現行の法目的と矛盾するものではない。

[2] 景表法の執行

(i) 措置命令関係

実務上、消費者庁長官は、措置命令の内容として、再発防止策として実施した事項を消費者庁長官に報告することを事業者に命ずる。しかし、措置命令を一度受けた事業者が再び違反行為を行う事案が散見されるところであり[21]、再発防止策として実施した事項を報告する命令では十分でないことがある。そこで、再発防止策の実施状況の継続的なモニターをすべく、「必要な事項」（7条1項）として消費者庁の監査を受けることを命ずることを事案に応じて検討すべきである。過去、不当景品類規制の違反の排除命令では、命令後1年間、一般消費者に景品類の提供を行う場合には予め当局に届け出ることを命じ[22]、措置命令に違反行為防止の監査機能を持たせていた点は当該検討にあたり参考となる。

次に、一般消費者の被害回復という観点から、措置命令の「必要な事項」（7条）として、違反事業者に対して返金を命ずることの可否も検討事項である。しかし、措置命令は違法状態を是正することを目的とした行政処分である。また、不当表示の違反要件は、一般消費者が誤認して購入したこと（因果関係）を要件としていない。このため、返金を命ずることは措置命令の目的や不当表示の違反要件に直ちに適合するものではなく、現行法では措置命令において返金を命ずることは困難のように思われる。

(ii) 課徴金納付命令関係

課徴金制度施行後5年で認定された返金措置は、僅か4件（本稿執筆時点）であり低調な利用である。その理由は、返金措置の費用の高さ（返金方法が金

---

21) たとえば、ライフサポートに対する件（措置命令平27・2・1〔消表対策190号〕及び措置命令平31・3・6〔消表対260号〕）などがある。

22) オリエンタル商事有限会社に対する景表法に基づく排除命令（昭和53年（排）12号）等。

銭の交付に限定されていること、銀行振込費用が高額になること、返金対象者の特定の必要があること、返金対象者の申出が必要なこと、氏名・口座情報などの新たな個人情報の取得等）に起因すると考えられる。そこで、たとえば、違反事業者以外でも利用可能な電子マネーの交付を返金方法として認めたり、返金措置対象者の特定は「氏名又は名称」（10条3項・4項等）でなく、購入者を特定するウェブ会員ID等の識別子でも許容したりするなど返金措置の要件を緩和する検討が必要である。

　また、課徴金制度立案時、返金措置の対象者を特定できない場合に国民生活センターに寄付をすれば、寄付相当額を課徴金額から減額するという案[23]が検討されていたが見送られた。しかし、類型的に返金措置の対象者を特定できない事業もあることも踏まえ、寄付制度を再考してはどうか。また、予算不足に陥りがちな消費者政策を充実させるべく、課徴金を消費者政策の特定財源とすることも検討すべき事項である。

(iii)　確約制度の導入

　真っ当な従順層・中間層の事業者[24]の中には、措置命令による社会的信用の毀損をおそれ[25]、措置命令回避のため消費者保護施策を講ずるインセンティブが認められる場合がある。このような自主的取組みを後押しすることは、一般消費者の自主的かつ合理的な選択の確保に資する場合もあろう。したがって、違反行為をしたと疑われる事業者が措置命令で命ずる事項と同等の事項や消費者保護施策を行うことを確約し、実施するものと消費者庁が認める場合には措置命令・課徴金納付命令を行わない制度又は運用を導入することを検討すべきである。特に不当表示の違反要件及び措置命令に故意・過失が考慮されない執行実務を踏まえると[26]、このような仕組みの存在に

23)　黒田岳士＝加納克利＝松本博明「逐条解説　平成26年11月改正景品表示法　課徴金制度の解説」（商事法務、2015年）168頁。
24)　この区分は、中川丈久「日本における公的規制・民事裁判・自主規制」論究ジュリスト25号〔2018年〕176頁を参照。
25)　措置命令は公表を伴い、インターネットによる伝播により将来にわたり永く「忘れられない」ことになり、制裁的側面があるという指摘もある（白石忠志「三菱自動車工業および日産自動車の景表法事件の検討」（消費者法研究7号〔2020年〕信山社）133頁）。
26)　前掲注16)参照。

より処分を避けたい事業者の消費者保護のための自主的取組みが充実化するであろう。ただし、独禁法の確約制度のように確約した事業者名を消費者庁が公表するか、確約の条件として一般消費者への損害賠償を必須とするかなどの事項は、事業者が確約制度を利用するインセンティブに直結するため、制度設計をするに当たっては慎重に検討すべきである。

[3] 景表法と民事責任の接合（広告と民事的救済）

　適格消費者団体の差止請求（景表法30条）を除けば、景表法はあくまで行政規制であり、その違反があったとしても、違反事業者の民事責任に直結するわけではない。このため、上記の課徴金制度の返金措置の活用促進の他にも、不当表示による被害回復を模索することも急務である[27]。

　この点、最高裁は、消費者契約法の「勧誘」概念に関し、不特定多数に対する働きかけである広告が「勧誘」に当たる場合があることを認めた[28]。その後、自動車の燃費性能について、カタログ上で不当表示をした自動車製造業者に対し景表法に基づく処分がされた事例[29]に関し、当該自動車を販売したディーラーによる当該カタログの交付が「勧誘」に該当し、結果として消費者契約法4条1項1号に基づき、消費者とディーラー間の自動車購入契約の取消し及び消費者の不当利得返還請求を認めた事例も現れた[30]。

　最後に、景表法は、消費者庁設置に伴い、独禁法の特例法でなくなったことから、独禁法25条の無過失損害賠償責任の適用対象外となったが、独禁法25条に相当する規定を景表法に置くことも検討課題である。

---

27)　広告に係る民事上の論点及び課題一般については鹿野菜穂子「広告と契約法理・勧誘概念」中田邦博他編『ヨーロッパ私法・消費者法の現代化と日本私法の展開』（日本評論社、2020年）575頁参照。

28)　最判平29・1・24民集71巻1号1頁。

29)　措置命令平29・1・27（消表対72号〔三菱自動車工業〕）。

30)　大阪地判令3・1・29裁判所ウェブサイト（平成28年（ワ）12269号〔三菱自動車工業燃費不正・不当利得返還請求等事件〕）。

第3部
特別消費者法

消費者紛争の個別類型(1)

第15章
金融商品取引と消費者

弁護士・元東京大学客員教授
上柳敏郎

1 本章で学ぶこと

[1] 金融商品取引とは何か

　金融商品とは、さしあたって、顧客が一定の約束のもとで将来資金を受け取る予定で業者に資金を渡す取引を指すものとして理解しておこう。これは、将来のキャッシュフローと現在のキャッシュフローを交換する約束ということもできる。証券会社や銀行が消費者に対して行う株式や社債、投資信託の販売などが典型的な金融商品取引であるが、この概念の外延は、新しい金融商品の開発や販売チャネルの多様化を反映し、拡大してきた。

[2] 金融商品取引を規律する法律

　金融サービスの提供に関する法律（金融商品の販売等に関する法律が2018年6月に改正・改称されたもの、以下「金サ法」と略称）3条[1]に、「金融商品の販売」の定義が

---

[1] 2018年の法改正（及び法律名変更）にともなって、それまでの3条から4条に繰り下がった。金サ法や金商法の分野は、毎年（あるいはそれ以上頻繁に）改正があり、条項の番号が少しずれることもしばしばある。しかも、施行時期がまちまちである。したがって、現行法が何かを、その都度 e-Gov 法令検索等で確認することが必要である。細かい文言の改正に見える場合も、実務的に重大な影響があることも多い。改正があるかもしれないという状況は、金融審議会の各種ワーキング・グループの参考資料、特に事務局（金融庁当局のことである）説明資料で、想像することができる場合もある。

規定されている。同条では、銀行法に規定する預貯金や、保険業法に規定する保険、金融商品取引法（以下、「金商法」と略称）2条に規定する有価証券やデリバティブなどと、他の法律が多数引用されている。

この引用ぶりを見るだけでも金融商品の定義が一筋縄ではいかないことがうかがわれる。さらに、有価証券等を定義する金商法2条は、1万5000字以上もある膨大な条文である（実際に見てほしい）うえに、政令や内閣府令に詳細を委ねている部分も多い。このような複雑な条文は、初学者を寄せ付けない雰囲気を漂わせているが、以下で述べるような規制や救済の対象となるかどうかを決めるきわめて重要な条文である[2]。

金商法などの法律は、主として監督官庁（金融庁、財務局等）が規制権限を行使する形で、履行確保や消費者被害の予防を図るもので、主に行政法分野に分類される。もっとも、一部には刑事法（刑罰規定）や民事法のルールも含まれている。そして、膨大な条文のなかに、消費者の民事的救済に活用できる条文が散在している。たとえば、損害額推定規定（金サ法7条、金商法21条の2第2項）やADR（裁判外紛争処理）の規定（金商法156条の38）である。なお、金サ法（特に6、7条）は、金融商品販売業者等の説明義務違反等による損害賠償責任に関する法律で、その意味で民法709条の特則であり、私法の領域に位置する。

あわせて、裁判所で発展してきた金融商品取引に関する判例法理の存在を忘れてはならない。裁判所による被害救済は主として不法行為に基づく損害賠償という形で図られてきたが、なかには錯誤無効を認定した裁判例もある[3]。このような判例法理が、前述の金サ法や金商法などの規定を生んだのである。行政法規（取締法規）に違反した場合に直ちに民事法上たとえば不法行為として違法といえるかどうかといった興味深い論点もある[4]。

本章では、金融商品取引分野で特徴的な消費者保護法理をいくつか紹介し

---

2) 金商法の対象について、桜井健夫ほか『新・金融商品取引法ハンドブック〔第4版〕』（日本評論社、2018年）24頁など。

3) 大阪高判平22・10・12金判1358号37頁。大阪地判平26・10・31証券取引被害判例セレクト〔全国証券問題研究会〕48巻144頁（控訴）。

4) 日本弁護士連合会消費者問題対策委員会編『金融商品取引被害救済の手引〔6訂版〕』（民事法研究会、2015年）114頁、大村敦志『消費者法〔第4版〕』（有斐閣、2011年）129頁など。

たうえで、その発展の過程を振り返り、今後の課題を検討したい[5]。

2　消費者保護法理——判例法理と金商法等

[1] 判例の説明義務

　金融商品取引における説明義務を発展させてきたのは、判例法理である。東京高判平8・11・27（以下、高裁判決として引用）はリーディングケースの一つであるが、次のように判示した。

　「証券会社及びその使用人は、投資家に対し証券取引の勧誘をするに当たっては、投資家の職業、年齢、証券取引に関する知識、経験、資力等に照らして、当該証券取引による利益やリスクに関する的確な情報の提供や説明を行い、投資家がこれについての正しい理解を形成した上で、その自主的な判断に基づいて当該の証券取引を行うか否かを決することができるように配慮すべき信義則上の義務（以下、単に「説明義務」という）を負う」[6]。

　ここで判例が持ち出す説明義務の根拠は、信義則（民法1条2項）である。金融商品取引の利益（リターン）やリスクに関する情報提供や説明が求められている。その説明の内容や方法は、当該顧客の属性や状況に応じたものでなければならない。知識・経験といっても、学歴や人生経験一般ではなく、証券取引に関する知識・経験である。しかも、単なる情報提供や説明で足りるのではなく、顧客の正しい理解や自主的判断に基づく決定ができるようにする配慮を義務づけ、その略称として説明義務という語を使っていることに留意してほしい。

> **［事例1］**　Aは、年金生活者であるが、B証券会社に勧誘されて、東京

---

5) 本章よりやや詳細な入門的概説として、日本弁護士連合会編『消費者法講義〔第5版〕』（日本評論社、2018年）第10章「金融商品と消費者」桜井健夫執筆部分。金融商品取引をめぐる消費者保護法理の理論的根拠を検討するものとして、たとえば、潮見佳男「説明義務・情報提供義務と自己決定」判例タイムズ1178号（2005年）9頁、志谷匡史「投資者保護の現代的課題」商事法務1912号（2010年）4頁。

6) 東京高判平8・11・27判時1587号72頁（平10・6・11上告棄却、証券取引被害判例セレクト〔全国証券問題研究会〕8巻315頁）。同判決をもとに事例1を作成したが、その際権利行使価格等新株予約権の内容を変更した。

証券取引所一部上場である C 株式会社の新株予約権 (ワラント、1 個あたり の目的である株式の数は 300 株) 30 個を 360 万円で、退職金の一部を充てて 購入した。ところが、同新株予約権の権利行使期間中 (約 4 年間) C の株 価 (新株予約権購入時の株価は 1680 円) は、権利行使価格 (新株予約権の行使に際 して払込をすべき 1 株あたりの金額で、当該新株予約権の場合は 2000 円であった。) を下 回ったままであった。この状況では、A は、権利行使をして C 株式を 取得する意味がなく、結局ワラント購入代金金額が損失となった。A は、B に対して損害賠償請求をすることができるか。

　具体的にどのような事項をどの程度説明すべきかについては事案によって 違いが生じるが、それだけでなく、実際のところ裁判官によっても相当異な ってくる。新株予約権に関する損害賠償請求事件においても、一般的な株式 と異なることや元本保証の商品ではないことだけを情報提供すればよいとの 裁判例もあった。

　前記高裁判決は、購入者が新株予約権の利益とリスクの仕組みを理解する には、当該発行会社の株式を購入する場合と新株予約権を購入する場合とを 比較して、その損害 (損益分岐点) を検討する必要があり、勧誘者は権利行使 期間とともに権利行使価格の具体的金額を明確に説明しなければならないと して、それを怠った証券会社の責任を肯定した。

　事例 1 の A は、前記高裁判決の考え方に従うと、権利行使期間や権利行 使価格の具体的金額が明確に説明されていない限り、B に対して購入代金相 当額を損害賠償請求できると考えられる。ただし、A の状況により過失相 殺される可能性がある。

　A の損益分岐点を計算してみよう。新株予約権購入代金は、30 個で 360 万円であるから、1 個あたり 12 万円である (3,600,000÷30)。この新株予約権 1 個は、C 株式 300 株の交付を受ける権利であるから、1 株あたりの新株予約 権購入代金は 400 円である (120,000÷300)。ところで、A が権利行使をして C 株式を入手するには権利行使価格である 1 株あたり 2000 円を払い込まねば ならない。結局、A は C 株式 1 株を取得するのに、2400 円を出費すること になる (400＋2000)。つまり、損益分岐点はこの金額 (2400 円) となる。

　A は、C 株価がこの分岐点の金額 (2400 円) 以上になった時点で権利行使

すれば、1株あたりC株価マイナス2400円の利益を得ることができるわけである。これに対して、権利行使期間の間にC株価がこの分岐点の金額以上にならなければ、この新株予約権はその行使によって利益を得ることができないものとなり、紙くず同様ということになる。したがって、Aがこの新株予約権を購入するのが合理的かどうかは、購入日には1680円だったC株価が、権利行使期間の間に2400円を上回る可能性がどの程度あるかの予測にかかってくることになる。前記高裁判決は、Bは、Aに対し、このような取引の仕組みとリスクをAが理解できるように説明すべきであったと考えたのである。

[2]　金サ法や金商法の説明義務

　こうした説明義務は金サ法（2000年制定）にも定められている。同法は、「元本欠損が生ずるおそれ」や「当初元本を上回る損失が生ずるおそれ」の説明義務（4条）と違反があった場合に損害賠償責任が発生すること（6条）を定め、さらに損害に関する推定規定（7条）を置いた。2006年改正では、説明内容について「取引の仕組みのうちの重要な部分」が追加され、説明の方法及び程度について、「顧客の知識、経験、財産の状況及び……契約を締結する目的に照らして、当該顧客に理解されるために必要な方法及び程度によるもの」と明記された（4条2項）。

　また、金商法（2006年旧証券取引法を改正）も説明義務を前提としている。金商法の条文には書面交付義務が定められているだけのようにみえるが、内閣府令まで見ると説明義務が明記されているのである。すなわち、同法は、一定の場合に損失のおそれやその理由を記載した書面を契約締結前に交付する義務を定め（37条の3第1項5号、金融商品取引業等府令82条3号ロ）、同府令117条1項1号は、これら記載事項について「顧客の知識、経験、財産の状況及び金融商品取引契約を締結する目的に照らして当該顧客に理解されるために必要な方法及び程度による説明」をすることを求めている。これら法規の違反があった場合には、監督官庁（金融庁）は、業務改善命令等の行政処分をすることができる（金商法51条等）。また契約締結前の書面交付義務に違反した場合は、刑事罰が課されることもある（金商法205条12号）。

[3] 判例における適合性原則をめぐる解釈の展開

　金融商品取引分野で発展してきた特徴的な法理として、適合性原則というものがある。2005年に、最高裁は適合性原則違反が不法行為を構成することを初めて判示した。「証券会社の担当者が、顧客の意向と実情に反して、明らかに過大な危険を伴う取引を積極的に勧誘するなど、適合性の原則から著しく逸脱した証券取引の勧誘をしてこれを行わせたときは、当該行為は不法行為法上も違法となる」としたのである[7]。

　この事案は、10年間で総額約1800億円の取引をしてきた水産会社が証券会社に対し損害賠償請求をしたものであった。控訴審[8]は、日経平均株価オプション（日経平均株価指数の売り又は買いの選択権）の売り取引について、「利益がオプション価格の範囲に限定されているにもかかわらず、無限大又はそれに近い大きな損失を被るリスクを負担するものであるから、そのようなリスクを限定し、又は回避するための知識、経験、能力を有しない顧客にこれを勧めて行わせることは、特段の事情のない限り、適合性の原則に違反する違法な行為となるというべきである」として一部認容判決をした。これに対し、最高裁は、当該オプションは上場商品とされているかどうかなど「顧客の適合性を判断するにあたっては……具体的な商品特性を踏まえて、これとの相関関係において、顧客の投資経験、証券取引の知識、投資意向、財産状態等の諸要素を総合的に考慮する必要があるというべきである。」として差戻判決をした。この最高裁判決は、実質顧客逆転敗訴の判決ではあるが、適合性原則違反が不法行為となることを明確に判示したもので、後述する金商法40条の制定を導くとともに、その後の下級審に大きな影響を与えている。

　[事例2]　Aは、B銀行に勧誘されて、ノックイン条件付き日経平均連動債という債券を運用対象とする投資信託を、代金2000万円で購入した。Aは、79歳の一人暮らしの年金生活者であり、これまで株式など投資取引の経験はなく、B銀行に対しても元本保証を重視する意向を伝えていた。Aの保有資産は、B銀行に預けていた定期預金5000万円

---

7)　最判平17・7・14民集59巻6号1323頁。
8)　東京高判平15・4・22判時1828号19頁。

が主たるもので、この定期預金の一部を解約してこの投資信託の購入に
あてた。この投資信託は、3年の償還期間の間、日経平均株価が購入時
の65%以上ならば元本全額が償還され（条件付き元本保証）一定の分配金
が入るが、株価がどれだけ上昇しても予め上限が決められた分配金等し
か得られない。早期償還がなく3年間保有した場合の分配金合計は元
本の6.66%である。他方3年の間に一度でも日経平均株価が購入時の
65%を超えて下落すれば（ノックイン条件）償還時の下落割合に応じた元
本割れの損失が生じる。Aは、約90万円の分配金を得たものの、日経
平均株価が下落したため約350万円の損失をこうむった。AはBに対
し損害賠償請求をすることができるか。

　事例2のような事案について、勧誘販売した銀行に対し、適合性の原則
違反として結審時の損害額の8割と弁護士費用の賠償を命じた判決があ
る[9]。日経平均株価が65%を下回るか否かを予測することなどは高齢で取
引の経験・知識のない顧客にはその内容の理解は困難である等と判示され
た。銀行による投資信託販売事例で初めての顧客勝訴判決であり、銀行業界
に大きな衝撃を与えた判決である。
　事例2のB銀行は、投資経験及び知識がほとんどなく、慎重な投資意向
を有する79歳という高齢で一人暮らしのAに対し、相当のリスクがあり、
理解が困難な投資信託の購入を勧誘し、定期預金という安定した資産を、同
種のリスク内容の投資信託に相当程度集中して投資させたのであり、Aの
意向と実情に反し、過大な危険を伴う取引を勧誘したのであるから、適合性
の原則に違反して金融商品の勧誘をしたものである。したがって、Aは、B
銀行に対し、適合性原則違反の不法行為に基づき、損害賠償を請求すること
ができる。ただし、Aの状況により過失相殺される可能性がある。

9)　大阪地判平22・8・26判時2106号69頁（控訴審で和解成立、証券取引被害判例セレクト
　　38巻216頁）。

[4]　金商法や自主規制ルールの適合性原則

　金商法40条は、2005年の前記最高裁判決を受けて、その翌年の2006年に新設された規定で、適合性原則を明示した。同条1号は次のように規定している。「金融商品取引業者等は、業務の運営の状況が次の各号のいずれかに該当することのないように、その業務を行わなければならない。　一　金融商品取引行為について、顧客の知識、経験、財産の状況及び金融商品取引契約を締結する目的に照らして不適当と認められる勧誘を行って投資者の保護に欠けることとなつており、又は欠けるおそれがあること。」つまり、顧客の状況や意向に照らして不適当と認められる勧誘を行ってはならない、というものである。同条違反には、罰則はないが、行政処分がある。この不作為義務は、狭義の適合性原則と呼ばれることがある。これに対し、顧客の状況や意向に照らして適当と認められる勧誘を行わなければならない、という作為義務が広義の適合性原則と呼ばれることがある（金サ法4条2項など参照）。

　日本証券業協会は、2011年に自主規制規則の一つである「協会員の投資勧誘、顧客管理等に関する規則」を改正し、「新たな有価証券等の販売を行うにあたっては、当該有価証券等の特性やリスクを十分に把握し、当該有価証券等に適合する顧客が想定できないものについては、販売してはならない。」との条項を新設した（3条3項）。これは、合理的根拠適合性と呼ばれる。金商法40条が特定の顧客の状況や意向に着目するのに対し、商品性に着目し、商品としての合理性を求めるものである。デリバティブやデリバティブを組み込んだ仕組債による不測の損害が社会問題化したことに対応した改正である[10]。

　金融庁は、「顧客本位の業務運営に関する原則」[11]の原則6（顧客にふさわしいサービスの提供）で、「金融事業者は、顧客の資産状況、取引経験、知識及び取

---

10)　金商法40条は、外貨建て預金や保険など投資性のある預金や保険には準用されている（銀行法13条の4、保険業法300条の2）。同様の適合性原則は、商品先物取引法215条や貸金業法16条3項にもある。債権法改正の検討過程で、「当事者は、相手方の知識、経験、取引目的及び財産の状況等に照らして過大な危険を伴う契約を勧誘してはならない。」との条項が検討されたことがあるが（民法〔債権法〕改正委員会・第5回全体会議資料（2008年3月18日）【I-2-3】(1)）、「債権法改正の基本方針」（2009年3月31日）以降は採用されなかった。上柳敏郎「適合性原則違反」消費者法判例百選〔第2版〕26頁参照。

引目的・ニーズを把握し、当該顧客にふさわしい金融商品・サービスの組
成、販売・推奨等を行うべきである。」とした。そして、金融庁は、2021 年
1 月 15 日、監督指針[12]を改定し、適合性原則に関して、①金融商品の内容
の適切な把握、②顧客の属性等及び取引実態の的確な把握並びに顧客情報の
管理の徹底、③投資勧誘に際しての合理的な理由についての検討・評価につ
いて明記した（金融商品取引業者等向けの総合的な監督指針Ⅲ-2-3-1）[13]。

[5]　不招請勧誘の禁止

　不招請勧誘の禁止とは、契約締結勧誘の要請をしていない顧客に対し、訪
問し又は電話をかけて、契約の締結を勧誘する行為をしてはならないという
規制方法である。金融商品取引契約については、金商法 38 条 4 号が定めて
いる。2004 年に外国為替証拠金取引の被害が社会問題化したことを背景に
当時の金融先物取引法に導入された。この規制の対象は、変遷しているの
で、注意して条文を点検する必要がある（金商法施行令 16 条の 4 第 1 項）。店頭金
融先物（同 1 項 1 号イロハ）及び暗号資産関連店頭デリバティブ取引（同号ニ）と
個人である顧客を相手方とする店頭デリバティブ取引全般（同項 2 号）であ
る。取引所で取引されるものは対象となっていない。たとえば、個人を相手
とする店頭エクイティ・オプション取引、通貨スワップ取引、金利スワップ
取引、店頭証券 CFD 取引[14]などが規制対象である。

11)　https://www.fsa.go.jp/news/r2/singi/20210115-1/02.pdf（2017 年 3 月 30 日制定、2021 年
　　1 月 15 日改訂）

12)　「監督指針は、法令の適用・解釈の明確化や許認可・行政処分等の手順を示したものであ
　　る」（金融庁「金融検査・監督の考え方と進め方（検査・監督基本方針）」（2018 年 6 月）33
　　頁）。つまり、法律や規則や命令そのものではなく、捜査機関や司法の判断を拘束するもの
　　ではない。しかし、監督指針は、金融監督行政の指針であり、金融監督の対象となり業務改
　　善命令等の対象になる金融取引事業者にとっては極めて重い存在である。各事業者はコンプ
　　ライアンス（法令等遵守態勢の構築・運用）にあたって重視せざるを得ない。また、金融商
　　品取引の被害者が司法救済を求める際も、重要な手がかりになる。

13)　「金融審議会市場ワーキング・グループ報告書──顧客本位の業務運営の進展に向けて」
　　（2020 年）10 頁参照。欧州の第二次金融商品市場指令（MiFID Ⅱ、2018 年）に基づく適合
　　性評価や、米国証券取引委員会の最善の利益規則（Regulation Best Interest、2020 年）の
　　注意義務を踏まえたものといえる。

> **[事例 3]**　A は、自分からは何の要請やアプローチもしていないのに、B 株式会社から店頭外国為替証拠金取引の勧誘を受けた。A は、行政当局に対し、B に対する何らかの行政処分を求めることができるか。

　各地の財務局は、不招請勧誘の禁止に違反した業者に対し、業務停止命令や業務改善命令を数多く出している。これらの処分は、金融庁のホームページでも見ることができる。消費者に金融庁や財務局に対する申立権があったり、行政当局の応答義務があるとされたりしているわけではないが、消費者からの通報ないし情報提供が行政当局の権限発動につながることも多い。

　B 株式会社の店頭外国為替証拠金取引の勧誘は、金商法 38 条 4 号に違反する不招請勧誘である。そこで、**事例 3** の A は、財務局に対して行政処分を求める請求権はないとされているが、財務局に情報提供をしてその権限発動を促すことはできる。

[6]　その他

　このほかにも、金融商品取引において消費者保護に活用できる様々な法規がある。特に金融商品取引業者の行為規制を定める金商法 36 条から 45 条や、虚偽記載書類に関する賠償責任を定める金商法 17 条ないし 22 条は、消費者保護に直接関係する。また、消費者契約法 4 条における不実告知を理由とする取消しや、不利益事実不告知を理由とする取消し、断定的判断の提供を理由とする取消しも、重要な消費者保護規定となる（→第 6 章 93 頁）。

3　消費者保護法理の展開——規制緩和と消費者保護

[1]　新株予約権の解禁と被害

　1981 年の商法改正で新株予約権付き社債（当時は新株引受権付き社債と呼ばれた）

---

14)　用語の詳細について桜井ほか・前掲注 2) 32 頁など。なお、商品先物取引の分野では、商品先物取引法 214 条 9 号が不招請勧誘の禁止を定めているが、経産省と農林省は、2015 年、同法施行規則 102 条の 2 を改定し、不招請勧誘が禁止されない「例外」の範囲を広げた。

の発行が認められ、同年 12 月に第 1 号が発行された。その後、1985 年に、新株予約権部分 (ワラント) と社債部分を分離した分離型の発行が認められ、さらに、ユーロ市場 (自国の規制を受けない国際金融市場) で発行されたワラントの日本への還流が解禁された。他方、1985 年に日本電信電話公社が民営化され株式会社 (NTT) となったことから、NTT 株式が人気を集め、これも一つの契機となって、個人で株式を購入する人が増えていった。1990 年前後から、大手証券会社を中心に、個人顧客にワラントの勧誘販売が強力に行われたが、いわゆるバブル崩壊のなかで、株価が下落しワラントの権利行使価格を上回らないままに権利行使期間が経過する事態が生じた。つまり、ワラントが紙くず同然となり、被害の訴えが急増したのである。あわせて 1991 年ころ、大手証券会社が一部の大口顧客に対してだけ損失を補てんをしていたことが発覚し、不公平不公正だとして社会問題となった。

　1990 年代初頭の時点には、消費者 (ないし個人投資家) の証券会社に対する証券取引 (後の金融商品取引) に関する損害賠償請求事件やその認容例はほとんどなかったのであるが、各地の弁護士会等にワラントの被害を訴える相談が多数持ち込まれ、被害者弁護団が結成され、問題が法廷にもちこまれることになった。裁判所の反応は、当初はまちまちであったが、次第に消費者勝訴の判決が見られるようになった。その帰結が前述した裁判例となって蓄積し、その後何年もたって、前述した金サ法 4 条 (2000 年、当時金融商品の販売に関する法律 3 条) や金商法 37 条の 3 (2006 年) の立法に至るのである。

[2]　社債発行の規制緩和と被害

　1993 年改正前の商法 (297 条 1 項) は、会社が発行できる社債総額に上限を定めていた。また、1996 年までは、日本銀行や社債を受託する銀行、大手証券会社等で構成される起債会による適債基準というものがあり、一定水準以下の社債は扱われなかった。つまり、優良会社しか社債を発行できなかったのであり、しかも、社債の債務不履行 (デフォルト) は実際上発生しないような体制が組まれていた。万一、デフォルトとなってもメインバンクが、破綻社債を一括して買い取ったり代位弁済をしたりしたのである。1996 年になって初めて、自由に社債を発行できるようになったのであるが、それは、言い換えれば、社債の債務不履行がありうる時代となったことを意味したのである。事前防止から事後処理への転換である。

　実際、1996年には株式会社オリンピックスポーツ、1997年には株式会社
ヤオハン・ジャパンの破綻に伴って、両社の社債が債務不履行となった。
2001年秋の株式会社マイカルの破綻では、多数の被害者が発生し、各地で
損害賠償請求訴訟が提起された。一時代前は比較的安全安心な金融商品だと
見られていた社債も、そういえなくなったのである。

　金サ法4条1項3号は、「元本欠損が生ずるおそれ」の原因の一類型とし
て「当該金融商品の販売について当該金融商品の販売を行う者その他の者の
業務又は財産の状況の変化」を掲げている。同条の「その他の者」には当該
社債の発行会社が含まれ、その破綻を原因とする欠損のおそれ、つまり信用
リスクが規定されたのである[15]。

[3]　集団投資スキームの悪用と金商法改正

　いわゆる悪徳商法は昔からあるが、2000年代に入って投資名目による巨
額詐欺事件が目立った。2001年に警察が摘発した大和都市管財、2002年の
ジー・オー・グループや八葉物流グループ、2005年のリッチランド、平成
電電、2006年の近未来通信、2007年のL&G、ワールドオーシャンファー
ムなどである。各事件の被害総額は数十億円から一千億円以上に及んだと思
われる。これらの多くは、いわゆる集団投資スキーム持分の自己募集として
行われた。これに適用される法律としては、民法の詐欺や出資法があるが、
いずれも被害が多発してからの事後的な救済になりがちであった。

　2006年に旧証券取引法を改正して制定された金商法は、その2条2項5
号で、集団投資スキームを有価証券の一つと定義し、包括的に金商法の対象
にとりこんだ。同号は、「……組合契約……その他の権利のうち、当該権利
を有する者が出資又は拠出をした金銭を充てて行う事業から生ずる収益の配
当又は当該出資対象事業に係る財産の分配を受けることができる権利……」
と定めており、悪徳商法から消費者を保護する手がかりとして活用できる画

---

15)　東京地判平15・4・9金法1688号43頁は、マイカル債の信用リスクについて説明義務違
　　反を認めた。金サ法（当時金融商品販売法）により損害賠償責任を認めた初の裁判例でもあ
　　る。また、大阪高判平20・11・20判時2041号50頁は、信用リスクの説明義務違反を認め
　　た初の高裁判決である。

期的な条文となっている。

[4]　金融工学の発展と仕組債

　金融工学の発展に伴い、デリバティブやデリバティブを組み込んだ金融商品（仕組商品）が開発され、消費者にもそれらが販売されるようになってきた。販売側の事情としては、株式の取引手数料が自由化されて利益が薄くなったり、市況の低迷で従来型の商品が売れにくくなったりした一方で、仕組商品は初期の手数料ないしマージンを高く設定することが可能であって、うまみがあることが指摘できる。

　デリバティブとは、金融派生商品と訳されているが、先物取引、スワップ取引、オプション取引等がある。金商法 2 条の定義規定では、20 項から 25 項までが関連規定となる。仕組商品とは、デリバティブ取引を他の金融商品に組み込んだ金融商品で、仕組債、仕組預金、投資信託、金銭信託契約等がある。仕組債には、EB（他社株償還条項付き社債）、株価指数リンク債、株価リンク債、デュアル・カレンシー債、リバース・デュアル・カレンシー債、パワー・リバース・デュアル・カレンシー債（PRDC 債）、FX ターン債などがある[16]。裁判例では、説明義務違反を問題にする判決が多いが、適合性原則違反を指摘するものや、賭博性が高いとしたり[17]、錯誤無効を認定したりしたもの[18]もある。

　仕組債には、たとえば元本を 30 年間拘束されることがあるというリスクがあるかわりに、初期の利率が良いものがあり（オプションの売りのオプション料が配分原資となる）、地方自治体や公益法人、大学などに大量に販売された。これらの組織の資産運用の担当者は、一般的な預貯金や公社債の利回りが低いことに悩んでいたため、当面の利率の高い商品に飛びついた。しかし、多額の含み損をかかえる状態になっているケースが多い。

　前述した合理的根拠適合性に関する日本証券業協会の自主規制は、これらの事態に対する対応の一つである。

---

16)　詳細は桜井ほか・前掲注 2）32 頁以下。
17)　大阪地判平 22・3・26 金判 1358 号 31 頁。
18)　大阪地判平 22・3・30 金判 1358 号 41 頁。

4　今後の課題

[1]　消費者保護法理をつくるもの

　このように振り返ると、規制緩和の影に発生した被害を後追いする形で消費者保護法理や法規が形成されてきたことがわかる。はたして規制緩和の時期や方法は、正しかったのか。金融業や金融市場のあり方と消費者保護の関係を常に考える必要がある。

　消費者保護を推進する場合にも、金融市場や金融工学、行動経済学の知見[19]などを踏まえる必要がある。また、欧米の市場の動向や関係法理を検討することも必要である。

　生活資金や生業資金に不測の損害を被った人たちの声をきき、市場や外国法も検討しつつ、訴訟や ADR（裁判外紛争処理機関）[20]を活用して被害救済をはかり、あわせて、各種研究会や弁護士会委員会等も通じ、法令やその運用の改善を実現していくことは、容易ではないとしても、法律家としてやりがいのある仕事である[21]。

[2]　気候変動、ESG と金商法

　気候変動に対する企業の対応状況について、金商法上の開示義務の対象にしようとする動きが本格化している。気候変動以外のサステナビリティ、環境・社会・ガバナンス（ESG）要素の開示についても、国際的に議論が進んでおり、基準の策定も試みられている。多様性確保や人的資本に関する金商

---

19)　プロスペクト理論など行動経済学の概要について、司法研修所編『現代型民事紛争に関する実証的研究——現代型契約紛争・消費者紛争』（法曹会、2011 年）、桜井ほか・前掲注 2）。司法研修所編『デリバティブ（金融派生商品）の仕組み及び関係訴訟の諸問題』（司法研究報告書第 68 輯第 1 号、法曹会、2017 年）が、デリバティブの価格理論について検討していることも参照。

20)　証券・金融商品あっせん相談センター（FINMAC）、生命保険協会裁定委員会、全国銀行協会あっせん委員会、国民生活センター紛争解決委員会等。金商法では、指定紛争解決機関と称されている（金商法 37 条の 7）。

21)　弁護士会委員会や被害者弁護団の活動等について、三木俊博「金融サービス分野における弁護士の取組み」法律時報 81 巻 8 号（2009 年）36 頁。

法上の開示も、議論されている[22]。

　金商法は、株式を発行する上場企業等に対し、「事業の内容に関する重要な事項」等を記載した報告書（有価証券報告書）を開示する義務を課している（金商法24条）[23]。この「重要な事項」に、気候変動への対応やESG要素が該当するのではないかという論点である。投資者（金融商品取引の消費者）は、気候変動への対応の各企業の開示内容を検討して、その会社の株式を売買するかどうか判断できるようにするべきではないかということである。

　このような開示義務化議論本格化の背景には、欧州を中心とした長年の環境保護運動や市民の動きがあった[24]。本章では、金商法の金融商品取引での消費者被害の救済法理を検討してきたが、金商法のもう一つの大きな役割である企業内容開示も、消費者の資産保全・形成や市民の生活と大いに関係がある。この分野にも、消費者や市民とともに活動する法律家の関与が求められている。

---

22)　金融審議会ディスクロージャーワーキング・グループ報告（2022年6月13日）3〜15頁（サステナビリティ開示、気候変動対応、人的資本、多様性に関する開示）。同ワーキング・グループ（2021年度）第2回（2021年10月1日）事務局説明資料(2)、同3回（2021年10月29日）事務局説明資料も参照。2022年後半から23年にかけて、国際的にも日本の法制的にも開示内容等の具体化が進むと想定される。動きが速い分野なので、同ワーキング・グループ資料や報道を随時参照する必要がある。

23)　金商法の開示制度について、関東財務局「企業内容等開示（ディスクロージャー）制度の概要」http://kantou.mof.go.jp/disclo/gaiyou.htm 等。

24)　気候変動問題に取り組んできた環境団体の例として、気候ネットワーク、Client Earth（英国）。また、国際的投資家の立場から、「気候変動は地球環境ばかりか、事業活動にとっても大きなリスクではありますが、ESGの視点でとらえれば投資機会でもある……気候変動に即した産業が、あと50年、100年にわたり日本を支える可能性があると期待」という指摘がある（https://diamond.jp/articles/-/284158）。

Column

預託商法被害

　預託商法被害の典型として著名なのが1980年代の豊田商事事件である。加害企業の豊田商事は、高齢者を中心に消費者に対し訪問販売で「金は値上がり確実です。当社から金地金を買い当社に預ければ、当社は運用して銀行預金より有利な年10%の賃借料を支払います。満期の5年後には金地金を返還するか時価で買い戻します。」などといって、金地金代金名目で資金を集めた。純金ファミリー契約証券という名の金地金の預かり証が交付されたが、実際には契約に見合った金地金の保有も運用もなく、約4年間の営業活動後1985年に破綻し約3万人に総額約2000億円の被害を与えた。この事件を契機に1986年、特定商品等の預託等取引契約に関する法律（預託法）が制定された。

　しかし、制定後も同様の被害が生じた。たとえば、健康食品預託名目で約4万人に総額約500億円の被害を与えた八葉物流事件、IP電話中継局預託名目で約2000人に総額約400億円の被害を与えた近未来通信事件、和牛預託名目で約7万人に総額約4000億円の被害を与えた安愚楽牧場事件、干し柿等預託名目で約3万人に総額約1000億円の被害を与えたケフィア事業振興会事件、磁気治療機器預託名目で約7000人に総額約2000億円の被害を与えたジャパンライフ事件等である（消費者委員会「いわゆる「販売預託商法」に関する消費者問題についての調査報告」（2019年8月）18ページ参照。https://www.cao.go.jp/consumer/iinkaikouhyou/2019/doc/20190830_houkoku1.pdf）。

　1986年に制定された預託法は、消費者への情報提供（書面交付義務、業務・財務書類閲覧等）、契約離脱権（クーリング・オフ、中途解約権）、行為規制（不当行為の禁止等）を規定したが、同法の対象となる物品や施設利用権は政令（特定商品等の預託等取引に関する法律施行令）で指定されたものだけであった（政令指定商品制）。

　この政令によって、1986年制定時には豊田商事事件に対応した貴金属のほか、観賞用植物、スポーツ施設利用権が指定されたにすぎないが、翌年に英会話教室会員権被害が発生し語学指導施設利用権が、また1997年に和牛預託商法被害に対応して家畜、2013年に健康食品や家庭用治療機器が追加的に指定されてきた。

　消費者庁は、磁気治療機器を販売して預託を受ける商法を続けたジャパンライフ社に対し、特商法や預託法に基づき2016年から2017年にかけて4回にわたり、一部業務停止処分をした（前記消費者委員会調査報告9頁参照）。しかし、同社は、消費者庁から預託等取引契約や訪問販売について業務停止処分を受けると業務形態を業務誘引提供販売契約に変更し、次いでそれについても業務停止処分を受けると「リース債権譲渡契約」という名称に変えてほぼ同様の

商法を継続し顧客に多額の被害を与えた。

　このジャパンライフ社事件を契機に、預託法があるにもかかわらず同様の被害が継続して発生してきたとして、預託法の抜本的な改正の必要性が訴えられた[25]。消費者委員会（内閣府に設置された独立した第三者機関）は、建議と意見を出した（「いわゆる『販売預託商法』に関する消費者問題について」2019年8月30日）。そして、消費者庁が2020年1月に設置した「特定商取引法及び預託法の制度の在り方に関する検討委員会」（河上正二委員長）は、2020年8月19日、販売を伴う預託等取引を原則禁止とするとの画期的な意見を取りまとめた。

　このような経過をたどって、2021年6月、ついに預託法が改正された（同月16日公布、2022年6月1日施行）。

　改正法は、従来の預託法の対象の限定列挙を廃止し、全ての物品等を対象にすることとし（2条）、販売を伴う預託等取引（3か月以上の期間にわたり物品の預託を受けること及び当該預託に関し財産上の利益の供与を約するもの）を原則禁止とし、罰則を規定（9条、14条等）した。例外的に認める場合には、厳格な手続の下、消費者庁が個別に確認する（10条から13条、15条から16条等）。そして、原則禁止の対象となる契約を民事的に無効とする制度が創設された（14条等）。

　もっとも、ケフィア事業振興会の事案のような買戻し類型への対応と、事業者の破綻処理の問題など課題は残っている（改正に至る経過と残された課題について、石戸谷豊「預託法改正に至る経緯と今後の課題」国民生活2021年12月号5頁）。

---

[25]　日本弁護士連合会2020年1月17日意見書、同2018年7月12日意見書（金商法の集団投資スキーム（同法2条2項5号、本章3[3]に解説。）の登録制や行為規制の適用を提言）、同2013年3月14日意見書（政令指定商品制廃止や監督官庁の破産申立権を提言）。

消費者紛争の個別類型(2)

第16章
不動産取引と消費者

立命館大学教授
松本克美

1　本章で学ぶこと

　不動産（土地及び建物）の取引には、契約類型からいえば、不動産の売買契約や賃貸借契約、建物の建築請負契約などが含まれる。不動産取引の基本法となるのは、これらの契約を典型契約として定めている民法である。なお建物の賃貸借については、民法とともに借地借家法が適用される。また、不動産取引においては、いわゆる不動産業者が契約の相手方となったり、その仲介によって売買契約や賃貸借契約がなされることが多い。これらの行為を業として行う行為を宅地建物取引業といい、宅地建物取引業法が一定の要件のもとに与えられる免許を持った者（宅地建物取引業者）がいなければ、業務を行うことができないことなどを定め、こうした取引行為に関する一定の規制を行っている。不動産取引が事業者と消費者の間でなされる場合（それが通常であろう）には、消費者契約となり、消費者契約法が適用されることになる。建物の安全性については、建築基準法とその関連法令が種々の基準を定めているほか、新築建物については、住宅の品質確保の促進に関する法律（いわゆる品確法）がある（後述）。

　本章では、不動産取引をめぐる消費者被害の問題として、詐欺的取引による被害（原野商法の二次被害、リフォーム詐欺）、建物賃借人の「追出し屋」による被害、欠陥住宅被害の3つを取り上げる。なお、建物賃貸借契約における更新料特約や敷引特約が消費者契約法10条に規定された不当条項として無効となるかという問題については、すでにふれられている（→第7章116頁）。

2　不動産をめぐる詐欺的取引

[1]　原野商法

> **[事例 1]**　別荘地購入を検討中の A さんは、B 不動産業者の営業所を訪問した際に、担当の C から「この甲土地は風光明媚で人里離れた静かな土地で、夜には星空が綺麗です。電気は自家発電にして、すぐ近くの清流から水を汲めば快適に過ごせますよ。いかがですか。」と言われて写真を見せられた。A さんはその風景が気に入り、この土地を 100 坪 500 万円で購入する契約を B の営業所で締結し、代金も支払い、所有権の移転登記もされた。ところが甲土地は交通も不便で電気も水道も通っていないので、時価は 50 万円にも満たないことが判明した。

　この事例は、1980 年代に大きな問題となった消費者被害の一つの原野商法である[1]。A は B の営業所を訪れ、そこで契約を締結しているから、訪問販売ではなく、特商法上のクーリングオフは使えない（特商法第 8 章）。また、当時は消費者契約法（2001 年施行）も施行されていなかったが、施行後であっても、**事例 1** のような場合には、甲土地の属性が実際に C の言った通りであれば、消契法上の不実告知（4 条 1 項 1 号）もないし、電気や水道が通っていないことを告げているから、不利益事実の故意による不告知（4 条 2 項）もない。裁判例では、買主の錯誤無効（改正前民法 95 条）の主張や、公序良俗違反（民法 90 条）の主張を認め、不当利得返還請求権による代金の返還を命じ、あるいは、このような詐欺的な取引の勧誘は不法行為（民法 709 条）にあたるとして、代金相当額を損害として不法行為責任を認めてきた[2]。

---

1)　原野商法については、東京弁護士会消費者問題特別委員会編『消費者相談マニュアル』（商事法務、2004 年）130 頁以下、本田純一「悪徳土地取引をめぐる裁判例の諸相と法的問題点」判例タイムズ 671 号（1988 年）70 頁以下等参照。現代の原野商法問題については、鳥谷部茂「不動産問題と消費者法——特に原野商法をめぐる問題点」現代消費者法 44 号（2019 年）6 頁以下参照。

　最近は、このような原野商法によって買わされた土地を仕方なくそのままにしてきた買主がさらに被害に遭うといったなどの「二次被害」の事例が報告されている。業者が、こうした買主に対して、今なら高く転売できるから売買契約を仲介しましょうなどと架空の買主がいるようにみせかけて甘い言葉で近づき、売買契約を正式に成立させるためには、まず、土地の測量が必要だなどといって、測量費を預かった後に、この仲介するはずの業者が所在不明となるといったケースである[3]。もちろん、このような業者の行為は、実際には買い手などいないのに、それをいるかのように偽って、測量などの費用を出費させているのであるから、一次被害である原野商法同様に、不法行為による損害賠償などの民法上の責任追及なども考えられる（→消費者法被害に民事法がどう適用され得るかについて、第2章）。しかし、相手が所在不明となってしまっては、払った代金の返還や損害賠償も絵に描いた餅となり、民事上の救済にも限界がある。刑事規制の強化も検討課題となろう。

[2]　リフォーム詐欺

　[事例2]　今年70歳になるAさんは、夫に先立たれ、今では一人暮らしであった。あるとき、○○ハウジング営業部員Bという名刺をもった男性がAを訪問し、お宅は大分老朽化していて、このままでは台風や地震で倒壊したりして危険だから、リフォームをしたらどうですかと持ちかけて、Aはよくわからないままに、1年間に5回もリフォーム工事を行う契約をさせられて、合計500万円のリフォーム代金を支払った。ところが、あとで、専門家にみてもらうと、全く不要なリフォーム工事であるばかりか、リフォーム前よりも質の劣る建材などが使われて

---

2)　原野商法に関する裁判例として、東京地判昭58・6・29判タ508号128頁（錯誤無効）、名古屋地判昭63・7・22判時1303号103頁（公序良俗違反）、東京地判平2・9・5判時1390号85頁（不法行為責任）、大阪高判平7・5・30判タ889号253頁（仲介業者の不法行為責任）など。

3)　国民生活センターHP参照。http://www.kokusen.go.jp/news/data/n-20180125_1.html（2020/1/20）

> いて、むしろ、建物の品質は下がってしまっていた。

　事例2は、不要なリフォーム工事をさせられてしまった例である。訪問販売にあたり、特商法による要件を満たせばクーリング・オフの対象となる可能性がある（特商法9条）（→訪問販売について、第8章135頁）。また、消費者の危険を回避するのに通常必要と判断される事情（建物の安全性）について事実と異なることを告げているので、消費者契約法上の不実告知に当たることを理由に、このリフォーム契約を取り消すことも可能である（消契法4条1項1号、同条5項3号→不実告知については第6章参照）。そもそも建物の新築のような建築行為を行う場合には、建設業のような資格のある者が行わなければならず（建設業法3条）、また、国家により認められた資格である建築士の資格あるものが設計、監理を行わなければならない（建築士法3条以下）。

　ところが、500万円未満のリフォーム工事は、建設業法の規制から除外されており（建設業法3条1項ただし書、同施行令1条の2第1項）、建設業の免許を持たない者もできるようになっており、建築士の関与も不要とされている。そこに目をつけて、このような悪質商法が横行しているのである[4]。裁判例では、特商法上のクーリングオフによる代金返還を認めた事例[5]、ずさんな増改築リフォーム工事につき、種々の瑕疵を認めて、請負人の瑕疵担保責任および不法行為責任を認めた例[6]などがある。

　日本弁護士連合会は、2011年4月15日に、「リフォーム被害の予防と救済に関する意見書」を発表し、上述の建設業法の例外規定を削除して、リフォーム業者全般について規制を及ぼすべきこと、住宅リフォーム工事を請け負う者に対し、不招請勧誘の禁止、契約締結前の見積書の作成・交付、契約締結時の契約書の作成・交付、契約内容変更時の変更内容記載書面の作成・

---

4)　住宅リフォーム詐欺については、大村敦志「高齢化社会と消費者問題・成年後見——リフォーム商法を素材に悪質商法への対応策を考える」岩村雅彦編『高齢化社会と法』（有斐閣、2008年）61頁以下。
5)　大阪地判平21・12・1消費者のための欠陥住宅判例第6集460頁。
6)　高松高判平20・2・21消費者のための欠陥住宅判例第5集386頁。

交付の義務付け、宅建業者に対する営業保証金制度と同様の営業実態に応じた営業保証金を供託させる制度の導入などを提言しているが、業界団体の抵抗が大きいのか、まだ実現していない[7]。

3　建物賃借人に対する「追い出し屋」被害

> **[事例3]**　Aさん（独身男性35歳）は、いわゆる派遣切りで職を失ってしまった。生活費を節約するために、今までよりも家賃の安いアパートに引越し、日雇いの土木工事作業員として働いていたが、慣れない仕事で体調を崩し、寝込んでしまい収入も減って、その月の家賃の振込みが月末の支払期限を過ぎてもできずに2週間ほど経過した。ようやく体調を回復したAさんが日雇い仕事から帰ってくると、アパートの自室に「家賃滞納につき、契約条項に従い鍵を交換しました。3日以内に家賃を支払わないと、部屋の荷物も処分します」と張り紙がしてあった。

　事例3は、いわゆる「追い出し屋」による被害の例である。追い出し屋とは、賃借人が家賃を滞納した場合に、賃借人が有する正当な権利を無視して、違法な嫌がらせをして退去させようとする人や業者をいう。とりわけ2008年のリーマンショックに端を発する世界的な不況と、労働分野での規制緩和の結果、有期労働者や派遣社員、パートなどの非正規雇用労働者が急増する中で、格差社会、貧困化が指摘され、増加する貧困層の弱みにつけこんだ「貧困ビジネス」の急成長が指摘されている。近時、問題とされている「追い出し屋」による被害の急増もこうした貧困化に端を発した悪質商法の一つである。

　賃貸借契約については、典型契約の一つとして民法に規定がおかれている（601条以下）。賃貸借契約上、賃貸人は目的物を使用収益させる債務（601条）、そこから派生する目的物の修繕義務（606条）などを負う。賃借人が負う基本

---

7)　この提言について解説したものとして、三浦直樹「日弁連『リフォーム被害の予防と救済に関する意見書』」消費者法ニュース89号（2011年）195頁。

的な債務は賃料支払債務 (601 条)、目的物の用法順守義務 (契約や目的物の性質に
よって定まった使い方を守るべき義務：616 条、594 条) などである。建物の賃貸借につ
いては、民法に優先して、特別法である借地借家法が適用される (1 条)。そ
の結果、建物の引渡しがあれば、建物賃借権の対抗要件を備えたことにな
り、賃貸人以外の第三者にも賃借権を対抗できる (31 条 1 項)。また、期間の
定めのない場合の賃貸人からの解約申入れ及び、期間の定めのある場合の更
新拒絶には、当該建物の使用を必要とする事情などの法律が定める基準に従
った正当事由があることが必要とされている (28 条)。

　また改正民法は判例上定着してきた敷金について、賃借が終了し目的物を
賃借人が明け渡す時点で賃貸人に未履行の債務がある場合にそれを敷金から
控除して残額を賃借人に返還することを明文で規定した (622 条の 2)。逆に言
えば、賃借人に未履行債務がなければ賃貸人は預かった敷金を全額返還する
義務を負うことになる。なお敷金の実質があれば、権利金や預かり金など別
の名称が使われていても、ここで規定された敷金として扱われる。

　さらに、借地借家法で規定されているわけではないが、不動産賃貸借契約
には、判例上、信頼関係破壊法理が発展してきた。これは、賃借人が負う賃
料支払債務や目的物の用法順守義務に違反したり、賃借物を賃貸人に無断で
また貸しすることによって、民法の無断転貸禁止規定 (612 条) に違反したよ
うな場合、確かにこれらは形式的には賃借人の債務不履行にあたるが、その
不履行の程度が軽微であり、いまだ、賃貸人との信頼関係を破壊する背信的
行為であるとまでいえない特段の事情がある場合には、賃貸人からの債務不
履行を理由とした解除を信義則上制限するという法理である (賃借人の無断転貸
を理由とする解除を制限した最判昭 28・9・25 民集 7 巻 9 号 979 頁、賃料の延滞による解除を制限
した最判昭 39・7・28 民集 18 巻 6 号 1220 頁など)。この法理も、不動産賃貸借契約の
存続保護をはかるものといえよう。

　しかし「追い出し屋」被害では、これら借地借家法上の存続期間の保護と
は別の問題である賃借人の賃料債務の不履行に対する強引な債務の取立てや
軽微な債務不履行での賃貸借契約の解除、鍵の交換による賃借人の締め出し
や、合鍵で侵入などの違法な自力救済などによる賃借人のプライバシー、平
穏な生活を営む権利、居住権侵害が問題となっている[8]。

　また、悪質な業者の中には、借地借家法の適用を免れるために、契約名を
「鍵付施設利用契約」とするものもあるといわれているが、全くの脱法行為

であって、その実態は鍵ではなく、建物の賃貸借契約であることは明らかである[9]。

　裁判例では、管理業者が家賃等を滞納した賃借人を追い出し、室内の動産を処分した行為につき賃貸人との共同不法行為責任を認め、慰謝料や動産の損害など165万円の支払いを認めた事例がある[10]。

　しかし、被害額が比較的少額であることもあり、個別裁判で争うことは容易ではない。「追い出し屋」被害は、情報量・交渉力の格差に根差した従来の消費者被害の特徴に加えて、貧困者である弱みにつけこんでいる特徴がある。こうした「貧困ビジネス」による被害を防止、救済するためにも、今後は、消費者領域と社会福祉領域の法を協働させて、居住や労働を確保して自律を支援する仕組みを作り出していく必要があろう[11]。

4　サブリース被害

[事例4]　Aさん（50代後半）は父親から相続した甲土地（更地）を所有していた。B不動産業者はAに次のような勧誘をした。「土地の有効利用をして、長期間保証される賃料で安心な老後生活を送りませんか。甲土地に抵当権を設定して銀行から借り入れた資金でマンション（乙）を建設して、私どもに乙の管理の委託と賃貸借をしてください。私どもが乙の入居者を募集し、転貸借します。私どもがAさんにお支払いする賃料は20年分全額同じ額でお支払いいたしますので、定額の収入が見込めますし、それで銀行への返済が十分できます。面倒な不動産管理や賃貸業務もAさんがしなくて済みます」。Aは、これは良い話だと思い、B不動産会社の言う通りに甲土地に乙を建設し、Bに乙の管理を委

---

8)　法的問題点については、髙嶌英弘「『追い出し』の法的問題点」消費者法ニュース80号（2009年）211頁以下、宇都宮健児「ゼロゼロ物件に関する諸問題」月報司法書士2009年8月号14頁以下等参照。

9)　宇都宮・前掲注8）15頁。

10)　大阪高判平23・6・10消費者法ニュース90号134頁。

11)　この点を強調するものとして、近藤充代「貧困ビジネス被害と消費者法——裁判例を通して」現代消費者法10号（2011年）19頁。

託するとともにＢが転貸借をすることを承認することも含む賃貸借契
約を締結した。乙には当初は順調に入居者（転借人）が集まったが、10
年後には不動産価格が下落し、賃料相場も下がり、Ｂが設定した転貸賃
料では入居者が集まらなくなった。そこで、ＢはＡに「転貸賃料を下
げざるをえなくなりましたので、私どもがＡさんにお支払いする賃料
も値下げさせてもらいます」と一方的な通知をしてきた。Ａは「賃料
20年間定額保証と言ったから、Ｂと契約したのに、今更どういうこと
か」と激怒した。

　これは、近時問題となっているサブリース被害である。サブリースとは上
記のＡがＢと結んだような転貸を予定した包括的な賃貸借契約のことであ
る。Ｂが賃料全額保証などと言っても、賃料相場が下がってくると、今まで
と同様の賃料をＢがＡに払い続けていると赤字になるというので、上の事
例のようにＢがＡに賃料の減額請求をしたりする。Ａは銀行からの融資金
の返済について、ＢがＡに支払う賃料で賄おうとしているわけだから、Ｂ
の賃料減額請求が認められると困るわけである。最高裁は、サブリース契約
も建物の賃貸借には変わらないというので、賃料保証の特約があったとして
も、借地借家法32条の賃料増減請求権の規定が適用されるとしつつ、ただ
賃料が決められた経緯などの諸般の事情を考慮して、賃料減額が認められる
かを判断すべきとする（最判平15・10・21民集57巻9号1213頁）。
　Ａは個人ではあっても賃貸業をしていることになるから、消費者契約法
上の消費者とは言えないかもしれないが、最初にＢと賃貸借契約を締結す
る時点では、素人であって業者との間には交渉力、情報力の格差があるから
消費者被害の一種ともいえよう[12]。

12）　三浦直樹「サブリース被害救済の実務――トラブル類型別の対応」現代消費者法36号
　　（2017年）83頁以下。松岡久和「不動産事業と建物賃貸借――サブリース判決の功罪」松尾
　　弘＝山野目章夫編『不動産賃貸借の課題と展望』（商事法務、2012年）361頁以下が裁判例
　　を扱っている。

5 欠陥住宅被害

[1] 欠陥住宅被害をめぐる契約内容不適合責任をめぐる特別法上の規定

> **[事例4]** Aさんは、新築の一戸建て住宅である土地付きの甲建物をB不動産会社から購入した。ところが、引渡しから3年を経たところで震度5の地震に遭遇したところ、近隣の住宅には大きな被害はでていないのに、甲建物だけ倒壊しかねない状態になってしまった。専門家の調査によって、構造上重大な瑕疵（契約内容不適合）があることが判明した。Aさんは、Bにかけあったところ、Bは、目的物の引渡しから2年しか担保責任（契約内容不適合に対する責任）を負わない旨の特約があることを理由に、責任はないと主張している。

　売買目的物である甲建物の品質が、契約の内容に適合しない場合には、買主は売主に契約内容不適合責任を追及して、目的物の補修や代金減額、契約解除、損害賠償を請求することが可能である（562条〜564条）。民法上は、売主が当該契約内容不適合を知りながら告げなかった場合を除き、担保責任の減免責の特約は有効とされている（572条）。しかし、この点に関しては次の特別法の規定に注意を要する。

　まず、宅建業者が売主となる場合には、引渡しから2年未満しか契約内容不適合責任を負わないとする特約の効力は無効とされる（宅建業法40条2項）。また、品確法は、品確法が定義する「新築住宅」[13]の構造耐力上主要な部分の瑕疵（契約内容不適合の状態）については、引渡しから10年間瑕疵担保（契約内容不適合）責任を負い、この規定に反する特約で買主に不利な特約を無効と規定している（品確法95条。なお同法94条は、請負契約上の瑕疵担保〔契約内容不適合〕責任にも同様な規定を置いている）。事例4の売主が担保責任を負う期間を引渡し時か

---

13) 品確法でいう「新築住宅」とは、新たに建設された住宅で、まだ人の居住の用に供したことのないもの（建設工事の完了の日から起算して一年を経過したものを除く）をいう（品確法2条2項）。

ら2年とする特約が、品確法施行（平成12年4月1日）以後に締結されたもの
であって、かつ瑕疵が「構造耐力上主要な部分」の隠れた瑕疵にあたるとす
れば、この特約は無効となる。この場合、買主Aは、売買契約上の売主の
担保責任に基づき、危険な建物であり、契約目的が達成できないとして、売
買契約を解除し代金の返還を請求することができる。

　なお、耐震偽装問題などを受けて、品確法の適用のある新築住宅の売主で
ある宅地建物取引業者や建築請負人である建設業者の瑕疵担保責任の履行を
確保するために、予め瑕疵担保保証金の供託または住宅瑕疵担保責任保険契
約の締結を義務付ける特別法（特定住宅瑕疵担保責任履行確保法）14)が制定され、
2009年10月1日から施行されている。

[2]　欠陥住宅の建替請求

　改正前民法では売主の瑕疵担保責任に基づく損害賠償の範囲をめぐって
は、賠償の範囲は信頼利益（瑕疵がないものと信頼して出費したことによる損害—無駄に
なった契約費用、その目的物のために特別に注文した物の購入費等）に限定されるとする考
え方（法定責任説）があった。改正民法では、特定物の引渡し時の品質は「契
約その他の債権の発生原因及び取引上の社会通念に照らして」定められるた
め（483条）、瑕疵ある特定物の引渡しは、契約内容不適合（562条）として、債
務不履行責任が売主に生じ、損害賠償については415条が適用される（564
条）。その結果、賠償範囲は416条の適用を受けるので、信頼利益の賠償に
限定されることにはならない。

　請負契約においては、改正前民法が目的物が建物のような土地工作物であ
る場合に重大な瑕疵があっても契約解除を制限していた（635条）こととのバ
ランスから、建替えや建替え費用相当額の賠償は請求できないとする見解や
下級審裁判例もあった。しかし、この点につき、最高裁は、請負契約の目的
物である建物に重大な瑕疵があり、建替えざるを得ない場合には、建替費用
相当額の損害賠償請求もできるとの判断を示しており15)、肯定説で判例は
統一されている。なお、改正民法は旧法634条以下に規定していた請負契約

---

14)　この法律の概要については、鈴木あおい・解説・NBL 863号（2007年）18頁参照。
15)　最判平14・9・24判時1801号77頁。

目的物の瑕疵に関する特別な瑕疵担保責任の規定を一部の例外を除き削除
し、売買契約の契約内容不適合責任の規定を準用するとしている（559条）。
また改正民法は前述した請負契約の目的物が土地工作物である場合の解除制
限規定も削除している。

[3] 契約内容不適合責任と錯誤

　事例4では、買主は売主の担保責任に基づく契約解除と損害賠償請求を
考えることができる。ところで、買主が売主に支払った代金を取り戻す手段
としては、他に、錯誤による取消し（95条—改正前は無効）の主張も考えられ
る。すなわち、買主は、本件売買目的物である甲建物の構造に重大な瑕疵が
あると知っていたら、売買契約を締結しなかったのであり、目的物の品質に
耐震偽装があった点は、錯誤にあたるとの主張である。実際の裁判例でも耐
震偽装マンションにかかわり買主の錯誤の主張を認め、売買代金の返還請求
を認容した例がある[16]。

[4] 居住利益の控除

　民法は契約解除の原状回復義務について、金銭以外の物を返還するとき
は、その受領の時以後に生じた果実をも返還しなければならないと定めてい
る（545条3項）。これは改正法で新設された規定であるが、改正民法施行以前
の判例も、これと同旨のことを認めたうえで、建物の売買契約の解除の場
合、それまで目的物に居住してきた利益（居住利益）の返還義務を買主に認め
ている[17]。ただそれらの事例では、目的物の品質自体に契約内容不適合が
あったわけではなく、通常の使用ができた点に注意すべきである。

　他方で、最高裁は、新築建物に隠れた瑕疵（改正法にいう契約不適合）があった
場合に、買主から売主への建替費用相当額の損害賠償請求を認めた事例で
は、売主から主張されていた買主の居住利益の控除ないし新築建物を取得で

---

16)　札幌高判平23・5・26消費者のための欠陥住宅判例第6集346頁以下。なお改正前民法で
　　は錯誤の効果は無効であったので、この判決も錯誤無効を認めている。
17)　最判昭34・9・22民集13巻11号1451頁（土地建物の売買契約の代金未払いを理由とし
　　た解除）、最判昭51・2・13民集30巻1号1頁（中古車の売買契約の解除）。

きることによる建物の耐用年数の伸長利益の損害賠償からの控除の主張を否定した[18]。このような否定論の論理が、契約内容不適合を理由とした契約解除の場合にも及ぶのか今後注目されるところである。

[5] 建築施工者等の不法行為責任

> **［事例5］** 事例4で、売主のB不動産会社は経営難に陥っていて賠償資力がないが、甲建物を建築施工したC建築会社や、甲建物を設計し、工事を監理したD建築事務所には資力があるような場合、AはCやDに賠償請求できるか。

　このような場合、Aは、CやDと直接の契約関係はないから契約責任を追及することはできないが、不法行為責任を追及することが考えられる。判例は、建築施工者等は、建物買主を含めて、利用者や通行人等の生命、身体、財産を危険にさらすことがないように、「建物としての基本的な安全性が欠けることがないように配慮すべき注意義務」を負い、この注意義務に違反したこと（過失）によって、「建物としての基本的な安全性を損なう瑕疵」が生じ、これによる損害が生じた場合には、不法行為に基づく損害賠償責任を負うことを明言している[19]。この損害には、建物の安全性瑕疵による生命、身体などの拡大損害はもとより、建物自体の修繕費用も含まれる[20]。

[6] 欠陥住宅による健康被害──シックハウス症候群

> **［事例6］** AはB不動産会社から甲新築マンションを購入して居住し

---

18) 最判平22・6・17判時2082号55頁。その判例批評として、松本克美・法律時報83巻4号（2011年）143頁。

19) 最判平19・7・6民集61巻5号1769頁。

20) 前掲注19）掲載判決と同一事案の再上告審判決（最判平23・7・21判時1536号1頁）がこの点を明言した。この判決につき、松本克美・判批・法律時報84巻6号（2012年）114頁参照。

始めたところ、頭痛やめまいにみまわれるようになり、時々仕事も休まざるを得ないくらいに体調が悪化してしまった。結局、Aの体調不良の原因は、居住しているマンションの建材から出る化学物質によるものであることが判明した。AはBに、治療費や休業費を請求したい。

　いわゆるシックハウス症候群の事例である。この場合、人の健康に被害を与えるような建材が使われたマンションは契約内容不適合だとして、損害賠償や解除による代金返還を請求することが考えられる。改正民法564条は契約内容不適合責任の損害賠償については、債務不履行による損害賠償に関する415条を準用するとしているので、賠償範囲は416条が適用されて、信頼利益の賠償には限定されていない。またAはBに不法行為責任を追及できないかが問題となる。民法709条の不法行為の成立には、Bの過失（結果発生の予見可能性を前提とした予見義務違反ないし結果回避義務違反）を被害者のA側で証明しなければならないこのような立証が困難な場合も少なくないが、これを認めた裁判例もある[21]。なお、改正民法は人の生命又は身体を害する不法行為による損害賠償権の短期消滅時効は、被害者又はその法定代理人が損害及び加害者を知った時から5年としている（724条の2）点に注意を要する。

　ところで、不動産は製造物責任法の製造物に含まれないが、化学物質を揮発させた建材自体は動産なので製造物といえる。そこで、当該建材を製造流通させた建材メーカーに対して、製造物責任を追及することも考えられる[22]。原告側で、当該建材の「欠陥」、すなわち、建材としての「通常有すべき安全性を欠いている」（製造物2条2項）ことを証明できれば、「製造物の欠陥により人の生命、身体又は財産に係る被害」についての損害賠償を請求できる（製造物1条）。したがって、事例6では治療費や休業費も請求するこ

---

21)　シックハウスに関連してマンション売主の不法行為責任を認めた例として、東京地判平21・10・1消費者のための欠陥住宅判例集第5集244頁。その判例批評として、松本克美・現代消費者法8号（2010年）77頁。

22)　この点につき、松本克美「建物の安全と民事責任——判例動向と立法課題」立命館法学350号（2013年）223頁参照。

とができよう。

6　おわりに

　不動産取引と消費者被害ということでいえば、上述したような「追い出し屋」の規制、リフォーム詐欺、消費者へのサブリース契約の勧誘などについての新たな法規制が要請されている。製造物責任法制定過程で議論され、結局排除された「不動産」の瑕疵について、住宅の安全という観点からの新たな立法も検討に値しよう（→製造物責任法については、第23章）。すなわち建物を購入した買主は、上述したように売主に対して契約内容不適合責任を追及することはできるが、売主が個人であれば資力がない場合も多いし、そもそも建築施行者が瑕疵ある建物を施工したのであれば、建物の買主はその者に責任を追及したと考えるのも当然である。民法では不法行為責任（709条）の追及が考えられるが、被害者が加害者の過失を証明しなければならないという難点がある[23]。製造物責任法のように通常の品質を欠くという客観的な要件で建築施工者の責任が認められることになれば被害救済に資することになる。前述した品確法は建築施工が完了してから1年以内の新築住宅にしか適用されないし、瑕疵担保責任（契約内容不適合責任）に関する特別法であるから、契約関係にない施工者への不法行為責任追及には直接には使えない。

　なお不動産取引と消費者被害については、消費者法学会第12回大会（2019年）のシンポジウムテーマとして取り上げられた。そこでは、原野商法や不動産ローン、建物賃貸借における敷金、更新料の問題、不動産取引と契約適合性、有料老人ホーム入居契約、マンションの管理組合の消費者性など多様な問題が検討されており、参考となる[24]。

---

[23]　なお建物としての基本的な安全性の確保を強調する前掲注19）の最判平19や前掲注20）の最判平23を踏まえれば、建物の基本的な安全性を欠く瑕疵があれば建築施工者の過失を推定することは可能であろう（松本克美「建物の安全性確保義務と不法行為責任」立命館法学337号〔2011年〕1418頁）。

[24]　この大会シンポジウムの記録は、消費者法12号（2020年）5頁以下に、シンポジウムの報告に元になった各報告者の論稿は、現代消費者法44号（2019年）4頁以下に収録されている。

消費者紛争の個別類型(3)

第 17 章
高齢者の消費者問題

京都産業大学教授・弁護士
坂東俊矢

1　本章で学ぶこと

　本章では、高齢者の消費者被害について、その現状と法的な対応とを学ぶ。高齢者をめぐる法的な考え方は、2000 年の介護保険法の施行以降、高齢者の介護や福祉に関しても、措置から契約へと変化している。こうした高齢者をめぐる基本的な変化が消費者取引にどのような影響を与えるのかも留意する必要がある。さて、65 歳以上の高齢者からの消費生活相談の件数は、高止まりの現状にある。高齢者が抱える健康や孤独、金銭などの不安感あるいは認知症などによって判断力が低下した高齢者につけ込んだ契約による被害も少なくない。高齢者が締結する契約を公正で、公平なものとするとともに、被害にあった高齢者を適切に救済するための行政や法の役割が問われている。高齢者の自由な取引を保障しつつ、一方で深刻な消費者被害を効果的に救済し、防止するための、高齢者の特質に配慮した法的な消費者保護のあり方はどう考えるべきなのであろうか。本章はその基本的な考え方を学ぶ。

2　消費者被害と高齢者

[1]　被害の現状と課題

　消費者庁の『令和 3 年度消費者白書』によれば、65 歳以上の高齢者による消費生活相談は、2018 年には 35 万 7,987 件で件数としてはピークに達したが、その後は架空請求が減ったことから 2020 年には 27 万 1,161 件にまで

減少した。もっとも、相談件数そのものは高止まりの現状にあり、全体の相
談件数に占める高齢者の割合も依然として高い[1]。また、認知症等の高齢者
の相談も、2020年は8,094件あり、そのうち8割強が契約者である高齢者以
外から相談が寄せられている。その相談の3割強が訪問販売、2割弱が電話
勧誘販売による契約である。認知症等のため十分には合理的な判断ができな
い状況の故に、事業者に言われるがままに契約を締結したり、契約を重ねた
りする事態も生じている。

　一方で、通信端末やインターネットを活用して充実した生活を志向する、
いわゆる「アクティブシニア」と呼ばれる層の消費者相談も、増加してい
る[2]。国民生活センターの60歳以上の相談件数に関する統計では、2015年
度には通信販売に関する相談の件数がもっとも多くなっている[3]。相談が多
い商品や役務についても、件数としては商品一般がもっとも多数を占めるも
のの、2016年度以降では、光ファイバーや携帯電話サービスなどネットに
接続する手段に関するものやデジタルコンテンツに関する相談が目立つ。ま
た、健康食品に関する相談も、2018年以降に増加し、2020年には8,389件
と3番目に多い相談になっている。高齢者の生活状況の変化やその不安感に
つけ込んだ契約に関する相談が目立っている。悪質業者は、手を変え、品を
変えて、高齢者を狙っている。

[2]　高齢者とは

　とはいえ、高齢者の消費者被害をどのように法的に救済すべきかについて
の回答は、単純ではない[4]。高齢者にとって、安心、安全で豊かな消費生活
とはどのようなものであるのか。それを保障する法的な手法はどのような考
え方に基づくべきなのか。高齢者それぞれの能力や健康状態、生きてきた過

---

1)　消費者庁『令和3年度版消費者白書』https://www.caa.go.jp/policies/policy/consumer_re
search/white_paper/（2021/10/31）。

2)　国民生活センター「60歳以上の消費者トラブルの変化と実態——インターネット等も利用
するアクティブシニアのトラブルが増加」（平成28年9月8日）。

3)　国民生活センターは、ホームページで「高齢者の消費者被害」に関する様々なデータや資
料をまとめて、情報提供をしている。http://www.kokusen.go.jp/soudan_now/data/kourei
sha.html（2021/10/30）

程や価値観などがさまざまなこともあって、画一的な対応で問題の解決を図ることは容易ではない。そもそも、何歳から高齢者であるのかについてすら法的な基準はない。高齢者の医療の確保に関する法律（2008年施行）では75歳以上が、高齢者等の雇用の安定等に関する法律（2004年施行）では55歳以上が高齢者とされている。介護保険法や老人福祉法では、65歳が基準とされている。国民生活センターの統計では、65歳ないしは70歳以上を高齢者と取り扱っていることが多い。結局のところ、高齢者と把握する対象や年齢は、法の趣旨や目的に対応して、個別に定めるしかない。

　もっとも、高齢者という人のあり様は、時の流れの中で、誰もがいずれ経験する自然な人間の姿である。その意味でも、少なからぬ高齢者が、将来の生活資金や健康に漠然とした不安感を抱え、孤独感を感じながら生活をしているという現実は、決して他人事ではない。加齢や病気による判断力の低下は、誰にでも起こりうる。現代社会が求める判断の迅速さは、高齢者を戸惑わせる。悪質商法は、こうした、誰にでもいずれ訪れる高齢者の当たり前の状況につけ込んでくる。高齢者の消費者被害は、金額的にも高額になることが多く、これからの高齢者の暮らしや生きることへの希望を失わせる深刻な被害である。被害を教訓に生活を立て直すことが困難であり、変化する消費生活に関する情報に接する機会が限られるなど、高齢者はぜい弱な消費者（vulnerable consumer）だと言える。

　こうした状況に抗して、高齢者にも、消費者が本来は有している選択の自由（消費者基本法2条）を実質的に保障する法的枠組みはどうあるべきか。高齢者の取引における自己決定権を尊重するとともに、生きていくための基盤と

---

4)　未成年者取消権のように高齢者にも事後的な契約取消権を付与すべきとの提案がなされたことがある（たとえば、三木俊博「高齢消費者の被害とその救済」自由と正義45巻10号〔1994年〕84頁）。一方で、高齢者の保護をひとつの役割として平成11年の民法改正で導入された成年後見制度では、残存能力の尊重や日常生活に係る契約についての自己決定権など、支援を前提としたノーマライゼーションの考え方がその基本にある。保護とノーマライゼーションは決して相対立する概念ではないが、そのよって立つ思想には違いがあることも事実である。この点については、山下純司「高齢消費者の保護のあり方」法律時報83巻8号（2011年）49頁。なお、高齢者の消費者被害をめぐる基本文献として、河上正二「高齢化に伴う消費者問題」ジュリスト1034号（1993年）42頁。

しての財産権をどのように保障するのか。高齢者被害の救済に関する消費者
法を考える基本的な視点が、ここにある。

3　高齢者の「住」をめぐる消費者問題

> **［事例1］**　Aさんは、有料老人ホームに入居する契約をその運営会社B
> 社と締結し、入居一時金として1500万円を支払った。入居後2か月
> を経過したが、ホームでの人間関係がうまくいかず、退去することとな
> った。B社に入居一時金の返還を求めたが、初期償却が50％、残金は
> 3年間の償却期間との条項を理由として、700万円余しか返金できな
> いとの連絡を受けた。返却額があまりにも少なく、納得できない。

　有料老人ホーム入居契約は、利用権方式、賃貸方式、分譲方式があるが、
その中心は利用権を購入する契約形式である。いずれの形式によるにせよ、
継続的な役務の提供が債務内容となるため、その中途解約の可否とその際の
入居一時金の返金額が争いになる場合が多い。

［1］　問題の所在

　すべての人にとって「終の棲家」の選択は、豊かで尊厳ある人生を送るた
めに避けて通ることのできない関心事である。その有力な選択肢のひとつが
有料老人ホームである[5]。

　有料老人ホームとは、老人を居住させ、介護等のサービスを供与する施設
であり、養護老人ホームなどの老人福祉施設（老人福祉法5条の3）に該当しな
いものである（老人福祉法29条）。ホーム運営会社と入居者との法的な関係は、
基本的には当事者間の契約による[6]。住をめぐる高齢者の状況は、措置から
契約へとその基本が変化しつつある。しかし、生活の基盤である「住」に関
する契約をすべて契約自由に委ねてしまうことには問題がある。それは、結

---

5)　2020年には、有料老人ホームは全国で1万5,956施設、定員は60万9,472人である（厚生
　労働省「令和2年社会福祉施設等調査」）。

果的に、高齢者に大きなリスクを負わせることになりかねない。この意味で、有料老人ホーム問題は、高齢者が係わる契約をどのように公正なものにするかの試金石でもある[7]。

[2]　有料老人ホーム入居契約をめぐる紛争

　有料老人ホーム入居契約に関しては、入居一時金をめぐり紛争が生じている。入居者がホームを退去したり、死亡したりした場合には、入居者または遺族は、入居一時金から合理的金額が償却され、その残額が返還されると通常は考える。もっとも、契約に償却期間が短く設定されていたり、高額な初期償却額が設定されていたりすると、結果的に返金がなかったり、その額が少額にとどまる。返還される金銭は、これからの高齢者の生活を支える基盤となる。それが予想より少額であれば、直ちに生活の不安につながる。

　入居一時金の償却条項が、消費者契約法 9 条または 10 条によって無効と解されるかが争われた事案がある[8]。返還額をめぐる 2 件の東京地裁判決では、ともに、入居一時金の償却条項は、償却額が高額に過ぎるとの特段の事情がない限り消費者契約法に反しておらず、無効ではないと判断されている。問題とされた条項は、終身利用権金の不返還と入居一時金の 3 年間での償却に関する条項[9]、及び入居一時金が契約締結時に 20%、その後 5 年間

---

6)　消費者委員会「有料老人ホームの契約に関する実態調査報告」（平成 22 年 12 月）によれば、入居時に何らかの一時金を徴収する施設は、1196 施設で全体の 72.2% を占め、その額は 3000 円から 3 億円台まで幅が広いが、1000 万円台がもっとも多い。入居一時金について初期償却を行っている施設は、1134 施設（94.8%）。初期償却の金額は、50 万円未満から 4000 万円台までとこれも幅が広いが、100 万円台と 200 万円台とする施設が多数であり、償却期間は 5 年間とする施設が多い。なお、消費者委員会は、この実態調査に基づいて「有料老人ホームの前払金に係る契約の問題に関する建議」（平成 22 年 12 月 17 日）を公表し、短期解約特例制度の法制化、前払金の保全措置の徹底、規定の明確化を提案していたる（山口広「有料老人ホームの前払金についての消費者委員会の建議」実践成年後見 37 号 48 頁）。

7)　有料老人ホーム入居契約と消費者保護につき、桜井健夫「有料老人ホーム契約における不返還条項の検討」現代法学 37 号〔2019 年〕29 頁、拙稿「高齢の消費者と不動産取引──有料老人ホーム入居契約を素材に」現代消費者法 44 号（2019 年）18 頁。

8)　野澤正充「有料老人ホームをめぐる法令・判例の動向と今後の課題」現代消費者法 15 号（2012 年）17 頁及びそれに記載の文献を参照。

で残額 80% が償却されるとの条項であった[10]。消費者契約法による裁判例を前提とする限りは、**事例1**での A さんの法的救済は難しそうである。

[3] 老人福祉法の改正

有料老人ホームを規律する法律は、老人福祉法である。

有料老人ホームの設置者には、都道府県知事への設置前の届出（同法29条1項）、入居者に提供するサービスの内容を都道府県知事への報告（同法29条9項）が義務付けられている。また、設置者は、家賃、敷金及び介護等その他の日常生活上必要な便宜の供与の対価として受領する費用を除くほか、権利金その他の金品を受領してはならない（同法29条6項）。入居一時金は、すべての施設に保全措置が課せられている（同法29条7項）。

実際に都道府県が有料老人ホームを監督する際には、厚生労働省「有料老人ホーム設置運営標準指導指針」（以下、指針）が参考にされている。終身での利用契約の入居一時金に関しては、2012 年 3 月 16 日付け事務連絡[11]がその考え方を示している。それによれば、平均余命等を勘案して想定される想定居住期間が設定され、それを超えて契約が継続する場合に備えて設置者が予め受領できる金銭を定めることができるとしている。したがって、終身契約の入居一時金は、「1 か月の家賃等×想定居住期間（月額）＋想定居住期間を超えて契約が継続する場合に備えて有料老人ホームの設置者が受領する額」ということになる。そして、想定居住期間を超えて契約が継続する場合に備える金銭は、解約時には返還する必要がないとする。

この事務連絡に沿った入居契約の条項の差止めを適格消費者団体が求めた事案がある[12]。東京地裁は、この金銭が想定居住期間を超えて入居できる

9)　東京地判平 21・5・19 判時 2048 号 58 頁。2 名合計で 538 万 6500 円の一時金を支払い、約 1 年半後に退去したが、返還額は合計で 46 万 2226 円であった。なお、本判決を批判する判例評論として、執行秀幸「判例研究（東京地判平 21・5・19）」現代消費者法 7 号（2010 年）92 頁がある。

10)　東京地判平 22・9・28 判時 2104 号 57 頁。入居一時金として 1365 万円を支払ったが、入居後約 1 年 7 か月に入居者が死亡した事案につき、569 万 8000 円が返還された事案である。

11)　厚生労働省老健局高齢者支援課「有料老人ホームにおける家賃等の前払金の算定の基礎及び返還債務の金額の算定方法の明示について」（平成 24 年 3 月 16 日事務連絡）。

利益の対価であり、老人福祉法 29 条 6 項も前払金の一部について返還しないことを禁止する趣旨ではなく、消費者契約法 10 条に反しないとして、差止を認めなかった。平均余命前の死亡による契約の終了と生前に退去する場合とを一律に扱う事務連絡には批判がある[13]が、その懸念がこの判決にもあてはまる。

　一方、ホーム入居日から 90 日以内に契約の解除または入居者が死亡により契約が終了した場合には、入居一時金から日割り賃料相当額を控除した残額を返還しなければならない（「90 日ルール」。同法 29 条 8 項、同法施行規則 21 条）。この 90 日ルールによって、入居後 90 日間は言わば日割りの賃料の負担のみでその老人ホームでの生活を体験することが可能になった。居住に関する環境などは、実際に住んでみなければ分からないことも少なくない。実際には、90 日ルールは、あたかも老人ホーム入居契約でのクーリング・オフのような役割を果たすことになる。本件の A さんも入居後 2 か月での退去であれば、この 90 日ルールの適用がある可能性が高い。

4　高齢者の取引被害の現実と救済法理

[1]　高齢者をターゲットにした次々販売

[事例 2]　先日、一人暮らしの母が住む実家に息子の A が帰省したところ、押し入れに新品の羽毛布団のセットが 7 組もしまってあるのを発見した。聞いてみると、販売会社 B 社の従業員に頼まれて、預かっているのだという。B 社に連絡すると、それらはすべてこの 1 年間に母が B 社と次々と契約したものであることが分かった。金額は総額で 200 万円余り。母は軽度の認知症で健康への不安感があり、そこにつけ込んで、次々と契約を締結させたようである。支払いは現金でなされ

---

12)　経緯及び判決については、適格消費者団体全国消費生活相談員協会ホームページ（http://www.zenso.or.jp/dantaisoshou/moushiire/有料老人ホームの前払金不返還条項差止請求訴訟.html）参照（2021/10/30）。なお、適格団体と事業者との交渉過程で、当初事業者が定めていた、入居一時金 1200 万円を一括償却する条項の使用は中止されている。

13)　たとえば、日本弁護士連合会「有料老人ホーム及びサービス付き高齢者向け住宅における入居一時金の想定居住期間内の初期償却に関する意見書」（2012 年 6 月 15 日）。

ていて、契約書も取り付けてあるという。一人暮らしの母に7組もの
布団は必要ない。契約を解約することはできないのだろうか。

　この事例では、B社と母親との間で契約が締結されている。短期間に次々
に締結したにせよ、それぞれの契約は形式的には有効であり、B社に債務不
履行がない限り、契約を解除することもできそうにない。母親は単に預かっ
ていると認識しており、契約締結時に事理弁識能力が欠けていた可能性があ
る。もっとも、成年後見制度は後見、保佐、補助のいずれも家庭裁判所によ
る宣告後に締結した契約を取り消せるに過ぎない。
　高齢者への次々販売に関しては、2005年5月に埼玉県富士見市で、認知
症の80歳と78歳の姉妹が訪問販売で3500万円を超える不要なリフォーム
工事を複数、次々と契約し、その支払いのために自宅が競売にかけられるま
でに至った事件があった。この事件は市が成年後見の申し立てをし、弁護士
が成年後見人に就任して、代金未払いのリフォーム契約の解約を事業者に認
めさせることで、一応の解決が図られた。
　(a)　**民法による救済方法**　　　高齢者は老後の生活のために預金など相対的
に多額の現金を有している。また、孤独感や人の良さ故に不当な勧誘であっ
ても断れない高齢者も多い。認知症などにより契約の経緯が記憶しにくい高
齢者は、悪質業者にとって格好の標的になる。不要な契約を次々に締結させ
られる次々販売被害は、高齢者の契約被害のひとつの典型として、その法的
な救済が問われていた。
　もちろん、次々販売を全体として評価すれば、公序良俗に反する取引とし
て、その効力が無効とされるべきであると考えられる (民法90条)。たとえ
ば、後に成年後見開始決定を受けた高齢者に対して1800万円に及ぶ着物や
寝具が販売された事案では、販売会社が購入者の判断能力が低下しているこ
とに乗じて、高額かつ多数の商品をそれと知りつつ過剰に販売したことは公
序良俗に反すると判断されている[14]。また、アルツハイマー型認知症に罹
患していたと後に診断された高齢者が、デパートで4年半の間に1100万円

---

14)　大阪地判平18・9・29消費者法ニュース71号178頁。

を超える多数の婦人服等を購入していた事案では、3着の同一の服の同時期の購入が認知症特有の症状であることが否定できないとして、それ以降の契約を意思無能力により無効として、237万円余の返還を認めている[15]。もっとも、これらの判決も個々の状況により判断が異なるものであり、その基準が明確であるとは言えない。

(b)　**特定商取引法の過量販売**　2008年の特定商取引に関する法律 (以下、特商法。→第8章〜11章) の改正で規定された訪問販売についての「過量販売解除権」は、そうした被害の救済を意図して、立法された。訪問販売によって、通常必要とされる量を著しく超える商品や役務を購入した場合、契約締結後1年以内であれば、その契約を解除することができる (特商法9条の2)。同様の規定が、2016年改正で、電話勧誘販売にも定められている (特商法24条の2)。1回の契約で通常必要とされる分量を著しく超える場合には、契約そのものが過量と判断される。しかし、次々販売のように契約が複数締結された場合には、過量になった以降の契約が解除の対象となる (→第8章142頁)。**事例2**では7組もの布団がA社のみによって販売されたのであるから、特別の事情のない限り、2組目以降の契約は過量販売に該当して、解除できると思われる。

(c)　**消費者契約法**　2016年の消費者契約法の改正で、消費者契約についても、過量等であることを事業者が認識しながら勧誘をした場合の取消権が規定された (消費者契約法4条4項)。事業者が勧誘に際して、消費者契約の目的である物品、権利、役務などが当該消費者にとっての通常の分量、回数又は期間を著しく超えることを認識していた場合には、消費者は契約を取り消すことができる。先の東京地裁判決 (注15参照) では、販売をしたデパートの責任者は、高齢者の弟から販売の中止を求められたが、「買いたいというお客様に売らないわけにはいかない」として販売を継続した。事業者には、場合によっては、「売らない」との対応が求められることになる。

また、2018年の改正で、消費者が加齢等によって判断力が著しく低下していることによって不安感を感じていて、それ事業者が不当に利用して締結させた消費者契約は、取り消すことができることとされた (同法4条3項5

---

15)　東京地判平25・4・26消費者法ニュース98号311頁。

号）。同条の判断力が著しく低下しているとの要件は、消費者契約に関する判断力が、一般的・平均的消費者に対し、著しく低下している状況を意味しており、認知症を発症している場合は該当するとの見解が、国会の審議で示されている（参議院消費者問題に関する特別委員会〔平成30年5月30日〕）。

[2] 金融商品取引

> **[事例3]**　Aさんは数年前に購入した未公開株の処理で困っていたところ、NPO法人を名乗る業者からB社を紹介された。「X社の未公開株を購入すれば、あなたの保有している株を高値で買う」と説明され、新たに未公開株2株を計180万円で購入した。しかし、B社はいっこうに以前の株を買い取ってくれない。どうすればいいのか。

　未公開株取引を典型に、高額な金融取引にかかわる被害が高齢者に集中している。本件のような過去の被害の救済を名目にして新たな被害を生じさせる二次被害も目立つ。仕組みが複雑で、金額も高額な金融取引が、そもそも高齢者にとって適切な取引といえるのかが問題になる。

　（a）**金融取引の危険性と法規制**　　証券取引所での取引のない未公開株や公社債を典型に、土地利用権やCO₂排出権などの権利取引あるいは暗号資産（仮想通貨）やレンタルオーナー取引なども投資的取引被害として問題になっている。投資的な金融取引の被害は、手を変え、品を変えて、高齢者を中心に続いている[16]。被害額が高額であり、実際には実態や市場のない金融商品や権利が売買の対象とされていることが多いことを考えれば、これらの取引のほとんどは詐欺であり、犯罪として検挙の対象となるべきものである[17]。また、2011年に改正された金融商品取引法（→第15章249頁）では、無登録業者が非上場の株券や社債等を販売した場合には、その売買契約は原則

---

16)　国民生活センター「投資や利殖をうたう仮想通貨の勧誘トラブルが増加──「必ず値上がりする」などの説明をうのみにせず、リスクが理解できなければ契約しないでください」2016年2月18日（http://www.kokusen.go.jp/news/data/n-20160218_2.html）（2021/10/30）。

として無効とされている (同法 171 条の 2)。本件でも B 社が無登録業者で、契約締結が 2011 年 11 月 24 日以降であれば、未公開株の売買契約は無効になる。

さらに、これらの取引の端緒はそのほとんどが電話勧誘や訪問販売であり、本来であれば特商法で規制されるべきものである。特商法は、「老人その他の者の判断力の不足に乗じ、訪問販売の契約を締結させること」を禁止している (省令 7 条 3 号)。もっとも、特商法では、規制される権利は政令による指定制がとられていた。2016 年の法改正で、その規制範囲を特定権利として広げ、政令指定権利に加えて、社債その他の金銭債権及び株式などが追加された (特商法 2 条 4 項)。その結果、たとえば金融商品取引法で規制されない無登録業者による未公開株や社債などが規制の対象となる。しかし、土地利用権や CO_2 排出権の取引には被害が発生しているが、特定権利には含まれていない。さらに、金融商品取引法で規制される取引には、特商法の適用がそもそも除外されている (特商法 26 条)。ここでは特商法の適用除外のあり方そのものの妥当性が問われている。しかし、特商法を実際に適用して、現実にある高齢者の消費者被害をもれなく救済することは困難である。

勧誘方法にも問題がある。ある業者が勧誘した金融商品や権利について、後日、別の社会的信用のある業者を名乗る者からより高額な買い取りが提示される。これらの勧誘はすべて事前に業者によって仕組まれた虚偽の芝居であり、劇場型と呼ばれる勧誘方法である。異なる複数の業者が関与することにより、消費者の警戒心が薄れてしまう。また、被害回復を示唆して、再度、金融商品を販売する本件のような二次被害も少なくない[17]。

(b)　**金融商品取引法における適合性の原則**　　金融商品取引法は、顧客の知識、経験、財産の状況及び契約を締結する目的に照らして不適当と認められる勧誘によって投資者の保護に欠けることがないように業者は業務を行わ

---

17)　令和 3 年度中に利殖勧誘事犯として検挙された事件数は 46 件、検挙人員は 144 名、被害額は 1,100 億 1,857 万円に達しているという (警察庁生活安全局生活経済対策管理官「令和 3 年中における生活経済事犯の検挙状況等について」令和 4 年 4 月)。もっとも、これでも検挙される事案は氷山の一角に過ぎない。なお、山崎省吾「高齢者に対する詐欺被害の実情と救済方法」現代消費者法 15 号 27 頁。

なければならないと規定する（同法40条1号）。「適合性の原則」と言われるこの規定は、契約当事者が高齢者であることにも十分に配慮して契約の勧誘をしなければならないことを示唆する。金融商品取引法そのものは、適合性の原則に反した勧誘によって契約が締結された場合に、その契約の効力がどう判断されるかという民事ルールを定めていない。適合性の原則に反する勧誘による契約の効力を否定するためには、勧誘行為の不当性を民法の公序良俗則や信義則に照らして判断する必要がある。

5　高齢者の消費者被害救済法理の考え方

[1]　高齢者被害救済の課題

　高齢者の消費者被害の救済にとって法律の適用以上に困難な課題がある。それは、被害にあった高齢者が自らの被害を認識できるきっかけを提供する社会的な仕組みの整備である。高齢者が相談をしやすい環境と体制の整備が求められる。被害が普段から地域で高齢者と生活をともにしている、たとえばヘルパーだとか、民生委員だとか、ケアマネジャーだとか、隣近所の住民に認識され、そこから消費生活センターに相談がつながることで救済が可能になることがある。認知症などによって判断能力が低下した高齢者からの相談の8割は本人以外からの相談であるとの現実がある。地域社会での高齢者の見守り活動を通した被害の掘り起こしなしには、上記事例3のAさんのような深刻な消費者被害であっても、その救済を図ることは困難なのである[18]。

　2014年に改正された消費者安全法は、高齢者等の見守りをする目的で、地方公共団体と関係諸団体とが連携して消費者安全確保地域協議会（見守りネットワーク）を組織することを求めている。協議会の構成員の間での見守り対

---

18)　地方自治体では、消費者政策として、高齢者に対する地域での見守り活動を被害防止と掘り起こしを目的に実施している。たとえば、東京都では「高齢者の消費者被害防止のための地域におけるしくみづくりガイドライン（平成21年度版）」を策定して、その具体化を図っている（http://www.shouhiseikatu.metro.tokyo.jp/korei/hotline.html）（2018/01/31）。また、高齢者の消費者被害の救済に際して考慮すべき事由を指摘する論考として、土屋幸己「高齢者からの相談・手続支援における留意点と消費者被害予防の対応」現代消費者法15号（2012年）51頁。

象者に関する個人情報を共有することを認めることによって（消費者安全法11条の4第2項）、地域の実情に応じた、効率的効果的な見守り活動を充実させ、高齢者等を消費者被害から守ることが目指されている。協議会の構成員には、行政の消費者担当窓口や消費生活センターだけでなく、病院や警察、保健所、地域包括支援センターなど、高齢者の生活を支援する団体が地域の実情に応じして関与している。現在までの協議会を設置している自治体の数は、403自治体にまで広がっている（2022年7月末段階。消費者庁「見守りネットワーク（消費者安全確保地域協議会）総合情報サイト」Web参照）。

[2]　今後の課題

　この間の高齢者の消費者被害の増加を反映して、たとえば特商法や消費者契約法では、その被害の救済と防止とを考慮した法改正がなされてきた。もっとも、特商法や消費者契約法に規定された過量販売を理由とする契約の解消にせよ、金融商品取引法の適合性の原則にせよ、その法理自体は高齢者のみを対象とするものではない。加齢等を理由とする消費者契約法の条項も、加齢はあくまで判断能力の低下のひとつの例に過ぎない。その意味で、ほとんどの高齢者にかかわる規定は、広く消費者を保護するための法理として、立法されている。高齢者を特別視するのではなく、ともに消費者としての権利を尊重し、必要な保護をするという規制方法がとられているのである。高齢者が抱える健康や金銭あるいは孤独感といった不安は、実は高齢でない消費者でも状況によっては同じような不安を感じながら生活することがあり得る。その意味では、高齢者の消費生活に関するぜい弱性は、すべての消費者が潜在的に抱える弱さでもある。

　高齢者も使いやすい製品作りを目指すユニバーサルデザインという考え方がある。高齢者を想定した先の改正法の考え方は、この原則を製品の規格だけでなく、契約のあり方についても活用しようとするものと考えることもできる[19]。高齢者の自由な選択を保障し、その前提として、不当な財産権の

---

19)　本章では高齢者にとってもうひとつの深刻な消費者被害である製品の安全と高齢者との関係の問題については検討することができなかった。この点を検討するものとして、中嶋洋介「高齢者の生活の安全と消費者法」現代消費者法15号（2012年）44頁。

侵害を予防する法制度を整備することは、結果としてすべての消費者の利益につながる。その上で、具体的な事案にそれらの消費者法理を適用したり、解釈したりする際に、その事案の当事者が高齢者であることを十分に配慮し、組み込むことが重要である。逆にいえば、高齢者が自由な選択権を行使したと評価できない取引については、その効力を否定することができる柔軟な法理や法解釈が不可欠だともいえる。

　さらに、高齢者への配慮が、特別な誰かを保護することではないことも確認しておきたい。誰もが高齢者になる以上、高齢者に配慮した法の適用や解釈をすることは、結果的にすべての人の利益につながる。それは取引社会での「お互い様」のルールに他ならない。自らが高齢者になったときに、してもらいたくはないことを禁止するとともに、高齢者が信頼できる第三者の支援を受けつつ主体的に関与できる法制度を考えることが、消費者法の課題である。「市民社会では各人は私利私欲の追求に狂奔する。だが、普遍性に従うことがなければ、この目的を実現することはできない」（ヘーゲル、藤野渉・赤沢正敏（翻訳）『法の哲学』中公クラシックス）。利潤獲得競争の自由が尊重されるにしても、高齢者の様々な不安や弱みにつけ込んで不相当な利益を得ることは、明らかに市民社会の普遍的で基本的なルールに反することなのである。

高齢者のこれからと消費者契約

　2021年、65歳以上の高齢者人口は3,617万人、総人口に占める割合は28.7%に達している。高齢者のこれからについては、異なる二つの形が見えてきている。そのひとつは、アクティブシニアとも表される、元気に仕事や趣味で充実した生活を送っている高齢者。65歳から69歳の男性の53%が、女性の33.3%が就業しているとの調査もある。もう一方が、認知症などによって自立した生活をすることが困難な高齢者。2025年には認知症の高齢者人口は675万から730万人に達すると推計されている（厚生労働省「認知症施策の総合的な推進について」2019年）。こうした高齢者がともに、消費者被害にあうことなく、自分らしく生きていくための法律的な基盤はどのように考えられるべきだろうか。

　認知症などで判断能力が減退した高齢者の法的な保護については、従来から、制限行為能力者制度の活用が期待されていた。もっとも、2021年のそれぞれの審判件数は、後見が28,052件、保佐が8,178件、補助が2,795件に過ぎない。制度開始からの後見の累計利用者数も177,244件にとどまっている（最高裁判所事務総局家庭局「成年後見関係事件の概況」）。すでに350万人とも言われる認知症高齢者の数からすれば、積極的に活用されているとは言いがたい。制度の改善による活用の広がりを期待するにしても、高齢者被害の救済と防止の法的な切り札にはなりそうもない。

　ところで、2017年8月8日に消費者委員会によって消費者契約法の改正に向けた「答申書」が、異例の付言がついて、内閣総理大臣に提出された。この報告書は、未成年者の年齢が18歳に引き下げられることを見据えて検討した成果であるが、その中では、高齢者や若年成人、障害者等の消費者の経験や判断力不足などに乗じて契約を締結させる「つけ込み型勧誘」の規制を広く検討することが提案されていた。2018年消費者契約法改正で、この提案の一部が立法化された。しかし、これらの規定はその要件の複雑さ故に、現場での消費者の救済に活用できるかについて疑問が示されている。いずれにしても、付言で提案されたその他の事項を含め、検討すべき課題はまだまだ残されていて、消費者契約法の改正に関する議論は現在も続いている。

　一方、アクティブシニアの法的な保護で重要なのがインターネットを利用する局面である。アクティブシニアの活発な活動のためには情報が不可欠で、それをインターネットが支えている。ネットに接続するための情報端末と接続サービスの契約については、電気通信事業法が適用される。この法律は、2015年5月22日に改正法が成立し、事業者の説明義務（同法26条、省令22条の2

の3）、販売代理店への指導（同法27条の3）等に加え、8日間の初期契約解除
制度（同法26条の3）が規定され、2016年5月21日から施行されている。法
施行と同時に「電気通信事業法の消費者保護に関するガイドライン」も改定さ
れた。もっとも、初期契約解除制度は、接続サービスのみに適用され、情報端
末の売買契約には及ばない。そこで、接続が不十分な場合や契約締結前の説明
や書面交付が基準に達しない場合に双方の契約の解除を認める確認措置を講じ
ている事業者は、初期契約解除制度の適用を受けないとの例外措置を認めてい
る。具体的には、MNDサービスを提供するわが国の大手3社（NTT docomo、
AU、Softbank）の契約は初期契約解除制度の適用を受けない。

　説明義務の具体的な内容を定める省令（施行規則）では、適合性原則の趣旨を
踏まえた説明が求められていて、ガイドラインで、その内容が具体的に示され
ている。高齢者は、特に配慮が必要と考えられる利用者とされ、望ましい例と
して、専用資料の使用、親族等の同席、複数の販売員による説明が挙げられて
いる。一方で、通話のみを利用していた高齢者がスマホを契約しに来訪したの
に、オプションとしてタブレット契約などを通常通りの説明のみを実施して契
約を締結することを不適切な例としている。

　総務省が2017年に行った大手3社の販売現場での覆面実態調査では、確
認措置について適切な説明がなされていない割合が79%、端末の追加購入を
すすめながら通信料金が追加発生することを説明しない例が29%あるなど、
適切な説明がなされていないとの問題が発覚した。総務省は、2017年6月
28日に業務の改善を求める指導を大手3社に対して行っている。契約の現場
では、高齢者に向けた専用の説明資料が用意されていない、メールをしたこと
もない高齢者にスマホだけでなくタブレットも契約させるなどの被害が生じて
いる。これらは、明らかにガイドラインに反する勧誘行為である。高齢者が安
心して取引をできる法的環境の整備は喫緊の課題である。それは、「シニア用
らくらくスマホ」を販売することだけで果たしたことには決してならない。

消費者紛争の個別類型(4)

第18章
医療と消費者

京都産業大学教授
髙嶌英弘

1　本章で学ぶこと

　われわれが健康で文化的な生活を送るうえで、医療サービスは、衣食住と並んで重要である。本章では、医療サービスの受け手たる患者を保護するための法的枠組みと、従来の消費者法における消費者保護のための法的枠組みとを比較して、両者の相違点と共通点を探ってみよう。

　消費者契約法2条1項では、消費者とは、事業と無関係に契約の当事者になる個人であると定義されている（→消費者像について第1章12頁）。したがって、患者は原則として同法の消費者概念に含まれることになる。患者はすべて自然人であり、通常、個人開業医や病院（以下では両者を合わせて医療機関と呼ぶ）との契約（診療契約ないし医療契約という）に基づいて、一定の治療費を支払って医療サービスを利用しているからである。

　また、同法1条によれば、事業者と消費者の間には、「情報の質及び量並びに交渉力の格差」のあることが指摘されており、医療機関と患者の間にも、一般にこのような格差が存在している。したがって、この点においても、患者は同法が念頭に置く消費者である。

　以上のことから明らかなように、伝染病の強制治療や意識不明者への治療など、契約に基づかずに治療がなされる例外的な場合を除けば、患者は消費者契約法における消費者に、そして医療機関は事業者に位置づけられることに異論はないと思われる。実際に、消費者契約法制定時の議論でも、患者が消費者であることは当然の前提とされていた[1]。

　ところが、従来の消費者法においては、患者の保護はほとんど考察の対象にされてこなかった。現在でも、消費者法の教科書で、医療サービスと消費者の関係を扱うものはほとんど存在しない[2]。なぜ、このような状況が生じているのだろうか。次の事例を手掛りにして、まずその理由を考えてみよう。

2　医療サービスの特質と診療契約

[1]　医療サービスと契約締結の自由

（i）　医師の応招義務と診療拒否責任

> **［事例 1］**　B は交通事故で重傷を負い、第 3 次救急患者 (重篤な救急患者) と診断された。消防局管理室が A 病院に連絡したところ、A 病院の担当者は B の受け入れを拒否した。B は、隣接する市の C 病院に収容されたものの、その後に死亡した。そこで B の遺族 X は、A 病院及び同病院の当直医の診療拒否により B は適切な医療を受ける法的利益を侵害され苦痛を被ったとして、A 病院を開設する Y 市に対し、不法行為を理由に慰謝料を請求した。

　医師法 19 条 1 項は、「診療に従事する医師は、診察治療の要求があった場合には、正当な事由がなければ、これを拒んではならない」と規定しており、これを医師の応招義務という。事例 1 では、医療機関が応招義務を定

---

1)　経済企画庁国民生活局消費者行政第一課編『逐条解説　消費者契約法』（2000 年）16 頁および 18 頁を参照。

2)　伊藤進ほか『テキストブック　消費者契約法〔第 3 版〕』（日本評論社、2006 年）、後藤巻則ほか『アクセス消費者法〔第 2 版〕』（日本評論社、2007 年）、長尾治助ほか編『レクチャー消費者法〔第 5 版〕』（法律文化社、2011 年）などには「医療サービス」の項目は見られない。また、日本弁護士連合会編『消費者法講義〔第 5 版〕』（日本評論社、2018 年）は、「医療サービスと消費者」の項目を挙げているが〔桜井健夫執筆〕、内容は医療過誤訴訟についての叙述にほぼ限定されている。他方、坂東俊矢・島川勝編『判例から学ぶ消費者法〔第 3 版〕』（民事法研究会、2019 年）は、「医療サービスと消費者」の項目を置いている（高嶌英弘執筆）。

める医師法 19 条に違反した場合、民事責任が生じるかが問題になる[3]。

　一般に、応招義務は公法上の義務に位置づけられており、医師が診療を拒否した場合でも直ちに民事上の責任に結びつくものではない。しかし、裁判例には、応招義務が患者保護の側面をも有することに照らし、医師側が診療拒否に正当事由があることを主張・立証しないかぎり賠償責任が生じるとして医療機関の責任を認めたものがある。

　このことからわかるのは、診療契約については、契約締結の自由が実質的に制限されていることである。すなわち、医師は、医師法 19 条により応招義務を課せられており、正当な理由がなければ診療の申込みを拒絶できない。その趣旨は、医師により医業が独占されているという点と併せて、医療が生活に必要不可欠なサービスであり、これを利用できなければ、身体、生命、健康という最も重要な法益が危険にさらされる点に求められる[4]。

　このように、多くの医療サービスは救命的性格を有しているため、契約を締結させることこそが通常は患者の保護になる。一般の消費者取引では、契約の効力否定が消費者保護につながることが多いが、この枠組みは、必ずしも患者の保護には適合しないのである。従来、診療契約について、不当勧誘や不当条項を理由とした契約の効力否定や原状回復の必要性が意識されてこなかった理由は、こうした医療サービスの特質に求めることができる。

　では、医療サービスと同様に、契約の締結強制という形で消費者保護が図

3)　設例とほぼ同様の事案である神戸地判平 4・6・30（判時 1458 号 127 頁、判タ 802 号 196 頁）の判例評釈として、村山淳子「神戸診療拒否事件」『医事法判例百選』（有斐閣、2006 年）212 頁を参照。

4)　先述の神戸地判平 4・6・30 は、医師法 19 条の患者保護の趣旨を正しく指摘したうえ、同様の義務が医療機関一般に課せられること、及び、その違反は不法行為法上の過失を推定し、不法行為に基づく医療機関の民事責任を根拠づける場合があるとした。他にも、医療機関が正当な理由なく診療を拒否した場合に不法行為責任を負う旨の裁判例として、千葉地判昭 61・7・25 判時 1220 号 118 頁がある。なお、近時、厚生労働省は、医政発 1225 第 4 号令和元年 12 月 25 日「応招義務をはじめとした診察治療の求めに対する適切な対応の在り方等について」において、応招義務の法的性質及び診療の求めに対する適切な対応についての指針をとりまとめており、緊急対応が必要な患者につき診療時間内・勤務時間内に診療を求められた場合には、事実上診療が不可能な場合を除き、拒否は正当化できないとする。この基準によれば、先に挙げた裁判例はいずれも、拒否が正当化されない事案に位置づけられよう。

られる領域は他に存在しないのだろうか。実は、水道、ガス、電気など、自然人の生活に必要不可欠な財貨を対象とし、かつ、資格や許認可によってサービス提供者が限定されている取引類型では、事業者の側に契約の締結を義務づける公法規定が数多く存在する[5]。このように、医療サービスの特性は、決して医療サービスを消費者法の領域から排除する要素ではなく、むしろ、別の観点からの消費者保護のあり方を示すものである。

(ii)　医療サービスの特質に基づく契約主体のコントロール

　医療サービスの特質は、契約主体の制限という形でも、契約締結の自由を修正している。医療サービスの提供主体が一定の医学知識と技術を備えていなければ、患者の生命、身体、健康が危険にさらされることになるので、契約主体に対するコントロール（資格制限）が必要なのである。以下で、そのための枠組みを見てみよう。

　医療サービスの提供主体に関しては、医師法17条と歯科医師法17条が、無資格者による医療行為の実施を禁止している。これらの公法規定の趣旨が患者の上記法益の保護にあることからすれば、これらの規定の違反は私法上の取引の効力にも影響を及ぼすと考えるべきである。従って、医師や医療法人以外の者が医療サービスを提供する内容の契約は、効力法規違反、あるいは公序良俗違反として無効であると解される。

　また、無資格者が実際に診療行為を行えば、医師法31条1項1号や歯科医師法29条1項1号によって刑事罰が課される。このような制裁があるため、他のサービス分野と比較すると、医療サービス分野には、消費者契約によく見られるような悪質な業者が入り込む余地が相対的に少ないといえる。

(iii)　小　括

　以上をまとめると、医療サービスについて契約締結の自由が制限されている理由は、上記のような医療サービスの特質にあることがわかる。医療は、身体、生命、健康という最も重要な法益を対象とする必要不可欠なサービス

であり、その特質に応じて、法制度上も他のサービスとは別異に扱われてきた。国民皆保険制度によって保険診療に際しての患者の経済的負担が軽減されている理由もこの点にある。そして、従来の消費者法において患者保護があまり語られてこなかった理由もこの点にあると考えられる。医療サービスの上記特質に照らせば、契約の効力否定という形での従来の消費者法の枠組みは、患者の保護に適合しない場合が多いからである。

[2]「医療水準論」によるサービスの質のコントロール

　ここまで、医療サービスにはどのような特質があるのか、そして契約の締結に際してこの特質がどのように表れるかを見てきた。同様に、契約内容についても、関連する法益の重要性という特質に基づき、さまざまな患者保護が図られている。そのうち最も重要なのが、「医療水準論」を用いた医療サービスの内容コントロールである。

　現在の判例実務においては、医師の注意義務に関する「医療水準論」が、医療サービスの質を担保する機能を果たしている。医療水準論とは、医療機関の提供する医療サービスの質は、診療時点で一般に普及している医療レベル（これを「医療水準」と呼ぶ）を基準として客観的に定められ、医療機関がそれ以下の医療サービスを提供した場合には原則として医療過誤と評価されるとする判例法理をいう。とりわけ最判平7・6・9[6]では、医療水準は全国一律のものではなく、診察にあたった当該医師の専門分野、所属する医療機関の性格、その所在する地域の医療環境の特性等の諸般の事情を考慮して決せられるべきであると判断されており、より精緻な医療水準概念が採用されている。

　医療サービスの質の基準を医療水準論に従って把握することは、通常の患者の意図に合致するのはいうまでもない。しかしこれとあわせて、身体・生命・健康という最重要法益が当事者の合意によりいたずらに危険にさらされるべきではないとの価値判断もまた、医療水準論の背景にあると考えられる。すなわち、医療サービスについては「安かろう悪かろう」は許容できないので、特に医療の質について明確な合意がなくても、当然に医療水準がサ

---

6)　民集49巻6号1499頁。判例評釈として、手嶋豊「医療機関に要求される医療水準の判断」『民法判例百選II債権〔第6版〕』（有斐閣、2009年）164頁を参照。

ービスの質として担保されなければならないからである。

［3］ 過失責任排除特約の効力と消費者契約法

　以上のことを前提とすれば、医療サービスの質を下げる合意は原則として認められないはずである。実際に、東京高判昭42・7・11[7]は、手術の結果について一切異議を申し立てないという内容の誓約書は衡平の原則に反するため効力を有さないと述べており、上告審の最判昭43・7・16[8]もこの判断を支持している。その根拠は、身体や生命という重要法益に対する法的保護が当事者の合意により左右されるのは妥当でないという点にある。美容整形手術や不妊手術などを内容とする契約についても、身体に対する法的保護が問題になるため、同様のことが妥当する。

　現在、医療機関の債務不履行ないし不法行為に基づく損害賠償責任の全部を免責する条項は、消費者契約法8条1項1号ないし3号に基づいて無効と評価されるが、先にあげた裁判例の趣旨からすれば、過失責任の一部免除を定める条項についても、原則として消費者契約法10条により無効と評価されるべきである。そしてこの趣旨からすれば、消費者取引一般につき、人身損害についての賠償責任を免除する特約は、たとえ一部免除であっても無効と評価すべきである。消費者契約法制定前の事案だが、東京地判平9・2・13[9]のように、この旨を明言する裁判例もある。

［4］ 契約を終了させる義務

　医療水準に応じたサービスの確保という観点は、一定の場合に他の専門医を紹介する義務や、他の医療機関に患者を転送する義務を導く根拠にもなる。たとえば、ルンバール検査（腰椎に針を刺して骨髄液を採取する検査）が必要であるにもかかわらずこれを実施できない場合、実施可能な他の病院へ患者を転送する義務があると述べる裁判例として、大阪高判昭61・3・27[10]がある。

---

7)　判時496号45頁。
8)　判時527号51頁。
9)　判時1627号129頁。
10)　判時1220号80頁。

　注意すべきは、これらの義務は、当初の契約の終了をもたらす限りで、契約を終了させる義務としても位置付けられる点である。

　このように、身体や生命の安全を確保するため契約を終了させる義務は、必ずしも消費者取引一般で意識されているわけではないが、診療契約に特有の義務ではない。たとえば、旅行契約において、旅行中に顧客が高度な危険にさらされる状況が生じた場合、同様の義務が事業者に認められるべきであろう。

[5] 医療機関の説明義務と患者の自己決定権による内容コントロール

　医療サービスの多くは身体に対する一定のリスクを伴うため、特定の医療サービスを受け入れるかどうかは、患者自身が適切な情報を与えられたうえで決定すべきであるとの法原則が一般に承認されている。これをインフォームドコンセント（情報を与えられた上での同意）の法理という。この法理は、医療行為の多くが身体に対する一定の害を伴うため、自己の身体に何がなされるのかを決定する権利として、特に認められたものと解されている。

　この場合に医療機関が負う情報提供義務は説明義務と呼ばれており、裁判実務では、民法645条の受任者の報告義務、ないし不法行為法上の一般的注意義務の一部として広く認められている。さらに、この説明は個々の診療行為ごとに行うべきであるとされているので、医療機関は、診療過程を通して、患者に説明を行ったうえで特定の診療行為ごとに同意を取り付ける義務を負う。逆に、患者の同意を得ずになされた医的侵襲行為（身体に対して一定の害を伴う医療行為）は、それ自体が違法と評価され、当然には契約内容にならない。インフォームドコンセントの法理は、このような構造によって、患者自身による契約内容の決定を支援する機能を果たしている。

　インフォームドコンセントの一部としての医師の説明義務は、従来、不動産取引や投資関連取引で強調されている業者の説明義務と比べると、次の3点に違いが見られる。

　①業者の説明義務は契約締結時の説明に限定されるが、医師の説明義務では診療過程を通した説明が義務づけられる。

　②業者の説明の内容や方法は、一般的・合理的な消費者を基準として確定されるが、医師の説明義務では、具体的な個々の患者を基準にすべきだと解されている。たとえば、最判平12・2・29は、患者がエホバの証人で輸血を

明確に拒否している場合、手術に際して輸血する可能性があることを説明しなければならないと判断している[11]）。

③インフォームドコンセント法理の場合、医的侵襲行為についての医師の説明は、これについての患者の同意を法的に有効とするための要件であり、説明や同意がない医的侵襲行為はそれ自体で違法と評価される。

もっとも、①は、契約締結時に債務内容を具体的に確定できない契約について広く認められる義務であり、診療契約に固有の義務ではない。たとえば、弁護士との訴訟代理契約でも、同様の義務が認められる。これに対し②③は、身体、生命、健康といった関連法益の重要性に基づいて特に厳しい基準が設けられているものである。したがって、同様の法益が問題となる他の消費者法領域についても、業者の説明義務を強調する根拠となりえよう。

3　医療サービスの多様化に伴う新たな患者保護

[1]　消費者契約法に基づく診療契約の取消し

> **[事例2]**　Aは、Bクリニックとの間で、性器にコラーゲンを注入する方法で性器の増大手術を行う契約を締結した。手術後、増大効果に不満を持ったAが確認したところ、この手術方法は医学的には一般に承認されたものではなかったが、契約締結時にこの説明はなされていなかった。そこでAは、手術方法が医学的に一般に承認されたものでないことは消費者契約法4条2項の「当該消費者の不利益となる事実」に該当するとして契約を取り消し、残報酬の支払いを拒絶した。

事例2では、手術方法が医学的に一般に承認されたものでないことが、消費者契約法4条2項の「当該消費者の不利益となる事実」に該当するかどうかが問題になる。東京地判平21・6・19[12]ではこの点が肯定され、「手術を受ける者は、特段の事情のない限り、自己が受ける手術が医学的に一般に

11)　民集54巻2号582頁。
12)　判時2058号69頁。

承認された方法（術式）によって行われるものと考えるのが通常であり……
仮に亀頭コラーゲン注入術が医学的に一定の効果を有するものであったとし
ても、当該術式が医学的に一般に承認されたものとは言えない場合には、そ
の事実は消費者契約法4条2項の『当該消費者の不利益となる事実』に該当
する……。」として、Aの取消しが認められている。

　先に、医療サービスは救命や健康を目的とするという特質を持っているた
め、契約の効力否定という形での消費者保護があまり機能しないことを指摘
した。確かに、医療サービスが患者の生命や健康の維持・回復に必要な場合
には、その基礎となる診療契約の効力を否定する必要はないはずである。と
ころが、上記事案では、消費者契約法4条2項に基づく診療契約の取消しが
認められている。このような裁判例が現れるに至った理由は、近年の医療サ
ービスの多様化と質的変化にある。近時、美容医療や各種の生殖補助医療な
いし不妊手術のように、患者の生命や健康の維持・回復を直接の目的としな
い医療サービスが増加している。このような医療行為については、医学的必
要性によってサービス内容が客観的に確定せず、また自由診療の範囲では保
険による制約も存在しない。そのため、患者が自己の希望にしたがって契約
内容を選択できる余地が大きいという特徴がある。併せて、歯科医療や各種
の先端治療のように自由診療に積極的な分野が増えてきていること、妊婦の
意思を介在させた多様な形態の出産介助が実現しつつあること、患者や家族
の意思を反映させた多様な形態の終末期医療が目指されていることなどの事
情も、患者が契約内容を主体的に選択できる余地を広げている。

　加えて、上記のような医療サービスが増加してきた結果、これを対象とす
る競争市場が発生しつつある点にも注意が必要である。従来は医療水準によ
る内容コントロールと国民皆保険制度が結びついて機能してきた結果、どこ
で治療を受けても内容と価格が同じなのが原則であった。しかし、上記のよ
うな医療サービスが自由診療で提供される範囲では市場競争が発生し、そこ
では「安かろう悪かろう」というサービス内容になる危険性がある。実際
に、美容医療の領域においてはこの懸念が現実化するとともに、健康被害、
広告や勧誘のトラブルが増加している。そこで以下では、近時紛争が多発し
ている美容医療の現状と問題点を概観してみよう。

[2]　美容医療の現状と問題点

(i)　美容医療の意義

　　従来、美容医療は美容整形を中心に行われてきたが、近時は、対象部位も術式も多様化している。2022年8月現在、一般に実施されている美容医療は次の通りである。まず、顔面については二重まぶたの手術、鼻やフェイスラインの美容整形、フェイスリフト手術やヒアルロン酸注入法・ボツリヌス・トキシン注入法等による若返り術がある。次に皮膚については、レーザー等を用いた皮膚美容（ニキビやシミの除去など）、脱毛、植毛、ワキガ・多汗症治療、美白処置、ハイフ（高密度焦点式超音波）による皮膚の引き締めなどが行われている。腹部については豊胸手術や脂肪吸引、その他の部位については包茎増大手術、婦人科形成（女性器の形を整える手術）がある。さらに歯科においては、歯や歯茎の色・歯並びなどの美しさを改善する美容歯科サービスなどがある[13]。しかし、これらの中には、安全性が未確認のまま実施されている処置も含まれていることが指摘されており[14]、患者の細胞を培養してアンチエイジングに用いるなど、再生医療を謳う施術も報告されている[15]。このような背景のもとで、近年、美容医療に関連するトラブルはすでに一つの事案類型を形成するほど多発しており[16]、美容医療の医療過誤責任を問う裁判例も蓄積されつつある[17]。しかし、この問題が医事法と消費者法という2つの専門分野にまたがっているため、従来は十分な検討がなされてお

---

13)　日本美容外科学会（JSAS）のサイト（http://www.jsas.or.jp/contents/cosmetic-sergery.html）及び一般社団法人日本美容外科学会（JSAPS）のサイト（http://www.jsaps.com/surgery/）参照（2022/8/5）。

14)　2019年には、美容医療に関連する4つの学会が、長期安全性の不明確な充填剤注入による豊胸術は実施すべきではないとの共同声明を公表している。日本形成外科学会・日本美容外科学会（JSAPS）・日本美容外科学会（JSAS）・日本美容医療協会「非吸収性充填剤注入による豊胸術に関する共同声明」参照。

15)　日比野佐和子『幹細胞活性化で若返り！　夢をかなえる5つの方法とは』（講談社ビーシー、2019年）144頁以下を参照。

16)　国民生活センター報道発表資料によれば、PIO-NETに登録された消費生活相談情報のうち、美容医療に関する相談件数は2014年度に約2500件に達し、その後も2018年まで毎年2000件前後で推移している。（http://www.kokusen.go.jp/pdf/n-20191121_1.pdf）。

17)　小田耕平「美容医療をめぐる判例」現代消費者法26号（2015年）20頁以下。

らず、美容医療という概念自体が必ずしも明確に定義されている訳ではない。その結果、美容医療の特徴や適用されるルールも十分検討されていない。

では、美容医療は、他の医療と比較して、いったいどの点に特徴があるのか。美容医療と混同されることの多いエステティックサービスを含めて、その特徴を確認しておこう。

①一般の医療と美容医療　一般の医療は、「医学的適応性」(生命の維持や健康の維持・回復に必要であるという性質)を備えている。これに対し、美容医療はもっぱら美容を目的として行われるので、医学的適応性に欠ける。そのため、美容を目的としてなされる行為も医療行為に含めるべきかが問題にされてきた。医療行為の概念には争いがあるが、医師法17条等における「医行為」概念(医療行為と同義であると解される)、及びその解釈を示す厚生労働省の通知[18]によれば、医師の医学的判断および技術をもってするのでなければ人体に危害を及ぼし、または及ぼすおそれのある行為である、と定義される。人体への危険を伴う行為が業として行われる場合、これを医師のコントロールのもとに置くことにより、人間の身体・生命・健康を保護する必要があるからである。したがって、もっぱら美容を目的とする行為であっても、人体への危険を伴う限りは医師法などにより規制される医療行為と評価される。裁判例にも、レーザー脱毛が医師法の適用対象となる医行為に該当すると判断された事例がある[19]。なお、タトゥーの施術が医行為に当たるか否かは争われているが、近時これを否定する判決が下されている[20]。

②エステティックサービス（以下、エステと略記）と美容医療　エステティック(esthétique)とは、フランス語の「審美的」「美しい」という意味の単語であるが、わが国では、顔や体のトリートメント、パック、マッサージ、脱毛、痩身、体型補正等の美容サービスを、広くエステと呼ぶ。先述したハイフはエステでも用いられている。エステの多くは人体への危険がないため医療行為に当たらないが、人体に対する危険を伴うエステ、たとえば脱

---

18) 平成17年7月26日医政発第0726005号「医師法第17条、歯科医師法第17条及び保健師助産師看護師法第31条の解釈について」参照。

19) 東京地判平14・10・30判時1816号164頁。

20) 大阪高判平30・11・14判時2399号88頁。

毛は医療行為に該当し、これを業として行う場合には美容医療に属する。

　このように、美容医療とは、美容を目的とし、かつ、身体に対する一定の危険を伴うサービスとして定義されることになる。

(ⅱ)　美容医療の特徴

　①救命性の欠如　　医療行為の一般的特徴としては、(a)身体に対する一定の危険を内包していること（医療行為の侵襲性）、(b)健康の維持・回復ないし生命維持のため実施されること、が挙げられる。併せて、(c)医療行為は高度の専門性を有しており、一般人にはその意義と適否が容易に判断できないことも挙げられる。美容医療についても(a)と(c)の特徴は共通しているが、先述のように(b)は妥当しない。一般の医療で一定の危険を伴う診療行為が許されているのは、診療を行うことで患者の救命や健康の維持・回復という利益が認められるからである。これに対し、美容医療の利益は、身体の審美性向上や患者の精神的満足にある。そのため、美容医療については、身体に対する危険を正当化する要素として、患者の同意が特に重要になる。美容医療について特にインフォームドコンセントが強調される理由のひとつは、この点にある。

　②緊急性の欠如　　美容医療は、緊急性にも欠ける。一般の医療については、救命や健康回復のため緊急に治療を行う必要があるケースが少なくないが、美容医療では治療を急ぐ必要はなく、緊急性を理由としてインフォームドコンセントを省略する余地もない。審美目的の医療でとりわけ即日手術の場合には、通常より厳格な説明が必要であることを明言する裁判例として、東京地判平28・4・28がある[21]。厚生労働省も、美容医療一般につきインフォームドコンセントが適切に実施されるべきことを強調している[22]。

　③関連利益の多様性　　一般的な医療紛争において対象とされる利益は、おもに患者の生命、健康、身体の完全性、自己決定権である。これらの利益

---

21)　判時2319号49頁。

22)　近時のものとして、医政総発1214第1号薬生安発1214第2号薬生監麻発1214第18号平成30年12月14日厚生労働省医政局総務課長、医薬・生活衛生局医薬安全対策課長、医薬・生活衛生局監視指導・麻薬対策課長依頼「美容医療サービス等の自由診療におけるインフォームド・コンセントの取扱い等の徹底について」参照。

の侵害は、訴訟では、生命侵害や健康侵害を根拠とする財産的・精神的損害の賠償請求、および適切なインフォームドコンセントが実施されなかったことに基づく精神的損害の賠償請求というかたちで現れる。これに対し、美容医療紛争では、患者の生命、健康、身体の保護だけではなく、不当な契約からの解放、サービスの対価として支払った金銭の返還も対象になりうる。また、説明義務違反の事例については、自己決定権侵害による慰謝料だけではなく、支払った手術費用自体を財産損害として請求する事例がみられる。

　美容医療につきこのような多様性がみられる理由は、次の2点にある。まず、美容医療は自由診療のため患者の金銭的負担が大きく、診療費の紛争が生じやすいことである。次に、美容医療は健康維持に不可欠な医療行為ではないため、適切な説明がなされていればサービスを受けなかったと判断される場合が少なくないことである。適切な説明がなされていれば施術を受けなかったと判断された事例として、東京地判平25・2・7[23]や大阪地判平27・7・8[24]があり、施術費用相当額などが損害と認定されている。

　実際に、美容医療については不適切な広告が多数報告されていることや、事前にサービスの内容の吟味が困難である等の特徴があることからすれば、不当勧誘によって成立した美容医療契約の拘束力から患者を解放する必要性や、長期にわたる美容医療契約の拘束力から患者を解放する必要性、さらに支払い済み施術費用等の返還を認める必要性が特に高いことは明らかである。

[3]　美容医療に適用されるルール

(i)　医事法に関連するルール

　先述のように、美容医療では関連利益が多様であるため、これに適用されるルールも多様である。まず、美容医療も医療の一種なので、医師法や医療法に基づき、提供される医療サービスの人的・物的要件が規制されるとともに、医療機器・医薬品については「医薬品、医療機器等の品質、有効性及び安全性の確保等に関する法律」（「薬機法」と略されることが多い）が適用される。

　医療広告については、医療サービス一般につき、虚偽の広告、比較広告、

23)　判タ1392号210頁。
24)　判時2305号132頁。

誇大広告、公序良俗に反する広告が禁止されると共に（医療法6条の5第1項、第2項）、主観や伝聞に基づく治療内容ないし治療効果に関する体験談、及び患者を誤認させるおそれがある写真等の広告が禁じられている（医療法6条の5第4号、医療法施行規則1条の9）。加えて、医療法6条の5第3項は、厚生労働省令で定める場合を除き、同項1号〜14号に定める事項以外の広告を禁じており、これを受けて医療法施行規則1条の9の2が、広告が許容される要件として次の点を挙げている。すなわち、医療に関する適切な選択に資する情報であって患者等が自ら求めて入手する情報を表示するウェブサイトその他これに準じる広告であること、表示される情報の内容を照会できるよう問い合わせ先を明示すること、自由診療については治療内容や主なリスク・副作用・費用に関する事項についての情報提供であること、である[25]。これらの規制の結果、現在広告の可能な事項は、患者の治療選択に資する情報であって、客観的な評価が可能であり、かつ事後の検証が可能な事項に限られることになる[26]。

　これらの広告規制の趣旨は、医療が人の生命、身体、健康に直接関連するため、健康被害が生じた場合には財産被害の場合と比べて回復が困難である点に加え、医療サービスは高度の専門性を有するため患者には医療サービスの質を事前に判断することが難しいという特質を有する点にある。

　次に、美容医療サービスに関連する法律として、2014年11月施行の「再生医療等の安全性の確保等に関する法律」がある。従来行われてきた美容医療サービスの一部は同法にいう「再生医療」に属するので、同法の施行後は、再生医療を対象とする美容医療サービスは同法による規制を受ける。同法施行前には、白斑治療、豊胸術、毛髪の再生、アンチエイジング等のさま

---

25)　同法6条の7は、助産師及び助産所について、6条の5と同趣旨の規定を置いており、これらについても本文と同趣旨の広告規制が加えられている。

26)　医療機関のウェブサイトが医療法にいう「広告」に該当するか否かについては、従来、必ずしも明らかではなかったが、2018年に公表された厚生労働省の「医業若しくは歯科医業又は病院若しくは診療所に関する広告等に関する指針（医療広告ガイドライン）」によれば、患者の受診等を誘引する意図があること（誘引性）、医業若しくは歯科医業を提供する者の氏名若しくは名称又は病院若しくは診療所の名称が特定可能であること（特定性）の2点を実質的に満たせば、医療機関のウェブサイトも広告に当たりうるとしている。

ざまな美容医療が再生医療の名目で行われていたが[27]、同法により再生医療の実施に広範な規制が加えられた結果、同法施行後は、再生医療をうたう美容医療サービスはかなり減少している。従来のわが国における再生医療については、対象となる再生医療の有効性が確認されていないだけでなく、安全性も確保されていない場合が多数存在していた。このことに照らせば、現状において再生医療をうたう美容医療サービスについては、違法な勧誘と評価される疑いのあるケースが多いと考えられる。2015 年 5 月には、未確立の再生医療を実施するに当たっての説明義務違反を根拠として、慰謝料の賠償を認めた判決も下されている[28]。

　なお、上記の諸法令は公法に属するため、違反があったとしても必ずしも消費者の救済につながるわけではない。しかし、悪質な事業者か否かの判断材料になるとともに、勧誘態様や契約内容の違法性を根拠づける事実として意味をもつ場合は少なくない。

(ii)　民法、消費者私法に関連するもの

　美容医療も医療サービスの一種なので、医療水準に達しない医療が行われ損害が生じた場合には、債務不履行ないし不法行為に基づく損害賠償請求が可能である。また、美容医療については通常の医療よりも厳格なインフォームドコンセントが義務づけられ、これに違反した場合にも損害賠償請求が可能である。

　これらに加え、特定商取引法が美容医療の一部を規制している。すなわち、「人の皮膚を清潔にし若しくは美化し、体型を整え、体重を減じ、又は歯牙を漂白するための医学的処置、手術及びその他の治療を行うこと（美容を目的とするものであって、主務省令で定める方法によるものに限る）」であり、かつ、役務提供の期間が 1 か月を超え、支払金額が 5 万円を超えるものが提供される場合、当該サービスは、同法の特定継続的役務提供に該当する。この場合、事業者は同法 42 条 1 項および 2 項に基づく書面交付義務等を負うとともに、消費者は、所定の要件を満たす限りで、同法 48 条に基づくクーリン

---

27)　上田実『再生医療と美容』（南山堂、2007 年）43 頁以下。
28)　東京地判平 27・5・15 判時 2269 号 49 頁。

グ・オフ権、同法49条に基づく中途解約権、同法49条の2に基づく取消権
を行使できる。また、美容医療は割賦販売法の指定役務にも加えられている
ので、同法の適用もありうる。これらの規定の趣旨は、サービスは実際に受
けてみなければ内容が判断できないにもかかわらず、長期かつ高額の契約に
拘束させるのは適切ではないという点に求められる。

　もっとも、今回の改正で特定継続的役務提供に位置づけられるのは美容医
療の一部にとどまり、サービス提供期間が1か月以内、または支払金額が5
万円以内にとどまる美容医療については今後も同法の規制対象にならない。
美容医療では即日手術が強く勧められる場合が多い現状からすれば、これに
より救済される事案は限られている点に注意すべきである。

　なお、消費者契約法については、先述の亀頭コラーゲン注入術の事案で同
法4条2項に基づく取消しを認めた裁判例がある。現在のところ、美容医療
契約について同法の適用を認めた裁判例はこの1件だけだが、美容医療では
不当勧誘や不当条項が多数報告されていることに照らせば、潜在的には同法
に基づく契約の取消しや条項の無効が認められるケースは少なくないと考え
られる[29]。

(iii)　今後の規制

　先に指摘したように、美容医療サービスにはさまざまな利益が関連するの
で、美容医療サービスを独立のカテゴリーに分類して統一的規制を考えるの
は難しい。しかし、紛争が多発している現状が不適切であることはいうまで
もなく、今後は特定商取引法、消費者契約法、景品表示法などを活用して悪
質な事業者を排除するとともに、より厳格な広告規制や勧誘規制、契約の拘
束力からの解放に向けた法制度の確立が望まれる。

　とりわけ美容医療については、インターネット上のホームページや新聞の
折り込みチラシなどで、明らかに不当ないし違法な表現が用いられている事
例が少なくない。これらの広告が消費者契約法にいう「勧誘」に該当するか
否かは従来争われていたが、近時、最判平29・1・24[30]は、事業者等による

---

29)　美容医療ではないが、治療費の不返還特約は消費者契約法10条に違反し無効とした裁判
　　例として、津地裁四日市支判令2・8・31（判時2477号76頁）がある。

働きかけが不特定多数の消費者に向けられたものであったとしても、そのことから直ちにその働きかけが消費者契約法 12 条 1 項および 2 項にいう「勧誘」に当たらないということはできない、との判断を示した。この判決により、今後は、不当・違法な広告事例については、消費者契約法に基づく取消しが認められる可能性が広がったといえる。また、近時の改正により消費者契約法に新しく設けられた同法 4 条 3 項 3 号に基づく取消しについても、同号「ロ」に「容姿、体型その他の身体の特徴又は状況に関する重要な事項」が挙げられていることからすれば、今後、美容医療契約への適用の可能性を検討する必要があると思われる。また、美容医療に限らないが、景表法との関係では、2009 年 8 月に、ウェブサイトに示されたレーシックの料金表示が景表法 4 条 1 項 2 号の有利誤認のおそれがあるとして、公正取引委員会が複数の眼科医に対し当該表示を行わないよう警告を行った例もある[31]。

4　おわりに

　本章では、従来の患者保護の枠組みが、消費者法で議論されてきた消費者保護の枠組みとどのように異なり、どの点で共通しているかをみた。ここから明らかになるのは、消費者の属性や身体的・精神的状況、給付内容の特質などの要素によって、具体的な保護の内容や法律構成にはさまざまなバリエーションがありうることである。とりわけ、従来の裁判実務における患者保護の枠組みの多くは、身体・生命・健康という重要法益が関連する消費者取引一般に共通して問題になりうる視点を含んでいる。今後は、自然人であり生活のために財貨を利用するという消費者概念の共通要素を踏まえつつ、具体的な消費者類型ないし取引類型ごとに、より具体化された保護の枠組みを考えていく作業、いわば消費者保護法各論が重要になるはずであり、その際に患者保護の枠組みは参考になる視点を数多く提供しうると思われる。

---

30)　民集 71 巻 1 号 1 頁。

31)　公正取引委員会のサイト。https://www.jftc.go.jp/houdou/merumaga/backnumber/2009/20090810_files/09080601.pdf を参照。

第19章
複合契約と消費者

関西大学教授
寺川 永

1　本章で学ぶこと

　消費者は日々の生活の中で商品やサービス（役務）を手に入れるために、商品を販売し、またはサービスを提供する事業者との間で契約を締結することになるが、その契約の裏側では実に様々な契約関係が事業者同士の間で形成されている。本章では、そうした複数の契約やこれに類する契約関係で構成される取引に関与する消費者のために、どのような法的保護が必要とされているのかについて学ぶことにしよう。

2　複合契約とはなにか

　わが国の民法典における契約は、基本的には、二当事者間で「一つの契約」が締結される場合を念頭において規定されている（たとえば、売買に関する民法555条）。このような「契約」は法律行為のひとつであり、申込みと承諾という、二つの意思表示の内容的な合致によって成立する。これは二当事者間の契約に対する考え方の典型である。そこで、まずはこれを前提として事例1について考えてほしい。

　[事例1]　消費者Aは、衣料品店Bで店員に薦められたコートを定価から値引きしてもらった上で購入した。Aは、Bに併設された洋服直し専門店Cで袖丈と肩幅を調整してもらい、さらに、宅配業者Dを通じてこれを自宅へ届けてもらうように、Bの店員に依頼した。このとき、

Aは事業者の誰とどのような契約を交わしているのだろうか。

Aは、Bの店員と交渉の上で売買契約を締結しているが、コートを購入するだけでなく、Bの店員を通じて袖丈等の調整と自宅への配送を依頼している（【図1】）。これを法的にみれば、どのように評価することができる

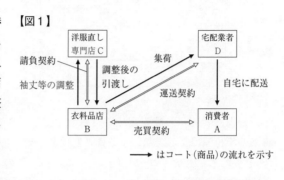

【図1】

はコート（商品）の流れを示す

だろうか。Bは、Bの店員を通じて、CとDとの間でそれぞれ請負契約と運送契約を締結している。CとDの「履行」行為は、BがAに対して負っている債務の履行行為の一部を構成しているとみると、Aとの関係では履行補助者による行為となる。つまり、Bが債務者としての責任を負うことになる。Aは、CとDとの関係では契約当事者とならず、直接的な権利義務関係に立つことはない。

他方、これらを第三者のためにする契約（民法537条）とみると、Aは契約当事者とはならないものの、受益者として袖丈等の調整や調整後の引渡し、または自宅への配送をCとDに対して直接に請求することができる。また、場合によっては、BがAに対し、袖丈等の調整代金または配送料について別途CまたはDに支払うように求めることもあるだろう。この場合、Bは、AがCまたはDと契約することを単に仲介しているにすぎない。つまり、Aは、契約当事者としてCまたはDを相手方とする契約（請負契約または運送契約）を直接に交わしていると考える余地が生まれるのである。

[事例2]　消費者Aは、クレジットカード（以下、カード）を用いて [事例1] のコートを購入した。カード会社Eへの支払いは、翌々月からの5回払いとした。

【図2】

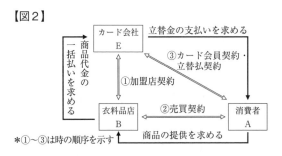

＊①〜③は時の順序を示す

　Aは、代金の支払いについて、売買契約の相手方であるBではなく、第三者との間で新たに契約を交わすこともある。これは、AとBの二当事者間で完結するものではなく、Eが関与し、三当事者間における複数の契約として構成されるものである。Aは、将来の所得等による支払いを条件として第三者であるEからの信用供与（与信）を受けることで、コートを購入している。このように、消費者の将来の返済能力を「信用」する者（「信用供与者」「与信者」）が消費者に利益（金銭）を与えることで成立する取引を「消費者信用取引」という。また、第三者の与信を受けて行われることから「第三者与信型の消費者信用取引」と呼ばれることもある。このうち、たとえば事例2のように、カード会員契約に基づいてカード会社から発行されるカード[1]を用いてその代金を支払う方法を「販売信用取引」（以下、クレジット取引）といい、その典型例が「信用購入あっせん」（【図2】）である。これには、事例1のように、①カード等を利用してカード会社との間で立替払契約を締結する「包括信用購入あっせん」[2]と、②販売契約（売買契約）ごとに申込書を作成して提出し、与信審査の上で、信販会社との間で立替払契約を締結する「個別信用購入あっせん」とがある。これらの取引は、販売業者または役務提供事業者（以下、販売業者等）から商品ま

---

1)　最近では、プラスチック製のカードではなくID番号とパスワードのみが与えられたカードレスのものも多い（割販法2条3項参照）。

2)　包括信用購入あっせんには、消費者がカード会社に対し、①あらかじめ定められた時期（契約締結から2か月を超えない範囲内と定めたものを除く）までに代金相当額を支払うもの（2か月超後払い）と、②あらかじめ定められた時期ごとに、あらかじめ定められた方法により算定した金額を支払うもの（リボルビング方式）に分かれる。この点については、後藤巻則ほか『条解消費者三法〔第2版〕』（弘文堂、2021年）1413頁以下〔池本誠司〕が詳しい。なお、カード会員契約には、消費者が将来負担する売買代金債務をカード会社が立替払いをする旨が定められていることが多い。

たは役務（以下、商品等）の提供を受ける消費者が、カード会社や信販会社など（以下、カード会社等）に対して、代金を（通常は分割して）後払いする形式によるものである（→信用購入あっせんについて、第12章201頁）[3]。

　事例1および事例2によれば、一見単純に思える取引でも、消費者の期待する「契約」の目的を実現するために、複数の契約で構成されていることがわかる。また、第三者与信型の販売信用取引以外にも、三当事者以上が現れる契約には様々なものがある。たとえば、デジタル・プラットフォームを利用した取引では、デジタル・プラットフォームを提供する事業者（以下、PF事業者）が介在することで、より複雑な取引が構築されている（後述4[2]）。このとき、これらの取引における諸々の契約を全体として捉えた場合に、その構造や機能が個別具体的な事情に依拠していることが多いので、その全体からみた状況を一般化して捉えるのは容易ではない。なぜなら、法形式的にこれらの契約は別個の契約であるとされ、原則として相互に影響を受けることはないと考えられているからである（契約の相対性の原則）。

　そこで、これらの契約を全体としてどのように捉えるのかという問題については後で述べることとして、以下では「一定の社会的・経済的目的の実現を目指して複数の契約が互いに関係して形成されるもの」を「複合契約」として把握しておきたい[4]。これまで学説では複合契約をめぐる議論が展開されてきた[5]。ここでは、そのような議論を「複合契約論」と呼ぶことにしよう。そして、①二当事者間で二つの契約が締結される場合を「二面型複合契約」、②三当事者以上の当事者間で二つ以上の契約が締結される場合を「多

---

3)　信用購入あっせんについて、後藤ほか・前掲2）の他に、包括信用購入あっせんについて阿部高明『逐条解説割賦販売法第Ⅰ巻』（青林書院、2018年）257頁を、個別信用購入あっせんについて同『逐条解説割賦販売法第Ⅱ巻』（青林書院、2018年）3頁を参照した。

4)　複合契約の見取図ないし認識パターンを理解するには、河上正二「複合的給付・複合的契約および多数当事者の契約関係」磯村保ほか『民法トライアル教室』（有斐閣、1999年）282頁および河上正二「債権の発生原因と目的（対象・内容）(5)」法学セミナー695号（2012年）72頁が有益である。

5)　潮見佳男『新契約各論Ⅰ』（信山社、2021年）26頁によれば、各論者によって何をどの程度まで「複合契約」として捉えているかについて差異がみられるものの、少なくともこうした契約について、これを議論することの意義も含めて「市民権」を得てきたという。

【図3】

面型複合契約」と呼ぶことにする。なお、ここでいう「当事者間」には直接的な「契約」の締結がない場合、つまり形式的な契約関係が存在しない場合があることに注意してほしい。本章では、そのような場合も含めて「複合契約」と捉える場面を考えることにする。

3 二面型複合契約

[1] 具体例

　二当事者間で二つの契約が締結される場面の一例として、消費者Aが、エステティックサロンを経営する事業者Bとの間で継続的にエステティックサービスを受ける旨の契約を締結すると同時に、美容目的を達成するために必要であるとしてBが販売する化粧品を購入した場合、AとBとの間には二つの契約（エステ契約、化粧品の販売契約）が締結されると考えることができる。特定商取引法には、エステ契約のクーリング・オフ、取消しおよび中途解除などの場合には、これと連動して化粧品の販売契約も解除を行うことができる旨の規定が置かれている（→第11章）。しかし、そうした法律による規制があらかじめ存在しない場合には解釈に委ねられることになるが、その際に契約構造に着目して議論されることは少なく、後述する多面型複合契約ほど問題視されることもなかった。

[2] 最判平成8年11月12日のインパクト

　複合契約をめぐる議論を大きく前進させた二面型複合契約に関する最高裁判決として、最判平8・11・12民集50巻10号2673頁がある。まずは、その事案をベースとした事例3を取り上げることしよう。

　[事例3]　消費者A（買主）は、事業者B（売主）との間でマンションの一室の売買契約を締結し、あわせてBとの間でマンションに併設予定

のスポーツ施設を自由に利用できる会員権契約も締結した。Aにとっては、スポーツ施設の利用ができることが大きな魅力で、本件のマンションを購入した。しかし、マンション完成後もスポーツ施設は完成予定時期を過ぎても未着工のままであった。Aは、スポーツ施設に関するBの債務の不履行を理由に会員権契約を解除するとともに、売買契約も解除したいと考えている。

本事案ではAとBの間で売買契約と会員権契約がそれぞれ締結されていた。Aはマンションの引渡しを受けており、売買契約上のマ

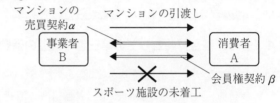

【図4】

ンションの引渡しに関するBの債務は履行された状態になる。しかし、スポーツ施設は利用できない状況であり、会員権契約上のBの債務は不履行の状態にある。このような同一の当事者間において法形式的には異なる二つの契約が締結されている場合、一方の契約の不履行が他方の契約の効力に影響を及ぼすことがあるのか、また、影響が及ぶのであれば、それはどのような場合なのかが問題となる。

上記の最高裁判決は、リゾートマンションの売買取引に関する事案6)で、形式上、売買契約αと会員権契約βの二個の契約が存在するとの前提に立っている。そして、売主Bの不履行はβの「要素たる債務」の不履行にあたることを理由に、少なくとも買主Aはβを解除することができるとし

---

6)　最判平8・11・12民集50巻10号2673頁。同判決については数多くの評釈があるが、比較的最近のものとして、鹿野菜穂子「判批」『民法判例百選Ⅱ債権〔第8版〕』別冊ジュリスト238号（2018年）90頁および中舎寛樹「判批」『消費者法判例百選〔第2版〕』別冊ジュリスト249号（2020年）70頁を挙げておく。また、河上・前掲注4)「債権の発生原因と目的（対象・内容）(5)」76頁および都筑満雄『複合取引の法的構造』（成文堂、2007年）295頁を参照。

た。その上で、αとβの目的が相互に密接に関連づけられ、社会通念上、いずれかが履行されるだけでは契約を締結した目的が全体としては達成されないと認められる場合には、Aはαも解除できるとした。この最高裁の考え方によれば、**事例3**においても、売買契約と会員権契約の密接関連性や目的達成への相互依存性が認定される限り、会員権契約の不履行を理由とする売買契約の解除も認めることができるだろう。もっとも、そこでは売買契約と会員権契約を不可分一体のものとして捉えるか、別個独立の契約と捉えるかといった問題には直接立ち入られていないものの、判決を通じて、複合契約の契約現象を正面から捉え、各契約間を相互に関連づけるための要素を抽出する議論が活性化されることとなったのである。

4　多面型複合契約としての第三者与信型の消費者信用取引

[1]　与信の拡大とその問題点

　複合契約の典型的な場面は、第三者与信型の消費者信用取引である。カード会社等による与信は、購入意欲こそあるものの、現金が手元にない消費者にとって都合がよい。また、販売業者等にとって、消費者に対して購入を促す契機となるとともに、消費者による不払いのリスクを回避し、債権管理の負担軽減につながる。カード会社等には、加盟店から手数料収入を得るなどの利点もみられる[7]。

　このような取引についてはデメリットもある。特に消費者の場合についてみてみよう。消費者（買主）は、通常の売買契約で商品が指定された期日に送られてこなかった場合、まだ代金を支払っていないのであれば、契約を解除してこの取引から離脱することができる。しかし、第三者与信型の消費者信用取引において、たとえば、商品の品質について売買契約の内容に適合しないものであった場合に、消費者・売主間の売買契約の効力が否定される事態に至ったときには、それが消費者・カード会社等間の契約に何ら影響を及ぼさないとすれば、消費者の利益が大きく損なわれる。消費者は、期待していた商品を得ることができないにもかかわらず、カード会社等に対して立替金を支払い続けなければならないからである。しかし、消費者の目線からす

---

7)　大村敦志『消費者法〔第4版〕』（有斐閣、2011年）217頁。

れば、これらの契約を一体的な「契約」と考えて締結するのが普通であるだろう。このギャップを克服するための手がかりとして、まずは多面型複合契約に関する法規制として、抗弁の接続と既払金の返還請求について説明することにしよう。

[2] 抗弁の接続・既払金の返還請求

> **[事例 3]**　消費者 A は、電気店 B で、自宅用のエアコン (10 万円) を、C 社のカードを用いて、翌々月からの 10 回払いにして購入した。その際、B は、故障の修理については B が責任をもって行うと A に確約した。しかし、A が普通に利用していたにもかかわらず、3 か月後にエアコンが故障した。B に問い合わせても修理に応じない。そこで、A は本件売買契約を解除した。A は、C からの残りの月の割賦金の支払請求を拒むことができるだろうか。

(i) 抗弁の接続

　事例 3 では、AB 間では売買契約が締結されており、さらに AC 間ではカード会員契約に基づく立替払契約が締結されている。これは、カードを利用した包括信用購入あっせんの典型例であり、A は B に代金を払うのではなく、それを A に代わって立て替えて B に支払った C に対して、手数料も含めて代金相当額を支払うことになる。本事例では、A が B の債務不履行を理由に売買契約を解除したことで、A の B に対する代金支払義務は消滅することになる (民法 541 条以下)。このように、AB 間の売買契約上、B に対して代金支払いを拒むことができる事由が存在している場合に、A は、A・C 間の契約においてもそのことを主張 (対抗) することができるかが問題となる。つまり A は、C に対して割賦金の支払いを拒むことができるかが問題となる。これは「抗弁の接続」または「抗弁の対抗」と呼ばれる論点である (→第 12 章 209 頁)[8]。

　判例によれば、立替払契約と売買契約は法的には別個の契約であるとされている。また、割販法の 1984 年 (昭和 59 年) 改正により新設された割販法 30 条の 4[9] は、購入者の保護を目的として特別に抗弁の接続を法定したもの

【図5】

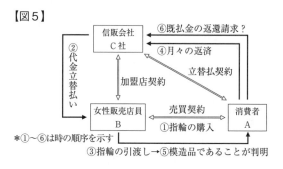

*①～⑥は時の順序を示す

（創設的規定）であるとして、同年改正前の事案において抗弁の接続が同条適用対象外の取引についてまで当然に認められるものではないとの立場をとっている[10]。これに対して、現在では、立法的な対応により、当時と比べてより広い範囲において、法律上、抗弁の接続が認められている。購入者は、販売業者等に対して生じている事由をもってカード会社等の支払請求を拒絶できる（割販法30条の4、35条の3の19など）とされ、ここにいう「事由」には売買契約の不成立、無効、取消しの他にも、解除による契約関係の消滅、販売業者等に対する同時履行の抗弁権も含むと解されている[11]。

(ii) 既払金の返還請求

　さらに、Aは、売買契約と立替払契約の一体性を主張し、前者の無効により後者も無効になるとして、既払金の返還を請求できるかが問題となる（【図5】）。

8) 抗弁の接続について、後藤ほか・前掲注2) 1566-1578頁、1768-1830頁〔ともに池本誠司〕。最近の文献として、鈴木尉久「割賦販売法上の抗弁接続規定の合理性」甲南法務研究15号（2019年）85-101頁がある。

9) 割販法30条の4（当時）は「割賦購入あっせん」に関する規定であったが、割販法の2008年（平成20年）改正により「信用購入あっせん」という名称に変更された。

10) 最判平2・2・20判時1354号76頁。これに対して、学説では、売買契約と立替払契約が不可分一体の関係ないし密接な牽連関係にあることなどの構造的特徴があることに注目して、民法理論として信義則上、抗弁の接続を認めるべきであると解し、割販法30条の4がその確認的規定であるとする見解が有力に主張されている（後藤ほか・前掲注2) 1770-1771頁〔池本誠司〕参照）。

11) 千葉惠美子「割賦販売法上の抗弁接続規定と民法」民商法雑誌創刊50周年記念『特別法からみた民法』（民商93巻臨時増刊2)（1986年）280-308頁参照。後藤ほか・前掲注2) 1571頁および1777-1792頁〔ともに池本誠司〕も参照。

　この問題を解く鍵として二つの考え方がある。まず、①売買契約が公序良俗等により無効となる場合であっても、(販売業者等の公序良俗違反行為の結果をカード会社等に帰せしめ、売買契約と一体的に立替払契約を無効とすることを信義則上相当とする)特段の事情があるときでない限り、これと別個の契約である立替払契約が無効となる余地がないというものである。他方、②売買契約とこれと同時に締結した立替払契約の一体性を認め、売買契約の無効によって立替払契約の効力が「目的を失って失効」したとして、既払金の返還請求を認めるという考え方もあり得る。

　現在、割販法の 2008 年 (平成 20 年) 改正により、個別信用購入あっせんに該当する一定の場合において、立替払契約のクーリング・オフ (割販法 35 条の 3 の 10 ないし 11)、過量販売解除 (割販法 35 条の 3 の 12) または取消し (割販法 35 条の 3 の 13 ないし 16) による既払金の返還請求が認められている (→第 12 章 210 頁)。しかし、割販法の同年改正前の事案において、判例[12]は公序良俗違反を理由として売買契約が無効とされる場合でも、その無効を当然に立替払契約に及ぼすとすることについては慎重な態度を示しており、①の立場を採用した。

　これに対して、包括信用購入あっせんの場合、既払金返還請求権は認められない[13]。カード会社等の適正与信調査業務 (割販法 35 条の 3 の 5) に違反する事実の存在を根拠に、不法行為に基づく損害賠償責任を追及する可能性は残されているが、このような場合にも既払金の返還請求を認めるにはその根拠が何かを考える必要がある。

12)　最判平 23・10・25 民集 65 巻 7 号 3114 頁。

13)　ただし、本文で後述する国際ブランドは、紛争解決の自主ルールとして「チャージバック制度」を備える。これは、イシュアーとアクワイアラーとの間の調整を目的として、カード利用者からの苦情申出が国際ブランドの定めるチャージバック理由に該当する場合に、イシュアーが、アクワイアラーに対して、加盟店等に事実関係の確認を要請し、一定期間内にチャージバック理由にあたらないとの調査結果の回答がなければ、クレジット決済がキャンセル処理される制度である。この点について、後藤ほか・前掲注 2) 1572-1574 頁〔池本誠司〕および伊藤栄寿「クレジットカードの決済ネットワーク」現代消費者法 36 号 (2017 年) 62 頁を参照。

5　多面型複合契約の新たな展開

[1]　決済代行業者の登場とその規制

　VISA 等の国際ブランドは、メンバーであるカード会社に対し、国の内外を問わず、各々が開拓した加盟店をすべて他社に開放することを義務づけている。このとき、消費者が会員となっているカード会社を「イシュアー」といい、販売業者等と加盟店契約をしているカード会社を「アクワイアラー」という。【図6】のように、消費者がイシュアーのカードを用いることで、アクワイアラーの加盟店との取引でのカード決済が可能となる[14]。

　このような取引に、もう一人の当事者が加わる例として、販売業者等に代わってクレジット加盟店としての業務を代行するクレジット決済代行業がある。決済代行業者はカード会社と販売業者等との間に入ることになる（【図6】）。決済代行業者自らがカード会社の加盟店となるが、販売業者等にも個別にカード会社との加盟店契約を締結させることになる[15]。しかし、特にインターネット取引において、決済代行業者を経由したカード決済に関わる被害が増加しているのは、決済代行業者の現地法人（外国子会社）が海外カード会社（海外アクワイアラー）の加盟店となり、販売業者等が決済代行業者の枝番となる形態である（【図7】）。この被害の典型例は、国内のカード会社や決済代行業者の審査で通常排除されるべき悪質なネット事業者が、海外のカード会社等の加盟店である決済代行業者を経由して、消費者に対して利用料金等を不当に請求するというものである。インターネットでカード決済を利用

---

14)　後藤ほか・前掲注2) 1934-1936 頁〔池本誠司〕も参照。このように、イシュアーがアクワイアラーのような第三者を経由して代金相当額を販売業者等に交付する場合を「オフアス取引」といい、イシュアーが販売業者等と直接の加盟店契約を締結して代金相当額を直接交付する場合を「オンアス取引」という（日本弁護士連合会編『消費者法講義〔第5版〕』〔日本評論社、2018 年〕187 頁〔池本誠司〕）。国際ブランドについては、伊藤・前掲注13) 57-63 頁を参照。

15)　決済代行業、【図6】および【図7】について、「いわゆる決済代行問題の考え方について」（消費者庁第7回インターネット消費者取引研究会配付資料2、平成23年2月10日）（http://warp.ndl.go.jp/info:ndljp/pid/10319033/www.caa.go.jp/adjustments/pdf/110214adjustments_2.pdf）（2022/6/27）および千葉恵美子「消費者取引における決済と立法政策の課題」名法 250 号（2013 年）27-54 頁を参照。

する場合、このような決済代行業者の存在に気づいていない消費者は多い[16]。このような状況を受けて、割販法の2016年（平成28年）改正により、①アクワイアラーおよび（アクワイアラーから包括的授権を受け、新規契約の締結の可否または契約解除について実質的な最終決定権限を有する）決済代行業者の登録制（35条の17の2）、②アクワイアラー等の加盟店調査義務（35条の17の8）、③イシュアーからアクワイアラー等への苦情伝達（割販法施行規則60条2号）などを盛り込む規定が新設された[17]。

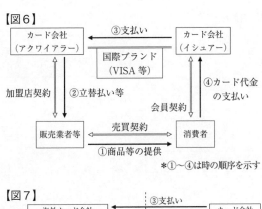

【図6】

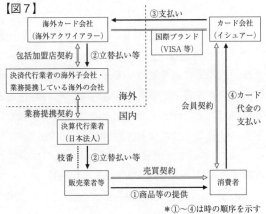

【図7】

[2] PF事業者が介在するデジタル・プラットフォーム取引の拡大

　さらに、近年、情報通信技術の飛躍的な進化により、インターネットを活用した取引が頻繁に行われるようになってきた。そのひとつがショッピングモールやインターネット・オークション、フリマアプリに代表されるデジタ

16)　独立行政法人国民生活センター編『消費生活年報2011』（国民生活センター、2011年）6頁、172頁。

17)　この点について、河上正二「割賦販売法の改正に向けた動きと課題」ジュリスト1501号（2017年）56-57頁、澤田仁史「割賦販売法改正について」消費者法ニュース111号（2017年）128-129頁および鈴木・前掲注8）90-91頁を参照。

【図8】

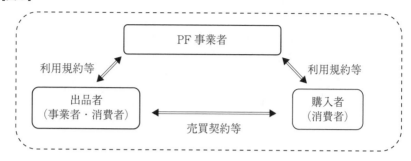

ル・プラットフォーム取引である[18]。これは売り手と買い手との両面市場がうまくマッチングする限りで、積極的に活用されるべきスキームである（→第20章）。他方で、商品が届かない、契約内容に適合しない商品が届いたり、契約内容に適合しないサービスが提供されたりした場合において、この取引に介在するPF事業者も含めて、その責任をどのように捉えるかが問題となっている。商品の出品者となるのは事業者だけでなく、消費者であることもあり得る（【図8】には示されていないが、購入者が消費者ではなく事業者である場合もある）ため、事業者・消費者間の（BtoC）取引に限定される問題ではないことに留意する必要がある）。このとき、【図8】のように、出品者と購入者との間には商品の売買契約やサービスを提供する契約（以下、「売買契約等」）が存在し、出品者と購入者は、デジタル・プラットフォームを利用するために、PF事業者の提供する利用規約等に遵守している場合が多い。そして、PF事業者は、出品者と購入者に対してはそれぞれ身元等の確認をすることはもとより、代金決済の場面においても関与することがあり、PF事業者が、単に出品者と購入者間の売買契約等を締結するための「場」のみを提供しているとは限らない（オフラインでのいわゆる「フリーマーケット」とはこの点で異なる）。そこで、このようなPF事業者の責任も含めて、こうした取引全体をどう捉えるかが重要となるのである。

---

18)　デジタル・プラットフォーム取引と消費者法に関する文献として、たとえば、中川丈久「デジタルプラットフォームと消費者取引」ジュリスト1558号（2021年）40-46頁、後藤巻則「複合的契約関係を問い直す」現代消費者法53号（2021年）42頁などがある。

[3] 取引全体を俯瞰的に見る視点

(i) 学説の見解

　学説は、クレジット取引にとどまらず、より一般化した形で複合契約の特徴を捉えて、こうした問題の解決に対する指針を提供しようとしている。たとえば、複合契約におけるリスクの割合的配分や、付加価値 (ハイブリッド契約) および複合契約自体に共通する債務負担の実質的理由 (コーズ) など、各契約間を相互に関連づけるための要素を抽出し、それに各契約が影響を受けるとする見解がある。また、複合契約における契約について第三者効を認めたり、複合契約を目的とする包括的な合意の存在を認めたりすることで、各契約間の影響関係を明らかにしようとする見解がある[19]。さらに、当事者が選択した契約形式の組み合わせをいったん承認するが、契約相互間の一体性や当事者間の密接な関係を理由に、裁判所が当該取引の経済的実質にふさわしい契約形式に組み替えて判断することを主張する見解もある[20]。

(ii) 個別アプローチと包括アプローチ

　もっとも、こうした複数の事業者が関わる取引において、複数存在する契約を別個のものと捉えるのか (個別アプローチ)、あるいはそうした複数の契約を一体的に捉えるのか (包括アプローチ) という問題は、消費者の取引上の地位を考えるときの視点としてより重視されるべきである。

　たしかに、前者の視点は、契約を別個のものとすることで、消費者に個々の契約におけるリスクを負わせるということにつながる。しかし、そのような視点では、取引全体によって目的が達成されるという側面が抜け落ちるように思われる。

　他方、後者の視点では、複数の契約を一体のものとみることで「契約」の目的を明確にし、その複合的な給付を提供する立場にある (複数の) 事業者に

---

19)　複合契約論については、近年までの状況を「第一ステージ」、「第二ステージ」および「第三ステージ」に整理し、近時の学説の動向もふまえて分析を加える都筑満雄「複合契約論のこれまでと今後」椿寿夫編『三角・多角取引と民法法理の深化』別冊 NBL 161 号 (2016年) 68-77 頁が有益である。

20)　鈴木・前掲注 8) 93 頁。

対して、不履行のリスクを配分する可能性が開かれる。たとえば、**事例1**のCやDの行為について、Bは彼らの履行を保証する地位に立っていると考えることはできないだろうか。事業者は、複合契約における目的の実現について「統括管理」する責任を引き受けているとみるのである。もちろん、多面型複合契約であれば、複数の事業者が関与することになるため、その責任が分散されることになり、どの事業者がどの程度の責任を負うことになるのかといった明確な基準が求められる[21]。少なくとも取引全体の目的や（多面型複合契約の場合）取引全体における事業者の地位（統括的な立場にあるのか、履行補助者的な立場にあるのか）から、その責任のあり方を考えることになるだろう。

(iii)　**媒介者の法理**（消費者契約法5条1項）

　ひとつの試みとして、個別信用購入あっせんにおいて立替払契約について媒介の委託を受けた販売業者等が不当勧誘を行ったときに立替払契約の取消しを認める見解は、消費者契約法5条1項の「媒介者の法理」を根拠として、媒介者を利用したことによる責任（管理者としての責任）をカード会社等に負わせるものである。これによれば、事業者（クレジット会社）が第三者（販売業者等）に対して消費者契約の締結について「媒介することの委託」をした場合において、その委託を受けた第三者が消費者に対して消費者契約法4条1項ないし4項に該当することをしたときに、消費者が事業者に対して同条各項による取消しをすることを認めるものである[22]。また、2021年5月に成立した「取引デジタルプラットフォームを利用する消費者の利益の保護に関する法律」（令和3年法律第32号）は、PF事業者に対し、必要に応じて身元確

---

21)　事業者がこのようなリスクの配分について約款の中で定めることも多いだろう。そうすると、約款の不当条項規制に関わる問題についても目を配る必要がある。

22)　媒介者の法理について、佐久間毅「消費者契約法5条の展開」現代消費者法14号（2012年）52-58頁、後藤ほか・前掲注2）1727-1732頁および1811-1814頁〔ともに池本誠司〕を参照。なお、分業に基づく交渉補助者の契約締結過程における行動すべてが本人に帰責されるとする「交渉補助者の法理」については、鈴木尉久「交渉補助者の法理と消費者保護」現代消費者法24号（2014年）77-90頁を参照。この他にも、履行補助者の理論の延長線上に契約締結補助者の理論を位置づける金山直樹「契約締結補助者の理論」法研88巻7号（2015年）1-40頁も示唆に富む。

認のための情報提供を販売業者等に求めること等について努力義務を課し
（3条）、消費者が損害賠償請求等を行う際に必要な範囲で販売業者等の情報
の開示を PF 事業者に対して請求できる権利を認める（5条）など、限定的で
はあるものの、PF 事業者に対して一定の責任を定めている。

6　まとめ

　最後に、本章のまとめとして、「複合契約と消費者」という観点から、そ
の規律のあり方について検討してみよう。消費者にとっての複合契約のメリ
ットは、個別の契約ではもたらされないものを得ることができるという点で
ある。つまり、複数の契約があることで、また、いくつかの給付が組み合わ
されることで消費者の意図する「契約」の目的の実現が可能となり、あるい
は有利な条件を得ることができるのである。たとえば、カードを利用すれ
ば、銀行や消費者金融業者からお金を借りて購入するよりも金利やポイント
割引等の面で有利に商品等の提供を受けることができ、消費者にとって魅力
的な「契約」となるのである。こうしたメリットを根拠に、複合契約から生
じるリスクを消費者が負担するのは当然であるとの主張もあり得る。しか
し、複合契約は、商品等の情報や特性を熟知している事業者によって主体的
に構想されたものであって、これに消費者が取り込まれ、予期せぬリスクの
負担を求められる事態が生じているといえないだろうか。そのような取引で
は、事業者は自己のリスクを消費者に一方的に押しつけることができ、消費
者は不利な状態に置かれることになる。そうしたリスクの負担を消費者に強
いることがないように制度設計するのが事業者の責務であるとすると、通常
の取引では予想できないリスクが顕在化した場合には、そのリスクの負担は
事業者がまずは負うべきであると考えることができないだろうか。これら
も、とりわけ多面的複合契約における事業者の責任の所在を明確にしようと
する試みの一例であるといえる。もっとも、複数の事業者が介在する取引に
おいて、複数の事業者のうち、誰がどのような範囲の責任を負うのかという
問いに対しては、さらに理論的な解明を必要とする。したがって、引き続き
「複合契約と消費者」という観点からの分析が求められることになるだろう。

消費者紛争の個別類型(6)

第 20 章
デジタルプラットフォームと消費者

弁護士
板倉陽一郎

1　本章で学ぶこと

　本章では、デジタルプラットフォームと消費者を巡る消費者問題について、プラットフォームビジネスの意義やプラットフォームビジネスを巡る消費者問題を把握したうえで、プラットフォームビジネスに関する法規制（一般的な消費者法の適用、プラットフォーム提供者への行政規制、プラットフォーム提供者の民事責任）を全体的に学ぶ。

2　デジタルプラットフォーム、プラットフォームビジネスとは

［1］プラットフォームビジネスの意義

　「プラットフォーム」という語は、「電車・列車への乗客の乗り降り、貨物の積み下ろしのため、線路に沿って築いた駅の施設（ホーム）」という意味で使われることが一般的であろう。しかし、近時は、「商取引や情報配信などのビジネスを行うための基盤」という意味でも頻繁に使われはじめている[1]。

　消費者問題における「プラットフォーム」は、後者を意味している。「プラットフォームビジネス」という場合は、プラットフォームを提供する事業そのものを指すが、「プラットフォーム」だけでプラットフォームを提供する事業という意味まで含む用例も見られる。

1）『デジタル大辞泉』（小学館）（2021 年 10 月 17 日現在）。

　プラットフォームビジネスが議論される場合、特に説明なくインターネット上のプラットフォームビジネスが対象となっている場合も多いが、プラットフォームやプラットフォームビジネスはインターネット上のものに限られているわけではない。インターネット上のプラットフォームは、特にデジタルプラットフォームと呼ばれることがある。「デジタルプラットフォーム」の法令上の定義は後述する。ここで、たとえば、デパートは、出店者が売買を行うための基盤（物理的なスペース、来店者に対するトイレ等の必須設備、会員制度等）を提供しており、立派なプラットフォームであるといえる。デパートの運営はプラットフォームビジネスである。しかし、プラットフォームの来店者は法律上の消費者に限られるわけではない。デパートに会社の備品を買いに来る人もいることを想起すればわかるであろう。また、デパートの出店者が法律上の消費者であることはほとんどないであろうが、有り得ない事態でもない（地元密着型のデパートで市民が参加するバザーが開催されることもあろう）。

　このように、「プラットフォーム」や「プラットフォームビジネス」の意義は、事業者・消費者間の問題に限定されているわけではない。その取引形態は、利用者の属性によって、①BtoB（事業者間）のプラットフォーム、②BtoC（事業者・消費者間）のプラットフォーム、③CtoC（消費者間）のプラットフォームに分類することができる。プラットフォームビジネスの種類は様々であり、取引が行われるもの（取引型）としてはオンラインモール、オークションサイト、フリマサイトなどがあり、取引が介在しないもの（非取引型）としてはSNS、動画投稿サービスなどがあるが、消費者問題との関係では前者の取引型がよく取り上げられる。

[2] デジタルプラットフォームを巡る消費者問題

　国民生活センターは、「デジタル・プラットフォームに関する消費生活相談の特徴」として、
・プラットフォームによる販売事業者等や商品・サービス、その広告・表示内容等に対する事前チェックに問題があるケースがみられる
・補償サービスの提供・適用、利用当事者間でトラブルが解決しない場合の介入・解決支援、商品・サービスの取り扱い中止や広告・表示内容の改善など消費者トラブル発生時の対応において、プラットフォームに問題があるケースがみられる

・海外のプラットフォームのなかには、日本語対応の消費者窓口がない、日本の法律（消費者保護ルール）にのっとった対応がされないといった場合があり、トラブル解決がより困難なケースがある

との内容を挙げている[2]。

　具体的な事件としては、Amazon で購入した中国製モバイルバッテリーが発火し、居宅が全焼した事件や[3]、プラットフォームを通じて販売されていた模倣品について、消費者庁が特商法に基づく行政調査までしたものの、プラットフォーム提供者が把握していた連絡先はもぬけの殻であり、公示送達による行政命令の発出を余儀なくされた事件[4]などがあり、これらは後述する取引 DPF 法の立法のきっかけともなった。また、取引 DPF 法成立後も、プラットフォームにおいて、カシミヤが全く含まれていないにもかかわらずカシミヤが含まれているとうたうストールが販売され、消費者安全法38 条 1 項に基づく注意喚起がなされた事件[5]などが起きている。

3　プラットフォームビジネスへの一般的な消費者関連法の適用

> **[事例 1]**　(1)　A は、オンラインモール X に有料会員登録しているが、ここ 2 か月ほど、メンテナンスばかりでほとんど使えていないにもかかわらず、会員料金は一切返金されない。X の利用規約を見ると、

2)　国民生活センター「デジタル・プラットフォームに関するトラブル」（2019 年 7 月 5 日公表）、https://www.kokusen.go.jp/soudan_now/data/degitalplatform.html

3)　第 2 回デジタル・プラットフォーム企業が介在する消費者取引における環境整備等に関する検討会（2020 年 1 月 27 日）【資料 4】ケーススタディ：デジタル・プラットフォームで販売された製品事故とその後の対応（日本弁護士連合会提出資料）、加藤尚徳・板倉陽一郎・村上陽亮「デジタル・プラットフォームで販売された製品起因事故におけるデジタル・プラットフォーマーの責任に関する一考察」情報処理学会研究報告電子化知的財産・社会基盤（EIP）2020-EIP-87 巻 1 号 1 頁。

4)　消費者庁「デジタルプラットフォーム事業者が提供するショッピングモールサイトにおける偽ブランド品の販売に関する注意喚起」（令和 2 年 4 月 7 日）。

5)　消費者庁「デジタルプラットフォーム事業者が運営するショッピングモールサイトにおいてカシミヤが含まれるとうたう偽表示商品の販売業者に関する注意喚起」（令和 3 年 12 月17 日）。

支払われた会員料金は理由を問わず一切返金しない旨の条項があるが、AはXに対して会員料金の返金を求めることはできるか。
　(2)　Bが、オンラインモールXを用いていたところ、閲覧履歴に応じた広告（行動ターゲティング広告）が出るようになった。Bは、Xに対して行動ターゲティング広告をやめるように求めることはできるか。

　プラットフォームビジネスを提供する事業者であるプラットフォーム提供者自身は、通常、消費者法上の「事業者」に該当し、本書でも解説されている一般的な消費者関連法が適用される。たとえば、消費者契約法、特定商取引法、景品表示法等が該当する。また、インターネット上でプラットフォームビジネスを行うプラットフォーム提供者には、個人情報保護法、電気通信事業法などが適用されることがある。
　事例1(1)では、オンラインモールXの利用規約に、「支払われた会員料金は理由を問わず一切返金しない旨の条項がある」という事案であるが、Aが消費者である場合には消費者契約法の適用があるため、「消費者に生じた損害を賠償する責任の全部を免除」に該当し（同法8条1項1号3号）、このような条項は無効で、AはXに対して会員料金の返金を求めることができる[6]。
　事例1(2)では、オンラインモールXが、Bの閲覧履歴を含む個人データを用いて行動ターゲティング広告（インターネットの閲覧履歴等の行動履歴情報から利用者の興味・嗜好を分析して利用者を小集団（クラスター）に分類し、クラスターごとにインターネット広告を出し分けるサービスで、行動履歴情報の蓄積を伴うもの[7]）を行っているようである。個人情報保護法はプラットフォーム提供者にも適用される。個人情報取扱事業者であるXは、個人情報の利用目的を定め、その範囲で個人情報を利用しなければならず（同法17条、18条）、個人情報データベース等を構

6)　「法律上許される限り」という限定が付されている場合はどうか。このような、「ある条項が強行法規に反し全部無効となる場合に、その条項の効力を強行法規によって無効とされない範囲に限定する趣旨の契約条項」のことをサルベージ条項といい、有効性が議論されている。消費者庁消費者契約に関する検討会「報告書」（令和3年9月）18頁以下。
7)　一般社団法人日本インタラクティブ広告協会（JIAA）「行動ターゲティング広告ガイドライン」（2016〔平成28〕年5月版）3条2号参照。

成する個人情報である個人データについては、安全管理措置等の義務を負う（同法 23 条）。また、保有個人データについて、本人は開示等の請求等を行うことができる（同法 33 条ないし 39 条）。利用目的の特定の仕方については、個人情報保護法のガイドラインで、本人が、自らの個人情報の取り扱われ方について、利用目的から合理的に予測・想定できることが求められており、「本人から得た情報から、本人に関する行動・関心等の情報を分析する場合、個人情報取扱事業者は、どのような取扱いが行われているかを本人が予測・想定できる程度に利用目的を特定しなければならない。」との例が示されている。個人データを用いた行動ターゲティング広告については、「取得した閲覧履歴や購買履歴等の情報を分析して、趣味・嗜好に応じた新商品・サービスに関する広告のために利用いたします。」等の記載が求められる[8]。X が適切に利用目的を定めていなければ、B は X に対して利用停止等の請求を行うことができる（同法 30 条 1 項）[9]。

4　プラットフォーム提供者への行政規制

[1]　プラットフォームビジネス特有の問題への対応必要性

　一般的な消費者関連法は、プラットフォーム提供者にも適用されるが、それをプラットフォーム提供者や出店者に適用するだけでは、プラットフォームビジネス特有の問題への対応としては限界がある。なぜなら、プラットフォームサービスの利用者は、プラットフォーム提供者が出店者の選別機能を有していることを前提に出店者との取引等を行うのが通常であるが、「場」を提供しているだけのプラットフォーム提供者には、原則として行政規制が及ばないからである[10]。しかしながら、出店者が行政規制の違反行為等を行っているのに、プラットフォーム提供者がそこから利益を得るということ

---

8)　個人情報保護委員会「個人情報の保護に関する法律についてのガイドライン（通則編）」（平成 28 年 11 月〔令和 3 年 8 月一部改正〕）3-1-1。

9)　利用目的に行動ターゲティング広告を行うことを定めていたとしても、「違法又は不当な行為を助長し、又は誘発するおそれがある方法により個人情報を利用して」いるといえる場合（同法 30 条 1 項、16 条の 2）や、「本人が識別される保有個人データの取扱いにより当該本人の権利又は正当な利益が害されるおそれがある場合」（同法 30 条 5 項）には利用停止等の請求が認められる余地がある。

は不当であるし、プラットフォーム提供者を信頼して取引等を行っている利用者の信頼にも反する。

　その対応として、2021年に、消費者保護のためのプラットフォーム提供者自体への規制法が成立した（取引デジタルプラットフォームを利用する消費者の利益の保護に関する法律〔令和3年法律第32号、以下、「取引DPF法」という〕）。また、プラットフォーム提供者は、後述するネットワーク効果や規模の経済性から、独占・寡占状態を生じさせやすく、出店者との関係で強い立場にある。このような関係について、特別な経済法として、2020年には、プラットフォーム提供者と出店者の関係を規律する法律も成立した（特定デジタルプラットフォームの透明性及び公正性の向上に関する法律〔令和2年法律第38号、以下、「取引透明化法」という〕）。こうした経済法の消費者保護機能については本書でも解説（第5章参照）があるところであり、取引透明化法にもそのような機能がみられる。

[2]　取引DPF法

> **［事例2］**　⑴　Aは、オンラインモールXの外国からの出店者Yからモバイルバッテリーを購入して利用していたが、ある日、モバイルバッテリーが発火し、それが原因で自宅が全焼してしまった。Yは出店者に損害賠償請求をしたいが、Yの連絡先がわからない。
> 　⑵　Bは、オンラインモールXの出店者Zからブランド品を購入したが、手元に届いてみると偽ブランド品だった。Xでは同種の偽ブランド品が沢山販売されているようである。

---

10)　この点については、解釈の余地はある。たとえば、プラットフォームにおける出店者が販売する商品等の広告表示については、「出店者とオンライン・ショッピングモール運営事業者のそれぞれについて、虚偽・誇大な広告表示を禁止する法令の規定（景品表示法等）がどのように適用され得るのかを整理することが必要」とされており、プラットフォーム提供者への適用が排除されているわけではない。消費者庁「デジタル・プラットフォーム企業が介在する消費者取引における環境整備等に関する検討会　論点整理」（令和2年8月24日）17頁。

（i）　取引 DPF 法とは[11]

　取引 DPF 法は、売主である販売業者等と買主である消費者を当事者として行われる通信販売取引が、取引デジタルプラットフォーム（以下、「取引DPF」という）を用いて行われる場合に、取引デジタルプラットフォーム提供者（以下、「取引 DPF 提供者」という）に、その提供する「場」における通信販売取引の適正化及び紛争解決の促進に協力すべき責務を課している。

　規制対象となるのは「取引 DPF」及び「取引 DPF 提供者」であるが、前提である「デジタルプラットフォーム」及び「デジタルプラットフォーム提供者」の定義は、先に成立していた取引透明化法の定義によっている（以下、それぞれ「DPF」及び「DPF 提供者」という）。DPF の定義は、取引透明化法 2 条 1 項により、①商品等提供利用者（出店者）と一般利用者（出店者以外の利用者）をつなぐ場（多面市場）を提供すること、②インターネットを通じて提供していること、③ネットワーク効果を利用したサービスであること、とされている。ネットワーク効果には、商品等提供利用者の増加により一般利用者が増加する（逆も含む）間接ネットワーク効果と、商品等提供利用者又は一般利用者が増加すると、同じく商品等提供利用者又は一般利用者が増加する、直接ネットワーク効果がある。

　取引 DPF は、DPF に該当することに加えて、オンラインモール（取引 DPF 法 2 条 1 項 1 号）、オークションサイト（同 2 号、取引 DPF 法施行令[12] 1 号）又はフリマサイト（同 2 号）に該当することが要件となる（同 2 条 1 項柱書）。シェアリングエコノミー、アプリストアなども該当し得る。

　また、特定商取引法上の通信販売が行われることが前提であるので、BtoC 取引のみが対象となり、CtoC 取引は対象となっていない。あくまで販売業者等が通信販売取引について行政規制を追う場合に、取引 DPF 提供者に補助的な責任を負わせるのが法の趣旨であるためであるが、DPF 上の

CtoC 取引にも消費者トラブルは見られ、批判は強い[13]。

(ii)　取引 DPF 提供者の規制

　取引 DPF 法の主たる規制は、①取引 DPF 提供者の努力義務、②内閣総理大臣（消費者庁）による利用停止等の要請、③販売業者等情報の開示請求、である。

　①取引 DPF 提供者の努力義務（取引 DPF 法 3 条）　　取引 DPF 提供者には以下の各事項につき努力義務が課せられた（取引 DPF 法 3 条 1 項各号）。詳細は指針[14]に定められ、指針にはベストプラクティス等も記載されている。

・当該取引 DPF を利用して行われる通信販売に係る取引について、消費者が販売業者等と円滑に連絡することができるようにするための措置を講ずること

・当該取引 DPF により提供される場における販売業者等による商品もしくは特定権利の販売条件または役務の提供条件の表示に関し当該取引 DPF を利用する消費者から苦情の申出を受けた場合において、当該苦情に係る事情の調査その他の当該表示の適正を確保するために必要と認める措置を講ずること

・当該取引 DPF を利用する販売業者等に対し、必要に応じて、その所在に関する情報その他の販売業者等の特定に資する情報の提供を求めること

　②消費者庁による利用停止等の要請（取引 DPF 法 4 条）　　販売業者等が商品の安全性の判断に資する事項等（原産地、商標等が含まれる。取引 DPF 法施行規則[15]3

---

13)　CtoC の場合も消費者保護の必要があるのではないかという問題提起は国会での審議過程でも度々なされ（第 204 回国会衆議院消費者問題に関する特別委員会第 5 号（令和 3 年 4 月 13 日）、第 204 回国会参議院地方創生及び消費者問題に関する特別委員会第 6 号（令和 3 年 4 月 23 日））、CtoC 分野の検討は衆参両院で取引 DPF 法の附帯決議となっている（衆議院附帯決議 1 項、参議院附帯決議 1 項）。

14)　取引デジタルプラットフォームを利用する消費者の利益の保護に関する法律第 3 条第 3 項に基づき取引デジタルプラットフォーム提供者が行う措置に関して、その適切かつ有効な実施に資するために必要な指針（令和 4 年内閣府告示第 66 号）。

15)　取引デジタルプラットフォームを利用する消費者の利益の保護に関する法律施行規則（令和 4 年内閣府令第 9 号）。

条各号）について、著しく事実に相違する表示であると認められること、又は実際のものよりも著しく優良であり、若しくは有利であると人を誤認させる表示（取引 DPF 法 4 条 1 項 1 号）を行い、当該販売業者等が特定できない、所在が明らかでないこと等の事由によって、当該販売業者等自身に是正させることが期待できない（同 2 号）場合で、消費者の利益が害されるおそれがあると認めるときには、消費者庁（条文上は内閣総理大臣であるが、権限は消費者庁におりている。以下、単に消費者庁と表記する）が、取引 DPF 提供者に対し、販売業者等による当該商品等につき当該取引 DPF の利用の停止その他の必要な措置をとることを要請することができる（同法 4 条 1 項）。要請は公表できる（同条 2 項）。

　③販売業者等情報の開示請求（取引 DPF 法 5 条）　取引 DPF を利用する消費者は、消費者トラブルから発生した「自己の債権」を行使するために、「販売業者等情報」の確認を必要とする場合に限り、取引 DPF 提供者に対し、その情報の開示を請求することができる（取引 DPF 法 5 条 1 項）。

　もっとも、この場合、消費者が行使できる「自己の債権」は、金銭の支払を目的とし、かつ、1 万円を超えるものに限られており（取引 DPF 法施行規則 4 条）、また、「販売業者等情報」も、氏名または名称、住所、電話番号、FAX 番号、メールアドレス、法人番号に限定されている（同施行規則 5 条各号）。また、不正目的使用をしない旨の書面提出が求められる（取引 DPF 法 5 条 2 項）。

　取引 DPF 提供者が販売業者等情報開示請求に対応しない場合で、請求者に損害が発生した場合には取引 DPF 提供者への損害賠償請求を行うことが考えられる。この際、プロバイダ責任制限法[16]のような故意重過失免責の規定は存在しないので（同法 4 条 4 項）、通常の過失であっても取引 DPF 提供者には損害賠償責任が発生し得ることになる。

　事例 2(1)の出店者 Y には、本来、「氏名又は名称、住所及び電話番号」を表示する義務がある（特定商取引法 11 条 5 号、同法施行規則 8 条 1 号）が、ここでは同条項が守られておらず、連絡先がわからない。A には自宅が全焼する被害が生じており、Y への債権額は明らかに 1 万円を超えているところ、A としては、オンラインモール X に対して販売業者等情報の開示請求（取引

16）　特定電気通信役務提供者の損害賠償責任の制限及び発信者情報の開示に関する法律（平成 13 年法律第 137 号）。

DPF法5条)を行い、Yの「氏名または名称、住所その他」の情報を取得することが考えられる。

　Xが情報を保有しているにもかかわらず、開示請求に対応しない場合には、(Yではなく)Xに対する損害賠償請求も検討し得る。開示請求に対応しないわけではないが、Xがきちんと情報を保有していないとか、Xから提供された情報が不正確であり、Yへの請求が奏功しなかった場合に、Xに対して何らかの請求ができるか。この点、取引DPF法上も、Xが、Yに対して販売業者等の特定に資する情報の提供を求める義務は「必要に応じ」た努力義務にとどまる(3条1項1号)以上、請求は直ちには困難であるということになろう[17]。裁判例には、原告において、利用者と取引DPF提供者との間の契約には、消費者が安心、安全に取引できるシステムを構築する信義則上の義務が存在し、当該義務の中には出店・出品審査義務が含まれると主張したものがあるが、義務の存在は認められていない[18]。

　事例2(2)では、Yで偽ブランド品が大量に販売されている。このような場合、消費者庁としては、出店者Zに対して特定商取引法に基づく権限を行使しようとすることは当然であるが、これでは是正できない場合、オンラインモールXに、利用停止等の措置を要請することができる(取引DPF法4条柱書、取引DPF法施行規則3条3号)。具体的には、当該偽ブランド品の出品停止や、Z等の偽ブランド品販売業者のアカウント停止などが考えられる。Bを含む消費者が消費者庁にこのような権限行使を促すこともできる(取引DPF法10条、申出制度)。

[3] 取引透明化法

[事例3]　Aは、オンラインモールXの利用者である。オンラインモールXには、出店者の商品を横断的に検索できる機能があり、Aは、

---

17)　取引DPF法上の努力義務が民事法の解釈にも影響することを示唆するものとして、鹿野菜穂子「取引デジタルプラットフォームを利用する消費者の利益の保護に関する法律の意義と残された課題」自由と正義72巻10号(2021年)10頁。

18)　東京地判令4・4・15 LEX/DB25572161(令和2年(ワ)第27469号)。

> 検索順位が一番上だった、出店者Yの商品Zを購入したが、あとから、他の出店者の方がZを安価で販売していたことに気付いた。

(i)　取引透明化法とは[19]

　取引DPF法は取引DPF提供者と消費者の関係を規律する法律であったが、取引透明化法は、DPF提供者と出品者（取引透明化法上では商品等提供利用者。同法2条3項）の関係を規律する法律である。商品等提供利用者はDPFのネットワーク効果によって恩恵を受けるが、他方、DPFの利用がロックインされ、DPF提供者が一方的に契約条件（規約）を変更したり、理由を示さず取引拒絶したりするという問題が顕在化していた。そこで、取引の透明性と公正性を向上させるべく、取引透明化法が制定された。事業者間の規律を目的としており、一種の経済法である。その対象は、DPF提供者のなかでも、経済産業大臣が指定した、一定の規模以上の「特定DPF提供者」となる（取引透明化法2条6項）[20]。「特定DPF提供者」とされた趣旨は、商品等提供利用者との関係で影響力が強いものに、規制対象を限るためである。他方、取引DPF法上の取引DPF提供者には、このような要件は課せられていない。消費者保護の必要性は、DPF提供者の規模によって左右されないからである。

---

19)　立案担当者解説として、北島洋平・安平武彦・岡本健太・佐久間弘明「特定デジタルプラットフォームの透明性及び公正性の向上に関する法律の概要」NBL1174号（2020年）11頁等。

20)　2022年7月現在、3,000億円以上の国内売上額がある物販総合オンラインモールとしてAmazon.co.jp（アマゾンジャパン合同会社）、楽天市場（楽天グループ株式会社）及びYahoo!ショッピング（ヤフー株式会社）が、2,000億円以上の国内売上額があるアプリストアとしてApp Store（Apple Inc. 及びiTunes株式会社）及びGoogle Playストア（Google LLC）がそれぞれ指定されている。また、2022年7月に、1000億円以上国内売上額があるメディア一体型広告デジタルプラットフォーム及び500億円以上の国内売上高がある広告仲介型デジタルプラットフォームが対象となることが省令及び告示で定められた。

(ii)　特定 DPF 提供者の規制

　取引透明化法は、DPF における取引の透明性と公正性を担保するために、①提供条件等の開示 (取引透明化法5条)、②特定 DPF 提供者と商品等提供利用者相互理解の促進を図るために必要な措置の実施 (同7条)、③モニタリング・レビュー (同9条) という3つの措置を定めている。これらの措置は、消費者保護を目的としているものでではないが、特に①提供条件等の開示については、消費者を含む一般利用者にも開示が義務付けられている項目があり、結果として消費者保護機能をも有することになる。具体的には、特定 DPF 提供者において、以下の項目について一般利用者への開示が義務付けられている。

　①当該特定 DPF により提供される場において、一般利用者が検索により求める商品等に係る情報その他の商品等に係る情報に順位を付して表示する場合における、当該順位を決定するために用いられる主要な事項。(取引透明化法5条2項2号イ、1号ハ) いわゆる検索アルゴリズムの主要な要素。費用を払うことによって検索順位が上位となる場合にはその旨も含まれるとされるので、ステルスマーケティングについての一定の抑止効果がある。

　②当該特定 DPF 提供者が商品等購入データを取得し、又は使用する場合における当該商品等購入データの内容及びその取得又は使用に関する条件 (同法5条2項2号ロ)。ここでいう商品等購入データには、一般利用者の購買履歴の他、特定 DPF のサイト上の閲覧履歴を含む。

　③イ及びロに掲げるもののほか、開示することが特に必要なものとして経済産業省令で定める事項 (同法5条2項2号ハ、省令では未指定)

　事例3では、A が、オンラインモール X において、検索順位が一番上だったということで出店者 Y から商品 Z を購入したが、最安値ではなかった。X が特定 DPF 提供者である場合、「順位を決定するために用いられる主要な事項」を、A を含む一般利用者向けに開示する義務があるので、これが開示されていれば、出店者 Y による商品 Z の販売ページの検索順位が一番上だった理由がある程度わかるということになる。なお、開示されていない場合は違法であるので、A としては、経済産業大臣に権限行使を促すことが考えられる (取引透明化法10条1項、申出制度)。

5　プラットフォーム提供者の民事責任

> **[事例4]**　(1)　AはオンラインモールXの出店者Yから外国産モバイ
> ルバッテリーを購入して利用していたが、ある日、モバイルバッテリー
> が発火し、それが原因で自宅が全焼してしまった。このモバイルバッテ
> リーは、海外で危険性が報道されていたのに、Xは出品を禁ずることな
> く放置していた。AはXに対して、この損害のすべての賠償を請求を
> することができるか。
>
> 　(2)　BはネットオークションZの出店者Wから商品を購入したが、
> 全く送られてこず、Wに連絡しても返事がないまま、Wは退会してし
> まった。インターネット上で情報収集してみると、WはB以外にも同
> 様に代金だけを受領して商品を送らない手口を多く行っていたことが判
> 明した。代金だけを受領して商品を送らないということができてしまう
> システムを放置しているZに対して、Bは、当該商品代金相当額につ
> いての損害の賠償を請求することができるか。

　取引DPF法も取引透明化法も、基本的にはDPF提供者に行政規制を行
う法律であり、販売業者等情報の開示請求を除き、民事責任については規定
していない。そのため、プラットフォーム提供者の民事責任については、民
法や一般的な消費者関連法によることになる。

　事例4(1)の場合、出店者Yが外国産モバイルバッテリーの「輸入した者」
に該当する場合には、製造物責任法に基づく「製造業者等」（製造物責任法2条
3項）に該当し、Yは同法に基づき損害賠償義務を負う（同法3条）。しかしな
がら、オンラインモールXは「製造業者等」の要件には該当せず、Aは製
造物責任法上の損害賠償請求を行うことはできない（この点について、第23章381
頁参照）。しかしながら、「海外で危険性が報道されていたのに、Xは出品を
禁ずることなく放置していた」ものであり、海外での報道によりモバイルバ
ッテリーが危険であることをXが知っており、合理的な期間を超えて出品
を放置しているような場合には、当該放置が損害に繋がったという民法上の
一般不法行為又はAX間の契約（オンラインモール利用契約）上の附随義務違反に

基づく損害賠償請求が認められる余地があろう[21]。また、売買契約は AY 間であるとしても、オンラインモールである X が AX 間のオンラインモール利用契約の附随義務として、これに関する情報提供義務を負うという構成や、オンラインモールが出店者の販売促進を行っているという側面に着目し、オンラインモール X も、出店者 Y の広告媒体として、広告の審査義務類似の義務を負うという構成等も考えられる[22]。裁判例では、利用者と取引 DPF 提供者との間の契約には、消費者が安心、安全に取引できるシステムを構築する信義則上の義務が存在し、当該義務には出店・出品審査義務や、保険・補償制度構築義務が含まれる、という主張も見られる。モバイルバッテリーの出品や、そもそもの出店者 Y の出店についての審査義務が構成できれば、当該義務違反を問うという構成も考えられるが、結論として裁判例は認めていない[23]。

　事例4(2)の場合、B はネットオークション Z の出店者 W に代金だけを取られてしまっており、「代金だけを受領して商品を送らないということができてしまうシステムを放置している」Z に対して損害賠償請求しようとしている。この点、オークション詐欺におけるネットオークションサイトの責任が問題となった事案では、「本件利用契約における信義則上、被告は原告らを含む利用者に対して、欠陥のないシステムを構築して本件サービスを提供すべき義務を負っている」との一般論が述べられている（名古屋地判平 20・3・

21)　経済産業省「電子商取引及び情報財取引等に関する準則」（令和4年4月）92頁以下、消費者委員会オンラインプラットフォームにおける取引の在り方に関する専門調査会「オンラインプラットフォームにおける取引の在り方に関する専門調査会報告書」（平成31年4月）29頁以下。

22)　中田邦博「消費者視点からみたデジタルプラットフォーム事業者の法的責任」現代消費者法48号（2020年）48頁。よりラディカルには、プラットフォーム事業者がプラットフォーム利用契約（ここでいう AX 間のオンラインモール利用契約）を通じて利用者間契約（AY 間の売買契約）についても、原則として、（連帯して）契約上の責任（第一次的履行責任）を負い、出店者は履行補助者に過ぎない立場におかれる、という議論もなされている。中田邦博「インターネット上のプラットフォーム取引とプラットフォーム事業者の責任」現代消費者法46号（2020年）35頁。

23)　前掲注18) 東京地判令4・4・15。

28 判時 2045 号 152 頁)。Z のシステムが、「欠陥のないシステムを構築して提供すべき義務」の観点から義務違反であり、損害賠償が認められるということはあり得るであろう。

6 課題と展望

　取引 DPF 法及び取引透明化法の制定は、プラットフォームビジネスにおける消費者被害の防止に一定程度の役割を果たすと思われるが、取引 DPF 法は CtoC には適用がなく、義務規定も努力義務にとどまり、罰則等は設けられていない。取引透明化法は消費者保護それ自体を目的としているものではなく、対象も特定 DPF 事業者に限られている。プラットフォーム提供者の民事責任については立法はなされていないが、学説上は様々な議論が重ねられている。取引 DPF 法では、官民協議会（同法6条）が法定され、DPF を巡る消費者問題についての協議の場が設けられており、同協議会をも活用しつつ、プラットフォームビジネスにおける消費者保護の問題等が議論されることが期待される。

消費生活と安全確保(1)

第21章

消費者の安全と法規制

明治学院大学教授
角田真理子

1　本章で学ぶこと——消費者にとっての安全とは何か

　私たち消費者が日常的に使用・消費している商品やサービス (以下、施設設備も含めてこれらを「商品等」と略する) であっても、生命・身体の安全にかかわる重大な被害が発生することがある。それには、食品による食中毒、家庭用製品によるケガや火傷、家電製品からの発煙・発火などさまざまな例がある。

　安全に暮らすことを望むのは人としての本能で、消費生活において生命・身体の安全が確保されることは最低限度の条件であり、最も大切なことと言える。しかし現実には、商品等により消費者が危害を受ける事案や危険な状況に置かれる例が後を絶たない。

　最近は、デジタル技術を用いた各種製品やサービス、AI搭載製品、遺伝子組み換え食品やゲノム編集食品など最新の技術を用いた商品等も次々登場している。これらは、消費者にとっての利便性や製造業者の生産効率を高めるなどの効用もあるが、消費者にとっては、どのようなリスクがあるのかさえもわからない。安全問題に関する法的対応は極めて重要である。

　本章では、消費生活における危害や危険を抑止し安全を確保するための法律として、特に食品と生活用製品に関わるものを中心に、その発展の歴史的な経緯を踏まえ、現在の法規制の内容を概観する。それによって、消費者の安全がどのように守られているか、その制度はどうあるべきなのかを考えるための素材を提供することにしたい。

　なお、そもそも「安全」とは何かについては、明確な法律上の定義がある

わけではない。消費者安全法においては、消費者の生命・身体の安全に限らず、財産被害の防止についても「安全」の対象とされている（消費者安全法2条5項3号）。しかし、本章では、そのような広い意味での安全ではなく、主に生命・身体に関する安全に関する側面を取り上げることにする。

2　消費者問題と安全に関する法律の歴史的経緯

[1]　戦後の消費者問題とその対応

　終戦（1945年）後、わが国の主だった都市は廃墟となり、人々の暮らしの中心は衣食住を整えることであった。戦後の復興は、まずは食料の確保からはじまったが、当時は衛生状態が悪く、戦前からも課題となっていた食中毒を防ぐため、1947年に食品衛生法が制定された。

　1956年の経済白書に「もはや戦後ではない」と書かれ、この頃日本経済は復調したとされた。他方で、1955年には森永ヒ素ミルク事件やスモン事件が発生した。前者は、乳幼児用の粉ミルクに製造過程でヒ素が混入し、1万人以上の乳児が発症し約130名が死亡した事件であり、後者は、腸内殺菌剤キノホルムにより亜急性疾患が発生した事件である。1960年には、薬事法が制定された。1962年にはサリドマイドを含有する睡眠薬を飲んだ妊婦から生まれた子の四肢の奇形等の症状が発生した事件（サリドマイド事件）が、1968年にはPCBが混入したライスオイルを摂取した人に発疹や爪の着色、むくみ等の症状が発症した事件（カネミ油症事件）が発生した。こうした事件の発生により、食品や医薬品による深刻な被害が大きな社会問題になった。

　経済が高度成長し大量生産・大量消費社会が到来する中で、1960年代には、引火するスプレー缶問題や欠陥自動車問題などが次々発生した。1973年には、こうした中、消費者安全の確保体制の整備のために、いわゆる「安全3法」と呼ばれるところの、①消費生活用製品安全法、②有害物質を含有する家庭用品の規制に関する法律、③化学物質の審査及び製造に関する法律が制定された。

　2000年には雪印乳業の低脂肪牛乳での食中毒事件と三菱自動車の欠陥隠し問題が起こった。2001年9月には、わが国で初めてBSE（Bovine Spongiform Encephalopathy：牛海綿状脳症。一般には、「狂牛病」とも呼ばれる）問題が発生し、この問題を中心とした一連の食品安全問題の発生を契機に2003年に食品安全基本法が制定され、食品安全委員会が設置された。

　2004年に消費者保護基本法が消費者基本法に法律の名称も変更した改正がなされたが、それは、規制緩和を背景に消費者政策の考え方が「規制からルールへ」と転換されたことの反映である。その流れの前身として、1994年に製品安全に関する民事ルールである製造物責任法が制定された（→消費者の製品事故による被害救済については、第23章参照）。

　2005年には、石油温風暖房機による死亡事故、2006年にはガス湯沸かし器による一酸化炭素中毒死亡事故の顕在化などがあり、2006年と2007年に消費生活用製品安全法が改正された。

[2] 消費者庁の創設

> **[事例1]**　幼児や高齢者がこんにゃくゼリーを喉に詰まらせて窒息する被害が生じた。この種の被害の再発を防止するにはどうしたらよいのだろうか。それは、「すきま事案」と呼ばれることがあるが、なぜそういわれてきたのだろうか。

　2009年に消費者庁と消費者委員会が創設されるとともに消費者安全法が制定された。消費者庁は、縦割り行政の弊害を除去して、一元的に消費者問題に対応する官庁として創設された。消費者庁が創設された背景事情には、2006年には、集合住宅でのエレベーターによる高校生の死亡事故が発生したこと、2007年の暮れから2008年にかけては中国産冷凍ギョウザによる食中毒問題が起こり、さらには、1990年代から続いていたこんにゃくゼリーによる窒息事故のような「すきま事案」とよばれる問題等への対応が重要とされたことがある。

　事例1のこんにゃくゼリーによる窒息事故は、ゼリー容器の形状の問題があるとされた。そうすると食品の容器の形状の安全を所管する官庁としての対応が必要となるが、その権限がどこかの官庁に与えられていない限り、法治主義のもとでは行政は対応ができない。これが、縦割り行政の隙間に埋もれる「すきま事案」と呼ばれものであり、縦割り行政の弊害の象徴とされたのである。消費者安全法は、そうしたすき間事案に対応する権限を消費者庁に付与したのである（この点については後述する）。

　その後、社会問題になった消費者安全に関する大きな事件としては、2011年の茶のしずく石鹸事件（石鹸の使用により、小麦アレルギーが発症した事件。中には、アナフラキシーショックを発症した人もいた）や2013年の美白化粧品による白斑問題があげられる。いずれも被害弁護団ができて、訴訟になっている。この問題については、第26章を参照。

3　消費者安全に関する法律の概要

[1]　消費者基本法

　消費者基本法の基本理念には、「安全である権利」が最も重要な「消費者の権利」として位置付けられている（消費者基本法2条1項）（→「消費者の権利」については、第1章11頁参照）。さらに、同法には、事業者の責務として消費者の安全を確保することが求められており（同法5条1項1号）、その基本的施策の冒頭でも安全の確保が求められている（同法11条）。

[2]　消費者安全法

　こうした消費者基本法の理念のもとで、消費者の安全に関する一般法としての消費者安全法が制定されており、また安全に関する個別分野を規制する多数の法律が存在している。
　消費者安全法は、消費者安全に関する広範で多岐にわたる内容が盛り込まれており、同法の「安全」は、前述のように生命・身体の安全にとどまらない幅広い消費者の安全全般に及ぶものである[1]。消費者安全法では、あらゆる行政機関が入手した消費者の生命・身体・財産を脅かす事故や事態に関する情報が消費者庁に集約されるべきであるとの考え方において、そのための制度と、そうした情報の集約に基づいて、注意喚起等の仕組みが用意されている。

---

1)　消費者安全法は、2009年に消費者庁及び消費者委員会が創設された際、同庁と同委員会の設置法とともに立法された消費者庁関連三法の1つであり、いわばそれらと一体となって制定されており、同年以降の新しい消費者行政の考え方を体現した法律でもあるとされている。大島義則ほか『消費者行政法』（勁草書房、2016年）37頁以下参照。同法の逐条解説として、消費者庁／消費者政策課＝消費者制度課＝地方協力課＝消費者安全課編『逐条解説消費者安全法〔第2版〕』（商事法務、2013年）がある。

　同法の目的は、消費生活上の被害を防止するなどにより消費者が安心して安全で豊かな消費生活を営むことができるようにすることにある。同法には、次の5つの柱が定められている。

　①消費者安全の確保に関する基本方針の策定、

　②地方公共団体において行うべき消費生活相談等消費者行政に係る事務の明確化と消費生活センターの法律上の位置付け、

　③消費者庁への情報集約とその分析・公表、

　④消費者安全調査委員会による生命・身体に関する消費者事故等の原因究明・提言、

　⑤消費者被害の発生・拡大防止のための措置の整備

　　（→消費者庁による安全に関する行政機能、一元的な政策対応については、第22章360頁参照）。

　消費者安全法による消費者庁への通知の対象は、①生命・身体事案と②財産事案とに分けることができる。①は、消費者の生命身体にかかる事故のことであり、②は消費者の財産に関する事態である。

　①の生命・身体事案については、とくに重大事故の情報収集と、それへの対応としての消費者被害の発生または拡大の防止のための措置としての注意喚起が重要となる（同38条1項）。②の財産事案とは、虚偽・誇大広告その他の消費者の利益を不当に害したり、消費者の自主的かつ合理的な選択を阻害するある行為（政令による）が事業者によって行われた事態を指している。この政令が定める財産事案は、幅広い取引行為に起因する被害を対象としており、それにより消費者庁は、そうした情報を一元的に集約・分析することが可能になる。この意味で、消費者安全法の「財産事案」には、景品表示法、消費者契約法、民法等が個別に規律している内容と比べて幅広い事態が含まれ、それにより、事案の重大性や広がりの早期の把握とそれへの適切な対応が可能になる[2]。

　製造物責任法は、消費者被害の救済のための民事ルールではあるが、商品の安全性の確保にも重要な役割を果たしている（消費者の製品事故による被害救済については、第23章参照）。

---

2)　前掲注1)『消費者行政法』37頁。

4　食品の安全に関する問題と個別法

　以下では、食品の安全にかかわる法制を紹介するが、その際、食品安全の問題を踏まえた規制の動向にも注目する[3]。

[1]　食品の安全性の問題

　食品は、人が直接摂取することで生命を維持するものである。それゆえ、食品に求められる安全性は最も高度なものとなる。経済の発展にともなう高度消費社会において、豊かな食生活を享受できるようになったが、食品においても工業的に大量生産されるものが多くなり、その結果、いったん危害が発生すれば被害は広範に及び深刻な事態を引き起こすことになる。

[2]　食品安全基本法——食の安全に関する基本法

　2001年（21世紀）以降の食品安全関連の問題と法制度の動向として、大きな転換点となったのが、2001年9月に、わが国ではじめてBSEに感染した牛が発見されたことである[4]。

　この事件を契機に、それまでの食品衛生法を中心とした食中毒の防止を中心とした政策から、世界標準の「リスクアナリシス」（「リスク分析」）の手法への転換が行われたのである[5]。リスクアナリシスとは、危害にさらされる可

---

3)　食の安全法制全体を把握できる参考文献として、髙橋滋＝一橋大学大学院法学研究科食品安全プロジェクトチーム共編『食品安全法制と市民の安全・安心』（第一法規、2019年）。また、食の安全の基本を学ぶには、神山美智子『食の安全と企業倫理』（八朔社、2004年）など。

4)　BSE問題の詳細については、「BSE問題に関する調査検討委員会報告書」BSE問題に関する調査検討委員会（平成14年4月2日）https://www.maff.go.jp/j/syouan/douei/bse/b_iinkai/pdf/houkoku.pdf参照。

5)　この一連の立法・改正は、EUの食品安全規制の考え方がモデルになっている。BSE問題を受けて、食品安全規制の再編が行われ「EU食品安全規則」（「食品法の一般的な原則と要件を規定し、欧州食品安全庁を設立し、食品の安全問題における手続を規定する2002年1月28日付け欧州議会及び欧州連合理事会規則」）に基づくものとなった。松本恒雄「食品安全規制の現状と課題」髙橋滋＝一橋大学大学院法学研究科食品安全プロジェクトチーム・前掲注3）7頁以下参照。

図1　食の安全への取り組み（リスク分析）（出典：厚生労働省「食品の安全確保に向けた取組」（2020年12月改訂））

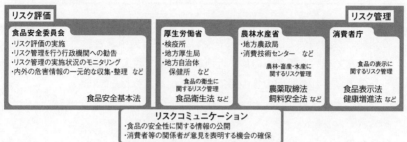

能性があるという場合について、可能な範囲でリスクを最小限に未然防止するためのプロセスで、「リスク評価」（「アセスメント」）と「リスク管理」（「マネイジメント」）と「リスクコミュニケーション」で構成される。

　2003年7月に食品安全基本法の施行により、食品安全委員会が設置され、同委員会が「リスク評価」を行うことになった。現在は、関連法の所管官庁である厚生労働省、農林水産省、消費者庁が「リスク管理」を行い、全体で情報共有をする「リスクコミュニケーション」の3つによってリスクの分析を行うというものである。食品安全委員会は、リスク評価を行って担当行政機関に勧告し、実施状況のモニタリングなども行う。

　リスク管理に関して、厚生労働省は、検疫所の運営や地方自治体が所管する保健所による食品の衛生管理などを所管し、農林水産省は、地方農政局や消費技術センターの運営や農薬取締法や飼料安全法などを通じて農林・畜産・水産などのリスク管理を、消費者庁は、食品表示法などで食品に関する表示のリスク管理を行うことになっている。

[3]　食品衛生法

　食品の安全を直接的に規制する中心となる法律は、食品衛生法である。

　同法は、食品等の安全に関する国の基準の作成や監視・指導体制について規定しているものであるが、食をとりまく近年の環境変化や国際化等に対応するため、直近では、2018年に改正が行われた。

（i）　食中毒対策

> [事例2]　家族5人で夕食を食べたら、うち4人がひどい下痢になって発熱した。病院で医者の診療を受けたところ食中毒と診断された。4人が夕食で食べた同じものは、近所の総菜屋で購入したポテトサラダだったので、それが原因の食中毒ではないかと思われた。

　食品衛生法は、腐敗や変敗している、有毒・有害物質が含まれる、病原微生物により汚染されているなど不衛生な食品や、食品添加物の販売等について禁止し（同法6条）、厚生労働大臣が定めた規格基準に適合した食品や添加物でなければ、販売、製造、輸入、加工等ができないと定めている。

　2017年の腸管出血性大腸菌 O-157 感染症による食中毒[6]の発生等を契機に、2018年改正で食品衛生法は、広域的な事案発生、拡大の防止等のための関係者の連携・協力義務を規定し、地域ブロックごとの広域連携協議会の設置等広域事案への対応についての整備を行った。

　事例2では、親子を診療した医者が食中毒と診断した場合は、医者は保健所に通知する（同法63条）ことになる。保健所への通知により、事業者に違反行為があれば、都道府県知事等から必要な措置（同法59条）や営業停止等の処分（同法60条）が下される場合もある。

（ii）　HACCP（ハサップ）

　HACCP（Hazard Analysis and Critical Control Point の略。日本では、「危険要因分析及び重点管理」などと呼ばれる）とは、全ての工程のあらゆる段階での微生物汚染等の危害要因を科学的な根拠に基づいて分析し、結果に基づいて各工程の重要管理点を定めて常時監視するというものである。この手法は、コーデックス委員

---

6)　食中毒とは、有毒、有害なものを含む飲食物を食べたことで発生する下痢や嘔吐、腹痛、発熱などの中毒症状が発生した健康被害のことである。2020年の食中毒件数は、15,000件を上回り、患者数も1万人を超えており、食中毒の防止は、現在においても重要な課題である。

会から発表され、各国に推奨されている。

　1960年代のアメリカでのアポロ計画時に生まれたもので、コーデックス委員会が1993年にガイドラインを作成したことからEUでも導入され、アメリカや欧州連合では、食品事業者の義務となっている。

　わが国では、1995年の食品衛生法の改正で、「総合衛生管理製造過程」により、HACCPの原則を基本にした食品の製造や加工について厚生労働大臣が承認を与えることができる制度が導入されるなどしていたが、2018年改正で、原則全ての事業者にコーデックスのHACCP7原則に沿った衛生管理を求めることとなった。

　厚生労働大臣は、営業の施設の衛生的な管理について、施設内の清潔保持等一般的な衛生に関すること、食品衛生上の危害の発生を防止するために特に重要な工程を管理するための取組等について省令で基準を定め、事業者は衛生管理計画を作成し、それを遵守しなければならないとされた。

　HACCPの普及に関しては、1998年に食品の製造過程の管理の高度化に関する臨時措置法（HACCP支援法）が制定されている。

(iii)　残留農薬に関するポジティブリスト制度

　農薬に関しては、2000年代前半に問題が相次ぎ、2006年から残留農薬規制について、ネガティブリスト規制からポジティブリスト規制に転換されている。

　新しい残留農薬規制では、原則全ての農薬等について残留基準が定められ、基準を超えて食品に残留する場合、その食品の販売等が禁止される（同法11条3項等）。農薬を製造、加工、輸入するためには、農薬取締法に基づく農林水産大臣の登録を受けなければならず、安全性の確認されたもののみ登録が許される。

(iv)　食品添加物の安全確保

　食品添加物とは、保存、加工、甘味などの目的で使用されるものであり、化学合成品だけでなく天然添加物も含むものである。食品添加物については、厚生労働省が食品安全委員会の意見を聞いて、人の健康を損なうおそれがない場合に限って使用を認めることになっている。

　食品添加物の規制の構造は、次の通りである。食品添加物は基本的に販売

等が禁止されている（同法12条）が、人の健康を損なうおそれがないものとして指定されているものについては、販売等が許可される（施行規則の指定添加物リストを参照）。また、販売等を行うことができる食品添加物についても成分、製造方法、使用方法、使用量等の規格が定められている。使用された食品添加物は、原則、物質名で品質表示の原材料名に表示される。

(v)　その他の食品の安全確保に関する制度

　その他、食品の安全確保に関しては、「輸入食品」や「健康食品」の安全確保、BSE対策、汚染物質対策がなされている。

　さらに、バイオテクノロジー応用食品等（遺伝子組み換え食品やゲノム編集食品等）の安全確保などの取り組みもなされている。

　遺伝子組み換え食品については、「食品、添加物等の規格基準」の「食品一般の成分規格」として厚生労働大臣が定める安全性審査の手続を経た旨の公表がなされたものでなければならないとされ、ゲノム編集食品に関しては、2019年10月から事前相談と届出制度が開始されている。

　2018年の食品衛生法の改正では、さらに、食品用器具・容器へのポジティブリスト制度の導入、食品リコール情報の行政への報告の義務化（同法58条）などが行われた。

5　医薬品等の安全規制（薬機法）

　医薬品、医薬部外品、医療機器、化粧品等については、2013年に薬事法から名称を変更して改正された「薬機法」（正式名称は、「医薬品、医療機器等の品質、有効性及び安全性の確保等に関する法律」）によって規制されている。同法に定める医薬品（同法2条1項）、医薬部外品（同法2条2項）等を製造販売するには、品目ごとに厚生労働大臣の承認が必要である（同法14条1項）。ただし、日本薬局方（同法41条）に収載されている医薬品については承認の必要はない。

　2013年改正では、目的に保健衛生上の危害の発生・拡大防止のための必要な規制を行うことを明示し、医薬品では添付文書の届け出の義務化や医療機器の規制の充実、再生医療の特性を踏まえた規制の構築等が行われた。

6　衣料品の安全

　現代私たちが着用している衣服のほとんどは既製品である。最近、趣味的

に手芸が流行ってはいるが、あくまで趣味の域を出ておらず、ほとんどの消
費者が着ているのは既製品である。戦後からしばらくは、衣服の多くは家庭
で作られていて、ミシンや編み機がある家が多かった。衣服は、肌の上に長
い時間着用するものであることから、高い安全性が求められる。

　以下では、衣服の安全性について物理的安全と科学的安全の 2 つに分けて
解説する。

［1］物理的安全

> **［事例 3］**　自分の子どものパーカーのフードが、玄関の取手にひっか
> かり、子どもが首つり状態になって、あやうく窒息しそうになった。と
> ても危険な状態だったが、他の子供にもこうしたことは起こる可能性が
> あると思うので、みんなに知らせたいが、どうしたらよいのだろうか。
> よい防止対策はあるのだろうか。

　事例 3 は、衣料品についての物理的安全が問題となる事例である。パー
カーの紐やフード、特に子どもには、リボンや飾りなども危険要因となって
いる。

　着用した服のフードのひもが滑り台などにひっかかって首が絞められて死
亡するといった事故はよく知られている。欧米等では、子どもの衣服に関連
した事故情報が収集、分析されており、安全のためのガイドライン[7] も策定
されている。その結果、子どもの衣類による事故は減少しているという[8]。

　複数の事故の発生をきっかけに、2015 年に子どもの洋服に関して JIS 規
格が策定され、JIS マーク[9] が表示されている。しかし、JIS 規格は強制で

---

7)　「米国消費者製品安全委員会（CPSC）によるガイドライン」、「米国材料試験協会（ASTM）
　　による安全規格」、「英国規格協会（BSI）によるこども用衣類のデザインに関する安全基
　　準」などがある。
8)　米国消費者製品安全委員会によれば 1985 年から 10 年間に死亡事故が 17 件、負傷事故が 42
　　件報告されている。日本小児科学会「Injury Alert」（傷害速報）No. 31「フード付きパーカ
　　ーによる鬱血溢頸」より。

はなく任意の規格であり、消費者がそれを知らない可能性もあり、こうした事故のリスクがなくなったわけではない。そのため、経済産業省なども注意を呼びかけるなどしているが、使用者としての消費者の十分な注意が必要である。

[2] 化学的安全

> [事例4]　マリンスポーツのイベントで購入されたTシャツを着たら皮膚がかぶれた。その原因の解明はどのように行われるのか。また、事故の防止対策としては、どのようなものが考えられるか。

　事例4は、衣料品の化学的安全の問題である。衣服に関する化学的安全とは、主として衣服に使われる染料の問題であり、この事例のように衣料品の染料が消費者の健康を害することがある。

　2016年の夏に発生したマリンスポーツイベントで配布されたTシャツで皮膚炎などの健康被害が発生した。消費生活用製品安全法に基づいて、Tシャツから溶出される成分を独立行政法人製品評価技術基盤機構（NITE）が分析した結果、プリント加工に使われた塩化シデシルメチルアンモニウムが皮膚障害の原因物質と考えられることがわかった。これに依拠して、厚生労働省の安全確保のための注意文書[10]が地方自治体に発せられた。

　家庭用品規制法（有害物質を含有する家庭用品の規制に関する法律）は、24種類の特定芳香族アミンを生成するアゾ染料[11]を有害物質として規制している。24種のアゾ染料が使われているおしめ、おしめカバー、下着、寝衣、手袋など14種類の繊維製品と下着、手袋などの6種類の皮製品が規制対象になっている。

---

9)　産業標準化法30条1項などに基づき、国の登録認証機関から認証を受けた事業者が製品に表示することができる。

10)　平成28年12月22日厚生労働省医薬・生活衛生局医薬品審査管理課長文書「マリンスポーツイベントで配布されたTシャツによる健康被害について」。

11)　全てのアゾ染料が規制対象ではない。

　家庭用品規制法は、主として一般の生活の用に供される製品で政省令で指定された「家庭用品」を保健衛生的観点から安全にすることを目的としており、その対象は衣料品にとどまらない。

6　消費生活用製品等の安全規制

　消費生活用製品等を規制する法律としては、消費生活用製品安全法、電気用品安全法等いわゆる「製品安全4法」の他、先述した家庭用品規制法などがある。

[1]　消費生活用製品安全法

　消費生活用製品安全法は、1973年にいわゆる「安全3法」（先述）の一つとして立法された。消費者の生活に用いられる製品を消費生活用製品としているが、他の法令で個別に安全規制が図られている食品、医薬品、自動車、消火器具等の製品はその対象から除外されている（2条1項）。
　現在の同法による主な内容は、①PSCマーク制度、②製品事故情報報告・公表制度、③長期使用製品安全点検・表示制度の3つである。

(i)　PSCマーク制度

> **[事例5]**　知らないうちに子どもがライターをいじって、近くのおもちゃに火がついて危なかった。こんな危ないライターは販売停止にすべきだと思うが、できるのだろうか。

　PSCマーク制度は、国による消費生活用品の安全規制である。消費者の生命・身体に対して特に危害を及ぼすおそれが多い製品の製造・輸入・販売を行う事業者は、国の基準に適合しているというマークを付さないかぎり、その製品の販売等を行うことができない。国は、マークのない製品が市場に出回った場合には、回収等の措置を命ずることができる。
　規制の対象となる品目には、自己認証が義務付けられている「特定製品」と、そのうちさらに第三者機関の検査が義務付けられている「特別特定製品」とがある。特定製品には、家庭用の圧力なべ及び圧力がま、乗車用ヘル

図2　製品安全4法のPSマーク（出典：経済産業省「製品安全への取組」リーフレット）

消費生活用製品安全法（10品目）

(PSC)〈PSC〉　ライター、レーザーポインタ、乳幼児ベッド、石油ストーブ 等

電気用品安全法（457品目）

(PSE)〈PSE〉　LEDランプ、延長コード、エアコン、冷蔵庫、電子レンジ 等

ガス事業法（8品目）

(PSTG)〈PSTG〉　ガス瞬間湯沸器、ガスストーブ、ガスこんろ、ガスふろがま 等

液化石油ガスの保安の確保及び取引の適正化に関する法律（16品目）

(PSLPG)〈PSLPG〉　カートリッジガスこんろ、ガス栓、調整器、対震自動ガス遮断器、ガス漏れ警報器 等

メット、登山用ロープ、石油給湯器、石油ふろがま、石油ストーブがあり、特別特定製品にも指定されているのは、乳幼児用ベッド、レーザーポインター等携帯用レーザー応用装置、浴槽用温水循環器、ライターである。

　事例5のように子どもが簡単にライターで火をつけて火傷をしたなどの事案が多発したこともあり、ライターは特別特定製品としてすぐには点火できない仕組みにすることが義務付けられた。

（ⅱ）　製品事故情報報告・公表制度

　この制度は、ガス瞬間湯沸かし器や家庭用のシュレッダーの事故を受けて、2006年の改正により導入されたものである。消費生活用品によって、重大製品事故（死亡事故、重傷病事故、後遺障害事故、一酸化炭素中毒事故や火災等）が発生した場合、製造・輸入業者には、事故を知った日から10日以内に内閣総理大臣（以下、消費者庁とする）に報告することが義務付けられ（同法35条1項等）、販売業者等には、重大製品事故を知った時は、製造、輸入業者に通知するよう努めなければならないとされている。消費者庁は、必要があるときは、事故の内容等について公表することが規定されている（同法36条1項等）。

（ⅲ）　長期使用製品安全点検・表示制度

　長期使用製品安全点検制度は、長期使用による小型ガス湯沸し器等経年劣化が原因の重大な事故の発生を契機に、同様の事故を未然に防止するため2007年の法改正で導入された。同制度は、屋内式ガス瞬間湯沸かし器等の特定保守製品については、製造・輸入業者は、製品に設計標準使用期間、点

検期間、問合せ連絡先等を表示し、点検等の保守を行うことを義務付けている。また、製品の所有者には製造・輸入業者に所有者情報を提供することが求められている。さらに、扇風機、エアコン等の家電製品については、その製造・輸入業者に対して、製品に設計上の標準使用期間と経年劣化についての注意喚起等の表示をすることが義務付けられている。

[2]　その他3法

　消費生活用製品安全法以外の製品安全3法は、①電気製品の安全を規制する電気用品安全法と、②LPガス製品の安全を規制する液化ガスの保安の確保及び取引の適正化に関する法律と、③都市ガス製品の安全を規制するガス事業法である。いずれも、消費生活用製品安全法のPSCマーク制度と同様のマーク制度を運用している。

[事例6]　インターネット通信販売で購入した外国製モバイルバッテリーを寝ながら充電していたら、膨らんで熱くなって火傷しそうになった。こんなに危険な商品を販売してもよいのだろうか。

　事例6はリチウムイオン電池の事故であり、近時こうした事故が増加している。スマートフォンなどの充電器は、電気用品安全法の特定電気用品に該当し、リチウムイオン電池やモバイルバッテリーは、「電気用品以外の電気用品」に該当する。いずれも法令で規定された技術基準に適合した製品でなければ販売できず、そうした製品には、電気用品安全法によりPSEマークや業者名等が表示されている。適合製品を適正に使用することが、肝要である。

7　おわりに

　消費者安全に関する規制法や制度は、事前予防の観点から、危険な商品等を市場に出さないという考え方において推移してきた。

　20世紀の終わりから21世紀のはじめにかけての消費者政策の手法の転換や製造物責任法の立法による被害救済のための特別民事ルールの整備などがあったが、直接的な製品等の安全確保については、分野ごとの規制法が機能

している。消費者安全関連法の実効性が確保されるためには、各法律の相互
作用が不可欠である。

　それに加え、予兆事案も含めた事故情報の収集と活用が重要であり、消費
者安全法に基づく重大事故情報の収集制度や消費用製品安全法に基づく重大
製品事故情報の収集制度、事故情報データバンクなどがあるが、軽微な事故
に関しては、情報の収集体制が構築されているとは言えない状況にある。

　消費者に最も身近な窓口として消費生活センターがあるが、消費生活セン
ターは相談窓口として機能しており、結果として情報収集窓口としての機能
を果たしているが、消費者にとっては相談窓口であって情報提供窓口とはな
っていない。また、現状の消費生活センター業務は、悪質商法対応が中心に
なっており、情報提供される内容の多くが取引問題中心で、製品安全などの
問題への取組にはあまり積極的とは言えない現状がある。

　ひとつの重大事故の背景には、29 の軽微な事故があり、その背景には 300
の異常（ヒヤリ・ハット）があるという「ハインリッヒの法則」が知られている
が、軽微な事故やヒヤリ・ハット情報を収集して効果的に活用する体制の整
備が必要である。

　体制的な課題としては、食品の安全を中心に、消費者の生命・身体に関す
る安全対策を一元的または消費者にわかりやすい体制をとなることが望まれ
る。現在の仕組みは省庁の縦割りの問題等を背景に、消費者にとっては複雑
でわかりにくい仕組みとなっている。例えば食品では、欧州が BSE 問題を
受けて食品安全法制を見直して「食品庁」を創設した。アメリカも、食品と
医薬品の安全に関しては「食品医薬品局」（FDA）に管轄が一元化されてい
る。わが国でも、こうした外国の制度を見習って、専門の組織を創設するこ
とを考えてもよい時期に来ているのではないだろうか。リスクコミュニケー
ションにより、調整が図られる体制にはなってはいるが、分野ごとの一元的
な組織としての取り組みを基本に体系化していくことが望まれる。

　さらなる課題としては、サービスの安全問題、AI やデジタル化などの新
しい技術への対応、また、製品の流通に関連しては、デジタルプラットフォ
ームの介在をめぐる問題などもあげられる。

消費生活と安全確保(2)
第22章
消費者安全法と行政の役割

内閣府消費者委員会事務局参事官補佐
小田直子

1　本章で学ぶこと

　消費者法の歴史の中では、人間の生存にとって最も重要な生命・身体の安全が重視され、そのための立法が行われてきた（第1章、第21章も参照）。

　生命・身体被害はいったん発生してしまうと回復が困難であるため、財産被害の場合に比べて、未然防止の重要性が高いといえる。こうした未然防止という場面においては、行政の役割が大きい（消費者と行政法については第3章を参照）[1]。

　本章では、こうした消費者安全の確保[2]にとって重要な法律や行政の役割について取り上げる。まず、消費者庁の創設と消費者安全法の制定の経緯についてふれた後、消費者安全の確保における消費者庁の役割を説明し、消費者事故等の事故調査機関として重要な役割を果たしている「消費者安全調査委員会」について取り上げる[3]。

※　文中意見に関する部分は、筆者の個人的見解であり、所属する組織とは関係しない。

1)　消費者事故により、生命・身体被害が発生した場合には、関係する事業者に刑事上及び民事上の責任が生じる場合があり、そのことが将来の事故の抑止に資する面もある。刑事上の責任については第4章、民事上の責任（不法行為、製造物責任等）については第23章も参照されたい。

2)　「消費者安全の確保」とは、消費者の消費生活における被害を防止し、その安全を確保することをいう（消費者安全法第2条第3項）。

2　消費者庁の創設と消費者安全法の制定までの経緯

[1]　各種業法とその役割

　消費者安全に関する法律の多くは、危険を伴う物やサービス等に着目した、事業分野ごとの規制となっている。これらは、事業者を規制する法律なので、いわゆる業法と呼ばれている。各種業法を所管する行政機関が権限を行使すること等により、その実行性が担保される。こうした法律と所管する行政機関の具体例は、【表】のとおりである。

[2]　各種業法による規制の意義と問題点

　個別の行政機関、たとえば、厚生労働省は、薬機法に基づいて、医薬品や医療機器の安全を確保しており、それは消費者の安全にとって重要な役割を果たしている。しかしながら、こうした業法による規制には問題もある。まず、これら業法では、分野に応じて必要とされる規制が定められることから、消費者安全の確保という視点でみると、その内容には差異が生じている。また、事業分野ごとの法律は、危険を伴う物やサービス等に着目して定められ、かつそれぞれ適用範囲となる分野が明確に規定されているため、後述のとおり、どの法律の適用も受けないすき間が生じる可能性がある。さらに、各種業法の立法の目的は、必ずしも消費者保護とされているわけではなく、各分野の事業の健全な育成が主たるものとされている場合がある。そのことにより、消費者安全の確保という視点からすると権限行使が消極的もしくは不十分となる可能性がある。

[3]　消費者庁の創設と消費者安全法の制定

　こうしたことから、消費者庁の創設と消費者安全法の制定（平成 21〔2009〕

---

3)　消費者安全法の解説書としては、消費者庁／消費者政策課＝消費者制度課＝地方協力課＝消費者安全課編「逐条解説　消費者安全法〔第 2 版〕」（商事法務、2013 年）、消費者行政法の調査・執行の実務に関する文献として、大島義則＝森大樹＝杉田育子＝関口岳史＝辻畑泰喬編著「消費者行政法」」（勁草書房、2016 年）がある。日本弁護士連合会『消費者法講義〔第 5 版〕』（日本評論社、2018 年）「第 17 章　消費者行政と消費者政策」500 頁以下も参照。

【表】

法　　　律	所管する行政機関
消費生活用製品安全法	経済産業省、消費者庁
建築基準法	国土交通省
道路運送車両法	
航空法	
鉄道事業法	
海上運送法	
老人福祉法	厚生労働省
介護保険法	
医師法	
歯科医師法	
医療法	
医薬品、医療機器等の品質、有効性及び安全性の確保等に関する法律（以下「薬機法」という。）	
食品衛生法	厚生労働省、消費者庁

年）によって、危険を伴う物やサービス等による個別の規制ではなく、安全の主体としての「消費者」に着目し、その保護のための分野横断的な仕組みが整備されることとなった。

　消費者庁は、消費者が安心して安全で豊かな消費生活を営むことができる社会の実現を目的とし（消費者庁及び消費者委員会設置法第3条）、消費者の生命・身体の安全に関する事務を担う。消費者安全の確保に関して、消費者庁が適切な施策や措置を行うためには、その前提として、消費者事故等の情報を集約し、分析することがまずは必要となる。

　以下では、このような消費者事故等の情報を消費者庁に一元的に集約するための仕組みについて説明する。

3　消費者事故等の情報の一元的集約・分析

　消費者事故等の情報の集約の方法は、大きく分けて、法的に整備されたルートによる方法と、事実上のネットワークによる方法とがある。

[1] 法的な根拠があるもの

> **[事例 1]**　ガス湯沸器の不完全燃焼による一酸化炭素中毒が発生した
> が、その情報が共有されなかったことから、必要な対策がとられず、同
> じような事故が発生した。このような被害の繰り返しを防ぐためには、
> 事故情報を収集することが必要となる。事故情報を集める仕組みはある
> のだろうか。

　消費者安全法では、国や地方公共団体等が、消費者事故等の情報を把握し
た場合は、これを消費者庁に通知することとされている（消費者安全法第 12 条・
第 29 条）。

　その対象とされるのは、「消費者事故等」の情報であり、それは、消費者
安全法によれば、消費者の生命・身体に被害が発生した事故やそのような被
害が発生するおそれがある事態のことであり、消費者による商品等や施設、
役務の使用等が行われる時において通常有すべき安全性（消費安全性）を欠い
ていたことで生じた事故の情報として捉えられている（同法第 2 条第 5 項 1 号・第
2 号参照）[4]。

　特に、重大事故等の場合には、その情報は、被害の拡大や同種・類似の重
大事故等の発生・拡大防止のための迅速な対応が必要となるため、「直ちに」
消費者庁に通知しなければならない（消費者安全法第 12 条第 1 項、第 29 条第 1 項）。

　重大事故等とされるのは、消費者事故等のうち、発生した、またそのおそ
れがある被害が、死亡や 30 日以上の治療期間を要する程度の負傷・疾病な
どである（同第 2 条第 7 項）。

　さらに、消費生活用製品の分野においては、消費生活用製品安全法に基づ
いて事業者は重大製品事故情報を消費者庁に報告しなければならない。

　事例 1 では、事故の情報を得た行政機関からは、消費者安全法に基づ
き、重大事故等の情報として、消費者庁に通知がなされる。また、事業者か

---

4)　なお、本章では扱わないが、「消費者事故等」には、このほかに、生命・身体被害以外の事
　案（財産に関する事態）が含まれる（消費者安全法第 2 条第 5 項第 3 号）。

出典：消費者白書（令和 4 年版）

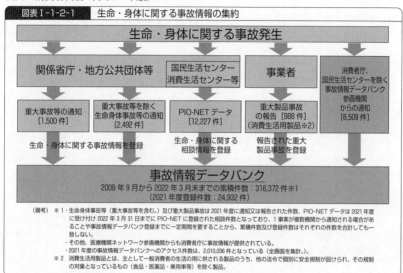

図表 I-1-2-1　生命・身体に関する事故情報の集約

らは、消費生活用製品安全法に基づき、重大製品事故の情報として消費者庁に報告がなされる。

　なお、このようにして消費者庁に一元的に集約された情報は「事故情報データバンクシステム」に登録され、インターネット上で検索・閲覧することができる。

[2]　ネットワークによる情報収集

> **［事例 2］**　乳児が、自宅でおもちゃで遊んでいたところ、パーツが簡単にはずれてしまい、それを乳児が飲み込んでしまった。親が慌てて病院に連れて行き、乳児は摘出手術により、一命をとりとめた。同じような事故が起こる可能性があったが、親は消費生活センターに連絡しなかった。消費者庁には、情報を収集する手立てはあるのであろうか。

　事例 2 のような家庭内で生じた事故の場合、消費者がおもちゃのメーカ

一の対応が不十分であって苦情があるといった場合でなければ、その事故を消費生活センターに連絡しないこともあろう。しかし、消費者被害の再発・拡大を防ぐためには、そうした情報の収集が重要である。そのため、被害に遭った消費者が医療機関を利用した場合には、その情報を収集できるように、消費者庁と国民生活センターの共同事業として、医療機関と連携したネットワーク事業が立ち上げられている。このネットワークは、法律上の根拠を持つ制度ではないが、すでに30の医療機関が参画しており（令和4〔2022〕年3月現在）、消費生活において被害にあった患者に関する情報が収集されている。

　このように、行政機関が情報を得ることが難しく、消費者安全法に基づく通知がなされない場合もある。こういった場合には、上記の医療機関ネットワーク事業による事故情報を活用することが考えられる。

4　消費者安全法上の措置

　消費者庁は、上記により集約された消費者事故等の情報を活用して、消費者安全を確保するために、権限が与えられており、次のような措置をとることができる（第38条～第42条）。

[1] 消費者への注意喚起（第38条）

　消費者庁は、一元的に集約された消費者事故等に関する情報を取りまとめ、その結果を公表しなければならない（消費者安全法第13条）。その結果は、消費者白書として公表されている[5]。

　さらに、消費者被害の発生・拡大防止のために注意喚起する必要があると認めるときは、消費者被害の発生・拡大の防止に資する情報を地方公共団体等へ提供するとともに、これを公表するものとされている（消費者安全法第38条）[6]。注意喚起の具体例として、「ケトジェンヌ」と称する健康食品の使用による下痢等の身体被害に関する注意喚起（令和元〔2019〕年9月6日）、ハンドルロック「一発二錠」を搭載した自転車による転倒事故に関する注意喚起

5)　このほか、重大事故等として通知された事故を中心に、その概要が公表されている（2021年度は50回公表）。

（令和元〔2019〕年6月24日）等がある。

[2] いわゆる「すき間事案」への対応（第40条〜第42条）

消費者庁は、危険な商品・役務に関して、次のような権限を有している（第40条〜第42条）。

消費者庁は、危険な商品・役務を提供する事業者に対して、安全確保に必要な措置をとるよう勧告・命令することができる（消費者安全法第40条）。急迫した危険がある場合には、危険な商品の移動・流通を阻止するため、事業者に対して、譲渡を禁止することができ（同法第41条）、また、これに違反した場合には、回収を命じることができる（同法第42条）のである。

こうした包括的な権限は、各種業法による規制の仕方のデメリットを解消することにも役立つのである。それぞれの事業分野を個別に規制する法律は、その適用範囲が限定されており、その結果、いずれの法律の適用も受けないすき間が生じていたからである。

このことについて、次の事例で考えてみよう。

[事例3] 近所の公園で開催された催事に子どもを連れて出かけた。キャラクター型のかわいいエア遊具（空気でふくらませた大型の遊具）が出ていたので子どもが喜んで遊んでいたところ、その遊具に組み込まれていた送風機に指がかかり、その羽で指を切断してしまった。こうした重大事故が発生した場合、行政機関はどのような対応をとることができるか。

事例3では子どもの指の切断という重大な事故が生じている。このエア遊具が製品としての安全性を欠くことが事故の原因であったとした場合、これに関与した者に対する責任追及という観点からは、いくつかの法律の適用

---

6) このほかの消費者庁による情報発信として、各種リコール情報を分野横断的に掲載する「消費者庁リコール情報サイト」がある。また、子供の不慮の事故を防止するための取組として、関係行政機関と連携した、「子どもを事故から守る！ プロジェクト」といった取り組みもある。

の可能性が考えられる。

　刑事法上は、主催者に対して業務上過失傷害罪（刑法第211条）が問われ、民事上は、このエア遊具の製造業者に対する製造物責任法や不法行為（民法709条）に基づく損害賠償請求も考えられる（それらについては本書の第2章及び第4章を参照）。

　では、この場合、行政は何らかの対応ができるのであろうか。それは、行政法上はどのような法律関係に基づくものなのだろうか。

　行政が行動するには、それを支える法律上の根拠が必要となる。「エア遊具」を対象にした安全基準や法定点検を定めた法律があれば、行政は、その違反およびその可能性を根拠に調査や処分を行うことができる。しかし、エア遊具を明確に対象とした法律は存在していない。それを規制できそうな法律を考えてみると、たとえば、設置されたエア遊具を建築物とみることができれば建築基準法によって対応できるが、このエア遊具は建築物（「土地に定着する工作物」）とみることは難しい。また、上記のようなイベントで用いられるエア遊具は特殊なものであって、一般に販売されておらず、消費生活用製品安全法の適用対象とはならないと考えられる。

　こうした既存の法適用が難しい、いわゆるすき間事案の場合に、消費者庁は、消費者安全法に基づく一般的な権限を行使して、上述した安全を確保するための行政上の措置をとることができるのである。こうした法規制は、個別具体的な法規がないことで、消費者が危険にさらされ続けることがないようにするための新たな法規制のあり方といえる。**事例3**では、消費者庁が、消費者安全法に基づき、エア遊具の製造業者、販売業者や主催者等に対し、安全確保に必要な措置をとるよう勧告・命令することができる。

[3] 関係行政機関に対する措置の要求（第39条）

　また、各種の業法はその主たる目的が事業の健全な育成であること等により、時として、消費者の安全確保のためにも有効な権限があるにもかかわらず、充分に活用されないということが起こりうる。そこで、消費者安全法では、そのような場合には、消費者庁が、業法を所管する行政機関に対して権限に基づく措置を実施するよう求めることができる（同法第39条）。

5　消費者安全調査委員会

　消費者安全調査委員会 (以下「調査委員会」という。) が消費者庁に設置されている。

　事故を繰り返さないためには、発生した事故の原因を科学的に究明することによって再発・拡大防止に資する知見を得ることが重要である。そのための事故調査には、高い専門性と相応の資金が必要となるとともに、調査の実効性や調査結果の信頼性を確保するために、法的権限と調査機関の独立性・公正性が求められる。

　これらの必要性と、社会における事故の再発・拡大防止に資するという事故調査の公益性に鑑みれば、事故調査は国の機関が担うことが合理的と考えられる。

　しかしながら、法律に基づいて事故の原因を究明するための調査を行うことを目的とする国の機関は運輸安全委員会しかなかったため、運輸事故等以外の生命・身体被害に関する消費者事故等の調査機関として、平成24 (2012)年10月、消費者安全法の改正により、調査委員会が設置されたのである。

　(a)　**組織**　調査委員会は合議制の機関である。消費者事故等の事故調査を実施しそこから知見を得ていくために必要な科学的かつ公正な判断を行うことができる者が委員や臨時委員となり、調査や審議を行う。加えて様々な事故に関連する専門事項について優れた識見を有する者が専門委員として調査を行う (同法第19条)。

　(b)　**調査対象**　調査対象は、生命・身体被害に関する消費者事故等 (以下「生命身体事故等」という) である (同法第2条第5項第1号・第2号)。運輸安全委員会の調査対象となる航空・鉄道・船舶事故等を除く、生命身体事故等が広く調査対象となりうるが (同法第16条第1項等)、具体的な調査対象は、委員の識見に基づいて選定される[7]。

　(c)　**申出制度による情報**　端緒となる情報は、**3**で記載した消費者庁

---

7)　調査委員会決定「事故等原因調査等の対象の選定指針」(平成24年10月3日) において、「公共性」、「被害の程度」、「単一事故の規模」、「多発性」、「消費者による回避可能性」及び「要配慮者への集中」の要素を総合的に勘案して判断することとされている。

に一元的に集約される消費者事故等の情報に加えて、申出制度による情報がある。

　申出制度は、何人も調査委員会に原因究明が必要と思われる消費者事故等の調査を申し出ることができるとする制度である（同法第28条）。消費者事故等には比較的小規模なものも多いため、特に自ら被害に遭遇した被害者の声は、調査すべき危険の存在を埋もれさせることなく察知するために重要である。申出制度は「事故調査機関の在り方に関する検討会」で指摘された「被害者に向き合う」という姿勢の現れと考えられ、調査委員会の大きな特徴の一つである。

　(d)　**事故原因を究明する方法**　　事故原因を究明する方法として、①「事故等原因調査」と、②他の機関の調査結果を利用しての「評価」の二つが用意されている（同法第23条第1項・第24条）。

　①は、調査委員会が自ら調査を実施するもので、必要な限度において、報告徴収、立入検査、質問等調査のための処分権限を行使して行う（同法第23条第2項等）ほか、調査又は研究の一部を委託すること（同法第25条）や、関係行政機関の協力を得ること（同法第35条）等により遂行される。

　②は、調査委員会が、他機関の調査や検査の結果を活用して消費者安全の確保の見地から必要な事故原因を究明できているか否かを「評価」するものである。その評価対象として考えられるのは、食品衛生法に基づく保健所による食中毒の原因調査や、社会資本整備審議会昇降機等事故調査部会による昇降機等事故調査、消防法に基づく消防当局による火災の原因調査、消費生活用製品安全法に基づく製品評価技術基盤機構による消費生活用製品の安全性に関する技術上の調査等がある。

　(e)　**勧告・意見**　　生命身体事故等の再発・拡大防止のために有効と考えられる施策や措置について、調査委員会は、消費者庁に対して勧告（同法第32条）し、消費者庁及び関係行政機関に対して意見を述べる（同法第33条）ことができる。強制力を伴うものではないが、事故の再発・拡大防止のための施策や措置が実施されることが期待されるものであり、この勧告及び意見は、調査委員会の重要な権限である。

　(f)　**刑事手続との関係**　　事故調査と犯罪捜査とは目的が異なることから、双方がその目的に沿って円滑に実施されることが必要である。この点、調査委員会から、事故調査と犯罪捜査の双方が円滑に実施されるよう、相互

の関係調整に関する警察庁との確認事項が公表されている⁸⁾。

> **[事例4]**　被災者が自宅マンションのエレベーターから降りようとし
> たところ、エレベーターのブレーキが止まらず、戸が開いたままの状態
> でエレベーターのかごが上昇し、乗降口の枠の上部とかごの床面の間に
> 被災者が挟まれ、大けがを負い、その後死亡が確認された。このような
> 痛ましい事故を繰り返さないためには、どのような関係者に対して、ど
> のような対策やルールを設けることが考えられるだろうか。

　事例4の事故で、エレベーターのブレーキが止まらなかった原因が、エ
レベーターの設計に問題があった場合には、エレベーターの設計に関する安
全上の基準を設けるという対策が考えられる。
　そうでなく、原因が、製造業者が正しい点検の方法を保守管理業者に伝え
ていなかったこと、それにより、保守管理業者による点検の方法が間違った
ことにある場合には、製造業者が正しい点検の方法を関係者に共有すること
をルール化することが対策として考えられる。
　他の原因としては、保守管理業者による点検等が形骸化しており不十分だ
った場合には、具体的な数値等を記入して点検結果を報告させることをルー
ル化することが対策として考えられる。
　また、他の原因としては、点検員の技量が不足していたという場合には、
点検員の資格制度や講習義務の創設が対策として考えられるであろう。
　効果的な事故の再発防止策を見出すためには、事故の原因を客観的、科学
的に究明することが必要となる。また、事故の原因は一つではなく、様々な
要因が重なり発生するため、事故の直接のきっかけだけでなく、背景にある
様々な要因を幅広い視点で調査・分析することが必要となる。
　事例4は、実際の事故（平成18年6月3日に東京都内で発生したエレベーター事故）
を元にしたものである。調査委員会は、エレベーターが多くの人が長期にわ
たり、日常的に利用する機械であるとして、消費者の視点に立ち、エレベー

8)　https://www.caa.go.jp/policies/council/csic/member/pdf/20121116npa_1.pdf

ターの安全確保のための関係者（製造業者、保守管理業者、所有者・管理者）の役割
を示した[9]。

　なお、調査委員会は、これまでに22の事案を選定し（令和4〔2022〕年3月末
現在）、「事故等原因調査」や「評価」を行い[10]、消費者庁・関係行政機関に
対する意見を述べてきた。

6　今後の課題

　消費者庁の創設と消費者安全法の制定によって、消費者安全の確保を目的
とする分野横断的な法律とこれを担う行政機関ができた。この仕組みを充分
に機能させていくことが必要である。

　消費者事故等の情報の集約の場面では、さらに充実の余地があると思われ
る[11]。まずは、消費者事故等の情報が漏れなく収集できるよう、消費者安
全法に基づく通知制度の周知徹底が重要であると考えられる。また、現状で
は主として行政機関からの集約にとどまっているが、事故にあった消費者が
受診する医療機関や事故により死亡した消費者の死因が明らかにされる機関
には、消費者の生命・身体被害に関する重要な情報が集まっているはずであ
り、これらの機関の協力を得て事故情報の分析に必要な範囲で情報を収集で
きるようにすることも考えられるのではないだろうか。

　また、集約された消費者事故等の情報を活かしきるためには、調査委員会
による事故調査が重要である。幅広い分野にわたる生命身体事故等につい
て、背景にある様々な要因も含め幅広い視点で調査を行い、それにより、安
全の主体である消費者の視点に立って被害の発生・拡大防止に資する斬新な
知見を数多く生み出すためには、委員等の各分野の専門的知見を生かすこと

---

9)　同事故について、国土交通省が行った調査結果について消費者安全の視点での「評価」を
　　行い、その後、自ら「事故等原因調査」を行い、事故等原因調査報告書を公表し、国土交通
　　大臣に対して意見を述べている。

10)　令和4（2022）年3月末現在では、18件の事故等原因調査報告書、3件の評価書が公表さ
　　れている（https://www.caa.go.jp/policies/council/csic/report/）。

11)　医業類似行為等による事故について、地方公共団体が得た事故情報が消費者庁に通知され
　　ていない場合がある等として、総務省から、消費者庁及び厚生労働省に対して、行政評価・
　　監視の結果に基づく勧告（令和2〔2020〕年11月17日）がなされている。

に加え、消費者事故に特化した専門的な職員を育成するなど、長期的な視点に立った体制整備も必要ではないだろうか。

　さらに、前述したように、事業分野ごとに定められた法律は、その役割や機能に差異があり、消費者安全の観点からみると、その差異が必ずしも合理的とはいえない場合がある。また、どの法律の適用も受けないすき間が生じることもある。消費者庁には消費者安全法に基づく権限があるが、これらを行使するためには、不合理な差異やすき間に「気づく」ことが出発点である。同法に基づく権限行使の前提として、消費者安全に関する各種業法の全体像を把握した上で、そこに消費者事故等の情報を位置づけ、制度の差異やすき間を可視化することも考えられるのではないだろうか。

消費生活と安全確保（3）

第23章

製造物責任法

上智大学教授
永下泰之

1　本章で学ぶこと

　本章では、消費者法の一つである製造物責任法を概説する[1]。大量生産・大量消費の現代社会において、製造物に起因する消費者被害は増加の一途であり、製造物責任法の重要性はますます高まっている。同時に、製造物責任法は施行以来改正されていないため、現代的な諸問題への対応についても課題を抱えている。本章では、製造物責任法の制定とその意義を確認したうえで、成立要件・責任主体・免責・期間制限について概観し、今後の課題と展望を指摘する（以下、特に法令名を示さないものは製造物責任法を指す）。

2　製造物責任法の制定とその意義

[1] 製造物責任法の制定

［事例1］　A は、家電量販店 B から、メーカー C 製造のパソコンを購

---

1)　製造物責任法については、消費者庁消費者安全課編『逐条解説製造物責任法〔第2版〕』（商事法務、2018年）（以下、「逐条解説」という）、土庫澄子『逐条講義製造物責任法〔第2版〕』（勁草書房、2018年）、日本弁護士連合会消費者問題対策委員会編『実践 PL 法〔第2版〕』（有斐閣、2015年）、潮見佳男『不法行為法Ⅱ〔第2版〕』（信山社、2011年）365頁以下等を参照。また、より詳細には、平野裕之『製造物責任の理論と法解釈』（信山社、1990年）、升田純『詳説製造物責任法』（商事法務研究会、1997年）も参照されたい。

> 入してきた。Ａがパソコンを使用していたところ、パソコンから突然火
> が出てきて火災になり、Ａは火傷を負うとともに、火災でＡの部屋の
> 家財道具が消失してしまった。

　高度経済成長期を経て、わが国は、大量生産・販売される工業製品が日常
生活の中で使用・消費されるようになり、危険に対して構造的に弱者である
消費者が、製造物の欠陥に起因する被害を被ることが多くなった。製造物責
任法は、こうした製造物の欠陥に起因して受けた被害を適切・迅速に救済す
るための消費者法であることを主眼として (1条参照)、制定されたものであ
る (1994 年制定・公布、1995 年施行)[2]。もっとも、本法による保護の対象は、「消
費者」に限定されているわけではなく、自然人のみならず法人をも含む趣旨
である[3]。
　事例１のケースで考えてみよう。ＡのＣに対する損害賠償請求の根拠と
して、まずは契約関係があるかどうかを検討してみよう。Ｃには、契約に適
合した安全な商品を提供する義務があると考えられるからである。しかし、
ＡＣ間には直接の契約関係が存在しないため、ＡはＣの契約上の責任を追求
して、Ｃに賠償請求することはできない。もう一つの法律構成として考えら
れるのは、契約関係がない場合にも機能する民法 709 条に基づく不法行為責
任である。民法 709 条が適用できればよいが、こうした製品事故の場合に、
その成立要件を充たすことは容易ではないとされている。民法 709 条の成立
要件の一つである過失は、加害者が一定の注意義務に違反していたことをい

---

2)　わが国の製造物責任法の基本となる考え方は、1960 年代にアメリカで判例法として形成さ
　　れたものであり、1965 年には厳格責任・製造物責任法理を不法行為法第 2 次リステイトメ
　　ント 402A 条に定めている（アメリカ製造物責任法については、佐藤智晶『アメリカ製造物
　　責任法』〔弘文堂、2011 年〕に詳しい）。欧州では、1985 年に「欠陥製造物についての責任
　　に関する加盟国の法律、規則、行政上の規定の調整のための 1985 年 7 月 25 日付け閣僚理事
　　官指令」（以下、「EC 指令」という）が採択された。この EC 指令は、所定の期間内に各加
　　盟国の国内法における製造物責任法制度の整備を義務化したものであり、加盟国で法制度化
　　が進められた。
3)　逐条解説 47 頁。

うが、この要件の立証責任は、被害者が負担しなければならない。つまり、製品のどこに問題があり、製造業者がどのようなミスをした結果としてそうした事故が発生したのかについて被害者が調べて、裁判官にそうした事実があることを納得してもらう必要があるが、被害者にとっては、これは容易ではない。製造業者は、製品を製造しているのであるから、どのような原因で事故が生じたのかを調査する施設や能力を有していると思われるが、被害者には、そうした施設や能力もなく、原因究明の調査を自ら実施することは困難だからである[4]。事例1では、パソコンが発火した原因が何であるかを消費者が知ることはできないのが普通であろう。それにもかかわらず、「過失」の立証を、被害者（消費者）に要求するのであれば、救済の妨げになろう。そこで、製造物責任法は、製造物の客観的性状である「欠陥」を要件とし、これを立証することで足りるとし、製造業者等の過失の有無を問わず、損害賠償責任を課すことにしたのである。事例1では、製造物責任法によれば、Aがパソコンに欠陥があったことを立証することができれば、Cに対して損害の賠償を請求することができることになろう。

[2] 製造物責任法の意義

　製造物責任法は、不法行為法の帰責原理である過失責任主義を修正し、欠陥を要件とすることで、無過失責任主義を採用したものである。この無過失責任における帰責根拠は、①危険責任、②報償責任、③信頼責任の3つがあると考えられている。①危険責任とは、製造者は消費者に比較して、安全性

---

4)　製造物責任法施行前の事例であるが、テレビからとみられる発火により建物が全焼した事案において、「テレビを通常の方法で使用していて発火した場合は、当該テレビに欠陥があり、欠陥の存在から製造業者の過失が推認される」と判断された例（大阪地判平6・3・29判時1493号29頁）がある。

に欠ける製品の危険に関する情報を収集・入手しやすく（情報収集能力の格差）、危険をコントロールすることができる（危険回避能力の格差）ことから、製品の危険が現実化し事故が発生した場合には、過失の有無を問わずに損害賠償責任を負担すべきであるとする考え方である。②報償責任とは、製品の大量製品・大量販売によって大きな利益を得ている者は、製品の欠陥により責任を負うリスクを予め予見し、保険等の手段を通じて分散ないし回避しうることから、利益追求行為に起因して消費者に被害を与えた場合には、過失の有無を問わずに責任を負うべきであるとする考え方である。③信頼責任とは、製造者は製品の品質や安全性に対する消費者の信頼に反して欠陥がある製品を流通させたのであるから、安全性を欠いた製品によって消費者に被害を与えた場合には、過失の有無を問わず責任を負担すべきとする考え方である。製造物責任法は、①～③を全体として根拠としているものと考えられている。

3　製造物責任の成立要件

[1]　請求権の主体

　製造物責任法は、損害賠償請求の主体を「被害者」（1条）とするのみであり、明示的に「被害者」を自然人・個人である消費者に限定せず、また、他の規定にも請求主体を限定する規定は置かれていないことから、「被害者」は自然人だけでなく事業者などの法人をも含むものである[5]。

[2]　製造物とは

> **［事例2］**　Ａが、Ｂの経営する割烹料亭においてＢが調理したイシガキダイのアライ、兜の塩焼き等の料理を食したところ、これに含まれて

---

5)　逐条解説47頁、土庫・前掲注1）24頁。東京高判平25・2・13判時2208号46頁は、事業者（国）の請求主体性が争点となったところ、「法1条及び3条は、上記のとおり規定しており、損害賠償請求の主体について何らの限定を加えていない上、法には他に請求主体を限定する規定も存在しない。そして、『人』、『被害者』及び『他人』とは、その文言上、自然人及び法人を意味し、法人には国も含まれるから、法1条及び3条の「人」、「被害者」及び「他人」も同様に解するのが相当である」と判示して、事業者の請求主体性を肯定する。

> いたシガテラ毒素を原因とする食中毒に罹患して、下痢、嘔吐等の症状
> を生じた。

(i)　製造物の定義

　製造物責任法は、同法の定める「製造物」から発生した損害に適用される。したがって、製造物の定義はその範囲を画するという意味で重要である。本法の定める「製造物」とは、「製造または加工された動産」である（2条1項）。「動産」とは、民法上不動産以外のすべての有体物（パソコンのような固体だけでなく水のような液体や気体であるガスを含む）を意味することから（民法85条、86条2項）、「製造物」とは①有体物であり、かつ、②動産であることを要する。したがって、電気やソフトウェアなどの無体物は適用対象にならず、不動産も適用対象にならない。もっとも、ソフトウェアを組み込んだ製造物（たとえば事例1のパソコン）のソフトウェアの不具合に起因する事故の場合は、ソフトウェアの不具合が当該製造物の欠陥となる余地がある。また、不動産についても、不動産の一部となった動産（たとえばエスカレーター）であっても、引き渡された時点で動産であるものは、本法の適用対象となると解されている[6]。

　では、事例2のような農畜水産物（自然産物）は「製造物」に該当するか。加工されたものは含まれるが、未加工のものは含まれないとされる[7]。しかし今日では、バイオテクノロジー等の科学技術の高度な発展により、人工的な生産物といいうる農畜水産物が出現していることから、農畜水産物を本法の「製造物」に含めることも検討に値する。EC指令では、未加工農畜水産物を「製造物」に含めるかは加盟国のオプションとなっていたが、BSE問題を契機に1999年に指令の一部が改正され、未加工農畜水産物も対象となった。

---

6)　東京高判平26・1・29判時2230号30頁など。
7)　逐条解説55頁。

(ⅱ)　製造・加工の定義

　「製造」(2条1項)とは、製品の設計、加工、検査、表示を含む一連の行為であり、「原材料に手を加えて新たな物品を作り出すこと。生産よりは狭い概念で、いわゆる第二次産業に係る生産行為を指し、一次産品の産出、サービスの提供には用いられない」とされている[8]。したがって、最終製品は「製造物」に該当するほか、部品等も「製造物」に含まれ得る。

　「加工」(2条1項)とは、「動産を材料としてこれに工作を加え、その本質は保持させつつ新しい属性を付加し、価値を加えること」とされる[9]。「加工」か「未加工」かの判断は、個別具体的に、社会通念に照らして判断されるところ、事例2のようなケースにおいて、自然産物に加えられる人工的工作について、「加工」と「未加工」を分ける判断基準が問題となる。この点につき、「人の手を加えて新しい属性ないし価値を加え」たものを「加工」に該当するとした裁判例として、イシガキダイのアライ等の調理方法を「加工」にあたるとしたものもある[10]。この基準によれば、加熱や味付けなどは「加工」に当たると考えられることから、事例2においても「加工」に該当するといえるだろう[11]。

[3]　欠陥とは
(ⅰ)　「欠陥」の定義

　[事例3]　Aは、家電量販店Bから、メーカーC製のテレビを購入し

---

8)　法令用語研究会議編『有斐閣法律用語辞典〔第5版〕』(有斐閣、2020年)676頁。

9)　前掲注8) 115頁。

10)　東京地判平14・12・13判時1805号14頁。なお、加工者に製造物責任を課するには加工によって新たに危険を作り出したことが必要であるとする見解(危険作出説)もあるが、上記裁判例の控訴審(東京高判平17・1・26平15(ネ)第313号、第1487号 LEX/DB28101913)において否定されている。

11)　「加工」に類似する概念として「修理」などあるが、「加工」に該当するとされた例として、大阪地判平22・9・9判時2103号74頁(修理の際に行った便宜的な配線修理により安全装置が機能喪失した例において、使用者の身体・生命に関わる製造物の安全性にとって極めて需要な部分の変更は、製造物の属性を変更するに値する人工的工作であるとして、「加工」に該当するとされた。)を参照されたい。

た。
　①テレビを見ていたら、テレビから出火し、Aは火傷を負った。
　②テレビを見ていたら、モニターの一部が暗く、映っていないことが
わかった。

　製造物責任法における重要な責任要件である「欠陥」についてみていこう。欠陥とは、製造物を引き渡した時点において「製造物が通常有すべき安全性を欠いていること」をいう (2条2項)。ここでいう「引き渡した時点」とは、民法上の占有の移転時ではなく、「製造物を流通過程に置いた」時を意味すると解されている[12]。

　2条2項に定める欠陥の特徴は、①「安全性」に関わる概念であることである。安全性に無関係な性能や品質等の瑕疵は欠陥に含まれない (性能・品質の瑕疵については、民法562条～564条を参照)。また、②「安全性」とは「通常有すべき」ものであって、絶対的安全性が求められているわけではない。事例3①は、通常の用法に従ってテレビを見ていたのであればおよそテレビが出火することはないことから、通常有すべき安全性を欠く欠陥であるといえるが、事例3②は、品質についての瑕疵はあるが、「安全性」に関わるものではないため、欠陥に該当しない。

(ii)　「欠陥」の判定基準

　次に、欠陥の有無を判定する判定基準についてみていこう。一般的には、(a)消費者期待基準、(b)危険効用基準、(c)標準逸脱基準の3つの基準が用いられている。

(a)　消費者期待基準

　消費者期待基準とは、消費者が期待する安全性を備えているかどうかを基準とするものである。EC指令は明文で消費者期待基準を規定するが[13]、本

---

12)　升田・前掲注1) 662頁。

13)　EC指令6条1項「製造物は、次に掲げる事項を含むすべての事情を考慮して、人が正当に期待することができる安全性を備えていないときに、欠陥があるものとする。」

法では検討はされたものの法文化は見送られた。もっとも、2条2項におい
て列挙されている欠陥の判断要素からすると、本法も、基本的には、消費者
期待基準を採用したものといえる。

(b) 危険効用基準

危険効用基準とは、欠陥の判断にあたって製造物の危険と効用とを比較衡
量し、効用よりも危険の方がより大きい場合に、欠陥があるとするものであ
る。後述の設計上の欠陥の判定基準に適するものであり、主として医薬品分
野の欠陥判断に用いられてきた。

(c) 標準逸脱基準

標準逸脱基準は、次の2つに分類される。一つは、①設計のとおりに製造
されなかったアウスライサー（外れ玉）を判定するための基準である。設計に
規定された規格を標準として、同一の製造工程においてこの規格から外れて
製造された製品に欠陥があるとするものである。もう一つは、②別の製造業
者が製造する同種の製造物が設計、製造において備えている安全性を標準と
して、その標準から外れた製造物について欠陥があるとするものである。

(iii) 「欠陥」の3類型

「欠陥」は、講学上、(a)設計上の欠陥、(b)製造上の欠陥、(c)指示・警告上
の欠陥の3つに分類される。

(a) 設計上の欠陥

> **[事例4]**　カプセル入り玩具のカプセルで遊んでいた子（事故当時2歳10
> か月の男児）の口腔内にカプセルが入り喉をつまらせ窒息し、それが原因
> となって、低酸素症による後遺症が残った。

設計上の欠陥とは、設計上の危険を回避するための具体的な方策を断定的
に特定できない場合であっても、危険を回避するために他の設計（代替設計）
がありえたと評価し、設計の観点から欠陥があるとするものである。この場
合、製造業者側に代替設計を行う行為義務がある。事例4のような事案
で、裁判所は、カプセルの形状からすると、口腔内に入ると除去や気道確保
が困難になり、窒息を引き起こす危険を有しているとして、カプセルには設

計上の欠陥があると判断した[14]。

(b)　製造上の欠陥

製造上の欠陥とは、設計には通常有すべき安全性の点で問題はないが、設計・仕様のとおりに製造されなかったために安全性を欠くことをいう。たとえば、製造過程での異物の混入の場合や製造物の組立の誤りがあった場合がこれに該当する。

(c)　指示・警告上の欠陥

製造物を提供するにあたり適切な指示・警告がなされなかったことも欠陥となる。製品が合理的な設計に従って製造・加工されていても、使用・消費の場面で使用の仕方によっては危険があり、事故が起こる場合がある（用法上の危険）。そこで、①製造者が用法上の危険をあらかじめ予見すべき場合には、製造者は事故につながる危険な用法や用法によっては発生する事故を使用者に対して、注意書等によって具体的に指示・警告しなければならないとされる[15]。②指示・警告がされていても、それが不適切な場合にも欠陥となる。また、製造物は一定の目的に供するために製造されるため、その目的外に使用されるときは危険を伴うことがあるが、この場合にも、③一般的に合理的に予見可能な目的外使用・誤使用に対しては警告を行うべきものとされる[16]。

[4]　責任主体

3条の損害賠償責任を負う者（責任主体）は、「製造業者」（2条2項1号）、「表示製造業者」（同項2号）、「実質的表示製造業者」（同項3号）である。

---

14)　鹿児島地判平20・5・20判時2015号116頁。

15)　たとえば、奈良地判平15・10・8判時1840号49頁、東京地判平12・5・22判時1718号3頁などを参照されたい。

16)　たとえば、東京高判平17・1・13判例集未登載では、Xが動物駆逐用花火を使用しようとしたところ、右手内で爆発し、右手指欠損、聴力障害等の後遺障害を負ったという事案において、Xの使用方法が不適切であるとしても、その威力の大きさから、消費者が轟音玉を持ち続けて負傷することがないように、十分な警告をしなければならないとして、指示・警告上の欠陥が認められている。

(i)　製造業者

> **［事例5］**　食品販売会社Aは、外国のB社が製造した冷凍食品を輸入
> 会社Cから購入し、それを使用した食品を製造販売していたところ、B
> 製造の冷凍餃子に毒物が混入しており、これを購入して食べた消費者が
> 中毒症状を呈し、入院治療を受けることとなった。

　製造業者とは、「業として製造、加工又は輸入した者」である（2条2項1
号）。製造者・加工者が責任主体とされるのは、これらの者が、欠陥のある
製造物を作出・加工し、製造・加工により利益を得ており、欠陥の除去が期
待される立場にあるからである。
　では、輸入業者は、製造・加工に関与していないのに、製造業者に含まれ
ているのはなぜだろうか。輸入業者とは、自己の名義で、あるいは自己の計
算で製品を業として輸入する者をいい、輸入とは、製造物を実質的に国内に
搬入されることをいう。本法で、輸入業者が製造業者として責任主体とされ
るのは、次の点にある。①海外の製造業者に対する責任追及が困難であるこ
と、②輸入業者が輸入により国内市場に危険を持ち込んだこと、③輸入業者
は、外国の製造業者に対して、契約責任に基づく求償によって負担を回避す
る可能性があることである。事例5では、Cは、輸入業者に該当すること
から、被害にあった消費者はCに対して、本法3条に基づく損害賠償請求
をすることができる[17]。

(ii)　表示製造業者
　製造業者に該当しなくとも、①自ら当該製造物の製造業者として当該製造
物にその氏名、商号、商標その他の表示をした者または②当該製造物にその
製造業者と誤認させるような氏名等の表示をした者は、表示製造業者とし
て、責任主体となる（2条2項2号）。氏名等を表示することによって、製造物
の安全性ついて消費者に信用を付与したと評価できることから、責任主体と

17)　大阪地判平22・7・7判時2100号97頁を参照。

される。たとえば、「製造元〇〇」、「輸入元〇〇」等の肩書で自己の氏名等を付している場合（同号前段）や特に肩書を付することなく自己の氏名・ブランド等を付している場合（同号後段）がこれに当たる[18]。

(iii)　実質的製造業者

　2条2項3号は、表示のみからは製造業者とは評価できないとしても、その他の事情から製造業者と実質的に評価できる者も責任主体としている。たとえば、小売業者が商品を企画し、これを下請けの製造業者に作成させたうえで、「販売元」など表示として販売を行う場合である。このとき、当該小売業者は、商品の安全性、危険性の管理について関与しうる地位にあり、かつ、商品にその氏名を冠することで製造物に信頼を付与したと認められることから、責任主体となる（オンライン・プラットフォーム事業者については後述）[19]。

[5]　損　害

　製造物責任法は、民法709条の特則であることから、因果関係および賠償範囲については、民法の規定が適用される。本法での特徴は、損害が人の生命、身体または財産に限定されていることである。製造物のみの損害は賠償の対象とされていない（3条ただし書）。もっとも、テレビからの出火により火災が生じ、テレビも当該火災により焼失したような、いわゆる拡大損害が生じた場合には、製造物であるテレビ自体についての損害賠償も求めることができる（同条ただし書の反対解釈）。

　また、法人が被害者となった場合には、法人の財産的損害として、営業上の物に生じた損害や逸失利益、消費者や被用者の生命・身体等被害に起因する財産的損害などが3条の「損害」に該当する[20]。

4　製造物責任の免責事由

　本法は、4条において、2つの場面での責任主体の免責事由を定める。

18)　逐条解説・87頁。
19)　たとえば、名古屋地判平19・11・30判時2001号69頁を参照。
20)　土庫・前掲注1）24-27頁。

[1] 開発危険の抗弁

　4条1号は、いわゆる開発危険の抗弁と称されている。製品を流通に置いた時点における科学・技術知識の水準によっては、製造物に内在する欠陥を発見することが不可能なこともありえ、そのような場合にも、製造業者等に責任を負わせることは、研究・開発、技術革新を著しく阻害し、ひいては社会全体の不利益につながるおそれがあるため、免責を認めることとした[21]。「科学又は技術に関する知見」とは、「科学技術に関する諸学問の成果を踏まえて、当該製造物の欠陥の有無を判断するに当たり影響を受ける程度に確立された知識のすべてをいい、それは、特定の者が有するものではなく客観的に社会に存在する知識の総体を指すものであって、当該製造物をその製造業者等が引き渡した当時において入手可能な世界最高の科学技術の水準がその判断基準とされるもの」を意味すると解されている[22]。

[2] 部品・原材料製造業者の抗弁

> **[事例6]**　A社は、自ら製造・販売する洗顔用せっけんの原材料を調達するため、B社に対して原材料の製造方法等の設計について指示して製造させていた。B社が製造した原材料を使用したA社の洗顔用せっけんを使用した消費者にアレルギー症状が生じた。

　部品・原材料自体も製造物であり、部品・原材料の製造業者等も製造物責任を負うものであるが、4条2号は、最終製品に使用される部品または原材料に設計上の欠陥が生じた場合において、その設計上の欠陥が最終製品の製造業者からの設計についての指示に従ったことが原因であったときは、部品・原材料の製造業者は、当該欠陥についての責任を免れるとするものである。このような場合において、部品・原材料製造業者が最終製品についての被害の責任が課せられるのは公平を欠くとして政策的に免責が認められてい

---

21)　升田・前掲注1) 893頁・895頁
22)　東京地判平14・12・13判時1805号14頁（前掲注2) の原審）。

る。事例 6 では、B が A の指示に従ったにすぎず、原材料に欠陥が生じた原因が A の指示自体の問題であったのであれば、A は免責されることとなろう[23]。

5　期間制限

本法に基づく損害賠償請求権の行使期間の制限は次のとおりである。5 条は、消滅時効期間につき、3 年 (1 項 1 号) または 10 年 (同項 2 号) を基本とし、人身損害の場合に関しては期間を 5 年とする特則を設けている (2 項 2 号)。また、水銀やアスベストなどの身体に対する蓄積性・潜伏性の被害についても、消滅時効の起算点を損害発生時に遅らせる特則を設けている (同項 3 号)。

6　今後の課題と展望

製造物責任法は、1995 年に施行されて以来、平成 29 年の債権法改正の影響を受けた消滅時効を除き、手を入れられていない。しかし、その間、社会は大きく変化しており、デジタル技術が急速に進展するとともに、多くの製造物がデジタルコンテンツと融合したものとして成立するなど、いわゆるデジタル時代となっているところ、現行の製造物責任法では対応が難しい問題が出現してきている。このような状況は、欧州も同様であり、1985 年の EC指令も、デジタル時代に対応すべく、改正が検討されている。この改正に向けて、ヨーロッパ法協会 (European Law Institute) が 2021 年 1 月、「デジタル時代に向けた製造物責任指令改正のための指導原則 (Guiding Principles for Updating the EU Product Liability Directive for the Digital Age)」[24]を公表した。そこで、本稿もこれを参考に、わが国における製造物責任法の課題をいくつか提示しておきたい。

まず挙げられるのが、人工知能 (AI) 技術の急速な発展である。AI を用い

---

23)　福岡地判平 30・7・18 判時 2418 号 38 頁を参照。
24)　https://www.europeanlawinstitute.eu/fileadmin/user_upload/p_eli/Publications/ELI_Guiding_Principles_for_Updating_the_PLD_for_the_Digital_Age.pdf (2022 年 5 月 27 日最終閲覧)

た自動運転技術が実用化されてきており、遠くない将来、人の手を離れた完全な自動運転が実現される見込みである。そうなった場合、なにをもって自動運転システムの「欠陥」と評価しうるのかが困難である[25]。また、現行の製造物責任法は、ソフトウェア自体を製造物に含めていないことから、自動運転システム自体の欠陥についてシステム開発者に対して責任を追求することができない。しかし、自動運転システムに限らず、今日においては、パソコンやスマートフォンなど、ソフトウェアが組み込まれた製造物において、ソフトウェア自体が中核的役割を締めているものも多数存在していることから、ソフトウェア・メーカーに対する責任追及の途も検討されてよいと思われる。

　「引き渡し」概念の再検討も必要であろう。製造物責任法における「引き渡し」時は、製造物を流通に置いた時を意味すると解されているが、比較的長期間市場に滞留するタイプの製造物について、「引き渡し」から消費者が実際に入手するまでの経過時間を消費者が負担しなければならないのかは疑問である。また、ソフトウェアが組み込まれた製造物は、「引き渡し」後にアップデートが予定されているものも多いく、「引き渡し」後のアップデートによって初めて欠陥が発生する場合もあろう。このとき、欠陥の判断基準時を「流通に置いた時」のように固定的に捉えることは適切ではない。少なくともソフトウェアのアップデートが予定されている製造物については、開発危険の抗弁（4条1号）や消滅時効の起算点（5条1項2号）は、流動的に解すべきであろう。

　最後に、オンライン・プラットフォーム事業者の責任について指摘しておきたい。オンライン・プラットフォーム事業者を介して第三者が製造した製造物を購入した場合において、当該製造物に欠陥があり、これによって被害を被ったとき、消費者は、オンライン・プラットフォーム事業者に対して責任を追求することができないだろうか。この点については、オンライン・プラットフォーム事業者は、第三者との関係で、「プラットフォーム」という

---

25)　自動運転と製造物責任については、窪田充見「自動運転と販売店・メーカーの責任」藤田友敬編『自動運転と法』（有斐閣、2018年）159頁、後藤元「自動運転と民事責任」弥永真生・宍戸常寿編『ロボット・AIと法』（有斐閣、2018年）167頁などを参照。

サービスを提供したにすぎないため、2条3項1号にいう「製造業者」にあたらないと解されよう[26]。しかし、当該製造物を製造した第三者が外国の事業者である場合の責任追及は、消費者には困難であり、また、今日においては、消費者との関係においてオンライン・プラットフォーム事業者の役割が極めて重要なものとなっていることに鑑みると、一定の場合に、オンライン・プラットフォーム事業者にも責任主体性を認めることも必要であろう[27]。

---

[26]　2020年11月、アマゾンのマーケットプレイスを通じて購入した外国製モバイルバッテリーが出火して、自宅が火事になったとして、アマゾン・ジャパンに対して損害賠償を求める訴訟が提起されたが、請求は棄却された（東京地判令4・4・15令2(ワ)27469 LEX/DB 25572161）。

[27]　デジタルプラットフォーム事業者の責任につき、アメリカの動向を紹介するものとして、川和功子「アメリカにおけるデジタル・プラットフォーム事業者の責任について」消費者法研究8号（2020年）111頁を参照されたい。

第4部
消費者の権利の実現と救済

第24章
消費者と民事手続法

一橋大学教授
山本和彦

1　本章で学ぶこと

　本章では、消費者の関係する民事手続の法制度の特徴について学ぶ。具体的には、消費者と民事訴訟、消費者と ADR、消費者と民事執行、消費者と倒産手続の関係について、それぞれみていく。

2　消費者と民事訴訟

[1]　消費者の民事紛争の特徴と解決方法の特性

　消費者の民事紛争は、それ以外の民事紛争とは異なるいくつかの特性がある。

　第1に、少額性である。消費者が購入する財やサービスの中には、住宅、自動車、金融商品、大学教育など高額になるものもあるが、その多くは日常的で廉価なものである。したがって、それをめぐって紛争になる場合には、少額の紛争となりやすい。ところが、民事訴訟は必ずしもそのような少額紛争を解決するのに適合していない部分があるため、問題が生じる。

　第2に、同種大量性である。同種の製品やサービスを大量生産し大量消費するのが現代の消費者社会の特性であるとすれば、一度それについて紛争が生じるときには、同種の紛争が社会全体に大量に発生することになりやすい。他方で、民事訴訟は基本的に1対1の紛争を扱うことを原則としており、問題が生じることになる。

　第3に、当事者としての消費者の特性も紛争解決のあり方に影響を及ぼ

す。すなわち、消費者の資力や法的知識の欠如の問題である。消費者は民事訴訟を追行するに十分な資力を有しておらず、適切な法的救済を得るために財政的な援助が必要となることが多い。また、消費者は法的解決に必要な知識経験を有していないことも多く、弁護士などの専門家による法的助言が必要であることはもちろん、専門家にたどり着くための様々なアクセス障害を打破する必要がある。

　以上のような消費者紛争の特性に応じて適切な紛争解決を図るためには、紛争解決方法に工夫が必要となる[1]。簡易迅速性、統一的・一挙的解決、アクセス保障ための法的援助・財政的援助等である。そのような方途として、現在の民事訴訟の中で利用できるツールとして、少額訴訟、消費者団体訴訟、法律扶助・訴訟救助等がある。また、現行制度で対応できない場合には、簡易性等をより徹底した手続を構想する立法論の可能性もあろう。以下では、これらの問題について順次説明していく。

[2]　少額訴訟

　消費者訴訟に代表される少額の紛争を簡易裁判所で簡易迅速に解決する手続として、1996年に制定された現行民事訴訟法が用意した制度として、少額訴訟がある（民訴368条以下）。これは、現行法制定の1つの目的ともされた画期的な制度である[2]。

　そもそも簡易裁判所が戦後新たに創設されたときは、戦前の区裁判所とは全く異なり、少額の事件を簡易迅速な手続で処理する国民に身近な裁判所が構想されていた。しかし、そのような理念に対応するような思い切った制度や手続の簡易化が図られなかったため、実際には、簡易裁判所は徐々に「ミニ地裁」への道を歩んでいった。そのことへの反省もあり、市民に利用しやすい民事訴訟を目指した現行法では、より踏み込んだ特則を簡易裁判所の手続に設けたのが少額訴訟の手続である。

---

1)　なお、アクセス保障のための柔軟な手続という観点からは、司法手続にはそもそも限界があり、ADRが重要なツールとなる。これについては、**3**参照。
2)　少額訴訟の意義及び少額訴訟など簡易訴訟の構造については、山本和彦『ブリッジブック民事訴訟法』（信山社、2011年）200頁以下など参照。

　この手続は、60万円以下の金銭の支払を求める事件について、原則として1回の口頭弁論期日で審理を終結して、その場で判決も言い渡すものである。簡易裁判所の管轄は140万円以下の事件であるので、その中でもさらに少額の事件について特別に簡易な手続を用意し、消費者等の利用を促進するものである[3]。そのような簡易迅速な審理を可能にするため、証拠調べもその場で即時に取り調べることのできる証拠に限り、契約書など当事者の所持する書証中心の審理を予定し、証人尋問をする場合も、電話会議の方法によることができるなど簡易化が図られている。

　また、被告に十分な返済能力がないような場合には、裁判所の判断で分割払いを命じることができる。これにより、資力の乏しい被告であっても、判決の内容を自発的に履行し、原告の債権回収が容易になるように配慮がされている。さらに、判決に対する不服申立てにおいても、通常の訴訟では上級の裁判所への控訴が認められるが、それは時間がかかるので認めず、判決をした簡易裁判所に対する異議のみができる[4]。このように、少額訴訟の制度は、少額紛争の特性に見合った手続により、消費者など一般市民の裁判所へのアクセスを実質的に拡大する手段であるので、消費者信用業者等がこの手続を多数回利用して、消費者等の利用が阻害されることを防止するため、同一簡易裁判所で年間10回までという利用回数の制限を設けている。

　少額訴訟は、立法当初の予想を超えた多くの事件が申し立てられている[5]。また、提起されている訴えの内容も、敷金の返還請求、交通事故の物損の請求、未払賃金の請求、少額の売買代金の請求など一般市民に身近な事件であり、消費者の請求も多い。これらは、従来の制度では裁判所に来なかった事件であるとみられ、司法アクセスの拡大という制度趣旨は実現されている。ただ、原告はこの手続によるか証拠や上訴の制限のない通常の訴訟手続によるかを選択でき、また原告がこの手続を選んでも、被告は通常手続へ

---

[3]　なお、立法当初は、訴額30万円以下を対象としていたが、手続の好評により、司法制度改革の中で2003年に適用範囲が拡大された。

[4]　異議審の判決に対しては、憲法違反を理由とした特別上告のみが可能である。その結果、原則として、簡易裁判所ですべての手続が完了する仕組みとなっている。

[5]　年間2万件強の事件があった。最近はやや減少傾向であるが、それでも2020年で7,944件の申立てがある。

の移行を求めることができる。つまり、原告・被告の両者が少額訴訟による
解決を求めて初めてこの手続が使えるものである。その意味で、この制度が
今後もさらに活用されていくかは、十分な手続内容の教示を前提に、両当事
者の信頼を得られるような実務運用が維持されるかに係っている。

[3] 法律扶助・訴訟救助

　訴訟を提起し応訴するには一定の費用を要する。消費者紛争は少額なもの
が多く、また消費者には十分な資力がない者も多いことから、費用の問題が
消費者の訴訟へのアクセスを阻害することも多く、この点が消費者の司法ア
クセスの改善にとって喫緊の重要性を有する。訴訟に要する費用は、訴訟費
用と弁護士費用とに分かれる。訴訟費用は、提訴時に裁判所に納付する手数
料や鑑定の費用等の裁判費用と、裁判所に出頭する旅費や文書作成費用等の
当事者費用に分かれるが、実際の費用の額としてはやはり弁護士費用が大き
な比重を占める。

　まず、訴訟費用については、当事者が勝訴した場合には原則として相手方
から回収できる（訴訟費用の敗訴者負担の原則）。したがって、消費者が勝訴すれ
ば、最終的には負担しなくてもよい。ただ、提訴時の手数料の納付など一時
的にでも費用を負担しなければならない点が消費者の提訴を躊躇させる要因
になり得る。このような事態を防止するため、資力の乏しい当事者に対し
て、費用の負担を一時的に猶予する制度として、訴訟救助制度がある。これ
によって、消費者は、当面無償で訴訟を追行し、勝訴した場合には費用を相
手方に負担させることができ、結局、費用なしに訴訟を追行することが可能
となっている。

　次に、弁護士費用については、訴訟費用と異なり、勝訴した場合にも相手
方から回収できない[6]。この点は、様々な批判もされ、諸外国では弁護士費
用も訴訟費用に含めるところが多く、何度も改正の議論がされてきたが、未
だ敗訴者負担の原則は取られていない[7]。他方、資力の乏しい当事者につい

---

[6]　例外的に、不法行為による損害賠償などでは、弁護士費用が損害に含まれることで事実上
　　相手方に請求できる。

[7]　市川正人ほか『現代の裁判〔第 7 版〕』（有斐閣、2017 年）135 頁など参照。

ては、法律扶助制度があり、費用負担の猶予が可能である。これは、日本司法支援センター（法テラス）[8]が国の費用で運営している制度であり、消費者の司法アクセスには大きな援護となる。ただ、敗訴者負担がないので、扶助を受けた者が勝訴しても、相手方から費用を回収できず、法テラスに対して償還義務を負う。生活保護を受けているなど特に資力の乏しい当事者には償還免除の制度があるが、この点は利用の障害となっている。

　以上のように、資力の乏しい当事者には費用負担を軽減する制度があるが、資力の基準はかなり低く、多くの消費者は対象とならない。その結果、少額訴訟の対象にはならないがなお弁護士費用の負担を考えると引き合わないような額の請求については、費用倒れになるおそれがある。そこで、中間所得層の司法アクセスとの関係では、弁護士費用保険（LACと呼ばれる）の制度が注目される。これは、一定の分野でその紛争処理に要する弁護士費用等も保険でカバーするような商品で、ドイツなどでは広く普及し、消費者の司法アクセスを改善している。日本でも自動車保険について弁護士費用もカバーする特約が増えているが、それ以外の分野も含めてさらなる普及が課題とされる[9]。

[4]　消費者団体訴訟

　以上のような制度は、消費者紛争の集団性に対応するには必ずしも十分ではない。そもそも消費者個々の提訴に委ねておいては、消費者に集団的な被害を与えている行為を止めさせることは難しい。そこで、消費者法は、消費者全体の利益を図ることを目的として、消費者団体に提訴を可能とする独自の制度を設けている。これが団体訴訟制度である。裁判所へのアクセスの拡充という観点から法分野ごとに団体訴訟制度の検討を求める司法制度改革の議論を受けて、消費者法の分野では、2006年に消費者契約法において初めて団体訴訟制度が立法された。その後、同様の制度が、特商法及び景表法

---

8)　法テラスについては、市川ほか・前掲注7）265頁以下など参照。

9)　2020年には、全国の弁護士費用保険の販売件数は2800万件を超え、保険に基づき実際に弁護士の依頼や選任が報告された件数も4万件に達し、主に自動車事故分野を中心に消費者の司法アクセスを改善していることは間違いない。

（2009 年）、さらに食品表示法（2013 年）にも拡大されている[10]。

　この制度は、内閣総理大臣の認定を受けた消費者団体（適格消費者団体）が、消費者契約法に違反する一定の行為を現に行い又は行うおそれのある者に対して、当該行為の停止又は予防に必要な措置をとることを請求できるとするものである（消費契約 12 条）。すなわち、法律によって、消費者団体に対して特別の差止請求権＝実体権を付与する制度とされている。以下では、具体的な手続の概要を条文に即して解説する[11]。

　この訴訟の原告となることができるのは、適格消費者団体に限られる（消費契約 12 条）。適格消費者団体となるためには、一定の要件（消費契約 13 条 3 項）を満たしていることを前提に、内閣総理大臣の認定を受ける必要がある（同条 1 項）。この訴訟が消費者全体の利害に関わることから、当該団体が十分な専門的知識や中立性など消費者保護のための適格性を有することを確保するとともに、制度の濫用を防止する趣旨である[12]。そして、適格団体の義務として、秘密保持義務（消費契約 25 条）、情報提供努力義務（消費契約 27 条）、被告からの財産上の利益受領の禁止（消費契約 28 条）等が課されている。

　差止めの対象となるのは、消費者契約法上取消しや無効の対象となる行為であり、それが不特定かつ多数の消費者に向けられたものである[13]。具体的には、不実告知・断定的判断の提供（消費契約 4 条 1 項）及び不利益事実の不告知（同条 2 項）という契約締結過程の行為（消費契約 12 条 1 項）や、不当条項（消費契約 8 条～10 条）を含む消費者契約の締結（消費契約 12 条 3 項）である[14]。その訴訟手続についても、書面による事前の請求を要件とする（消費契約 41 条）など若干の特則が設けられている[15]。

---

10)　以下では、代表して消費者契約法の制度を説明する。

11)　その詳細な手続や課題あるいは実情については、本書第 25 章・26 章参照。

12)　そのため、適格認定取得後も様々な行政上の監督を受け、場合によっては認定が取り消されることもある（消費契約 30 条以下）。2022 年 6 月現在、適格団体は全国に 23 ある。

13)　被告となるのは、契約相手方である事業者が原則であるが、その代理人等も含まれる。2022 年 6 月現在、これまでに 81 事業者に対して差止訴訟が提起されている。

14)　他の法律においても、それぞれ差止めの対象が個別に規定されている。特商法では同法に違反する行為（過量販売行為等）、景表法では優良誤認・有利誤認表示、食品表示法では消費期限・原材料の事実相違表示等である。

[5] 集団的被害回復手続

　以上のような団体訴訟は、将来の違法行為の差止めを求めるものである。しかし、多くの事案では既に違法行為が行われ、現に消費者に損害が生じており、その損害の回復も重要な課題となるが、これについても個々の消費者の提訴等に委ねるのでは困難な場合が多い。被害の少額性・拡散性、消費者の受動性等を考慮すれば、やはり何らかの特別手続を必要とするものと考えられる。他方では、消費者個人の権利である損害賠償の請求権を第三者が勝手に行使することには問題があり、さらに米国のクラスアクションにみられるように第三者が訴権を濫用するおそれ（それによって経済活動に萎縮効果をもたらすおそれ）も否定できない。そのような点を考えれば、慎重な制度設計が不可欠となる。

　そこで、団体訴訟導入時に消費者契約法の附則でこのような制度の導入の検討が将来の課題とされ、さらに消費者庁設置時にもその検討が付託されたが、慎重な検討作業が続いた。最終的には、2013年に「消費者の財産的被害の集団的な回復のための民事の裁判手続の特例に関する法律」（以下「特例法」という）が制定され、2016年10月から施行されている[16]。これは、消費者団体による2段階型の手続を採用した、日本独自のユニークな立法となっている。以下では、その概要を紹介する。

　まず、対象となる事案は、消費者契約に関する債務履行請求・損害賠償請求等であり[17]（特例法3条1項）、それが、多数性（多数の消費者に関するものであること）、共通性（多数の消費者に共通する義務に関するものであること）、支配性（共通義務の審理が個別問題の審理に比べて支配的であること）といった要件を満たすものである必要がある（特例法2条4号・3条4項参照）。そのような場合、第1段階で多数消費者に共通する義務（共通義務）を確認する訴えを提起し、当該義務が確認された後に、第2段階として、個別消費者の権利を確定する簡易確定手続が行わ

---

15)　特に、複数の団体訴訟の間の調整について、移送（消費契約44条）や弁論の併合（消費契約45条）によって一体的な審理を可能にするとともに、同一事案についてすでに確定判決がある場合は再訴が禁じられる（消費契約12条の2第1項2号）。

16)　最高裁判所規則（消費者の財産的被害の集団的な回復のための民事の裁判手続の特例に関する規則）や消費者庁による施行のためのガイドラインも整備されている。

17)　ただし、拡大損害、逸失利益、生命身体損害、精神的損害などは対象から除外されている。

れる。

　すなわち、第1段階として、共通義務確認訴訟が提起されるが、その原告となるのは、一定の資格を備えた消費者団体（特定適格消費者団体）である[18]（特例法3条）。この段階では個別消費者は手続には一切登場しない。その結果、仮に特定適格団体が敗訴しても、個別消費者は自らの権利について別途訴訟を提起することができる。したがって、第1段階では提訴する特定適格団体は、個別消費者から授権を得る必要はない。これによって、手続の簡易化を図ったものである。

　第1段階で特定適格団体が勝訴した場合[19]には、第2段階として簡易確定手続が行われ（特例法12条以下）、個別消費者が手続に参加する。具体的には、各消費者は特定適格団体に授権して、裁判所に債権届出をすることになる[20]。届け出られた債権の存否・額については、被告事業者が認否し、事業者が争う場合には債権確定の手続が行われる。すなわち、まず裁判所において簡易確定決定がされ、さらに争いがあるときは訴訟手続に移行する[21]。なお、被告が任意に履行しない場合には、個別消費者の授権に基づく特定適格団体による強制執行が想定されている[22]。

　以上のような手続は、一般の民事裁判手続になるべく適合した形で、可及的に実効性を確保しながら濫用防止にも意を用いた、多くの工夫が施された手続となっている。ただ、なお問題も多く残っている。たとえば、和解による解決への配慮が必ずしも十分ではないことや消費者団体の財政的・事務的

---

18)　特定適格消費者団体は、団体訴訟の原告となり得る適格消費者団体（[4] 参照）のうち、内閣総理大臣の特定認定を受けたものである（特例法65条以下）。2022年6月現在、特定適格団体は全国に4団体あり、これまでに5事業者に対して共通義務確認訴訟が提起されている。

19)　勝訴に等しい和解等の場合も同様である。

20)　その前提として、個別消費者にこの手続の存在を知らせるため、特定適格団体による通知・公告の手続が採られるが（特例法25条・26条）、その前提として、対象消費者に関して相手方事業者に対して情報の開示を求める制度が設けられている（特例法28条・29条）。

21)　簡易確定手続は、全体に破産手続における債権届出・調査・確定の手続に類似している。

22)　権利保全のため、特定適格団体による仮差押えの可能性も認められている（特例法56条以下）。

負担の問題等である。現在進行中の法改正の議論では、制度の対象に一部慰謝料等を加えること、第1段階での和解手続を柔軟化してその活用を図ること、消費者団体を援助する機関を創設することなどが検討されている。

[6] 消費者民事訴訟の将来

　上記のように、現在の民事訴訟は一定の範囲で消費者の司法アクセスを改善することに寄与する制度を有しているが、これだけで訴訟における消費者の利益救済に十分と言えるかについては疑問がある。少額訴訟の適用範囲はなお限定されており、それ以外の訴訟に要する費用をカバーする制度も限定的である。もちろん、紛争処理の方法は訴訟だけではなく、ADR等も重要な意味をもつが（**3**参照）、なお訴訟においても立法論を含む将来の検討の必要があろう[23]。

　その意味で、消費者の利益救済を実効的に果たすためには、簡易迅速性・柔軟性を特に重視した手続を構想することが考えられよう。消費者の資力や費用対効果を考えるとき、やはり通常の訴訟手続はそれに要する費用や期間、手間などを考えると、重装備に過ぎる一方、訴訟係属の心理的負担等も考えると、簡易迅速な処理が必要であるし、場合によってはADRや調停などの非訟的な処理なども組み合わせて、厳格な法適用にこだわらない柔軟な解決が必要な場面もあろう。そのような観点からは、たとえば、少額訴訟の枠を超えて、3〜4回の期日での解決を原則とする迅速訴訟手続の創設や、労働審判を1つのモデルとしながら、調停による解決を前提にしながら簡易な非訟的判断の可能性を認め、なお争いがある場合に初めて訴訟手続に移行するような民事審判制度の創設などは（具体的ニーズが想定される事件類型を慎重に模索する必要はあるものの）、消費者の実効的な司法アクセスを考えるとき、検討に値しよう。さらに、現在進められている民事訴訟のIT化の試みも、デジタルデバイドの問題にはITサポート等の対応が必要であるが、消費者の司法アクセスへのハードルを下げる効果が期待される。

23)　以下については、山本・前掲注2）210頁以下も参照。

3　消費者と ADR

[1]　消費者紛争解決に関する ADR の意義

　消費者紛争については、前述のように（**2** [1] 参照）、廉価性や当事者の資力の不十分といった特色があり、民事訴訟による解決には限界がある。訴訟は国家権力の行使として必然的に一定の時間と費用を要するものにならざるを得ないからである。また、少額訴訟の拡大や法律扶助等の充実にもやはり限界がある。そのような点を考えれば、裁判外の紛争解決、すなわち ADR（Alternative Dispute Resolution）の活用が１つの解決策として考慮に値する。

　ADR は、裁判外で当事者の合意に基づき紛争を解決する手続である。この点で、国家の強制的権力を前提とする訴訟とは異なる。そして、合意を基礎とするため、その手続の進め方や解決内容には柔軟性が認められる。その結果、手続の簡易迅速化・廉価化が可能となり、消費者紛争の実効的解決について ADR に期待される役割は大きい。ADR の種類としては、一般にその運営主体の性質に応じて、司法型 ADR、行政型 ADR、民間型 ADR に分類される[24]。以下では、この区分に応じて検討する。

[2]　司法型 ADR──民事調停

　まず、司法型 ADR で、消費者紛争に関係するものとして、民事調停がある。民事調停は、簡易裁判所又は地方裁判所において裁判官と２名の民間人である調停委員によって構成される調停委員会の行う話合いの仲介の手続であり、広く一般に民事紛争を対象とする。

　司法型 ADR である調停が他の ADR と異なる特色として、裁判所に設けられ、裁判官が加わった運営に対する信頼性の高さがある。調停は一般にあらゆる民事事件を対象としており、必ずしも消費者紛争事件に対する専門性は担保されていないが、逆に言えばどのような紛争であっても取り扱ってもらえるという安心感がある。加えて、裁判所の手続であることから、一種の権力的解決方法も可能な仕組みとなっている。つまり、調停に代わる決定（17 条決定）が可能であり[25]（民事調停法 17 条）、当事者間で合意ができない場合

24)　山本和彦＝山田文『ADR 仲裁法〔第 2 版〕』（日本評論社、2015 年）18 頁以下など参照。

であっても、裁判官は調停に代わる決定を行い、両当事者から異議が出ない
場合には調停の成立が擬制される。これは、積極的に調停案に同意できない
が、裁判所の判断があればそれに従うという行動パターンをとるような事業
者が相手方である場合には、合意は成立しなくても、調停に代わる決定によ
り紛争解決を図り得る事案があることを意味する。このような解決策が選択
肢に入るのは司法型 ADR の特性であり、消費者紛争の解決に実効性をもた
らす可能性がある[26]。

[3] 行政型 ADR──国民生活センター等 ADR

　次に、行政型 ADR は、行政国家である日本において特異に発達をみた
ADR の類型である。行政型 ADR の利点としては、行政のもつ規制権能と
ADR の紛争解決権能とを相互作用させることができる点がある[27]。ADR
に際して行政のもつ規制権能（真剣に紛争解決に取り組まない事業者等に対する制裁や新
たな規制を加える権限等）が業者側に協力を促すように作用する一方、ADR によ
って得られた情報が規制権限の行使に当たり有効に活用される（場合によって
はそれを契機に立法等の政策決定がされる）といった循環である（以下の国民生活センター
のほか、公害等調整委員会[28]、建設工事紛争審査会などがある）。

　消費者紛争に特化した行政型 ADR として、2009 年に設置された国民生
活センターの ADR がある[29]。これは、重要消費者紛争について、センター
に置かれた紛争解決委員会が和解の仲介や仲裁を行うものである。「重要消
費者紛争」とは、消費生活に関する消費者・事業者間の民事紛争のうち、①
同種の損害が相当多数の者に及び又は及ぶおそれのある事件、②国民の生
命・身体・財産に重大な危害を及ぼし又は及ぼすおそれのある事件、③争点

---

25)　山本＝山田・前掲注 25）208 頁以下など参照。

26)　近時は、裁判所でも調停に代わる決定を活用する動きがあるとされる。

27)　逆にいえば、一般論としては、そのような相互作用が期待できる分野についてのみ、国は
　　行政型 ADR を運営すべきであろう。

28)　環境紛争に関する ADR については、山本和彦『ADR 法制の現代的課題』（有斐閣、2018
　　年）361 頁以下参照。

29)　枝窪歩夢「国民生活センター紛争解決委員会による ADR の概要と実施状況」法律時報 85
　　巻 4 号（2013 年）23 頁以下など参照。

が多数で、事案が複雑であるなど本手続によることが適当と認められる事件
である。このような紛争について、迅速・廉価な解決方法を消費者に提供す
るため、国民生活センター法によって創設されたのがこの ADR である。紛
争解決委員及び特別委員は、法律や商品・サービス取引に専門的知見を有す
る者から任命され、2〜3 回の期日で（原則として 4 か月以内に）迅速な解決を図
る。仲介委員が当事者間の交渉を仲介して和解を成立させる和解仲介手続
と、仲裁委員が当事者間の仲裁合意に基づき仲裁判断を下して当事者を従わ
せる仲裁手続がある。これまで毎年 150 件前後の和解仲介の申請があり
（2020 年は 166 件）、そのうち半数以上が和解成立によって解決されている。

[4]　民間型 ADR──金融 ADR 等

　最後に、民間型 ADR である。日本においては従来民間型 ADR が必ずし
も機能していなかったが、2007 年の ADR 法の施行によって法務大臣が一
定の要件を満たす ADR を認証して、特別の効力を認めるという制度の開始
に伴い、同法に基づく多様な ADR が発展しつつある。業界が費用を負担す
る業界型 ADR と、業界とは独立して運営される独立型 ADR とがあるが、
前者は各製造業界に設けられている PL センターなどが典型であり、後者は
各士業団体（弁護士会、司法書士会、行政書士会、土地家屋調査士会等）の運営するもの
や限定された紛争分野に特化したもの（特定商取引法関係紛争、観光関係紛争、マンシ
ョン関係紛争、医事紛争、金融商品関係紛争、自転車事故関係紛争等）など多様なものが多
数創設され、活動している[30]。

　ただ、民間型 ADR は様々な問題を抱えている。たとえば、認知度が低
く、多くの国民が ADR の存在を知らないという広報の問題、ADR の充実
には和解の仲介を担当する優れた手続実施者が多数存在する必要があるがそ
の養成が十分とは言い難いという人材の問題、多くの ADR 機関が ADR 業
務において赤字を出して背後にある団体からの資金援助等によってようやく
維持されているという財政の問題、さらに相手方による手続実施への応諾が
得られないことや成立した和解に実効性を欠く（執行力が認められない）という
手続上の問題等である。民間型 ADR をより活用していくためにはこのよう

30）　2022 年 6 月末現在、167 機関が認証を受けて活動している。

な問題の解決が不可欠となろう。現在、ADR の実効性確保に向けた法改正の議論が進められており、特に最後の点については、裁判所の執行決定を前提とした執行力の付与が図られる可能性がある。

その解決の方向性を示唆するものとして、金融 ADR がある[31]。これは、金融業界団体（銀行、証券、生命保険、損害保険等）が設置している ADR について、金融庁の認定に基づき特別の機能を認める制度である[32]。個別金融機関に紛争が生じた際の ADR の可能性につき広報を義務づけ、手続実施者の能力についても一定の基準が示されている。また、財政は業界団体等によって責任をもって運営される。さらに、金融機関の側の手続上の義務として、手続の応諾義務、資料の提出義務、ADR の提示する特別調停案の原則的な受諾義務（受諾しない場合は訴え提起が必要となる）が認められ、前述のような民間 ADR 一般の問題点が相当程度解消されている。実際にも金融 ADR はある程度活用されており、消費者関係紛争に関する業界型 ADR の1つのモデルとなる可能性があろう。

また、近時 ADR を活性化する起爆剤として期待されているものとして、ADR のオンライン化がある。いわゆる ODR（Online Dispute Resolution）である。紛争解決を全面的にオンライン化し、その利用のハードルを引き下げる試みと言える。いわゆるプラットフォーム企業においてその活用が始まり[33]、徐々にその領域が広がっている。典型的には、まず顧客間の紛争について、AI 等の活用により解決案を提案して顧客間の話合いを仲介し[34]、それでも解決しない場合には人間の調停人・仲裁人等が関与するというものである。これによれば、通販で購入した物に不満がある消費者は、昼休みや休日にスマホで解決案を検討・提示し、短期間での解決が可能になる。その意味で、消費者の被害救済にとって大きな意義を有するとともに、そのビッグデータを活用することで紛争予防にも寄与することが期待されている[35]。

31）　山本和彦＝井上聡編著『金融 ADR の法理と実務』（金融財政事情研究会、2012 年）参照。

32）　銀行法、金融商品取引法、保険業法等各法に規定が置かれている。

33）　たとえば、インターネット通販やオークションサイト等を運営する eBay では、全世界で年間 6000 万件の紛争を ODR によって解決しているという。

34）　このような AI の活用促進のため、裁判所の判決情報を（当事者等を匿名化した上で）全面公開するプロジェクトも現在進行中である。

4　消費者と民事執行

[1]　消費者による強制執行の困難と対応策

　消費者が裁判所等を利用して積極的に紛争解決を図ろうとする場合において、事業者等相手方が任意に判決や和解等で認められた債務を履行しないときは、強制執行が必要となる。しかし、従来は、消費者が執行手続の債権者として登場することはあまり想定されておらず、執行手続における債権者の負担は大きい。様々な費用を予め納付しなければならないという負担があるし、債権者が執行対象を特定しなければならないとの前提の下で債務者の責任財産の探知の負担も大きい。つまり、消費者の側で、事業者がどのような不動産や預金債権、売掛債権を有しているかなどについて調査し、その中から差押えが可能な財産をピックアップして申し立てる必要がある。このように、消費者にとって執行手続の利用は極めて困難なものである。

　この点は、司法制度改革の中でも問題意識があった。市民の権利救済を全うするためには、裁判に対するアクセス強化だけでは十分でなく、現実にそれが執行によって実現できる必要があるということである。もし裁判のアクセスのみが強化され、それが執行手続に繋がらなければ、債権者は判決という単なる紙切れを手に入れるだけとなり、司法に対する不信は大きなものとなろう[36]。

　そこで、消費者が利用することも考慮して、執行手続をより使いやすく、またより実効的なものとしていく努力が不可欠となる。たとえば、費用の問題との関係では、少額訴訟の延長線上に、少額訴訟債権執行という制度が設けられ（民事執行法167条の2以下）、少額訴訟の判決を得た簡易裁判所でそのまま執行手続も進められるようになった。また、責任財産の探知の問題については、財産開示制度を創設し（同法196条以下）、債権者が債務者に対して裁判

---

36)　ODR の意義や課題については、山本和彦ほか「ODR の導入に向けて」L&T 82 号（2019年）1 頁以下、山田文「ADR の IT 化（ODR）の意義と課題」法律時報 91 巻 6 号（2019年）42 頁以下参照。

36)　このような不信感は、たとえば、先物取引や投資被害等消費者被害救済の現場では現実の問題となっているように思われる。

所で責任財産の開示を求めることができるようになった。ただ、これらの制度は従来必ずしも活発に使われているとはいえない状況にあった。

[2]　実現した改革と残された立法論

　将来的に、消費者の訴訟利用がより活発化していくことが予想される中で、強制執行制度も消費者が実際に使えるものでなければならない。そのような問題意識の中、近時、様々な立法論が提言されている。

　その中で最も重要であるのは、金銭執行の実効化の問題である[37]。1 つの方途は、責任財産探知方法の強化である。財産開示が必ずしも成功していない中、その制裁の強化を含めた制度の改革がされているが[38]、債務者自身に情報を開示させることの困難は否定できない。そこで、2019 年の改正で新たに第三者からの情報取得手続が設けられた。これによれば、確定判決など債務名義を有する消費者は、財産開示と同様の要件で、債務者の不動産に関する情報について登記所に対し（民執 205 条）、債務者の預金債権や株式・社債等に関する情報について金融機関等に対し（民執 207 条）、情報提供命令の申立てをすることができることになった[39]。これによって、取得した情報に基づき、消費者は、不動産執行や債権執行を申し立て、実効的に債権の回収を図ることが可能とされた[40]。

　ただ、債務者の責任財産が透明化されるとしても、少額債権等消費者が通常有する債権を金銭執行の手続で実現するには、コストや手間が大きすぎる。むしろ、債務者に対して様々なプレッシャーをかけ、自己の意思で債務を履行させることがより実効的である場合が多い。現在の民事執行法では、

---

37)　三木浩一編『金銭執行の実務と課題』（青林書院、2013 年）参照。

38)　2019 年改正により、債務名義の限定（執行証書等の排除）の廃止や、罰則の強化（過料から懲役・罰金へ）（民執 213 条 1 項 5 号）などが行われている。その結果、財産開示手続の利用は急増している。

39)　なお、他に市町村や年金機関に対する債務者の給与債権の情報提供命令の制度もあるが（民執 206 条）、その利用は扶養料債権者や犯罪被害者等に限定され、一般消費者には適用されない。

40)　なお、債務者の個人情報を保護する観点から、事件記録の閲覧の制限（民執 209 条）や情報の目的外利用の禁止（民執 210 条）の規律が設けられている。

債務を履行しない債務者に圧力をかけて債務を履行させる方法として間接強制の手続がある（民執172条以下）。しかし、金銭債務については、間接強制の利用が認められる範囲に限定されているし、そもそも金銭を支払わない債務者に金銭を支払わせて圧力をかけることは実効性に疑問がある。金銭債務に関する間接的履行強制の手法としては、ドイツ法や韓国法も参考に、債務不履行者情報の開示（氏名の公表）など多様な強制の方途を今後検討していく必要があろう。

5　消費者と倒産手続

[1]　消費者と倒産手続の関わり

　債務者の経済状態が悪化した際に行われる民事手続として、倒産手続がある。消費者が倒産手続に関わる場面として、大きく2つの場面がある。すなわち、消費者が自ら債務者として倒産手続に関わる場面と、消費者が相手方事業者の倒産によって債権者として倒産手続に関わる場面である。いずれの場面においても、事業者等が債務者又は債権者となる場合とは相当に異なる配慮が必要であり、順次検討する。

[2]　消費者倒産——債務者としての消費者

　消費者が債務者として倒産手続に関与する場面は、すなわち、消費者が多重債務に陥り、倒産手続を申し立てる場合である。そのような多重債務者が問題を解決する方法には、多様なものがある。すなわち、法的手続の外で処理する方法として私的整理や倒産ADRがあるし、法的手続としては、破産免責手続及び個人再生手続が存在する。以下では、簡単にそれぞれの手続の特徴を概観する[41]。

(i)　特定調停

　まず、倒産ADRとして一般的な手続として、特定調停がある。これは、

---

41)　詳細については、山本和彦『倒産処理法入門〔第5版〕』（有斐閣、2018年）47頁以下、131頁以下、206頁以下参照。最近は、貸金業法等の改正の効果もあって消費者倒産の申立件数は全体に減少傾向にあるが、なお以前に比べれば多数の申立てがある。

裁判所における私的整理の手続（司法型ADR）であり、全債権者の同意を前提
とする手続である。裁判官と調停委員で構成される調停委員会が、複数の債
権者に対して、利息引直しの計算等を行い、残債務につき元本全額の弁済を
原則に3〜5年の弁済計画を立てる。必要な資料については、債権者に対し
て強制的に提出を命じることができる[42]。比較的傷の浅い債務者によって
活用されている[43]。

(ⅱ)　個人再生手続

　次に、法的手続としては、個人再生の手続がある（民事再生221条以下）。債
務者の財産の保有を認めて強制執行等を禁止しながら、将来の収入から債務
を弁済することを前提に債務の減免・猶予を求める再生計画案を立て、債権
者の多数決及び裁判所の認可により手続を進める[44]。多数決による債権カッ
トが可能である点で、ADR（私的整理）に比したメリットがある。したがっ
て、倒産ADRと比べて、財産状況の悪化した債務者でも利用が可能であ
る。特に、住宅ローンを抱えて破綻した債務者については、住宅を維持しな
がら債務弁済の猶予等を図ることができ、利用価値が高い。

(ⅲ)　破産手続

　最後に、破産手続がある。債務者の全財産を清算して、債権者に分配する
手続である。手続開始決定によって破産管財人が選任され、管財人が債務者
の財産（破産財団）の管理処分権を専属的に有し、債権者の強制執行等を禁止
しながら、財産の管理・換価を進め、債権者に対する配当を行う。なお、消
費者の破産では、従来、破産財団がほとんどないため、管財人を選任せずに
破産手続の開始とともに手続を終了させる同時廃止（破産法216条）の運用が

---

42)　違反した場合には過料の制裁がある（特定調停法24条）。

43)　消費者の倒産ADRとしてはこのほかに、やや特殊なものであるが、東日本大震災の被災
　　者の二重ローン問題を解消するために創設された個人版私的整理ガイドラインの手続があ
　　る。法的手続を避けて債務者の救済を図るものであり、現在ではより一般化され、自然災害
　　被災者債務整理ガイドラインが設けられている。

44)　通常の民事再生手続に比べて、多数決の取り方その他手続の進め方が全般に簡略化され、
　　費用の負担が軽減されている。

一般的であったが、最近は管財人選任事件が増加している。そして、破産手続の中で、債務者は債務の免責を受けることができる（同法248条以下）。免責手続では、債務者に浪費や財産隠しなど一定の免責不許可事由がない限り、裁判所の免責許可決定により破産債権に対する責任が免除される。破産免責手続は、ADRや個人再生では対処できないほど多額の債務を負担した債務者にとって、経済的再生を図る最後の手段として重要な意義を有する。

[3] 債権者としての消費者の保護

(i) 消費者の保護の必要性

　消費者が債権者として倒産手続に現れる場面も様々な配慮を要する[45]。第1に、消費者の法的知識や資力の問題がある。消費者は倒産手続について十分な知識をもたないし、手続に参加するために必要な費用を負担する能力も乏しい。倒産手続では基本的に、自ら手続に参加しない債権者は無視される仕組みになっているが、消費者にとっては酷になる場面もある。第2に、消費者の債権の要保護性の高さがある。消費者は十分な資産をもたず、損失の分散もできないことが多いので、倒産手続における権利変更は直ちにその生活の維持等に直結する。その意味で、消費者の債権を倒産手続でどのように保護するかは重要な課題となる。

(ii) 手続開始の申立ての問題

　まず、倒産手続開始の申立ての問題である。通常、倒産手続は債務者又は債権者の申立てにより開始する。債権者が事業者である場合は、債権者申立権は適時に倒産手続を開始する重要なツールとなり得る。しかし、消費者が主要な債権者である事案では、債権者申立ては機能し難い。消費者には適時に申立てをする法的知識や情報もないし、予納金を納付する資力も乏しいからである。そこで、訴訟の場合と同様、費用負担等を軽減する措置として、法律扶助や申立費用の国庫仮支弁（破産法23条）などが重要な意味をもつが、

---

45)　以下については、山本和彦「事業者の倒産における消費者の保護」現代消費者法11号（2011年）11頁以下、同「多数消費者が債権者となる破産事件について」NBL 1204号（2021年）12頁以下も参照。

定型的に消費者が主要な債権者となる事業者については、行政庁の倒産手続
開始申立権が認められる場合がある。たとえば、金融機関（銀行、証券会社、保
険会社等）について、その財務情報を把握して適時の申立てが期待できる金融
庁に倒産手続開始申立権が認められている[46]。

(iii)　権利行使の問題

　次に、債権届出・議決権行使等倒産手続における債権者の権利行使の保護
の問題である。消費者が債権者である場合には、法的知識の不足や債権の少
額性による無関心などにより、権利行使が適切に行われないおそれがあ
る[47]。そこで、やはり法律扶助等とともに、第三者による権利行使の仕組
みが問題となる。たとえば、金融機関等について、預金者を代表して公的機
関（預金保険機構等）が債権届出や議決権行使を行う仕組みが設けられている。
これにより、実質的に消費者の権利が保護され、その意向が倒産処理に反映
することが期待できる。また、消費者金融業者の倒産などでは、過払金返還
請求権の失権を防止するため、期間内に債権届出がされなくても、債権者へ
の弁済を保障するような再生計画や更生計画の条項を設ける運用もされてい
る。

(iv)　事前の消費者保護

　最後に、債務者事業者の破綻を想定した事前の消費者債権の保護の問題が
ある。事業者が倒産すれば、いずれにしても消費者の債権は大幅に権利変更
され、回収できるのは一部に止まり、消費者の生活の維持が困難になる場合
も多い。そこで、予めそのような事業破綻のおそれを前提に、その場合でも
債権回収が可能となるような仕組みを設けておくことが行われる。そのよう
な仕組みには様々な手法があるが、1つは、金融機関で活用されている保険

---

46)　山本・前掲注45）260頁参照。そのほか、消費者被害を多発させる事業者について消費者
　　庁の倒産手続開始申立権を付与するべきとする立法論もある。
47)　また、多数の消費者が債権者になる事案では、オンラインによる債権届出も実際に行わ
　　れ、武富士の会社更生事件やマウントゴックスの破産事件などで利用されたとされる。現在
　　進行中の裁判のIT化のプロジェクトの中でも、オンラインによる債権届出も明文化される
　　予定である。

のスキームである。預金保険に代表されるように、消費者の債権の一定額が保護されるように、予めすべての金融機関（及びその顧客）が拠出する保険集団を設定しておくものである。また、営業保証供託（弁済業務保証金）の仕組みもある。旅行業など一定の営業を開始する際に、予め消費者の被害を限定するために保証金の供託等を営業許可等の要件として設定しておくものである[48][49]。

6　今後の課題

　今後の課題としては、まず消費者が個別の民事訴訟を提起するにあたって、その資力を補う制度の問題がある。中所得者層についての弁護士費用保険の普及及び低所得者層についての法律扶助制度の充実（給付制の実現等）が課題となろう[50]。

　また、集団的な救済制度の関係では、集団的被害回復手続の実効化が期待される。制度施行後十分な事件数がない原因を分析することが重要であるが、共通義務確認訴訟段階の和解手続の活用、制度の対象事件類型の拡大など改正の俎上に上っている制度的な対応のほか、何よりもこの制度を支える消費者団体の足腰の強化・環境整備が必要であろう[51]。

　さらに、消費者の実効的な保護を考えるとき、裁判所の手続だけでは十分ではなく、ADR が裁判と並ぶ選択肢として実効的なものである必要がある。その意味では、現在の日本の ADR の状況では未だ十分とは言い難い。ただ、この点は、将来の ODR の展開によって飛躍的に進展する可能性があり、特に注視していく必要がある。

　最後に、執行・倒産の観点からも、消費者の権利の救済を図っていく必要

---

48)　ただ、その保証金額は一般に十分なものとは言いがたい。たとえば、旅行業については、2017 年のてるみくらぶの破綻を受けて、保証額の引上げがされている。

49)　このほか、立法論としては、消費者被害を多発させる事業者等について、消費者庁が供託命令により一定額を供託させて消費者の債権を保全する措置の導入なども検討されている。

50)　さらにクラウドファンディングや営利的資金の導入（Third Party Funding）等新たな訴訟資金の調達方法にも注目する必要があろう。

51)　その意味で、適格消費者団体の活動を支える主体（指定法人等）の整備の議論は重要な意義を有する。

は大きい。執行手続については、近時の改正で債務者の責任財産の透明化が図られたが、資源に乏しい消費者の観点からは間接的な強制方法の多様化が望まれよう。倒産手続との関係では、債権者である消費者に独力で申立てを期待することは困難であり、消費者庁等の申立権を認めるほか、保証金の供託など被害予防の措置が重要な課題となろう。

　消費者契約法を始めとした実体法の改革に比べ、手続法の改革はどうしても後回しになりがちである。しかし、実際に被害者を救済するためには、やはりそのための手続が適切に整備されていなければならない。以上のような課題が徐々にであっても実現していくことを期待したい。

消費者団体訴訟(1)
第25章
差止請求

弁護士
増田朋記

1　本章で学ぶこと

　消費者団体訴訟制度は、消費者団体が、不当な行為を行っている事業者に対し、不当な行為の差止請求をしたり、損害賠償（金銭支払）請求したりする訴権を認める制度である。

　事業者の不当な行為によって被害を受けた個別の消費者は、本来自ら事業者に対して請求権を行使することができる。しかし、消費者被害は、消費者契約の性質上、同種の被害が多数発生するが、1件あたりの被害額は少額であることも多く、個々の消費者が実際にその請求権を自ら行使して救済を求めることは困難であり、泣き寝入りすることも多いのが実情である。これでは消費者被害の予防・拡大防止や効果的な救済は図られない。こうした被害救済を実効化するためには、消費者のために活動する消費者団体が、個々の消費者に代わって、不当な行為を行う事業者に対し、当該行為の差止めを求めたり、被害の救済・不当な利益の吐き出しを求めて損害賠償等の金銭支払請求をしたりすることを認めることが必要となる。

　消費者団体訴訟制度は、こうした中で、これまで何ら「武器」を持たなかった消費者団体に強力な「武器」を与えるものであり、極めて画期的な制度である。それのみならず、（市場）社会における消費者団体の役割の重要性を飛躍的に高める可能性を有している。

　EU諸国においては、差止めを内容とする消費者団体訴訟制度はすでに広く立法化されており、また、そのあり方は一様ではないが、損害賠償請求を

内容とする同制度を制度化している国もある[1]。

　わが国の消費者団体訴訟制度は、消費者契約法 2006 年改正によって初め
て確立した。この改正によって同法の定める不当勧誘行為、不当条項を用い
た契約締結行為の差止を内容とする権限が適格消費者団体に付与されたので
ある。また、2008 年には、景品表示法、特定商取引法の改正法によって、
これらの定める不当表示、不当勧誘行為、不当条項を用いた契約締結行為を
差し止める権限が同じく適格消費者団体に付与された。さらに、2013 年、
食品表示法では、食品関連事業者が行う事実に相違する表示についても差止
請求権が認められた[2]。

　また、消費者裁判手続特例法により、特定適格消費者団体が事業者に対し
金銭請求をし、受領した金銭を消費者に分配することが可能となる二段階型
の集団的消費者被害回復訴訟制度も導入された[3]。本章では、このうち差止
請求を中心として、わが国の消費者団体訴訟制度の概要を確認し、実際の訴
訟から見えてきた同制度の問題点を指摘した上で、今後の展望を考えてみた
い。

1)　諸外国の制度の概要については、国民生活審議会消費者政策部会消費者団体訴訟制度検討
委員会報告「消費者団体訴訟制度の在り方について」（2005 年 6 月）参考資料 7、内閣府国
民生活局「諸外国における消費者団体訴訟制度に関する調査」（2004 年 9 月）、上原敏夫
「欧州の消費者団体訴訟制度について」（ESP 2006 年 9 月号、⑳経済企画協会）、「諸外国に
おける消費者団体訴訟」ジュリスト 1320 号（2006 年）98 頁以下。古くから同制度があるド
イツの制度については、石田喜久夫編『注釈ドイツ約款規制法〔改訂普及版〕』（同文舘、
1999 年）、宗田貴行『団体訴訟の新展開』（慶應義塾大学出版会、2006 年）、上原敏夫『団体
訴権・クラスアクションの研究』（商事法務研究会、2001 年）。また昨今の動きとして、EU
の行政執行機関である欧州委員会が提案する EU 域内の消費者の保護強化のための EU 指令
の見直し（消費者のためのニューディール（New Deal for Consumers））の中で、消費者団
体が多数の消費者の金銭的請求権等を訴訟上まとめて行使する制度を全加盟国において整備
することが提案され、その後、欧州議会による修正案、欧州理事会による修正案を経て、
2020 年 11 月 25 日に消費者の集団的な利益を保護するための代表訴訟についての指令が制
定されていることが興味深い。
2)　消費者庁消費者制度課編『逐条解説　消費者契約法〔第 4 版〕』（商事法務研究会、2019 年）
3)　消費者庁消費者制度課編『一問一答　消費者裁判手続特例法』（商事法務研究会、2014 年）

2 消費者団体訴訟制度（差止請求）とは

[1] 制度の概要

消費者団体訴訟制度（差止請求）とは、①内閣総理大臣から認定を受けた適格消費者団体が、②事業者等に対して、③消費者契約法・景品表示法・特定商取引法・食品表示法の定める不当表示・不当勧誘行為・不当条項使用行為について、④それらの行為を事業者が現に行い又は行うおそれがあるときに、⑤差止めその他の必要な措置を求めることを認めるものである（消費者契約法12条、景品表示法30条、特定商取引法58条の18ないし24、食品表示法11条を参照）。

この制度の意義を具体例で説明してみよう。

> **［事例1］** 結婚式場運営会社が、顧客からのキャンセル時に顧客が支払うべきキャンセル料条項について、「挙式予定日から1年以前　キャンセル料10万円」との契約条項を使用していた。

一般的には、このような契約条項は消費者契約法9条1号の「平均的損害」を超える額を定めていると判断できることから、当該条項は無効となると考えられる（東京地判平17・9・9判時1948号98頁も予定日から1年以上前の解約時の解約金条項につき無効と判示している）。この場合、この顧客がすでに事業者に対し10万円を支払っていたときには、消費者が訴訟を提起すれば、返還請求が認められることになるであろう（「平均的損害」については第7章117頁参照）[4]。それにもかかわらず、当該事業者が、この条項の使用を止めず、その後も他の顧客からこのキャンセル料を徴収し続ければ、同種のトラブルはなくならない。個人で訴訟をする場合にかかる費用や手間を考えて、泣き寝入りする消費者も出てくるだろう。しかし、適格消費者団体が、そうした個々の消費者に代わって当該事業者に対して上記キャンセル料条項の使用の停止を求めることができれば、このような被害を未然に防止することができる。こうしたことを可能にするのが本制度である。

また、上記のとおり、本制度は、取消事由や無効事由と結び付いた消費者契約法に定められた不当行為のみならず、景品表示法・特定商取引法・食品表示法が規制する不当行為を含めて、より広く差止対象としており、消費者

の私法上の個別の権利を擁護するものにとどまらず、消費者の被害の発生又
は拡大を防止するための安心・安全な社会づくりに重要な枠割りを果たすこ
ととなっているのである。

[2]　適格消費者団体とは

　適格消費者団体という名称は一般には未だ耳慣れないものと思われるが、
消費者団体訴訟制度に基づく差止請求権を行使することができる団体として
内閣総理大臣が認定した団体のことを意味している。消費者契約法 13 条が
規定するところの認定要件は次のようなものである。① NPO 法人、一般社
団法人、一般財団法人のいずれかであること、②消費者の利益擁護を目的と
して、その活動実績があること（実際の認定実務では約 2 年の実際の活動実績が要求され
ている）、③人的、財政的基盤・体制があること、④法律及び消費生活の専門
家の意見を聴取できる体制があること等、である。

　2022 年 6 月現在、全国で 23 の消費者団体が適格消費者団体として認定さ
れており[5]、このうちの 4 つの団体が特定適格消費者団体としても認定され
ている[6]。

---

4)　結婚式場のキャンセル料については、適格消費者団体による差止請求を棄却した裁判例が
ある（京都地判平 26・8・7 判時 2242 号 107 頁、大阪高判平 27・1・29（控訴審）、最判平
27・9・2〔上告審〕）。この裁判例は、「平均的な損害の額」（消費者契約法 9 条 1 号）の中に
は、逸失利益が含まれるとした上で、規定されたキャンセル料は損益相殺後の逸失利益を下
回り、「平均的な損害の額」を超えるとは認められないと判断したのである。もっともこの
事案は予定日より一年以上前のキャンセルについては申込金 10 万円の 25%（2 万 5000 円）
と規定されていた事案である。そもそも、結婚式場の契約のように、契約締結時にはその具
体的内容の定まっていないような状況にあるにもかかわらず、契約締結後に直ちに逸失利益
が存在となりうるとの考え方自体に疑問があるが、その点をおいても、一年以上前のキャン
セルで 10 万円を徴収するようなケースでは、上記裁判例を踏まえてもなお消費者契約法 9
条 1 号によって無効となる部分を含むことになると思料される。

5)　消費者庁ウェブサイト「全国の適格消費者団体一覧」http://www.caa.go.jp/planning/zen
koku.html

6)　消費者庁ウェブサイト「全国の特定適格消費者団体一覧」https://www.caa.go.jp/policies/
policy/consumer_system/collective_litigation_system/about_qualified_consumer_organi
zation/list_of_specified/

[3]　差止請求権の法的性質

　本制度における適格消費者団体に付与された差止請求権については、その法的性質につき、さまざまな構成が考えられていた。①適格消費者団体に実体法上の請求権があるとする説、②適格消費者団体に実体法上の請求権を認めない説（法定訴訟担当とする説や民衆訴訟であるとする説など）がある。このような違いは、請求権を行使する適格消費者団体と請求権の行使によって利益を受ける消費者が異なることに起因しているのだが、②の説には、消費者団体の行使する権利は、被害消費者個々人の権利の集合体であるとの考え方が根底に根強く残っていたのであろう。しかしながら、すでに権限が立法化された以上、本制度は、法律が、その対象とする法秩序の維持を目的として適格消費者団体に実体法上の差止請求権を認めたものであると理解される[7]。

3　差止請求訴訟のプロセス

　適格消費者団体（以下、「適格団体」という。）が消費者団体訴訟制度の権限を行使するプロセスは、おおむね下記のとおりである。

　①差止請求のきっかけ　適格団体が事業者の問題ある行為を把握するきっかけは、消費者からの（被害）情報の提供、適格団体が行う110番活動（電話による被害情報収集活動）、会員からの情報提供などである。

　②適格団体での検討　適格団体内では、弁護士・司法書士などの法律の専門家、消費生活相談員などの消費生活の専門家の意見を聴取し、事業者の行為が違法かどうかの検討がなされる。

　③差止請求　適格団体内で差止の要件・必要性があると判断された場合には、差止請求がされることになる。

　この差止請求権の行使方法は、訴訟外の行使（請求）の段階と、それを前提とした訴え提起の二つの段階に分かれる（消費者契約法41条）。

　まず、ⅰ）適格団体は、事業者に対して訴訟外の差止請求を書面で行うこ

7)　消費者団体訴訟制度検討委員会報告書5頁は「一定の消費者団体に対して民事実体法上の請求権を認めるものと考えるのが適切」としている。https://www.caa.go.jp/policies/policy/consumer_system/collective_litigation_system/about_system/committees_and_reports/pdf/report_200506.pdf

とが求められている。そしてⅱ）適格団体は、同書面が事業者に到着した後、1週間を経てはじめて訴えの提起ができることになる。このような二段階の手続きが用意されて、適格団体の訴え提起前に必ず書面による請求が必要とされた趣旨は、事業者に対して訴訟に至る前に消費者団体との対話による解決の機会を与え、それにより事業者自らが早期に必要な改善をすることを促すことにある。

④示談・訴訟外での和解　　訴訟外で示談・和解がされる場合には、問題の不当行為を今後しない旨の事業者の約束がなされる。事業者がこの約束に反して不当行為を行った場合には違約金を支払う旨の約束がなされることも考えられる（消費者契約法28条1項4号参照）。

⑤差止訴訟の提起　　訴訟外で示談・和解がなされなかった場合には、差止訴訟が提起される。差止訴訟は通常の民事訴訟手続が適用される。裁判管轄については、特則があり、事業者の所在地、事業者の営業所の所在地、不当行為があった地を管轄する地方裁判所とされている（同法43条）。

⑥訴訟上の和解　　双方の合意が整えば、訴訟上の和解がなされる。

⑦判決　　通常訴訟と同じく、判決をするのに適した程度弁論・証拠調べが行われ、和解に至らない場合には判決が下される。適格団体の請求を認容する判決では、事業者の不当行為の差止及び差止に必要な措置が命じられる。

⑧内閣総理大臣及び国民生活センターによる公表　　訴訟外の和解、訴訟上の和解、判決等がなされた場合には、消費者被害の防止・救済に資するために、内閣総理大臣及び国民生活センターによる公表がなされる（同法39条）。

⑨強制執行　　事業者が判決・和解に従わず、不当行為を継続するときには、間接強制という強制執行がなされる。間接強制とは、違反行為が継続する間、事業者に対し適格団体へ金銭を支払わせることによって、判決等を遵守させようとするものである（民事執行法172条）。この間接強制は判決後直ちに申し立てることが可能である[8]。

⑩差止訴訟・違約金支払訴訟　　訴訟外の示談・和解において、違約金約束をしたにも拘わらず事業者が不当行為を継続する場合には、消費者団体は、不当行為につき差止請求を行い、同時に違約金の支払請求をすることができる。

4　実際の訴訟に表れた同制度の論点

　次に、実際の事件の判決[9]（以下「本判決」とする）を素材にした事例２の検討を通じて消費者団体訴訟の問題点を拾い出してみよう。

[事例２]　Ａ（事業者）は、消費者との間で、建物賃貸借契約を締結・合意更新をする際に、定額補修分担金条項の記載を含む契約書を用いていた。適格消費者団体Ｂは、Ａに対して、定額補修分担金条項が消費者契約法10条に反して無効であるとして、同法12条３項に基づき、定額補修分担金条項の差止め及び契約書（用紙）の破棄等を求めた。

---

[1]　定額補修分担金条項とは

　定額補修分担金とは、賃借人が賃貸借契約を締結した際に、賃貸借開始時の新装状態への回復費用の一部負担金として、一定の金銭（定額補修分担金）を支払うことを内容とする契約条項である。

　この定額補修分担金は、通常損耗分の原状回復費用をも含むものであり、さらに故意又は重過失による賃借物件の損耗・改造費用については、別途賃借人に請求できることとされていた。したがって、賃借人の軽過失による損耗の原状回復費用が、定額補修分担金の額に満たない場合には、賃借人は本来負担しなくてもより通常損耗の原状回復費用を負担させられることとなるものである。

---

8)　間接強制に関する最判平17・12・9判時1920号39頁は、不作為を目的とする債務の強制執行として民事執行法172条１項所定の間接強制決定をするには、債権者において、債務者がその不作為義務に違反するおそれがあることを立証すれば足り、債権者が現にその不作為義務に違反していることを立証する必要はないと解するのが相当であり、また、この要件は、高度の蓋然性や急迫性に裏付けられたものである必要はないと解するのが相当であるとする。

9)　京都地判平21・9・30判時2068号134頁。

[2] 消費者契約法 10 条該当性

　本判決は、定額補修分担金条項は消費者契約法 10 条の規定する不当条項に基本的に該当するものとした。その理由は、同条項が、本来賃借人が負担する必要のない通常使用損耗等を賃借人に負担させるものであること、賃借人と賃貸人との情報の格差、定額補修分担金の金額が賃借人に有利に設定されることは観念的にはありうるが、賃貸人・賃借人の情報格差を考慮するとそれは期待できないことにあるとされている。

[3]「現に行い又は行うおそれがあるとき」について

　本件事例では、被告は、原告からの請求以前には、既に新規契約において同条項の使用をやめていると主張していた。他方、同条項が無効であることについては争っていた。このような、事業者が「使用はやめました」と主張している場合に、上記「おそれ」があるといえるかどうかが問題となる。

　この点につき、本判決は、「現に行い又は行うおそれがあるとき」を「現実に差止めの対象となる不当な行為がされていることまでは必要なく、不当な行為がされる蓋然性が客観的に存在している場合であれば足りる」とし、被告が同条項の違法性について争う姿勢を見せ、本件においてもその違法性を争っていることから、今後上記蓋然性が客観的に存在するといわざるをえないとして上記「おそれ」を認めた[10]。

　これに対し、クロレラチラシ配布差止等請求事件（最判平 29・1・24 民集 71 巻 1 号 1 頁）[11]は、研究会名義で医薬品と誤認させるような効能効果を謳うチラシ

---

10)　本件では、原告は、定額補修分担金の金額如何にかかわらず一律の差止を求めていた。少額の定額補修分担金が設定されることにより消費者に有利な場合が観念的にではあるが考えられないわけではない。そこで、金額如何にかかわらない一律の差止が認められるかが問題となった。この点につき、本判決は、「被告において、賃借人の利益になる態様で、定額補修分担金条項を運用していた例があるとは到底認められず、基本的に信義則に反して消費者を一方的に害していたということができる。そうすると、今後とも被告において消費者契約法 10 条に反する態様で定額補修分担金が運用されるものと考えざるを得ず、その額を問わず一律に当該条項自体の使用を差し止めるのが相当である。」として一律の差止を認めた。

11)　志部淳之介「クロレラ最高裁判決の意義〔平成 29. 1. 24〕」消費者法ニュース 111 号（2017 年）130-133 頁。

を配布していたことが、消費者契約法の不実告知ないしは景品表示法上の不当表示（優良誤認）に当たるとして消費者団体がそのチラシの差止めを求めたものであるが、裁判所は、事業者が表示の不当性を争っているにもかかわらず、一審判決後にチラシの内容を変更したことを理由に差止請求を棄却した。しかし、事業者が訴訟を通じて表示の不当性を争っているなかで、従前のチラシの配布を一旦中止したというだけで、「行うおそれがある」とした判断には疑問がある[12]。

[4] 請求の趣旨をどのように記載するか

　本件事例において差止の対象となる可能性のある条項は、下記のとおりである。

　本物件は、快適な住生活を送る上で必要と思われる室内改装をしております。そのために掛かる費用を分担し（頭書記載の定額補修分担金）賃借人に負担して頂いております。尚、乙の故意又は重過失による損傷の補修・改造の場合を除き、退去時に追加費用を頂くことはありません。

1. 乙は、本契約締結時に本件退去後の賃貸借開始時の新装状態への回復費用の一部負担金として、頭書に記載する定額補修分担金を甲に支払うものとする。

2. 乙は、定額補修分担金は敷金ではないということを理解し、その返還を求めることができないものとする。

3. 乙は、定額補修分担金を入居期間の長短に関わらず、返還を求めることはできないものとする。

4. 甲は乙に対して、定額補修分担金以外に本物件の修理・回復費用の負担を求めることはできないものとする。但し、乙の故意又は重過失による本物件の損傷・改造は除く。

5. 乙は、定額補修分担金をもって、賃料等の債務を相殺することはできない。

---

12)　中田邦博「消費者契約法・景品表示法における差止めの必要性──クロレラチラシ事件を素材に」ジュリスト1517号（2018年）46頁。

> 　私は、本契約締結にあたり以上の説明を受け、上記事項を熟読の上、
> ここに定額補修分担金の支払いを了承し、その支払いに合意致します。
> 　平成○年○月○日　　　（賃借人氏名）○○

　実際に差止訴訟を提起する際に、訴状において請求の趣旨（請求内容）をどのように記載するかは、難しい問題である。本件訴訟では、条項の使用差止に関する請求の趣旨は下記のとおりであった。

> 　1　被告は、消費者との間で建物賃貸借契約を締結・合意更新するに際し、別紙定額補修分担金条項など、下記の事項を内容とする意思表示を行ってはならない。
> 記
> 　①．消費者は、目的物件退去後の賃貸借開始時の新装状態への回復費用の一部負担金として、定額補修分担金を被告に対し支払う。
> 　②．当該消費者は、被告に対し、定額補修分担金の返還を、入居期間の長短に関わらず、請求できない。
> 　③．被告は、当該消費者に対して、定額補修分担金以外に目的物件の修理・回復費用の負担を求めることはできない。但し、当該消費者の故意又は重過失による同物件の損傷・改造は除く。

　こうした場面で、請求内容においてその対象となる条項を厳密に特定するならば、事業者がその契約条項の文言を若干変更するなどして容易に差止判決の執行を免れることを許すおそれがあり、それとは逆に、条項の特定があまりに抽象的であれば裁判官に請求が特定されていないと解されるおそれがある。こうしたことを考慮して、本件訴訟では、本件条項の核心を上記①ないし③として一定の抽象化を図ったのである。

［5］　実際の差止請求

　これまで適格団体によって差止請求がなされた事案をいくつか列挙しておこう[13]。契約条項は事後的に不当性を検討することが容易であるため、上記の定額補修分担金条項に対する差止請求のように消費者契約法に基づく不当条項に対する差止請求事案は多くみられている。たとえば、マンション賃

貸借契約において、敷金から退去時に一定額を控除するといういわゆる敷引条項の使用停止を求めたもの、建物賃貸借契約の更新料条項について使用停止を求めたもの、貸金業者に対し早期に完済した際の違約金条項の使用停止を求めたもの、資格講座の運営会社に対し受講生の解約権を不当に制限する条項の使用停止を求めたもの、資格試験予備校に対し解約事由を制限する条項の使用停止を求めたもの、芸能事務所に対しファンクラブの会員資格を喪失した場合に入会金、年会費を返還しない内容の条項等の使用の停止を求めたものなどがある。

　また、高額なキャンセル料条項に対する差止請求は、不当条項に関する差止請求事案の中でも特に多くみられてきた事案といえる。たとえば、着物のレンタル業者に対しキャンセル料条項の使用停止を求めたもの、結婚式場運営会社のキャンセル料条項の使用停止を求めたもの、旅行契約においてマイレージ等の企業ポイントが使用された場合にキャンセル時に企業ポイントを返還しない旨の条項の使用停止を求めたもの、自動車売買契約のキャンセル料条項の使用停止を求めたもの、携帯電話の中途解約時の解約金条項について使用停止を求めたもの、冠婚葬祭互助会の中途解約金条項について使用停止を求めたもの、建設会社の使用する違約金条項等について使用停止を求めたもの、インターネット通信契約の解約料条項についての使用停止を求めたものなど多岐にわたる。

　他方、消費者契約法に基づく不当勧誘に対する差止請求については、契約条項と比較して差止対象となる勧誘行為の特定が容易でない場合が多いが、英会話教室を運営する会社に対し退去妨害行為等の停止を求めたものや、未公開株の勧誘について不実告知等があるとして停止を求めたものなどがある。

　特定商取引法に基づく差止請求についても、結婚相手紹介サービスにおいて定められていたクーリング・オフに関する消費者に不利な特約の停止を求めたものや、ホームセキュリティサービスで訪問販売による契約解除時の損害賠償額の上限を超えた中途解約金を請求する特約の停止を求めたものなど

13)　消費者団体訴訟制度に関する和解情報、判決情報については、http://www.caa.go.jp/policies/policy/consumer_system/collective_litigation_system/about_qualified_consumer_organization/release39/

がある。

　さらに、昨今では景品表示法に基づき広告表示の差止を請求する事案も増えている。たとえば、医薬品的効能を記載している健康食品のチラシの配布の停止を求めたもの、お試し」と表示があるものの実際には定期購買となっているインターネット上の広告の停止を求めたものなどである。

　他方で、食品表示法に基づく差止請求についてはほとんど行使されていない状況にある。これは、行政と異なり民間の消費者団体である適格団体においては、食品表示の基準違反等を分析することが困難であることなどが背景にあると考えられる。

　適格団体は、以上のような差止請求を通じて、これまで個別の消費者が争いづらかった少額被害事案について相当数の事業者の事業活動の改善を勝ち取っており、本制度の成果があがっているといえる。また、これらの事案の中では、和解時に個別消費者に対し改善後の対応をすることを義務づける条項を和解条項に入れている事案があり、実際の消費者被害の救済についても大いに貢献しているといえる。

5　今後の消費者団体訴訟制度

　以上では、消費者団体訴訟制度のうち、差止請求に関するものを概説した。

　筆者は、実際に適格団体の専門委員や事務局として消費者団体訴訟制度の運用に関わってきたが、これまで活発な差止請求活動を行い、事業者が差止請求を無視したり、適切な改善に応じなかったりするような場合には、積極的に差止請求訴訟を提起し、事業者による不当な行為の改善という結果を獲得してきた。消費者団体訴訟制度が法律によって定められる以前は、事業者から「何の権限でこのような活動を行っているのか」と記載された書面が送られてくるような状況にあったことを考えると、本制度が消費者保護の観点から重要な役割を果たすものとなったことを実感している。

　他方で、本制度の運用には、なお大きな課題が残されている。110番活動、団体内部での専門的検討のための専門家（消費生活相談員等、弁護士・司法書士等）への依頼、差止訴訟遂行時の弁護士費用等は、いずれも実際には多額の費用が必要となるはずの活動である。しかし、適格団体が差止請求を行い、不当な行為を改善する結果を得ても、事業者から適格団体にその費用が支払われるわけではないから、本制度は、その性質上、適格団体にとって構造的

に赤字事業とならざるを得ない。

　ところが、法によって任務と権限を与えられているはずのこのような適格消費者団体の公益的活動に対して、現時点では公的な資金援助は一切ない。したがって、適格団体の財政的基盤は、主として会費と寄付金によっているが、多大なコストを要する差止請求活動は、実質的にボランティアによって支えられている現状にある。

　制度運用のための資金の工面は適格団体の今後の最大の課題である。適格団体の知名度をあげ、会費収入を増大させることも必要であるが、消費者団体訴訟が市場の環境整備に重要な役割を果たすことを考慮すれば、国等による支援についての制度の改革も必要になると考えられる。

　また、本制度は、消費者の権利擁護の権限を適格団体に与えたものであるが、その実現方法は訴訟という司法制度であり、裁判所の判断によってその実現が図られる。しかし、訴訟の場面においては、消費者と事業者との間の情報・交渉力の構造格差の存在や、消費者契約法等の実効化策としての消費者団体訴訟制度の制度趣旨などについて、「そもそも」論から論じなければ理解されない場面も少なくない。これまでの訴訟では、事業者の不当行為について和解ないし判決により差止めが認められた事案も多いが、他方で、事案の不当性が直視されず、消極的な事実認定や限定的な法解釈のもとに請求が棄却されるなど、まだまだ消費者関連法・消費者団体訴訟制度の趣旨が浸透していないと感じられるケースも少なくない。

　さらに、上記のとおり、これまで本制度の対象事案とされることが多かった不当なキャンセル料条項の事案について、消費者契約法9条1号により「平均的な損害」を超えるものは無効とされるが、その立証責任は消費者側（本制度では適格団体側）にある（いわゆる学納金不返還条項に関する最判平18・11・27判タ1232号89頁）とされている。ところが、「平均的な損害」に関する資料は通常事業者側に偏在しており、これを消費者側で立証することは容易ではない。そこで、「平均的な損害」を立証するためにいかに事業者の内部資料を出させるかということととなり、文書提出命令申立、計算書類等の提出命令申立（会社法443条）、求釈明等で事業者側の資料を法廷に顕出させる工夫が不可欠となる。しかし、現在の実務では必ずしも必要な判断材料となる内部資料の開示がないままに判断されてしまっているような状況があり、不当に高額なキャンセル料徴収を排除するためには、立証責任の転換を図るなど抜本的な

制度改正が必要であるように感じられる。

　この点に関し、令和4年5月25日に成立した「消費者契約法及び消費者の財産的被害の集団的な回復のための民事の裁判手続の特例に関する法律の一部を改正する法律」による消費者契約法の改正では、キャンセル料条項に関して消費者へ算定根拠の概要を説明しなければならない努力義務（改正後の消費者契約法9条2項）や、適格消費者団体による算定根拠の説明の要請に応じる努力義務が導入されている。いずれも努力義務にとどまっており、上記のように必要とされる抜本的な制度改正がなされたものとは言い難いが、法的に事業者がキャンセル料条項の算定根拠を開示すべきことが明示された点は前進と言えるものであり、今後の運用の中で制度が活用されることが期待される。

消費者団体訴訟(2)
第26章
集団的被害回復手続

成城大学教授
町村泰貴

1　本章で学ぶこと

　本章では、消費者取引で消費者に生じた被害を回復するための実効的な手続として導入された集団的消費者被害回復裁判手続の仕組みと課題を明らかにする。

　消費者の法的地位は、民事ルールにより実体法的に強化されているとともに、行政規制や行政処分により、そのエンフォースメント（法執行）が図られている。しかし、消費者の受けた損害の回復に関しては、これを行政庁主導で行う立法のない日本では消費者自らが法的手段をもって行う必要がある。その代表的な手段が、民事訴訟である。

　ところが、消費者が個別に訴訟を起こそうにも、裁判へのアクセスには費用も時間もかかるし、専門的な知識も必要となるなど、様々な障害がある。そこで法律相談、消費者センターによる助言とあっせん、国民生活センターによる裁判外紛争解決手続（ADR）などが用意されている。合意による解決ができなければ、少額の紛争のために簡易裁判所の少額訴訟手続が存在するが、これも消費者本人が利用するのは難しいし、弁護士費用や相談費用の援助を行う日本司法支援センター（法テラス）の法律扶助も、あくまで費用の立替えであって、後に返さなくてはならない。

　被害を受けた消費者が個々に訴訟を起こして権利行使するのが困難ならば、集団で消費者訴訟を提起する方法があるとよい。そのために、世界各国でも集団的消費者被害回復のための裁判制度ができており、また多数の消費

者被害をもたらす不当な取引形態の差止めを求める訴訟制度が、それぞれ設けられている。

　日本では、既に2007年に消費者契約法改正法施行によって団体による差止訴訟制度が導入され、以来、全国23の適格消費者団体が差止訴訟の提訴権限を有し、実際にも数多くの差止請求訴訟が提起されている。

　これに対して集団的消費者被害回復のための裁判制度は、2013年12月に「消費者の財産的被害の集団的な回復のための民事の裁判手続の特例に関する法律」（以下、消費者裁判手続特例法、または単に特例法という）が成立し、その施行規則（平成27年内閣府令62号）や裁判所規則（平成27年最高裁判所規則5号）の制定を経て、2016年10月から施行された。

　しかし施行後5年以上を経過しても、内閣総理大臣の認定を受けた特定適格消費者団体は消費者機構日本（以下COJという）、消費者支援機構関西（以下KC'sという）、埼玉消費者被害をなくす会（以下なくす会という）、消費者支援ネット北海道の4団体で、実際に訴訟を提起したのは2021年夏の時点でCOJとなくす会とによる合計4件にとどまっている。これでは活発とは評価し難いので、その充実強化のための立法作業が進められ、2022年5月に消費者契約法とあわせて消費者裁判手続特例法を改正する法律が成立した（令和4年法律52号）。これによって法律の表題も、「消費者の財産的被害」から「消費者の財産的被害等」に変更が加えられた。本稿で引用する特例法の条文は令和4年改正後のものである。

　以下では、この集団的消費者被害回復裁判手続の全体像をまず紹介し、次いで実際の進行を実録風の事例として紹介し、手続について解説を加えた上で、その実効性を高めるための改正ポイントを挙げていこう。

2　集団的消費者被害回復裁判手続の全体像

　集団的消費者被害回復裁判手続は、提訴資格のある団体が消費者被害を出している事業者に対して、その被害回復の義務があることを確認するという第一段階と、その義務が認められた後に個々の被害消費者が団体を通じて事業者から被害回復の金銭を取り立てる第二段階とに大きく分かれる。

　第一段階は、特定適格消費者団体が事業者を被告として多数の消費者に共通の原因に基づいて被害回復義務があることの確認を求める「共通義務確認訴訟」であり、これは通常の訴訟手続で行われる。

消費者被害回復裁判手続の流れ

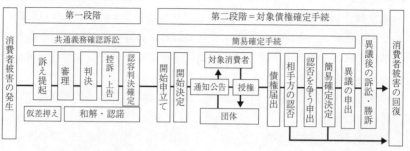

　第一段階で共通義務の存在が確定すると、その確定判断を得た団体が簡易確定手続開始の申立てを行う。裁判所の開始決定が出されると、被害回復の対象となる消費者に団体が通知や公告を行って手続参加を促す。対象消費者から債権届出等の授権を受けた団体は、授権した消費者の債権を裁判所に届け出る。裁判所から債権届出書を送達された相手方は、債権に対して認否を行う。認否を行わず、または全面的に認めるとした場合は、この段階で債権が確定する。全部または一部を認めないという認否に対しては、団体がその認否を争うかどうかの申出をする。争わなければ、その段階で認否の内容に従って債権が確定する。認否を争った場合は、裁判所が、団体と相手方とを審尋した上で、簡易確定決定を下す。この決定に団体も相手方も異議を述べなければ、その内容が確定する。異議が述べられた場合は、債権届出書を訴状と擬制した訴訟が始まる。これを異議後の訴訟といい、通常訴訟手続である。そこで届出消費者側に勝訴判決が確定すれば、それで債権が確定する。

　以上のように消費者の被害回復の金銭債権は、債権届出に対する認否、認否を争う申出、簡易確定決定のそれぞれの段階で債権確定し、最終的に異議後の訴訟の結果によっても確定する。確定した債権について事業者が任意に支払わなければ、団体が届出消費者に代わって強制執行をすることもできる。

3　実録・団体訴訟

[1] 情報収集

　特定適格消費者団体Ａネットは、大手学習塾にまつわる契約トラブル110番と称して、電話通報を受けるイベントを実施した。その際

に、消費者Cさんから次のような電話通報があった。

消費者「うちの息子がB学習塾に通い始めたのですけど、1か月もたたずに止めたいと申しまして、それで解約をお願いしました。ところが、前払いしてあった1年分の学費は返ってこないというのですよ。おかしいんじゃありません？」

相談員「1年分の学費を前払いされたのですか。なにか規約とかありましたでしょうか？」

消費者「申込書には途中で退会しても前払いした学費は返却しないと小さく書かれていました。」

　この情報はAネットの検討委員会で取り上げられ、学習塾問題を取り扱う検討グループを作って検討対象とすることになった。

　検討グループでは、全国の消費者相談記録のデータベースに同種の相談記録がないか確認するとともに、地元自治体との協定に基づいて、問題となったB学習塾のトラブルや学費前払いで返金しないという契約のトラブル例があるかないかを問い合わせた。その結果、B学習塾の前納学費をめぐるトラブルは、Aネットの地元だけでも年に数十件、B学習塾が進出している他の地方も含めると数百件あることが判明した。

　多数の消費者に共通する原因で生じた被害も、個々の消費者が自分で訴えを提起することはできるが、弁護士に依頼すれば一般に高額の費用が必要となるし、消費者が自ら訴訟追行するのは至難の業である（前記1参照）。そこで、その被害者に代わって事業者に請求する集団的消費者被害回復裁判手続が必要となるが、この手続を用いることができるのは、内閣総理大臣が認定した特定適格消費者団体に限られる。

　その特定適格消費者団体が回復されるべき被害の存在を知るのは、団体構成員による情報収集の他、事例にあるように、実際に被害を受けた消費者からの電話、電子メール、SNSなどを通じた情報提供が中心となる。これに加えて、国民生活センターおよび地方自治体からの情報提供が法定されている（特例法96条）ので、事例にあったような消費者相談現場からの情報をまとめたデータベース[1]からの情報提供を受けられるほか、主に自治体の相談現場で得られた被害情報などが特定適格消費者団体に寄せられることもある。

　そのようにして得られた情報に基づき、消費者被害の広がりが確認できれば、団体としての具体的な検討が始まる。

[2] 事業者への申入れと提訴の準備

　　Ａネットの検討グループでは、Ｃさんから B 学習塾の契約書や領収書など見せてもらい、契約書に「前納学費は返金しない」という条項を確認した。

　　検討した結果、学習塾が特定商取引法の定める特定継続的役務に該当し、途中解約の際の違約金は同法 49 条 2 項 1 号および政令の規定によって 2 万円に制限されていることから、それを超える前納学費の返還請求権が生じるという結論に達した。そこで A ネットの理事会の議決を得て、B 学習塾に対して、途中退会した消費者の退会時期に応じた前納学費未使用分で 2 万円を超える部分の返還を求める申入書を送った。

　　B 学習塾からは、この申入れを拒絶する回答が送られてきた。そこで、相談者 C さんと、C さんの子どもの通う学校の友達などを通じて、同じように B 学習塾に前納学費の返却を求めている消費者の情報を集め、最終的に 30 人の消費者と連絡をつけることができた。この 30 人の消費者は、退会の時期や退会の理由こそ様々であったが、いずれも契約書の規定を理由にして前納学費の返還を拒まれていた。

　　あわせて、A ネットでは B 学習塾の財産を仮差押えする必要についても検討したが、資力の面ではあまり不安がないようであったので、仮差押え申請は行わないこととした。

(i) 裁判外の申入れ

　特定適格消費者団体の活動の大きな部分を占めるのが、事業者に対する質問・照会や裁判外での被害回復の申入れである。差止請求権を行使する適格

1)　いわゆるパイオネット（Practical Living Information Online Network System）である。

消費者団体でも、いきなり差止請求訴訟を提起するわけではなく、むしろ大部分の不当勧誘・不当条項の是正が裁判外の申入れで実現できていた。

　特定適格消費者団体による被害回復も、裁判外の申入れに事業者側が応じることで、迅速かつ経済的な解決が期待できるので、これまでもかなり多くの事件で話合いにより被害回復が実現できている。もっとも有名な例はKC's が申入れを行った葛の花由来イソフラボンの販売事業者のケースで、2020 年 3 月時点で 16,566 人もの消費者が返金を受けている[2]。また COJは、東京医科大学に対する共通義務確認訴訟と並行して同様の女子受験生等の差別的取扱いを行っていた昭和大学や聖マリアンナ大学に対して受験料等の返還を申し入れ、返還するとの回答を引き出し、そのうち昭和大学については 2020 年末段階で対象者の 9 割以上に及ぶ 5,232 人の受験生に受験料を返還したと公表されている[3]。このように裁判外の申入れによる被害回復は、場合によっては裁判を経ての被害回復よりも効果的という面すら認められる。

　しかしながら、裁判外での申入れが功を奏するのも、裁判を通じた被害回復手段があってこそなので、裁判の実効性は裁判外の被害回復の実現のためにも重要である。

　上記事例では、B 学習塾が裁判外での被害回復に応じなかったので、A ネットはまず第一段階としての共通義務確認訴訟を提起する準備を始めた。

(ⅱ)　仮差押え

　事例では、B 学習塾の資産から仮差押えの必要がないとの判断をしているが、特例法は共通義務確認訴訟の提起段階でも対象債権を被保全権利とする仮差押えの余地を認めている（特例法 61 条）。この場合、対象消費者となる被害者も、対象債権となる被害者の請求権も特定されていないので、被保全権利の疎明（民事保全法 13 条参照）はできないが、その代わりに特例法 61 条 3 項は「対象債権及び対象消費者の範囲並びに当該特定適格消費者団体が取得する可能性のある債務名義に係る対象債権の総額を明らかにすれば足りる」と

---

2)　http://www.kc-s.or.jp/detail.php?n_id=10000986（2021/09/24）

3)　http://www.coj.gr.jp/zesei/topic_210128_02.html（2021/09/24）

規定している。もっとも保全の必要性（民事保全法20条）は疎明しなければならないし、担保についても通常の仮差押えと同様に必要になる（同法14条）。特に担保金は、対象債権が膨大な数に及ぶのであれば、巨額な担保金を必要とすることも考えられるので、特定適格消費者団体に担保金を立て替える制度が独立行政法人国民生活センター法10条7号により予定されている。この担保立替えが実際に行われたのは、なくす会の給与ファクタリング事業者ZERUTAに対する共通義務確認訴訟であり、100万円を超える財産を保全することに成功している。

[3] 共通義務確認訴訟

> Ａネットは、Ｂ学習塾に対する共通義務確認訴訟の提起を理事会で決議し、その訴訟代理人を選任した。着手金20万円と訴え提起の手数料はＡネットが支出した。
>
> 訴え提起後、被告側からは、訴訟代理人により答弁書が提出されたが、それにはＢ学習塾を退会した生徒の退会時期や退会理由が様々であって、多数の消費者に共通の原因による損害はないとされていた。
>
> 第一回口頭弁論期日に弁論準備手続に付すこととなり、数回の弁論準備期日に原告と被告との主張の交換と争点の絞り込みを行った結果、争点はもっぱら前納学費の額も退会の時期もバラバラのように見える途中退会者について多数性や共通性、支配性が満たされるかどうかに絞られた。
>
> 第二回口頭弁論期日には、弁論準備手続の結果を陳述し、両当事者の主張が準備書面によって陳述されると、裁判所は弁論を終結して判決言渡期日を2ヶ月後と指定した。
>
> 2ヶ月後、判決は原告の請求を認容するというものであり、特に本案前の抗弁に関しては対象消費者ごとに返還すべき金銭が違うとしても、それはそれぞれの前納学費と退会時期から計算すれば足りるのであり、いわゆる支配性の問題とはならないと判示した。
>
> Ｂ学習塾は、この判決に控訴を申し立てず、Ａネット勝訴の判決が確定した。

(i)　民事訴訟法の適用と特則

　消費者裁判手続特例法の定める共通義務確認訴訟は、通常の民事訴訟と同じ手続により進められ、判決による場合は確定しなければ効力を生じない。事例では、COJ の提起した東京医科大学に対する訴訟と同様に一審判決で確定しているが、同じく COJ が提起したワンメッセージに対する訴訟では、一審および控訴審で訴え却下となり、上告受理が申し立てられている。また、消費者契約法 12 条などの定める適格消費者団体の差止請求訴訟のように提訴前の予告（同法41条）は必要とされてはいない。ただし、以下の点で特則が設けられている。

訴訟の目的の価額	財産権上の請求ではないものとみなされ、訴え提起の手数料算定にあたっては訴額を 160 万円として計算する	特例法 4 条、民訴費用法 4 条 2 項
訴状の記載事項	請求の趣旨および原因は、対象債権および対象消費者の範囲を記載して特定する	特例法 5 条
管轄	特に対象消費者の数が多い場合の管轄集中規定を設け、複数の団体が同一内容の訴えを提起する場合を想定した管轄と移送の規定がある	特例法 6 条
必要的併合	複数の団体が同一内容の訴えを同一の相手方に提起した場合	特例法 7 条
補助参加	消費者は共通義務確認訴訟に補助参加できない	特例法 8 条
確定判決の効力	他の特定適格消費者団体および債権届出をした消費者にも及ぶ	特例法 10 条
保全開示命令	簡易確定手続で開示すべき対象消費者のリストを、保全のために予め開示させる命令で、執行力はないが過料の制裁がある	特例法 9 条
和解権限	特定適格消費者団体には和解権限がある	特例法 11 条
詐害再審	当事者以外の特定適格消費者団体は詐害再審の原告適格がある	特例法 12 条

　このほか、原告団体の特定認定が係属中に失効した場合の中断受継の特例（特例法65条、66条）、共通義務確認訴訟と対象消費者の個別訴訟とが係属している場合の個別訴訟中止可能性（特例法67条）、そして直接の規定ではない

が、特定適格消費者団体の認定のための義務として被害回復裁判手続全般について弁護士代理強制が規定され（特例法83条）、また重要な手続行為については、他の特定適格消費者団体への通知義務と内閣総理大臣（消費者庁長官）への報告義務があり（特例法84条）、さらにそのうち和解や請求の放棄、上訴の取下げなどについてはそれらを行う2週間前までの通知・報告義務となっている（特例法84条1項7号、令和4年改正前の施行規則15条3項）。

　弁護士費用については特則がないので、通常の原則通り各自負担であるが、特定適格消費者団体の提訴については特定非営利活動法人消費者スマイル基金[4]による助成がありうるほか、共通義務確認判決の後に開始される簡易確定手続で団体に授権した消費者からの報酬によってまかなわれる。この報酬は、さらに、共通義務確認訴訟において認められる回復されるべき損害の中に、届出消費者が団体に支払うべき費用・報酬を含めるものと判断されれば、結局相手方事業者の負担となる。これまでの裁判例でもCOJの東京医科大学に対する共通義務確認訴訟では、対象消費者が団体に支払うべき費用・報酬が被告の賠償すべき損害として認められ、またその後の和解条項においても同様に事業者側の負担となった。

(ii)　**共通義務確認訴訟の訴訟要件**

　以上のような手続的特則のほかに、訴訟物である共通義務の存否を判断する前提となる訴訟要件も重要である。この訴訟では、原告が自分の権利を訴訟で行使するのではなく、当事者となっていない対象消費者の権利を認めさせることが目的なので、そのように他人の権利を行使することができる特別の要件が必要となる。そのため特例法の定義規定などから、以下のような訴訟要件が求められている。

　(a)　**請求適格に相当するもの**

　対象債権の種類　　共通義務確認訴訟の訴訟物である共通義務は、事業者、事業監督者または事業者の被用者が消費者に対して負う金銭支払義務であり、消費者契約に関する以下の請求権に係るものとされる（特例法3条1項）。

---

4)　https://www.smile-fund.jp（2022/08/05）

1号	契約上の債務の履行の請求	損害保険金支払いの不履行やゴルフ会員契約の預託金返還義務不履行などの場合の履行請求権
2号	不当利得に係る請求	消費者契約に公序良俗違反等の無効事由があったり、消費者契約法上の取消権を行使した場合の既払い金返還請求権や、在学契約解除による前納学納金の返還請求権など
3号	契約上の債務の不履行による損害賠償の請求	消費者が購入した商品が販売条件を満たさないものであったときの損害賠償請求権など。なお、令和2年4月1日に民法・債権法の改正が施行されるまでは瑕疵担保責任が別に規定されていたが、現在は3号に吸収されている。
4号	不法行為に基づく損害賠償の請求	消費者契約の締結過程や履行過程において欺罔するなどして損害を生ぜしめた場合の賠償請求権など。ただし民法の規定によるものに限るとされているので、製造物責任法や金融商品取引法などの特別法の規定によるものは含まれない。
5号	使用者責任に基づく損害賠償の請求	事業者の被用者が消費者契約に係る事業の執行につき第三者に損害を与えた場合の、民法715条による事業者、事業監督者の責任および被用者自身の不法行為責任

　損害の限定　　特例法3条1項3号および4号における損害賠償請求について、そこで請求できる損害は消費者契約の目的となった物または権利の損傷または滅失、役務の対象となった財産の損傷または滅失に限られ、拡大損害、逸失利益、人身損害、精神的損害は除外されていた（特例法3条2項）。その趣旨は、第二段階で債権を届け出た消費者ごとに個別の算定が必要となることを避けるという点と、被告事業者にとって想定を超える額の賠償義務が第二段階になって出てくることを防ぐという点にある。

　もっとも、精神的損害（慰謝料）は、個々の被害者の精神的なダメージを個別に認定して金銭評価するというようなものではなく、むしろ定型的ないし一律の算定がなされることが多いので、消費者ごとの算定が必要ということには必ずしもならない。また、慰謝料は不法行為法における損害の調整を図る項目として用いられることもあり、これを除外することは共通義務確認訴訟の機能を著しく損なってしまう。そこで、令和4年の改正により、財産的請求と共通する事実上の原因に基づき、併合して請求される精神的損害の賠償および事業者の故意により生じた精神的損害は対象に含まれることとなった（特例法3条2項6号）。

⒝　狭義の訴えの利益に相当するもの

　共通義務確認訴訟も確認の訴えの1つであり、普通の確認の訴えにはそれによって紛争の抜本的な解決が可能となるという確認の利益が必要となる。しかし、共通義務確認訴訟は、特定人の間の具体的な法律関係を確定するものではなく、対象消費者という抽象的な存在に共通する義務を確定するものである。従って「権利者の法的地位に現存する危険・不安を除去するのに確認判決が有効適切か」という通常の確認の利益の判断基準は当てはまらない。

　そこで、通常の確認の利益に代わって、特例法2条1項4号の共通義務確認訴訟の定義および3条4項から、対象消費者が相当多数存在すること（多数性）、共通の事実上及び法律上の原因に基づいていること（共通性）、そして事案の性質や主張立証の内容から共通義務確認の認容判決により簡易確定手続において対象債権の存否および内容を適切かつ迅速に判断することができること（支配性）、この3つの要件が法律上必要とされている。

　上記の事例を題材にこの3つの要件を見ていくと、まずB学習塾を途中退会して前納学費の返還を求めている消費者は、少なくとも30人、データベースでは数百人はいると見積もられているので、消費者庁の解説で数十人程度とされている[5]多数性には問題がないようにみえる。学習塾という継続的役務提供契約の解約という事例であるから、共通性も問題がないようにみえる。しかし、B学習塾からの退会時期や退会理由が異なることから、前納学費の返還請求権の要件は個別に判断する必要があり、支配性が欠けるという議論の余地もある。さりとて、退会時期や退会理由が同じ消費者ごとのグループに分けてしまうと、支配性は満たされるかもしれないが、一つひとつのグループでは多数性を満たさないという問題が出てくる可能性がある。

　実際の裁判例では、COJのワンメッセージに対する共通義務確認訴訟において、詐欺的な情報商材の購入に応じた対象消費者ごとに過失相殺のための相当程度の審理を要することから支配性に欠けるとして却下した一・二審判決がでている。また、同じくCOJの東京医科大学に対する訴訟でも、受験に要する旅費・宿泊費に関する損害は各受験生ごとに異なることから、簡易確定手続において適切かつ迅速に判断することが困難であり、支配性に欠

5)　消費者庁消費者制度課編『一問一答消費者裁判手続特例法』（商事法務、2014年）17頁。

けるとして却下されている。

　確かに損害の算定要素は個別の消費者ごとに異なりうるので、支配性が問題にされることは多いと考えられるが、あまり厳格に解するとこの集団的消費者被害回復裁判手続の意義を失わせることにもなりかねない。事例のような前納学費の額と退会時期から機械的に返還額が計算できる場合には、支配性は問題とならない。また個別に算定が必要な損害でも、慰謝料のところで見たように、実際上は多数の被害者がいる場合に一律の基準を設けて判断されることが多い。むしろそのような処理が集団的な被害回復訴訟にふさわしい手法であることは、既に承認されてきたところである[6]。COJ の東京医科大学に対する訴訟における旅費や宿泊費についても、居住地に応じた額を標準として機械的に算定し、特別の事情が明らかとなった場合はその部分について認否や簡易確定決定において調節することが考えられる。そのような集団的処理の手法がこの消費者裁判手続法の実務において確立していくことが望ましい。

(c)　当事者適格

　原告適格は、特定適格消費者団体が有する（特例法3条1項柱書き）。紛争との関係で特定適格消費者団体のどれかに限られるということはなく、地域的にも団体の所在地に近い紛争でなければならないということもない。従って、同一の事業者に対する同一の共通義務確認を複数の団体が提起することはあり得る。その場合は、(i)で挙げた管轄の集中と移送、併合強制により同じ内容の訴訟が別々に係属することがないように工夫されている。

　他方、被告適格は、原則として消費者契約の相手方当事者となる事業者であるが、不法行為による損害の賠償請求については、消費者契約の相手方事業者だけでなく、履行をする事業者または契約を勧誘し、勧誘をさせ、もしくは勧誘を助長する事業者、そして事業監督者または被用者も含まれている

---

6)　例えば、じん肺について一律請求を認めた岐阜地判令2・3・25裁判所ウェブサイト（平26(ワ)488号）、アスベストについての一律請求を認めた福岡高判令元・11・11裁判所ウェブサイト（平26(ネ)964号）などが典型的である。このほか消費者被害に関するものとしては、茶のしずく事件大阪判決（大阪地判平31・3・29消費者法ニュース120号337頁）や同福岡判決（福岡地判平30・7・18判時2418号38頁）でも包括一律請求が認められている。

（特例法3条3項）。具体例としては、COJのワンメッセージに対する訴訟で、消費者契約の相手方である会社に加えて、その債務の履行をする者かつ契約締結の勧誘を助長する者としての個人が被告とされていた。なお、令和4年改正によって、従業員の不法行為とその使用者責任を事業者が負う場合に、従業員と使用者たる事業者とが被告適格者に追加された。

[4] 対象債権確定手続

（簡易確定手続開始申立てと開始決定）
　共通義務確認訴訟の認容判決確定を受けて、Aネットは直ちに簡易確定手続の開始を申し立てた。裁判所は、この申立てに基づき、簡易確定手続の開始を決定し、簡易確定手続申立団体が債権届出をすべき届出期間を6ヶ月後までと定め、また相手方がこの債権届出に認否をすべき認否期間を債権届出から1ヶ月以内と定めた。
（対象消費者への通知公告と情報開示）
　Aネットは、対象消費者に向けたホームページでの公告と、既にAネットに情報を提供していた消費者30人には個別の通知を送った。
　さらに、B学習塾に対して、途中退会した受講生の名簿を提出するよう要求したが、個人情報であることを理由にB学習塾が拒んだので、裁判所に情報開示命令の申立てを行い、裁判所がこれを認めて開示命令を発した。B学習塾は直近の1年分の入会者と退会者の名簿しかないと主張し、結局1年以内に退会した60人分の名簿だけが開示された。
（授権と債権届出）
　Aネットは開示された名簿に基づいてさらに個別通知を送り、最終的に、120人ほどの元受講生が前納学費の返還債権届出の授権契約をAネットと締結した。Aネットは、この120人の債権を届出書にまとめて裁判所に提出した。
（認否、認否を争う申出、簡易確定決定）
　裁判所は、提出された届出書をB学習塾に送付し、B学習塾はこれに対する認否書を認否期間内に提出した。それによれば、X1～10の10人については受講生の記録がないとして否認し、X11～15の5人については学費を前納する前に退会しているとの理由で否認した。それ

以外のX16〜120の債権については「認める」とされていた。この認否の結果を受けてAネットではX1〜15の届出消費者と協議し、いずれも簡易確定決定において判断を求めたいという意向であったので、Aネットが裁判所にB学習塾の認否を争う旨の申出を行った。

　裁判所は、改めて認否が争われた届出消費者に関する債権届出と添付された書類とを確認し、両当事者に対して書面による審尋を行った上で、X1〜10の届出債権については認容して支払いを命じる旨の届出債権支払命令を発して仮執行宣言を付けた。しかしX11〜15の届出債権については前納学費の支払いを裏付ける書証がないことから、これを棄却する決定をした。

（債権確定と被害回復金の支払い）

　この簡易確定決定に対してB学習塾は、特に異議を申し立てなかった。また、棄却されたX11〜15の債権について、Aネットが届出消費者の意向を改めて確認したところ、さらに異議を申し立てて通常訴訟で請求しても費用と時間でコスト倒れになることは否めないとして、異議は申し立てないとの意向であった。

　かくして、120人分の届出債権のうち、115人の債権が認められることで確定し、届出消費者表の記載に従って届出消費者ごとに支払われるべき金員がB学習塾からAネットに振り込まれた。Aネットでは、そこから授権契約の報酬の定めに従って実費と報酬とを差し引き、届出消費者には前納学費のおよそ80％が戻ってきた。

（ⅰ）　簡易確定手続の開始から対象消費者への通知公告

（a）　**簡易確定手続の開始申立義務と決定**

　共通義務確認訴訟において確認判決が確定し、または裁判上の和解や請求の認諾によって共通義務の存在が認められると、その訴訟当事者であった特定適格消費者団体は原則として簡易確定手続の開始を申し立てなければならない（特例法15条、16条）。申立期間は、令和4年改正により1ヶ月の不変期間から4ヶ月の伸長可能な期間とされ、最長8ヶ月以内となった。なお、共通義務確認訴訟が簡易確定手続を不要とする内容の和解により終了した場合は別である（特例法15条2項但し書き）。

適法な開始申立てに対して裁判所は、手続開始を決定する（特例法20条）とともに、上記事例にあるように債権届出期間と認否期間とを定める（特例法22条）。これらの期間は、場合によって伸長することも認められている（特例法25条）。

(b)　通知公告の実施主体と情報開示、費用負担

簡易確定手続が開始されると、その公告と個別通知を団体（簡易確定手続申立団体）が対象消費者に向けて行い、その費用はすべて簡易確定手続申立団体が負担する[7]。

相手方事業者も、令和4年改正によって、共通義務確認判決や届出期間などの情報を知れている対象消費者等に通知し、また団体の求めに応じて公表する義務が定められた（特例法28条、29条）。加えて、同法30条は対象消費者の数や通知の時期などの見込みについて団体から照会を受けた場合の回答義務を定め、同法31条は対象消費者の氏名・住所・連絡先を団体に開示しなければならないと定めている。開示を拒む場合は、上記事例にあるように、団体の申立てに基づき裁判所が情報開示命令を発する（特例法32条）。正当な理由なくこの命令に従わない場合は過料の制裁も規定されている（同条7項）。

もっとも、上記事例のように限られた期間の名簿しかないということは起こりうる。現実にもCOJが東京医科大学に対して対象消費者となるべき2年分の受験生名簿の開示を求めたのに対して、その一部しか保有していないとして、一部のみの開示に終わっていた。そこで、令和4年改正により、前述した保全開示命令の制度が設けられている（特例法9条）。

(ii)　債権届出の授権と届出債権に対する認否

(a)　授権契約と説明義務

被害回復を望む対象消費者は、簡易確定手続申立団体から説明を受けた上で、簡易確定手続申立団体に手続追行を授権する契約を締結する。これによって団体が手続追行権限を行使できるようになる（特例法34条）。この場合に団体は、「やむを得ない理由」がなければ、授権契約の締結を拒むことができない（特例法36条）。対象消費者が簡易確定手続を通じて被害回復を図るに

---

7)　消費者庁消費者制度課編・前掲注5）71頁。この点は批判が強い。

は、当該団体に授権することが唯一の方法だからである。

(b)　債権届出書提出と裁判所および相手方の対応

簡易確定手続申立団体は、授権契約を締結した消費者の債権とその証拠を
まとめて債権の届出書を作成し、裁判所に提出する。以後、簡易確定手続申
立団体は債権届出団体と呼ばれる。届出書は請求の趣旨および原因を記載し
た訴状の形式にならったものである（特例法33条）。というのも、手続が進ん
で簡易確定決定に異議が申し立てられると、異議後の訴訟の提起が擬制され
るが、その際、届出書は訴状とみなされるからである（特例法56条）。

適法な届出書は、裁判所が相手方に送達し、相手方がこれに対する認否を
行う（特例法45条）。その判断に必要な証拠書類があるときは、債権届出団体
に送付を求めることもできる（令和4年改正前の裁判所規則26条）。この認否書は
裁判所に提出するとともに、債権届出団体に直送する（令和4年改正前の裁判所規
則27条3項）。

なお、認否がない場合や認否書において全部が認められた届出債権は、そ
の段階で確定し、届出消費者表の記載が確定判決と同一の効力を有するに至
る（特例法45条2項、3項）。すなわち債権届出団体は、その確定部分について
の強制執行も可能となる。

(c)　認否を争う申出

認否書の直送を受けた債権届出団体は、その認否書を認めるか争うかを決
定し、争う場合は認否期間の末日から1ヶ月以内に認否を争うとの申出を行
う（特例法46条）。上記事例では一部の届出債権について認めないとの認否が
されたので、その部分について争う申出がされている。その際、債権届出団
体は届出消費者と協議して、その意思を確認するが、改めての授権は必要な
い。

なお、認否を争う申出がなければ、認否の内容により届出債権の存否が確
定し、その内容が記載された届出消費者表が確定判決と同一の効力を有する。

(iii)　簡易確定決定とその不服申立て

(a)　審　理

認否を争う申出があると、簡易確定決定のための審理が行われる。具体的
には、両当事者の審尋と書証に限った証拠調べが行われる。

なお、この段階でも債権届出団体と相手方事業者とが和解をする可能性が

開かれている（特例法40条）。裁判外の和解も可能であり（特例法37条1項カッコ書き参照）、この段階では届出消費者による授権を根拠とする処分権も債権届出団体にあるので、第一段階と異なり個別の届出債権の内容に関する実質的な互譲の上での和解も可能である。ただし、届出債権者の意思に反する和解は実際上困難であるので、その意思確認は欠かせない。実際にもCOJと東京医科大学の手続は、和解により損害額の範囲を決定して終結している。

和解が成立しなければ、裁判所は簡易確定決定をする。これには、争いのある届出債権について、全部認容、一部認容（一部棄却）、全部棄却という可能性があるが、全部または一部を認容する場合は、その部分について届出債権支払命令を内容とし、仮執行宣言を付すことができる（特例法47条4項）。

そして異議申立てがなければ、簡易確定決定は確定し、確定判決と同一の効力を有するに至る（特例法49条6項）。届出債権支払命令を内容とする簡易確定決定が確定すればもちろん、異議が申し立てられても、届出債権支払命令に仮執行宣言が付されていれば、その部分について債権届出団体は強制執行をすることができる。

(b) 異議申立てと異議後の訴訟

簡易確定決定に対しては、当事者および届出消費者が、その送達から1ヶ月以内に異議を申し立てることができる（特例法49条1項、2項）。

異議があると、債権届出団体を原告として債権届出書を訴状とみなす訴訟の提起があったものと擬制される（特例法56条）。これを異議後の訴訟という。ただし、届出消費者は自分で異議後の訴訟を追行することもできるので、その場合は届出消費者の側から授権を取り消す。逆に債権届出団体が授権契約を解除することは、正当な理由がなければできない（特例法57条4項）。ただし、この正当な理由は、債権届出の授権を拒むことができる「やむを得ない理由」とは異なり、団体の見解によれば届出債権の存在を訴訟上認められる見込みがないと判断される場合でも足りる。この段階では届出消費者が自ら訴訟追行する途も開かれているからである。

異議後の訴訟も通常の民事訴訟であり、訴えの変更の制限（特例法58条）など若干の特則はあるが、届出債権の存否に関する判決により終結し、上訴の途が尽きたときに確定する。簡易確定手続から異議後の訴訟までを通じて争われた届出債権は、これによって最終的に存否が確定し、債権届出団体が認められた届出債権の支払いを任意に、または強制執行によって受けると、報

酬等を差し引いた金員を届出消費者に支払うことで、全ての手続は終了する。

4　より実効的な被害回復のために考えるべきポイント

　以上のような集団的消費者被害回復裁判手続は、日本版クラスアクションなどとも呼ばれ、消費者の被害回復の切り札となるのではないかという期待の反面、アメリカのクラスアクションのような訴訟ラッシュが起きるのではないか、標的となった日本企業の競争力が失われるのではないかという危惧が繰り返し表明され、濫訴の防止を強く意識した立法になった (特例法附則3条参照)。この立法前の危惧は、もともとアメリカの訴訟社会を成り立たせている民事訴訟と弁護士の制度が日本と大きく異ることを見落としていただけでなく、現実の運用を見ても全くの杞憂であった。施行後5年以上経過した今では、むしろ逆に消費者被害の実効的な救済にあまり役立っていないのではないかという批判にさらされている。

　具体的にこの制度の実効性を妨げていると思われるポイントと、令和4年改正による改善を挙げてみよう。

(a)　担い手となる特定適格消費者団体の少なさ

　特定認定されたのは現時点で4団体にとどまり、それぞれ人的にも財政的にも潤沢とは言い難い規模の団体であるから、手続追行の数が限られることは現実問題として否めない。従って特定認定の基準が厳しすぎるのではないかということにもなり得るが、他方で多数の消費者の被害回復を行うには、それなりの財政基盤や組織の態勢が必要なことも確かである。そこで、認定基準の見直しは必要であるとしても、適格消費者団体の中から特定認定を受ける意思のある団体を財政的にも組織的にも支える仕組みが必要である。

　(特定) 適格消費者団体を財政的に支える存在として消費者スマイル基金があることは前述したが、その存立基盤と予算規模の拡充や役割の拡大が考えられる。令和4年改正では、内閣総理大臣の認定を受けた消費者団体訴訟等支援法人が、特定適格消費者団体の業務の一部を代行するなどの支援業務を行うものとして創設された (特例法98条以下)。

(b)　訴訟要件のハードル

　請求適格として不法行為責任を民法の適用によるものに限っている点、損害から慰謝料を除外している点、被告適格の限定により会社法429条に規定されている取締役の対第三者責任を追及できない点について、慰謝料につい

ては部分的に令和4年改正によって対象とされたが、その他はなお立法による見直しが必要である。また解釈論の問題でもあるが、支配性の要件を厳しく解して過失相殺が予想される事例を除外したり、定型的な処理が可能なものについても個別の算定を前提として支配性なしとするなど、この制度の機能を狭めすぎているのではないかという問題が指摘できる。

(c) 対象消費者の情報確保と周知の難しさ

女子受験生を中心とする差別的取扱いが不法行為であるとして受験料の返還が問われた事例のうち、裁判外の和解に基づいて事業者自らが対象消費者に返還をした昭和大学のケースでは、対象消費者の9割に当たる5,232人に返還が実現した。ところが裁判を通じて返還の共通義務が確認された東京医科大学のケースでは、対象消費者の数が正確には分からないものの、合格者を除く女性等の受験生が平成29年と30年の合計で2,831人であり、実際に受験料等の返還を受けた届出消費者が559人であるから、20%程度にとどまっている。その原因は、既に述べたように受験生名簿を保存していなかったことにあるので、令和4年改正による保全開示命令が奏功すれば、対象消費者へのアプローチの可能性が多少とも高まるものと考えられる。

このケースに限らず、対象消費者の情報は多数性の要件を満たすかどうかにも関わるので、その点でも保全開示命令の運用に期待できる。

加えて、令和4年改正までは、対象消費者への通知公告は団体の責任と負担において行うこととされており、その経済的負担は対象消費者の数が多くなればそれだけ重くなる。簡易確定手続は確定判決等で認められた共通義務の履行・執行のプロセスなのであるから、これに必要な費用として、相手方事業者の側の負担とすることが公平に適う。令和4年改正により、事業者側の公表・通知が義務付けられたので、ここでもその運用が注目される。

(d) 事業者の財産保全

なくす会のZERUTAに対する裁判手続に見られるように、給与ファクタリングのような闇金融の一種とも目される悪質商法を行っている事業者は、財産を隠匿してしまう可能性も高く、ZERUTAの事例がまさにそうであるように、経営者が刑事訴追の対象となって責任のある対応ができなくなることも想定できる。そのような場合に、なくす会は実際に仮差押えを実行して財産の保全に成功したが、その額はかなり少ないと言わざるを得ない。

消費者被害の回復には、事業者の財産情報の調査と保全が不可欠である

が、現在の民事執行法 196 条以下にある財産状況調査はすべて債務名義の存在が前提となっている。しかし消費者裁判手続特例法の手続では、共通義務確認の認容判決確定を民事執行法の財産状況調査の開始要件とすることも考えられよう。ただし、ZERUTA のような場合にはそれでも遅すぎるので、行政処分により財産保全と情報開示を命じるといった手法も必要である。

【参考文献】
伊藤眞『消費者裁判手続特例法〔第 2 版〕』（有斐閣、2020 年）
町村泰貴『詳解消費者裁判手続特例法』（民事法研究会、2019 年）
山本和彦『解説消費者裁判手続特例法〔第 2 版〕』（弘文堂、2016 年）
消費者庁消費者制度課編『一問一答消費者裁判手続特例法』（商事法務、2014 年）
日本弁護士連合会消費者問題対策委員会『コンメンタール消費者裁判手続特例法』（民事法研究会、2016 年）

判例索引

［地方裁判所］

[簡易裁判所]

事項索引

た行

執筆者一覧

（掲載順。※印は編者）

中田邦博※（なかた・くにひろ）　　　　龍谷大学法学部教授
鹿野菜穂子※（かの・なおこ）　　　　　慶應義塾大学大学院法務研究科教授
中川丈久（なかがわ・たけひさ）　　　　神戸大学大学院法学研究科教授
佐伯仁志（さえき・ひとし）　　　　　　中央大学大学院法務研究科教授
川濵 昇（かわはま・のぼる）　　　　　京都大学大学院法学研究科教授
大澤 彩（おおさわ・あや）　　　　　　法政大学法学部教授
宮下修一（みやした・しゅういち）　　　中央大学大学院法務研究科教授
圓山茂夫（まるやま・しげお）　　　　　元明治学院大学法学部教授
丸山絵美子（まるやま・えみこ）　　　　慶應義塾大学法学部教授
後藤巻則（ごとう・まきのり）　　　　　早稲田大学大学院法務研究科教授
釜井英法（かまい・ひでのり）　　　　　弁護士
染谷隆明（そめや・たかあき）　　　　　弁護士
上柳敏郎（うえやなぎ・としろう）　　　弁護士
松本克美（まつもと・かつみ）　　　　　立命館大学大学院法務研究科特任教授
坂東俊矢（ばんどう・としや）　　　　　京都産業大学法学部教授・弁護士
髙嶌英弘（たかしま・ひでひろ）　　　　京都産業大学法学部教授
寺川 永（てらかわ・よう）　　　　　　関西大学法学部教授
板倉陽一郎（いたくら・よういちろう）　弁護士
角田真理子（つのだ・まりこ）　　　　　明治学院大学法学部教授
小田直子（おだ・なおこ）　　　　　　　内閣府消費者委員会事務局参事官補佐
永下泰之（ながした・やすゆき）　　　　上智大学大学院法学研究科教授
山本和彦（やまもと・かずひこ）　　　　一橋大学大学院法学研究科教授
増田朋記（ますだ・ともき）　　　　　　適格消費者団体NPO法人京都消費者契約
　　　　　　　　　　　　　　　　　　　ネットワーク事務局長・弁護士
町村泰貴（まちむら・やすたか）　　　　成城大学法学部教授

編者紹介

中田邦博（なかた・くにひろ）

龍谷大学法学部教授［民法・消費者法］

主な著書：『物権——エッセンシャル民法2〔第2版〕』（有斐閣、2019年）、『ヨーロッパ私法・消費者法の現代化と日本私法の展開』（日本評論社、2020年）、『新・コンメンタール民法（財産法）〔第2版〕』（日本評論社、2020年）、『新・コンメンタール民法（家族法）』（日本評論社、2021年）

鹿野菜穂子（かの・なおこ）

慶應義塾大学大学院法務研究科教授［民法・消費者法］

主な著書：『消費者法の比較法的研究』（有斐閣、1997年）、『国境を越える消費者法』（日本評論社、2000年）、『論点体系　判例民法7　契約Ⅱ〔第3版〕』（第一法規、2018年）［消費者契約法担当］、『改正債権法コンメンタール』（法律文化社、2020年）

［両編者による共著・共編など］

『レクチャー消費者法〔第5版〕』（法律文化社、2011年）、『ヨーロッパ消費者法・広告規制法の動向と日本法』（日本評論社、2011年）、『消費者法と民法』（法律文化社、2013年）、『消費者法の現代化と集団的権利保護』（日本評論社、2016年）、『18歳からはじめる民法〔第4版〕』（法律文化社、2019年）、『新プリメール民法1　民法入門・総則〔第3版〕』（法律文化社、2022年）など

基本講義消費者法〔第5版〕
（きほんこうぎしようひしやほう）

2013年 9 月30日　第1版第1刷発行
2016年 4 月15日　第2版第1刷発行
2018年 3 月30日　第3版第1刷発行
2020年 3 月30日　第4版第1刷発行
2022年10月 1 日　第5版第1刷発行
2023年11月25日　第5版第2刷発行

編　者——中田邦博・鹿野菜穂子
発行所——株式会社　日本評論社
　　　　　〒170-8474 東京都豊島区南大塚 3-12-4
　　　　　電話　03-3987-8621（販売）　03-3987-8592（編集）
　　　　　FAX　03-3987-8590（販売）　03-3987-8596（編集）
　　　　　https://www.nippyo.co.jp/　振替　00100-3-16
印　刷——精興社
製　本——難波製本
装　丁——末吉　亮

© 2022 Kunihiro Nakata, Naoko Kano　　　　　　　　　　　検印省略
ISBN978-4-535-52620-4　　　　　　　　　　　　　　　　Printed in Japan